ŒUVRES

POLITIQUES ET LITTÉRAIRES

D'ARMAND CARREL

TOME V

Paris. — Imprimerie de L. MARTINET, rue Mignon, 2.

OEUVRES

POLITIQUES ET LITTÉRAIRES

D'ARMAND CARREL

MISES EN ORDRE, ANNOTÉES ET PRÉCÉDÉES

D'UNE NOTICE BIOGRAPHIQUE SUR L'AUTEUR

PAR M. LITTRÉ

DE L'INSTITUT,

ET

M. PAULIN

ANCIEN GÉRANT DU NATIONAL.

—

TOME CINQUIÈME.

PARIS

LIBRAIRIE DE F. CHAMEROT

RUE DU JARDINET, 13.

1859

ŒUVRES POLITIQUES

ET LITTÉRAIRES.

[Ici commencent les morceaux purement littéraires. En 1825, peu de temps après la mort de Saint-Simon, l'école saint-simonienne, qui était à ses débuts, fonda un journal intitulé le *Producteur*. Carrel y travailla. L'histoire de la Grèce moderne l'occupait; c'est ce qui détermina le sujet de ce premier travail.]

Du commerce de la Grèce moderne, considéré dans son in-
fluence sur la régénération politique de cette nation.

(Premier article.)

On ne connaît généralement la Grèce moderne que par sa lutte actuelle contre la Porte, et par ses premières tentatives d'affranchissement au temps et sous l'influence de Catherine II. Ce qu'elle fut avant la plus reculée de ces deux époques, ce qu'elle avait conservé de vie après les événements qui déterminèrent son entier asser-vissement, a longtemps été complétement ignoré. Ce-pendant, en voyant la Grèce reparaître tout d'un coup sur la scène avec des ressources qu'on eût été si loin de lui soupçonner, on a cherché à s'expliquer ce passage, en apparence si brusque, de l'état d'esclavage à celui de liberté. L'étonnement a fait place à l'examen : on a pensé que la révolution actuelle ne pouvait être que le dernier terme d'un mouvement de recomposition commencé à une époque plus ou moins voisine de la conquête, opéré fort lentement sans doute, mais dans une progression constante, bien qu'inaperçue. Partant de cette idée, on a cherché dans l'histoire de l'esclavage de la Grèce l'explication de son affranchissement.

M. Bignon, dans l'ouvrage qui a pour titre : *Les Cabinets et les Peuples*, a le premier attiré l'attention sur l'obscure existence de la Grèce, avant sa régénération ; mais la série de faits qu'il a recueillis se rattachait à une question politique aujourd'hui vieillie ou du moins jugée. D'ailleurs, il s'en est tenu aux renseignements fournis par des voyageurs, que la préoccupation du passé empêchait d'observer convenablement la nation qu'ils avaient sous les yeux. Les voyages de MM. Pouqueville, Chateaubriand, Choiseul-Gouffier, n'éclairent que très faiblement cette effrayante lacune de quatre siècles dans l'histoire de la plus belle contrée de l'Europe. Il est juste de dire que l'ombrageuse politique du gouvernement turc, aussi bien que le peu de disposition des Grecs à satisfaire la curiosité des étrangers, présentaient de grands obstacles à l'observation, et que les voyageurs qui ont visité la Grèce, moins en antiquaires qu'en philosophes, nous ont eux-mêmes fort peu appris. Un seul entre tous, William Eton, a vu, dans ce qu'était la nation, au moment où il l'a observée, ce qu'elle était prête à devenir : encore ses judicieuses conjectures ne sont-elles appuyées que sur un petit nombre de faits. Eton avait prévu les événements dont nous sommes aujourd'hui les témoins; mais il ne montra point ce qui les rendait inévitables.

L'ingénieuse idée de recourir aux chants populaires de la Grèce moderne a conduit enfin à un assez bon nombre de renseignements positifs. M. Fauriel, qui a recueilli ces chants actuellement abandonnés, pour la plupart, aux Grecs de la classe moins éclairée, a su leur donner une grande valeur historique, par des arguments où les traditions verbales sont venues au secours d'une poésie parfois obscure et souvent triviale. Sous la plume de l'habile commentateur, les traditions et les chants populaires se servent mutuellement d'explication et de preuve, et acquièrent une signification qu'isolément ils n'avaient pas. Par ce procédé, aussi rigoureux que le comportait la matière, M. Fauriel a réuni assez de faits pour en composer une version qui lui appartient entièrement. Dans une introduction fort remarquable, il explique quelle marche a suivie la conquête musulmane, à quelles limites elle s'est arrêtée; comment une partie de la population grecque, retranchée dans la montagneuse Thessalie, s'est maintenue en corps de nation, a forcé les conquérants à lui accorder des droits politiques; comment enfin ces concessions ont aidé la nation à se refaire, et conduit à la révolution actuelle, qui n'est que le renouvellement de l'ancienne lutte entre les subjugués et les conquérants.

Il est fâcheux que M. Fauriel ait été conduit par son sujet à n'envisager que le côté poétique des restes d'existence sociale conservés par la nation grecque. Peut-être eût-il découvert dans les chants populaires moins de ces romantiques beautés auxquelles il est sensible jusqu'à l'affectation ; mais , sans doute , il se fût montré moins épris de la valeur guerrière de ces montagnards qui, dans leurs incursions sur le plat pays, pillaient indistinctement les propriétés des Turcs et celles des raïas grecs, parce que le bien de l'esclave était d'aussi bonne prise que celui du maître. L'histoire de cette milice, tantôt employée par les Turcs, sous le nom d'Armatoles, tantôt combattue par eux, sous le nom de Clephtes ou brigands, ne saurait être donnée pour l'histoire des Grecs modernes pendant leurs longues années de souffrances. Il n'y avait point d'Armatoles dans la Morée, dans la haute Epire, dans l'Albanie, dans les provinces des deux rives du Danube; il n'y en avait ni dans la grande province de Roumélie, ni dans les îles de l'Archipel. Dans les provinces où cette milice était répandue, elle ne formait pas un vingtième de la population, et n'en était peut-être pas la partie la plus intéressante , ainsi que pourront en juger nos lecteurs. Sans donc attribuer à l'existence des Armatoles et des Clephtes, aussi bien qu'à la lutte de ces derniers contre les Turcs , plus d'importance qu'elles n'en méritent, nous regardons ces deux faits comme amplement constatés par les recherches de M. Fauriel; mais nous nous proposons d'examiner quelles forces le travail et l'industrie commerciale des habitants des diverses parties de la Grèce ont prêtées à cette résistance prolongée depuis la conquête (1).

(1) Nous ferons usage ici de renseignements puisés dans quelques Mémoires, entre autres ceux d'Ollivier, de Walpole, d'Eton, et surtout dans le tableau du commerce de la Grèce de 1787 à 1797, par M. Félix Beaujour, ouvrage fort remarquable, mais qui n'embrasse malheureusement

On ne peut indiquer que d'une manière assez vague l'époque de la renaissance du commerce dans la Grèce moderne. Celui de Constantinople n'avait jamais entièrement péri; mais celui de l'intérieur des terres, depuis la frontière du Danube jusqu'à l'isthme de Corinthe, où s'était arrêtée la conquête, avait été complètement détruit, non-seulement par la guerre de la conquête, qui s'était prolongée depuis le milieu du xive jusqu'au milieu du xve siècle, mais par les invasions antérieures des chrétiens d'Occident. Les victoires des sultans, depuis Mahomet II jusqu'à Sélim II, c'est-à-dire jusqu'à la fin du xvie siècle, favorisèrent indubitablement le retour de l'industrie commerciale. C'est en effet pendant ce laps de temps qu'on voit la population chrétienne de la Grèce, jusque là soumise à un pouvoir arbitraire illimité, obtenir, pour première concession, la *vie sauve*, au prix de la capitation annuelle, appelée karatch, et sous la protection du titre de raïa ou d'esclave soumis; puis se former en communautés sous une administration souverainement oppressive, mais d'une vénalité qui semblait dire : «Raïas, travaillez, et nous vous vendrons tous les adoucissements et toutes les garanties que vous pourrez payer.» En effet, dès qu'une famille de raïas grecs avait passé de la condition de gens de peine à celle de fermiers, et qu'elle passait de là dans la classe des propriétaires, elle achetait un spahis, c'est-à-dire qu'elle se mettait corps

qu'une courte période de l'histoire commerciale de la Grèce. De nombreuses conversations avec des Grecs très versés dans l'histoire de leur pays nous ont permis d'ajouter à ces renseignements beaucoup de faits encore inconnus, et que nous nous félicitons d'avoir recueillis.

et biens et pour une grosse redevance, sous la protection d'un de ces cavaliers qui possèdent des fiefs sur la
terre conquise. Le spahis, devenu pour la famille grecque comme une espèce de chien de garde, la défendait
à outrance contre les extorsions des beys et des agas,
contre les avanies des cadis et les rapines des gens de
guerre.

Comme cette protection était fort coûteuse, surtout
dans les parties centrales de la Roumélie, où le simple
passage des troupes qui allaient porter la guerre au
delà du Danube entretenait une continuelle désolation,
les familles, trop pauvres pour acheter des spahis, ga-
gnaient le pied du Pangée, du Rhodope et de l'Hémus,
et s'y vouaient au soin des troupeaux. Réunies par
petits hameaux, elles prenaient ce qu'on appelait un
abonnement au karatch, c'est-à-dire qu'elles obtenaient
en commun la protection de quelque bey en transigeant
avec lui, pour payer par année un nombre de capitations qui ne devait plus varier à l'avenir. Ce nombre
de capitations était, au moment de la transaction, supérieur à celui des têtes de raïas; et c'était ainsi que
le bey trouvait son compte à se faire protecteur; mais,
en cas d'augmentation de population, ce qui était un
résultat immanquable de l'augmentation du bien-être,
les raïas trouvaient à leur tour les bénéfices de la transaction; ils payaient progressivement moins d'impôts,
tandis qu'ils devenaient plus riches. Ce fut ainsi que
commença, dans toutes les parties montagneuses de la
Roumélie, le commerce des bestiaux et des laines,
commerce que la mauvaise administration et les avanies des Turcs n'ont jamais pu détruire, parce qu'il

tient à un fond de richesse territoriale que le défaut de culture ne saurait altérer, à la richesse naturelle et toute spontanée des pâturages.

Les raïas grecs se portaient aussi de préférence aux environs des grandes villes, telles que Saloniki, Sérès, Andrinople. Comme les gouverneurs turcs étaient forcés, pour assurer la subsistance de ces villes, d'étendre à une distance convenable leur protection sur l'agriculture, les villages chrétiens, compris dans ce rayon, étaient rarement exposés à servir de cantonnement aux soldats. La population des villes était aussi, en grande partie, composée de Grecs : les associations d'artisans, les corps de métier, un tiers environ des marchands en tout genre et des négociants étaient Grecs, et trouvaient moins d'obstacles à la prospérité de leurs affaires dans la tyrannie du gouvernement turc que dans la rivalité commerciale des Arméniens, des Juifs et surtout des négociants franks.

Dans la seconde moitié du xviie siècle, la culture des tabacs et du coton s'introduisit dans la Macédoine. Les expériences pour la naturalisation de la seconde de ces plantes réussirent particulièrement dans la vallée qu'arrose le Strymon et dans la vaste plaine de Sérès. Le succès de cette nouvelle culture attira dans la vallée de Sérès une population considérable; près de trois cents villages chrétiens s'y formèrent tout à coup, et tellement rapprochés l'un de l'autre qu'on les eût pris de loin, dit l'auteur du *Tableau du commerce de la Grèce*, pour une ville d'un immense développement. Ces villages, abonnés au karatch, réunis par groupes de trente à quarante, étaient placés, comme les hameaux de pasteurs du pied du Rhodope et du Pangée, sous la protection de beys et d'agas turcs. Ces grandes confédérations de raïas entretenaient pour leur défense plusieurs milliers d'aventuriers grecs, albanais ou turcs, et les beys qui les commandaient reconnaissaient rarement l'autorité des pachas. La plaine de Sérès et la vallée du Strymon, assure l'écrivain que nous venons de citer, ont récolté, de 1787 à 1797, année commune, soixante-dix mille balles de coton de cent okes chacune (l'oke équivaut à trois livres deux onces), produit que ne surpasse pas celui de la plus riche colonie des Antilles. Les lecteurs les moins familiarisés avec les théories industrielles sentent combien de bras devaient être employés à produire une richesse agricole aussi considérable, et quel développement commercial celle-ci devait entraîner. C'est tout ce que nous nous bornons à observer présentement; nous reviendrons aux conséquences après avoir exposé d'autres faits.

La naturalisation du tabac dans la Macédoine a été moins profitable à la nation grecque que celle du coton, parce que les Turcs, s'apercevant que les terres enlevées à la culture des grains pour être appliquées à celle des tabacs, devenaient d'un rapport double, s'emparèrent presque entièrement de cette nouvelle branche d'économie rurale. Mais les négociants grecs de Salonique, de Sérès, de Jenidgé et des divers marchés de la Grèce trouvaient, dans l'exportation, la vente ou le transport des tabacs cultivés par les Turcs, un dédommagement assez ample.

C'est à l'ouest du Vardar, frontière occidentale de la Roumélie, que M. Fauriel nous montre, dans leurs sta-

tions les plus avancées, ces milices grecques si rarement
en paix avec les Turcs. A ne considérer que ce qu'il
nous apprend de l'existence politique, des exploits, des
mœurs, de l'éducation, de la vie chaste de ces guerriers, on pourrait croire qu'ils étaient les seuls habitants du Pélion, de l'Ossa, de l'Olympe, des branches
thessaliennes du Pinde ; mais il y avait dans ces montagnes une population tout aussi digne d'être observée
que les Clephtes. Cette population, vraisemblablement
toute militaire avant les capitulations dont M. Fauriel a
le premier signalé l'existence, avait depuis lors en très
grande partie déposé les armes. Elle habitait les cantons de Macrynitza, Saïades, Argalisti, Zagora, dans le
Pélion ; d'Ambelakia, dans les monts Agrapha ; d'Alas-
sona, dans la vallée de Tempé ; de Xeloparicos, aux
sources de l'Acheloüs ; de Mezzovon, dans le Pinde ;
cantons formés tous d'un assez grand nombre de villages.

On ne peut indiquer d'une manière précise à quelle
époque se soumirent ces cantons, ni citer le texte de
leurs conventions avec les Turcs ; il est certain seulement qu'en prenant des abonnements au karatch, et
s'assujettissant à payer un tribut annuel, ils obtinrent en
retour le droit de se régir par eux-mêmes dans une indépendance absolue de la Porte, c'est-à-dire sans cadis,
sans pachas, sans troupes albanaises ou turques. Grou-
pés en nombre plus ou moins grand suivant leur importance, ils avaient pour chefs des magistrats appelés
démogérontes ou vieillards du peuple, magistrats re-
nouvelés tous les ans, chargés de rendre la justice, de
répartir l'impôt, de régler les transactions de village à

village, et de correspondre avec la Porte au moyen
d'un agent turc qui résidait parmi eux et n'avait qu'une
mission sans autorité. Ces petits États démocratiques
avaient même un clergé à part qui reconnaissait l'autorité du patriarche, mais nullement celle des évêques,
archevêques, exarques des autres parties de la Grèce.
La résistance armée les avait fondés; nous dirons à quel
degré de prospérité les avait élevés le commerce.

Qu'étaient donc par rapport à ces cantons indus-
trieux les héros Clephtes? Une milice soldée comme
l'était la milice albanaise ou turque qu'entretenaient
les négociants et les cultivateurs de la vallée de Sérès;
comme celle que payaient, sous la protection de leurs
beys, les villages pasteurs de l'Hémus, du Rhodope et
du Pangée, comme celle enfin qui garantissait du pillage les riches monastères du mont Athos, habités par
dix mille cénobites (1). Chacun de ces cantons montagnards de la Thessalie et de l'Acarnanie prenait à sa
solde pour l'année une compagnie de Clephtes, chargée
de défendre son territoire contre toute tentative de la
part des soldats turcs et contre le pillage qu'exerçaient
pour subsister celles des bandes de Clephtes qui demeuraient sans emploi. L'existence des Clephtes n'était
plus alors une protestation armée contre la conquête.

Voici quelles ont été primitivement, ou du moins
dès le temps de leur soumission à la Porte, les ressources commerciales des montagnards de la Grèce. Les

(1) On peut voir, dans l'introduction historique aux Mémoires de
M. Raybaud, par M. A. Rabbe, quelle était l'existence religieuse et politique de ces caloyers grecs. Leurs capitulations n'étaient pas sans quelque
ra port avec celle des montagnards placés à l'autre extrémité de la Grèce.

cantons de l'Olympe, du Pélion et de l'OEta, au milieu
des plus riches pâturages de toute la Grèce, possédaient
d'immenses troupeaux et recevaient en hivernage ceux
des contrées voisines même de l'Albanie mahométane.
Leurs moutons étaient renommés pour la délicatesse de
leur chair et la beauté de leurs toisons. Les habitants
de ces cantons étaient tout entiers livrés au soin des
troupeaux, à la préparation et au commerce des laines;
une partie de ces laines allait à Salonique en traver-
sant la Macédoine; une autre partie passait à Venise par
les ports de la Dalmatie. D'autres montagnes toutes couvertes de bois fourmillaient de gibier, surtout de lièvres
à poil long, soyeux et épais; la chasse de ces animaux
produisait un commerce de pelleteries assez considérable et dont Salonique était le grand marché. Les habitants de plusieurs cantons, ceux du Pinde en général,
voyageaient comme les montagnards des Alpes et de
quelques-uns de nos départements méridionaux. Ils
descendaient fort jeunes dans les villes vénitiennes de
la côte d'Épire, passaient dans les îles voisines, ga-
gnaient les grandes villes d'Italie, quelquefois même
celles d'Allemagne, où ils exerçaient des professions
obscures. L'esprit d'ordre et d'accumulation, développé
chez eux à un degré étonnant, les laissait rarement revenir dans le pays sans une petite fortune; et, ce qui
vaut mieux encore, ils y rapportaient parfois des lumières et une grande estime pour toutes les connaissances qui leur manquaient. Une autre partie de la population avait pour toute industrie celle des échanges
commerciaux entre les produits qui garnissaient les
marchés vénitiens de Parga, Prevesa, Buthrinto, au pied

du revers occidental de leurs montagnes, et ceux des marchés de Larisse, de Bitolia, de Salonique, situés en deçà du revers oriental.

Voilà sommairement quelles étaient les ressources commerciales de l'Épire et de la Thessalie avant la naturalisation, en Macédoine, de l'arbre à coton. On ne saurait dire jusqu'à quel degré elles avaient élevé la prospérité des cantons montagnards. Mais on peut s'en faire une idée par le crédit dont ils jouissaient à Constantinople. Dans un pays où tout se fait par patronage et par le patronage le plus vénal, il y a relation nécessaire entre l'importance des protecteurs et la richesse des protégés. Or, les cantons montagnards avaient pour protecteurs tout ce qu'il y avait de plus élevé dans l'ordre politique des conquérants. Le canton de Zagora payait à la sultane Validé un tribut annuel pour être porté sur le rôle de ses apanages ; celui de Mezzovon avait pour patron le muphti ou chef de la religion mahométane ; les sœurs, l'épouse du sultan, avaient une clientèle semblable qui leur produisait un revenu considérable ; et, comme l'état florissant des cantons libres n'était pas sans exciter la cupidité des pachas gouverneurs des basses terres, le respect dû aux sublimes protecteurs était une garantie contre toute insulte, et rendait presque superflue la valeur guerrière des compagnies clephtes.

Tandis que la vallée de Sérès s'enrichissait par la culture du coton, le canton de Zagora se couvrait de plans de mûriers. Bientôt les vingt-quatre villages qui composent le canton versèrent dans le commerce de Salonique la plus grande partie des soies qui se ven-

daient annuellement sur ce marché. Notre but n'est
pas d'entrer dans tout le détail des ressources industrielles et agricoles qui enrichissaient la Grèce (1). On
a pu déjà voir l'animation se répandant par degrés sur
une terre qui semblait à jamais vouée *au culte des débris*. La naturalisation en Grèce de l'aly-zary, racine
colorante, transplantée de l'Anatolie, fonda, au commencement du dernier siècle, les teintureries de coton,
qui donnèrent un si grand essor au commerce de la
Thessalie. La plupart des eaux du Pélion, de l'Ossa,
des monts Agrapha, du Pinde, s'étant trouvées propres
à fixer sur le coton les couleurs de l'ali-zari, toutes ces
vallées se couvrirent de fabriques. Celle de Tempé
avait les meilleures sources, celles qui alimentèrent les
fabriques d'Ambélakia.

Dans ce dernier village, dont la population, riche,
industrieuse, vivait tout entière dans les teintureries, il
y avait vingt-quatre fabriques, où, à la fin du dernier
siècle, l'on teignait jusqu'à deux mille cinq cents balles
de coton de cent okes (2), lesquelles étaient enlevées
par des négociants de Vienne, de Leipsick, de Dresde,
d'Anspach, de Bareuth. L'existence de ces fabriques a
précédé celle des teintureries de France les plus re-
nommées. Des teinturiers d'Ambélakia vinrent à Mont-
pellier dans le milieu du dernier siècle, et y formèrent
les premiers établissements en ce genre (3).

(1) Le miel de l'Hymette, les olives et les huiles d'Attique, le vermillon
de Livadie, les raisins de Corinthe, les gommes précieuses de Thessalie,
l'opium de Salonique, sont assez connus dans le commerce du Levant.

(2) Ce coton était filé au fuseau par les femmes du pays ; il arrivait brut
de la Macédoine.

(3) Rapport du comte Chaptal à l'Institut.

Vers l'année 1790, toutes les fabriques d'Ambélakia, qui avaient chacune un comptoir particulier dans diverses villes d'Allemagne, se formèrent en société pour la vente en commun et l'exportation de leurs produits. Les chefs et les ouvriers, se réunissant, formèrent un capital de six cent mille piastres ; on plaça à la tête de la société trois directeurs, qui, sous un nom idéal, formèrent une raison de commerce représentant la société d'Ambélakia. Trois autres sociétaires allèrent s'établir à Vienne sous la même raison, et furent chargés de recevoir les envois, d'opérer les retours, de fréquenter les foires et d'ouvrir des débouchés sur les principales places d'Allemagne. La distribution du travail fut si parfaite, les directeurs, les correspondants, les ouvriers, mirent tant d'activité, de zèle, de probité, dans leur coopération, que toutes les actions décuplèrent. « Je n'oublierai jamais, dit M. Félix Beaujour, à qui nous empruntons ces détails, ce que j'ai vu à Ambélakia et dans ses environs : une population nombreuse, vivant tout entière du produit de ses manufactures, offrant, au milieu des rochers de l'Ossa, la réunion touchante d'une famille de frères et d'amis ; le goût du travail et des solides études ; tous les sentiments généreux, toutes les idées grandes, libérales, germant sur un sol voué depuis tant d'années à l'esclavage. »

Telle était, en effet, l'influence du commerce et du travail dans toutes les parties de la Grèce où nous avons montré l'industrie renaissante. Parvenues à un certain degré de prospérité, toutes les fabriques eurent des commandites ou des associés, Grecs de nation, dans les pays où se vendaient leurs articles ; ces négociants grecs, établis dans les grandes villes d'Allemagne, de France, de Russie, ne se contentèrent pas de faire donner à leurs enfants une éducation libérale : ils appelèrent des jeunes gens pauvres et les placèrent dans les universités les plus célèbres ; ils se cotisèrent avec les fabricants de l'intérieur pour fonder en Grèce des écoles, pour y attirer des professeurs et obtenir de la vénalité musulmane l'autorisation de jeter sur la terre d'esclavage les semences de régénération. Leurs efforts furent couronnés de succès. Les colléges de Janina, d'Athènes, d'Aivali, de Bucharest, devinrent florissants et formèrent d'excellents élèves. Partout l'opulence essaya de faire naître les lumières, de donner une direction nationale à cette supériorité intellectuelle que les hommes de race grecque avaient toujours eue sur les Turcs, et que ces derniers, dans leur impur système de corruption, avaient déjà trop longtemps exploitée.

(*Le Producteur*, 5e *numéro*.)

Du commerce de la Grèce moderne.

(Deuxième article.)

L'expédition des Russes en Morée avait tellement ruiné cette province, qu'il fut longtemps impossible de la compter au nombre de celles qui marchaient à l'affranchissement par le travail et les relations commerciales. Lorsque les Russes y débarquèrent, en 1770, il y avait à peu près un demi-siècle que le traité de Passarowitz l'avait fait passer de la domination vénitienne sous le joug musulman. Il ne paraît pas que la Morée eût perdu à changer de maître; et, si l'on en croit les relations des aventuriers russes envoyés par Catherine, le pays qu'ils traversèrent, depuis Calamata jusqu'à Tripolitza, ressemblait à un jardin, tant la culture y était florissante. Ses ressources devaient être assez considérables, puisque l'invasion albanaise, qui avait déterminé la désastreuse retraite des Russes, se maintint dans le Péloponèse pendant dix années, qui furent des années de pillage, de dévastations, de massacres non interrompus, et qu'il fallut exterminer les Albanais pour leur faire lâcher prise. Le fameux Gazi-Hassan, qui fit élever aux portes de Tripolitza une pyramide de plusieurs milliers de têtes albanaises, ne releva point à côté de ce hideux trophée les ruines dont la péninsule était partout couverte; au contraire, il l'accabla d'exactions plus fortes qu'elle n'en avait supporté jusque-là. De 1770 à 1780, la mort, l'esclavage, l'expatriation volontaire ou forcée, avaient enlevé cent mille têtes; une peste vint hâter, dans une progression terrible, cette dépopulation. Il devenait probable que les Turcs seraient forcés d'abandonner eux-mêmes cette terre frappée de mort, lorsque la Révolution française lui rendit une vie nouvelle et inespérée.

Au bruit qu'une grande disette obligeait la France à acheter à haut prix les grains du Levant, les campagnes de la Morée se couvrirent de laboureurs. Les champs restés en friche depuis plus de vingt ans recommencèrent à produire. Les ports de l'Archipel et de la mer Ionienne, qui n'étaient plus que l'asile de misérables pêcheurs, virent reparaître des voiles mar-

chandes, se repeuplèrent de navigateurs et de com-
merçants qui partagèrent, avec ceux de Psara, d'Hydra,
de Spetzia, le monopole du transport des grains de
l'Asie Mineure, de la Russie méridionale et de la Cri-
mée. L'admirable golfe de Lépante, qui baigne la côte
septentrionale de la Morée, et que la future existence
politique de la Grèce appelle à de si hautes destinées
commerciales, eut sa part de cette prospérité renaissante. Patras, à l'entrée de cette immense rade que
borde un littoral propre à toutes les cultures et qu'en-
toure une ceinture de villes importantes, était devenue,
dans ces vingt dernières années, rivale de Salonique;
parmi les ports de la Méditerranée, connus sous le nom
d'Échelles du Levant, sa position centrale l'avait rendue
l'un des entrepôts les plus fréquentés. Toutes les puissances de l'Europe y ont eu des consuls et des comp-
toirs. Aujourd'hui, désolée par la guerre, elle a pour
habitants les derniers de ces Albanais qu'un siége de
cinq ans et toutes les forces de l'insurrection n'ont pu
réduire.

Spetzia et Hydra sont deux rochers voisins de la côte
orientale du Péloponèse, absolument nus et stériles,
mais pourvus de havres excellents; c'est de là qu'est
venue toute leur importance, aussi bien que celle de
l'île de Chio. Lorsque la révolution française éclata, il
y avait déjà quelques années que les habitants de ces
îlots faisaient avec succès un commerce de cabotage
assez considérable. L'élégance et la légèreté de leurs
navires, aussi bien que la vigueur et l'habileté des marins qui les montaient, étaient célèbres dans les mers
de la Grèce. De 1791 à 1800, ce furent eux qui ali-

mentèrent nos provinces méridionales et assurèrent, par le transport des subsistances, la marche de nos armées en Espagne, en Égypte, en Italie. Faisant ces expéditions sous pavillon ottoman ou russe (1), les navigateurs insulaires avaient le bénéfice de toutes les relations amicales qui liaient ces deux puissances aux autres nations de l'Europe. Ils étaient assez forts pour ne pas craindre les corsaires barbaresques ; leur courage s'était d'abord fort avantageusement essayé contre ces derniers, et voici ce qui acheva de les aguerrir. Comme un blocus rigoureux s'exerçait sur les côtes où les conduisaient leurs spéculations commerciales, il leur fallait, dans mille occasions, tromper la vigilance des croisières, leur échapper à force de voiles ou combattre pour éviter d'être capturés. Dans ce dernier cas, le courage des marins grecs était exalté par le sentiment de la propriété menacée, chacun ayant sa part de la cargaison. Souvent ils sortaient vainqueurs de cette lutte, toujours inégale ; ils pénétraient par adresse ou par force dans les ports, y déchargeaient des vivres ou des marchandises, se chargeaient, au retour, de denrées que les difficultés ou les dangers de l'exportation plaçaient à leur plus bas cours, et faisaient ainsi, avec de grands risques, des gains considérables.

Au profit de ce commerce des navigateurs de la Grèce tournèrent encore les gênes, les entraves, les privations de toute espèce imposées par le système continental aux nations liguées par Napoléon contre l'Angleterre. Les

(1) Le traité de Kaïnardgi, en 1774, autorisait les négociants grecs à se couvrir du pavillon russe, sans cesser pour cela d'être sujets de la Porte.

Anglais portaient à Hydra, Spetzia, Ipsara, Salonique, dans les ports de la Morée, de l'Épire et de l'Albanie, leurs marchandises partout ailleurs prohibées, et les négociants grecs trouvaient moyen de les introduire sur le continent. Beaucoup d'entre eux, transformés en facteurs de compagnies anglaises, s'établirent à Malte, et, dans l'espace de quelques années, y firent de grandes fortunes. Hydra, Spetzia, Ipsara, devenues maîtresses de tout le commerce du Levant, se firent concéder, à prix d'argent, le code de commerce français. Elles se régissaient d'ailleurs par elles-mêmes, et, pour tout tribut, fournissaient à la Porte un contingent annuel de cinq cents marins. Ces derniers formaient un corps d'élite sur la flotte turque ; à la fois soldats et excellents manœuvriers, ils s'y faisaient rapidement classer au rang que leur assignaient leur intrépidité, leur habitude de la mer, leur intelligence et leur activité, de beaucoup supérieures à celles des marins turcs. Grand nombre d'Hydriotes étaient chefs d'équipage, pilotes, timoniers, commandaient même de petits vaisseaux, et généralement étaient substitués aux Turcs dans tous les postes qui exigeaient des connaissances ou des facultés étrangères à ces derniers.

La population d'Hydra était de trente-cinq mille âmes ; celles de Spezzia et de Psara, moins nombreuses, avaient aussi « leurs vaisseaux pour champs, leurs nautoniers pour laboureurs : avec leurs vaisseaux, elles moissonnaient en Égypte, recueillaient l'or en Provence et vendangeaient sur les coteaux du continent (1). »

(1) Chant des marins hydriotes.

L'opulence toujours croissante des insulaires les avait
mis en grande considération auprès de la Porte, qui les
honorait du titre d'*auxiliaires*, tandis qu'elle mainte-
nait pour les Grecs du continent l'insultante dénomination de *raïas*. Sur ces rochers, longtemps jugés inhabi-
tables, des palais de marbre avaient remplacé les hum-
bles cabanes de pêcheurs; toutes les commodités de la
vie, et même le luxe de l'Europe, s'étaient introduits
parmi les habitants et y avaient pris légèrement la
couleur des mœurs orientales.

Ce mélange de la politesse, de l'activité des Euro-
péens et des habitudes de mollesse si chères aux Asia-
tiques était plus remarquable encore chez les insulaires
de Chio. De toutes les îles anciennement célèbres, et
longtemps possédées par les Vénitiens, c'était la seule
qui, jusqu'à ces derniers temps, eût échappé à la barbarie musulmane. Elle le devait à son commerce; ses
navires et ses marins n'étaient pas aussi renommés que
ceux d'Hydra et de Psara, mais elle l'emportait sur ces
îlots stériles par une fertilité, une richesse de culture,
une variété de productions également incomparables.
Toute l'île ressemblait à un jardin; ses coteaux nourrissaient les célèbres vins de Chio; ses champs de coton
rivalisaient avec ceux de la plaine de Sérès; ses plants
de mûriers fournissaient à une soie non moins estimée
que celle de Zagora. Jusqu'aux bouquets de rosiers,
dont le commerce exploitait l'essence, rien dans son
luxe n'était inutile. Des villages entiers ceints de murailles cultivaient le lentisque, arbre de quinze à vingt
pieds, d'où s'écoule la gomme précieuse appelée mas-
tic. Les Turcs avaient un gouverneur et plusieurs gar-

nisons dans cette île, qui d'ailleurs était, ainsi que le canton de Zagora, en Thessalie, sous la protection de la sultane Validé, patronage qui rapportait à cette dernière un gros revenu, mais était extrêmement profitable aux habitants de Chio. L'île avait une école de sciences fréquentée par plusieurs centaines de jeunes gens et dont les cours étaient assez forts pour attirer des étudiants des États-Unis (1). Elle possédait une bibliothèque, une imprimerie, un cabinet de physique, des instruments d'astronomie. De toutes les écoles fondées et dotées par les négociants grecs, celle de Chio était la plus riche et celle qui offrait à l'instruction le plus de ressources.

Le gouvernement turc vit longtemps sans s'alarmer la population grecque courir à ces écoles et entendre avec avidité les leçons des professeurs étrangers. Il ne concevait pas le danger d'établissements dont la fondation et l'existence lui rapportaient de grosses sommes et un revenu fixe. Il ne concevait pas que cette propagation de l'instruction, qui fournissait à l'administration intérieure, au service du consulat à l'étranger, un plus grand nombre de raïas intelligents, pût un jour être tournée contre lui-même. Il n'en était pas ainsi des Fanariotes et des prêtres grecs. Assez éclairés pour sentir la portée des progrès intellectuels qui se manifestaient dans toute la Grèce, intéressés à la stabilité et surtout à la sécurité d'un despotisme qui les enrichissait et les eût pris pour victimes à la première tentative d'insur-

(1) Ces renseignements appartiennent à une notice insérée dans le *Globe*. Le *Globe* a publié, sur la révolution grecque et sur les îles de l'Archipel, une série d'articles fort remarquables.

rection, les Fanariotes et les prêtres s'efforcèrent de peindre comme dangereuse l'instruction répandue parmi les chrétiens. L'école de Constantinople succomba sous leurs intrigues et fut fermée ; le savant Benjamin, qui avait formé d'excellents élèves à Aïvali ou Cydonie, fut mandé à Constantinople, sévèrement réprimandé par le patriarche (1) et forcé de modifier son enseignement de manière à calmer les appréhensions des Fanariotes.

Toutefois l'obscurantisme n'était pas de l'essence de la tyrannie fanariote : on sait que c'était en cultivant leur intelligence et en la mettant au service des Turcs que les Grecs du Fanar étaient parvenus à s'élever au détriment de la masse de leurs compatriotes et à perpétuer chez les conquérants l'ignorance et l'incapacité. Nous ne saurions applaudir à ce dernier résultat, car l'inaptitude des Turcs aux progrès intellectuels n'est pas un fait qui nous soit démontré; sans doute il eût été plus avantageux pour les Grecs, plus heureux pour l'humanité, que leurs maîtres, au lieu de croupir dans l'abrutissement, se fussent éclairés; que les deux nations eussent marché de concert à la civilisation ; ces deux races d'hommes n'étaient pas plus antipathiques que toutes celles dont la fusion a composé la plupart des nations aujourd'hui florissantes. En supposant que la différence de religion eût mis entre les Grecs et les Turcs une barrière à toujours insurmontable et que les deux croyances soient encore aujourd'hui de nature à ce que l'une ne puisse jamais se substituer à l'autre, on doit considérer comme

---

(1) Zallony. *Essai sur les Fanariotes.*

ayant servi les Grecs un système qui, dans l'ordre in-
tellectuel, plaçait si fort au-dessous d'eux leurs éternels
ennemis ; mais, s'il est un fait dont la moralité ne puisse
être établie par ses conséquences, c'est assurément celui
que nous énonçons, et nous sommes forcés de dire quelle
part les négociants grecs de Constantinople et des principales villes de l'empire avaient dans cet odieux mélange d'intrigues et de spéculations qui composaient le
système des Fanariotes.

Les fortunes des banquiers grecs liés d'intérêt avec
les familles princières du Fanar étaient colossales ; c'était
sur elles que reposaient toutes les ressources financières
et tout le crédit du gouvernement turc. Auprès de ce
gouvernement, leur importance était assez ancienne,
mais avait prodigieusement crû depuis l'époque où
l'usage de soumissionner auprès du Divan les offices
civils et les commandements militaires avait remplacé
la vente publique des emplois. Les banquiers fanariotes,
d'abord employés comme cautions ou courtiers dans
ces transactions entre les ministres ottomans et les Turcs
qui aspiraient aux places vacantes, se mirent sur les
rangs eux-mêmes comme soumissionnaires, et furent
préférés aux Turcs parce que leurs fortunes étaient généralement plus considérables et mieux établies; que
leur habileté, leurs ressources en affaires, surtout la
discrétion que leur imposait la dépendance, offraient de
plus sûres garanties.

Or les négociants chrétiens ne soumissionnaient ainsi
les emplois que pour les vendre aux nobles Turcs qui
n'avaient pu soutenir leur concurrence auprès des vizirs.
Le Turc qui prétendait au gouvernement d'une pro-

vince, au commandement d'une forteresse, au patronage d'une ville manufacturière, trouvait chez un banquier fanariote des firmans ou nominations en blanc,
parmi lesquelles il pouvait faire un choix. Il s'engageait
alors, soit en qualité d'associé du banquier, soit comme
son prête-nom, ou bien pour un salaire convenu, à aller
recueillir, dans le pachalik, le canton ou la ville qu'il
lui convenait de choisir, l'impôt de deux années versé
d'avance par le banquier dans les coffres du trésor impérial. Le banquier ne demandait de la part de l'officier
turc ainsi commandité par lui que de l'*énergie :* pour de
l'habileté, de l'ordre, c'était l'affaire d'un commis, Grec
de nation et de religion, qu'il apostait auprès du gouverneur et qui administrait au nom de ce dernier. Le
Turc n'était là qu'un épouvantail stupide destiné à faire
trembler les Turcs aussi bien que les Grecs, et à pressurer les uns et les autres de manière à faire rentrer le
banquier dans ses avances (1).

Nous indiquons ici de la manière la plus sommaire
ce qui se passait entre les gouvernants turcs et les banquiers du Fanar. Ce même genre de transaction se re-
produisait dans une infinité de détails en descendant
l'échelle administrative. Le banquier byzantin, qui faisait de première main les affaires des ministres et celles
des hauts fonctionnaires turcs, avait dans les provinces
des correspondants, espèces de sous-traitants, qui lui
achetaient des nominations d'aga, de bey, de cadi, pour
les revendre aux Turcs de la classe inférieure. Plus

(1) Zallony, *Essai sur les Fanariotes.* — M. de Sismondi, *Revue encyclopédique.*

leurs profits étaient considérables, plus les gouverneurs subalternes, obligés de faire face à des engagements onéreux, devaient être habiles en vexations; chez ces derniers, la dureté, la férocité même, étaient devenues des qualités de métier : c'était sur elles que s'appuyait une des extrémités du système, car, en dernière analyse, le fonds de l'exploitation était dans le travail et les sueurs du peuple, et l'avidité des facteurs de la tyrannie ne ménageait pas plus les musulmans que les chrétiens.

Il n'y a rien au-dessous de l'état de dégradation auquel est descendu le gouvernement turc sous la tutelle de ses affranchis, Arméniens, Grecs, ou juifs ; mais son apathie, sujette à de frénétiques réveils, leur a souvent rendu l'opulence dangereuse. En faisant peser sur eux une responsabilité plus grande encore que leur influence, il les avait mis dans l'impossibilité de jamais séparer leurs intérêts du sien. L'esclavage des Grecs était la condition de leur existence : on conçoit ainsi combien devait être vive leur opposition à des progrès intellectuels dont la tendance était si marquée. La civilisation, contrariée dans son développement, engagea avec les représentants du despotisme ottoman une lutte moins dramatique que la lutte armée soutenue par les Clephtes, mais décisive. Les négociants qui s'étaient conservés purs de toute connivence avec le pouvoir s'attaquèrent à la vénalité musulmane et triomphèrent en renchérissant sur leurs adversaires. L'esprit d'association qui, dans ces efforts réunis, se développait chez eux à un degré fort remarquable, obtint sur l'esprit d'intrigue et la souplesse des Fanariotes de nombreux et considérables avantages. Les capitaux, consacrés par les négociants à un système raisonné d'améliorations, fondaient en Grèce des hôpitaux, des écoles primaires, étaient employés à des travaux d'utilité publique, à payer la rançon des Grecs tenus prisonniers par les gouverneurs turcs, à procurer des soulagements à ceux dont on ne pouvait obtenir la liberté, à payer au dehors l'éducation de jeunes gens pauvres. Les Turcs mettaient à haut prix cette tolérance, mais leur défaut de prévision s'étendait à tout, et les Grecs profitaient de ce laisser-aller en achetant concession sur concession.

Parmi les négociants grecs du continent et des îles, il y en eut qui, dès les premiers symptômes d'insurrection contre la Porte, blâmèrent toute réaction armée, et pensèrent que l'affranchissement ne pourrait sortir que d'un état de civilisation plus avancé; qu'à la longue on détruirait pièce à pièce et par un effort inaperçu la domination musulmane. D'autres pensèrent qu'il fallait seconder les mouvements insurrectionnels des habitants de l'Épire et de la Morée. Lors de la levée de boucliers qui eut lieu dans cette province en 1770, le célèbre Varvaki, négociant d'Hydra, arma à ses frais un vaisseau qui fit beaucoup de mal aux Turcs dans ces parages et seconda l'escadre russe. Après la retraite des Orloff, il fut obligé de s'expatrier. Dix années après, le fameux pirate Lampros trouva des auxiliaires parmi les navigateurs d'Hydra, de Spetzia, de Psara. Depuis cette époque, le commerce des insulaires de l'Archipel ayant pris une rapide extension, les négociants qui s'étaient livrés à de plus vastes spéculations, ayant eu à compromettre des fortunes plus considérables, se sont montrés moins disposés à courir les chances d'une révolution. On assure, toutefois, qu'en 1808 ils offrirent à l'un des fils d'Ali-Pacha de le reconnaître pour chef politique, s'il voulait se rendre parmi eux avec quelques troupes, et proclamer l'indépendance des îles de l'Archipel. Beaucoup d'autres projets ont eu pour but d'obtenir, sous le protectorat de la Russie, une demi-émancipation politique et la constitution républicaine dont les îles Ioniennes avaient joui sous les Russes avant 1807.

Quoi qu'il en soit de toutes ces tentatives avortées ou de ces projets demeurés sans exécution, il est certain que la classe éclairée, riche, industrieuse, créée par le commerce au sein de la nation grecque, a constamment tendu, par ses progrès en tout genre, à rompre l'espèce d'équilibre qui, depuis la conquête, avait existé entre les moyens d'oppression des conquérants et les moyens de résistance des subjugués. Mais il y avait un point où cette révolution, non sanglante et progressive, devait changer de caractère et devenir une guerre à mort: c'était celui où les Turcs, sortant de l'engourdissement et se réveillant sur un gouffre, seraient forcés de reconnaître à leurs dépens cette immense vérité, que pour les peuples opprimés il n'y a qu'un pas de l'opulence à l'affranchissement. Les imprudences commises par la fameuse société des Hétéristes ont beaucoup hâté ce moment; l'éclat prématuré de l'insurrection en Moldavie et en Valachie l'a tout à fait déterminé. Une seule alternative s'est présentée au gouvernement turc, celle d'exterminer ou d'affranchir des esclaves devenus redoutables, et il a pris le parti qu'on pouvait attendre d'un égoïsme superstitieux et féroce: il s'est entouré d'une vaste terreur et a précipité le mouvement qu'il voulait comprimer. Nous examinerons prochainement (1) quel a été le rôle de la puissance commerciale dans la réaction militaire, quelle part elle a eue dans l'action gouvernementale qui a constitué politiquement la Grèce moderne aux yeux des peuples civilisés. Jusqu'ici nous nous sommes bornés à établir comment elle a préparé le retour d'une existence politique. Assurément, elle n'est pas la seule à qui il faille attribuer cette régénération surprenante; d'autres influences, avec un succès que nous avons dû parfois contester, ont marché concurremment au même but. Mais en faveur de celle dont les historiens ont généralement tenu le moins de compte, nous avons réuni tous les faits selon nous dignes d'observation. Si nous ne nous en sommes pas exagéré l'importance, cet exemple d'une nation qui se rachète de l'esclavage par le travail et l'intelligence est l'une des plus grandes et des plus salutaires leçons que puisse donner l'histoire à ceux pour qui elle est faite.

(*Le Producteur*, 6ᵉ numéro.)

(1) Carrel n'eut pas occasion de tenir cette promesse.

[Défense de l'épigraphe du journal *le Producteur* : « L'âge d'or,
qu'une aveugle tradition a placé jusqu'ici dans le passé, est
devant nous. »]

A propos d'une brochure

Intitulée : D'UN NOUVEAU COMPLOT CONTRE LES INDUSTRIELS.

Nous devons nous borner, au dire d'une brochure
tout récemment lancée contre le *Producteur* (1), à répéter, après nous être efforcés de les comprendre, les
vérités découvertes par Smith, Mill et Ricardo, à conseiller la multiplication des canaux et l'entreprise des
chemins de fer. La tâche serait encore assez belle, et
nous l'accepterions, si, pour avoir un but et prendre
une marche décidée, nous avions attendu les admoni-
tions d'un censeur, même plus poli que M. de Stendhal.
Cherchant ici, non pas à flatter l'orgueil d'une classe
d'hommes que M. de Stendhal appelle noblement les
marchands de calicots (2), mais revendiquant pour le
travail la considération qui lui fut trop longtemps refusée par l'oisiveté puissante, nous ne disons pas *honneur à qui dîne bien*, mais honte à qui dîne mal par sa
faute ; nous ne disons pas *reconnaissance à qui s'enrichit
en ruinant les autres*, mais reconnaissance à qui sait augmenter son bien-être en contribuant à celui du plus grand
nombre, reconnaissance à tout citoyen qui sait appartenir

---

(1) Chez Sautelet, libraire, place de la Bourse (par Frédéric de Stendhal,
dont le véritable nom, comme on sait, était Beyle).

(2) On sait combien cette désignation serait maladroite, si, trompés par
une particule et un nom d'emprunt, nous avions injustement attribué la
brochure à un grand seigneur.

à la société aussi bien par les jouissances intellectuelles ou matérielles qu'il lui offre que par celles qu'il lui emprunte.

Les *travailleurs* ne sont pas pour nous une classe dans la société, mais la société même. Et, dans cette combinaison d'efforts qui s'appuient et réagissent l'un sur l'autre, loin de les repousser, nous appelons à nous la haute coopération du génie, nous invoquons la sublime influence des grandes vertus.

Nous voulons de plus établir une mesure commune entre les plus distingués et les plus sincères services rendus au corps social par toutes les classes de citoyens utiles. Elle existe cette mesure commune entre le travail de l'artisan qui nourrit une famille, qui ne va pas, le jour d'une fête royale, disputer sa part d'une gratification insultante, et les talents du député qui, comme Foy, défend à la tribune les intérêts de cet homme du peuple. Elle existe entre le boutiquier, le fabricant, le banquier, le négociant, qui dotent aujourd'hui les fils du député fidèle, et le statuaire, le peintre, l'écrivain (1), le poëte, qui rendront immortels ses exemples. Si nous n'avons qu'un mot pour désigner les divers degrés d'*utilité* marqués par la position, les lumières ou l'ordre de facultés des *travailleurs*, ce mot assimile et n'égalise pas entre eux les services rendus. Il exprime du moins une idée grande et pleine d'avenir : celle de l'application des forces que chacun a reçues à tous les développements dont la perfectibilité humaine est susceptible. Il flétrit toute existence fondée sur la faveur des cours

(1) Souscription pour les fils du général Foy.

ou dévouée au maintien des abus et des préjugés anti-
sociaux. Et cela suffit pour que beaucoup d'oisifs
le trouvent impie, révolutionnaire ou de mauvais goût.

Le titre de *travailleurs*, longtemps abandonné à la
gent corvéable, peut bien, dans l'extension que nous lui
donnons, exciter l'hilarité de qui s'enveloppe du parasite
manteau de frondeur, et met sa gloire dans la vogue
d'un bon mot; mais, pour ces hommes dont les noms
respectables ont été si indiscrètement invoqués contre
nous, il sera l'expression, sinon brillante et poétique,
au moins honorable et rigoureuse, des efforts intellectuels à qui nous devons leurs chefs-d'œuvre; des fatigues, des sacrifices, des dangers même qui ont illustré
leur carrière. Aucun d'eux, homme d'État, homme de
guerre, savant, négociant, philosophe, ne rougira d'être
appelé travailleur, comme ayant payé sa dette à la patrie,
à l'humanité tout entière.

Nous avons excité, il est vrai, la classe des banquiers
à mériter parmi les travailleurs l'importance morale
que lui donne l'activité matérielle de son rôle. Et,
comme si nous avions réclamé pour cette classe une
considération anticipée, on a argué contre nous de faits
que nous-mêmes avons énergiquement blâmés, de fautes
que nous avons déplorées; on nous a demandé quel
riche industriel a sacrifié jamais ses millions, comme
Lafayette, Carnot, Bertrand ont sacrifié leur fortune,
leur personne et leur position sociale. A cela nous ré-
pondrons que, tenant compte au passé de ce qu'il offre
de grand, nous n'avons cité, pour établir nos doctrines,
ni l'exemple des hommes ni celui des choses qui lui appartiennent; et que nous demandons à l'avenir un état

de choses dans lequel personne n'ait à faire abnégation
de soi-même, et où tous les intérêts bien entendus soient
solidaires et garants l'un de l'autre.

Cet avenir, auquel nous conduit la marche des choses
et des idées, sera moins fécond peut-être en vertus trans-
cendantes; mais celles-ci ne brilleront plus dans un
milieu vicieux et corrompu. Le *travail*, dont l'ingénieux
Franklin fit toute la science du bonhomme Richard,
sera le dernier réformateur de la vieille Europe. Les
progrès des lumières et du bien-être feront germer des
vertus publiques là où il n'y a trop longtemps eu que
des vertus privées. Le sanctuaire des sciences, des arts
et de l'industrie redeviendra pour nous ce Panthéon
national dont naguère fut déshéritée notre gloire militaire : c'est ainsi que nous prétendons matérialiser la
société.

Nous avons été précédés dans cette carrière par un
publiciste dont nous ne craignons pas de paraître les
disciples. Toutefois nous n'avons usé qu'avec une extrême sobriété des pensées échappées à cette âme dé-
vorée du besoin d'être utile. Nous avons distingué celles
des opinions de Saint-Simon dont l'application est déjà
possible de celles qu'une prévision trop active n'a pu
entourer de certitude, et dont la réalisation appartient
à une époque beaucoup plus éloignée de nous. Et cependant c'est de ces dernières que M. de Stendhal s'est
toujours servi contre nous. Nous ne nous chargeons pas
de répondre à toutes les excellentes plaisanteries lan-
cées par lui contre un homme qu'il faudrait placer au
rang des bienfaiteurs de l'humanité, n'eût-il établi
qu'une vérité, celle qui nous sert d'épigraphe : « L'âge

d'or, qu'une aveugle tradition a placé jusqu'ici dans le passé, est devant nous. »

Quant à ce qui nous est personnel dans la brochure de M. de Stendhal, nous ne saurions nous en occuper ici. Cette feuille ne doit pas s'ouvrir à une polémique qui n'intéresserait que l'amour-propre des rédacteurs, surtout si, pour entrer en lice avec un prétendu adversaire, il fallait descendre dans le trivial, c'est-à-dire sur le terrain d'où sont parties les pasquinades que nous avons lues.

(Le Producteur, 10ᵉ numéro.)

[Carrel écrivit dans le *Constitutionnel* deux articles sur l'*Histoire de la Révolution française,* par M. Thiers. Le premier s'occupe des tomes V et VI ; le second, de la deuxième édition de l'ouvrage.]

Histoire de la Révolution française, par M. A. Thiers.

Tomes V et VI.

Ce vaste tableau continue à être largement dessiné par le jeune historien, dont les forces semblent s'accroître à mesure que son entreprise devient plus difficile. Ces grandes scènes si dramatiques d'une nation entière qui se réveille, d'une antique monarchie qui s'écroule, de la vieille France qui se rajeunit au nom de la liberté, de l'ère constitutionnelle qui commence et succède aux secrets d'État de la politique de Versailles,

ont fait place à toutes les conséquences d'une lutte violente et d'un bouleversement général. Voici les abus et les
excès d'un peuple esclave saisissant tout à coup la dictature ; voici les embarras inextricables où le brusque
changement des intérêts, des idées, des rapports, des
lois, des mœurs, des choses et des personnes précipitent
une population de vingt-cinq millions d'hommes. Tout
est détruit, tout est à créer : l'autorité au milieu de
l'anarchie, le crédit au milieu de la défiance universelle
et de la banqueroute, les vivres au milieu de la disette,
l'ordre au milieu de l'insurrection de presque tous les
départements, les armées lorsque les soldats manquent,
la victoire enfin au milieu des défaites qui ont livré nos
frontières à l'étranger.

Ce rapide aperçu épouvante. Que serait-ce si on allait
aux détails ? La vie d'un homme ne semble pas trop
longue pour se reconnaître au milieu de ces décombres,
pour en classer les matériaux et reconstruire l'édifice
social. Une année suffit à la Convention, qui, après
avoir sauvé la République par l'énergie et la victoire,
lui rend un dernier service, celui de se désarmer elle-
même, en jetant pour dernière proie à l'échafaud ses
propres chefs, les hommes qui avaient organisé la terreur ; une année suffit, mais cette année est un siècle
pour l'historien.

Tant qu'on s'arrête aux événements, quelque multi-
pliés, quelque prodigieux qu'ils soient, on comprend
qu'ils inspirent et qu'ils soutiennent le narrateur qu'ils
avaient d'abord effrayé. L'insurrection et la soumission
des départements, les frontières envahies et reconquises,
la coalition européenne, la Vendée, la levée en masse,

la fête de l'Être suprême, le tribunal révolutionnaire,
le meurtre de Marat, le procès de Charlotte Corday,
l'arrestation générale des suspects, le siége de Lyon, le
supplice de Danton et de ses amis, madame Rolland,
les missions des Carrier et des Lebon, la bataille de
Fleurus, les triumvirs Robespierre, Couthon et Saint-
Just, voilà des personnages, voilà des spectacles qui,
sous une plume vulgaire, captiveraient encore l'attention des lecteurs, et qui n'ont besoin que d'être exposés pour exciter le plus vif intérêt. C'est assez dire
combien est profonde l'impression qu'ils nous laissent
quand ils sont reproduits avec cette chaleur, avec ce
mouvement de style qui caractérisent le talent de
M. Thiers, et qui nous représentent les faits historiques
sous leurs formes naïves, sous leurs formes vivantes.
C'est ici l'occasion de tempérer l'éloge par la critique.
La phrase de notre jeune auteur est vraie, large, ani-
mée; mais elle est souvent incorrecte : lorsqu'il écrit,
on pourrait croire qu'il improvise; sans cesser d'être
simple et naturelle, sans être ce qu'on appelle oratoire,
sa manière de dire tient pourtant de l'orateur qui cède
à l'inspiration, et songe plus à la pensée qu'à l'arrangement des mots et à l'exactitude des règles. Cela est bon
pour l'oreille, mais les yeux sont plus difficiles.

Revenons à la différence que nous voulons établir
entre le mérite, fort remarquable sans doute, de raconter dramatiquement des événements dramatiques de
leur nature, et le mérite tout à fait supérieur, tout à fait
rare chez un jeune homme, d'apprécier les choses avec
justesse et précision, de résumer en quelques traits tout
ce qu'il vient de dérouler sous nos yeux, de débrouiller

des intrigues restées obscures jusqu'à ce jour, et de porter une lumière nouvelle dans ce labyrinthe dont le fil a été rompu par l'intérêt et la passion plus encore que par le temps qui s'est écoulé.

Mais, dans la multitude des détails qu'il fallait coordonner au plan général sans retenir l'action historique ; dans cette foule d'incidents qui naissent les uns des autres et s'embarrassent autour des événements généraux qu'ils compliquent ; dans ces épisodes simultanés qui forcent l'historien de la Révolution à courir de la Convention nationale aux frontières, des jacobins aux fédéralistes, de la Constitution de l'an II à la proclamation royaliste des Vendéens, de la prise de Mayence à l'anniversaire du 10 août, de Toulon au comité de salut public, de l'ordre qui enjoint aux armées de vaincre dans un délai fort court à la condamnation de Custine et à l'arrestation des soixante-treize députés, des proscriptions de Lyon à l'intérieur des prisons de Paris ; au milieu de cette fièvre où une vie est pleine en quelques jours, il y avait deux choses difficiles à saisir, difficiles à connaître, difficiles surtout à bien montrer et à expliquer sans froideur et sans confusion : c'est d'abord la partie technique des campagnes de la Révolution, dont nous ne voyons que les résultats et les miracles ; ce sont les changements immenses qu'elles ont apportés dans l'art de la guerre, changements auxquels l'Empire doit sa gloire, auxquels l'Europe devra peut-être une situation nouvelle ; car la tactique modifiée modifie la politique, et les batailles par masses compromettent trop les gouvernements et les nations pour ne pas amener de longues trêves. Le génie militaire a tenté l'homme de lettres; mais il l'a tenté au profit de l'histoire, qui en acquiert plus d'importance et de clarté.

La seconde partie, où il fallait bien de la science pour ne nous donner que des résultats simples et lucides, c'est la partie financière. Les chiffres de la Révolution étaient, il faut en convenir, un problème que personne n'avait su résoudre utilement pour le public, et c'était, de nos jours, un des chapitres les plus essentiels de cette histoire. Tout ce qui concerne les assignats, le maximum, l'emprunt forcé, l'institution du grand livre, nous semble traité de main de maître, et la raison que nous en donnons n'est pas tirée de nos connaissances particulières, mais de notre ignorance même, qui s'est trouvée instruite par un exposé plein de sens, et frappée de lumière par l'évidence des faits.

Après nous être expliqué franchement sur le style de l'écrivain dont nous croyons pouvoir être juge, nous n'émettrons que des doutes sur un point purement historique. Malgré ses assertions contraires, nous sommes toujours prévenu de l'idée que les intrigues de l'étranger ou celles de l'émigration ont été plus actives, plus nombreuses, plus puissantes dans l'intérieur de la France que ne le pense M. Thiers. Toulon, la Vendée et Lyon soulèvent une partie du voile qui couvre encore les manœuvres de Paris. Le premier club national fondé par des royalistes rend au moins très probable la présence de ceux-ci dans les clubs révolutionnaires. Joignez à ces indications les données certaines que l'on a sur des agences qui ont subsisté jusqu'à la fin de l'Empire, les aveux d'Imbert, de Froment, de Fauche Borel, les Mémoires de Puisaye et de quelques autres, et la

question d'une intervention secrète sous le masque du
jour restera du moins indécise.

A défaut d'une analyse complète, à laquelle se refuse
le cadre de notre feuille, nous voudrions bien indiquer,
par quelques courtes citations, la manière dont M. Thiers
a écrit et entendu son *Histoire de la Révolution*, la première où cette magnifique et terrible époque soit décrite
avec l'étendue et l'impartialité convenables, la première qui unisse l'intérêt des mémoires particuliers à
l'ensemble historique, qui mêle la peinture des mœurs
et des hommes au récit politique des événements ; mais
ces citations ou seraient trop longues ou ne produiraient
pas leur effet naturel comme pensées détachées de leurs
preuves et des exemples qui les amènent et les justi-
fient. Parmi les morceaux que nous avions marqués
pour les transcrire, si l'espace nous l'eût permis, nous
regrettons surtout celui qui concerne les scènes qu'offrait l'intérieur des prisons au commencement et au
fort de la Terreur. Là se montre tout entier l'esprit français et se développent les plus beaux caractères ; là ,
la tragédie et la comédie trouveraient à la fois des sujets auxquels nulle imagination humaine n'aurait pu
atteindre. Nous indiquerons encore et le procès des
girondins et les réflexions qu'il inspire au narrateur,
réflexions applicables à d'autres temps. Nous nous bornons à renvoyer le lecteur aux aperçus de la campagne
de 93 et de toute cette mémorable et terrible année où,
comme le dit M. Thiers, on administrait, on combattait,
on égorgeait avec un ensemble effrayant, et nous terminerons par le résumé général qui suit l'exécution de
Robespierre :

« Telle fut cette heureuse catastrophe qui termina la marche ascendante de la Révolution pour commencer sa marche rétrograde. La Révolution avait, au 14 juillet 1789, renversé l'ancienne constitution féodale ; elle avait, aux 5 et 6 octobre, arraché le roi à sa cour pour s'assurer de lui ; elle s'était fait ensuite une constitution, et la lui avait confiée en 1791, comme à l'essai. Regrettant bientôt d'avoir fait cet essai malheureux, désespérant de concilier la cour avec la liberté, elle avait envahi les Tuileries au 10 août et plongé Louis XVI dans les fers. L'Autriche et la Prusse s'avançant pour la détruire, elle jeta, pour nous servir de son langage terrible, elle jeta, comme gant du combat, la tête d'un roi et de six mille prisonniers ; elle s'engagea d'une manière irrévocable dans cette lutte, et repoussa les coalisés par un premier effort. Sa colère redoubla le nombre de ses ennemis ; l'augmentation de ses ennemis et du danger redoubla sa colère et la changea en fureur. Elle arracha violemment du temple des lois des républicains sincères, mais qui, ne comprenant pas ses extrémités, voulaient la modérer. Alors elle eut à combattre une moitié de la France, la Vendée et l'Europe. Par l'effet de cette action et de cette réaction continuelle des obstacles sur sa volonté et de sa volonté sur les obstacles, elle arriva au dernier degré de péril et d'emportement ; elle éleva des échafauds, et envoya un million d'hommes sur les frontières. Alors, sublime et atroce à la fois, on la vit détruire avec une fureur aveugle, et administrer avec une promptitude surprenante et une prudence profonde. Changée, par le besoin d'une action forte, de démocratie turbulente en dictature absolue, elle devint réglée, silencieuse et formidable. Pendant toute la fin de 93 jusqu'au commencement de 94, elle marcha unie par l'imminence du péril; mais, quand la victoire eut couronné ses efforts, à la fin de 93, un dissentiment put naître alors, car des cœurs généreux et forts, calmés par le succès, criaient : *Miséricorde aux vaincus!* Mais tous les cœurs n'étaient pas calmés encore, le salut de la Révolution n'était pas évident à tous les esprits : la pitié des uns excita la fureur des autres, et il y eut des extravagants qui voulurent, pour tout gouvernement, un tribunal de mort. La dictature frappa les deux nouveaux partis qui embarrassaient sa marche. Hébert, Ronsin, Vincent périrent avec Danton, Camille Desmoulins. La Révolution continua ainsi sa carrière, se couvrit de gloire dès le commencement de 1794, vainquit toute l'Europe et la confondit. C'était le moment où la pitié devait enfin l'emporter sur la colère, mais il arriva ce qui arrive toujours : de l'incident d'un jour on voulut faire un système. Les chefs du gouvernement avaient systématisé la violence et la cruauté, et, lorsque les dangers et les fureurs étaient passés, ils voulaient égorger et égorger encore; mais l'horreur publique s'élevait de toutes parts. A l'opposition ils voulaient répondre par le moyen accoutumé : la mort. Alors un même cri partit à la fois de leurs rivaux de pouvoir, de leurs collègues menacés, et ce cri fut le signal du soulèvement général. Il fallut quelques instants pour secouer l'engourdissement de la crainte, mais on y réussit bientôt, et le système de la terreur fut renversé. »   (*Constitutionnel.*)

Histoire de la révolution française, par M. A. THIERS.

Deuxième édition.

Ce n'était ni aux témoins ni aux acteurs de la Révolution française qu'il appartenait d'en écrire l'histoire.
Ceci a été prouvé quand deux jeunes gens sont venus
porter sur les maux et les bienfaits de cette crise le premier
jugement de la génération née avec le siècle. Depuis, on
n'a plus lu que comme des mémoires les histoires de la
Révolution composées sous l'influence des impressions
du temps. On devrait maintenant avoir compris que de
tels ouvrages ne méritent pas même de figurer comme
monuments contemporains à côté des journaux, des
pamphlets, des papiers d'État, des relations diplomatiques et militaires ; c'est uniquement dans ces pièces
que se trouve l'histoire telle qu'ont pu l'écrire, en sou-
tenant la Révolution ou en la combattant, les hommes,
si divers de caractères et de passions, si opposés de doctrines et d'intérêts, entre lesquels s'étaient distribués
les rôles d'action et de résistance. Les plus remarquables
d'entre ces combattants, ceux qui pourraient aujourd'hui
nous révéler, non le secret de leur parti, comme on le
croit à tort, mais peut-être de redoutables mystères de
l'âme humaine, sont morts de bonne heure ; il était dans
la nature des choses qu'ils succombassent en remplissant
des tâches ou trop périlleuses ou trop épouvantables.
Les hommes de second ordre que la proscription, la
guerre, les calamités de tout genre ont laissés debout,
et qui ont voulu mettre à profit l'avantage de survivre à
leurs amis et à leurs ennemis, n'ont guère fait que

nous découvrir d'incurables blessures d'amour-propre et des animosités devenues suspectes.

Si de pieux égards sont dus aux vétérans d'une génération, l'orgueil du dix-huitième siècle, du moins l'histoire ne peut plus être une arène livrée aux vanités dernières des partis qui divisèrent cette génération. Il ne restera bientôt plus des partis qu'un souvenir; la cause qui leur fut commune vivra pour notre temps. Cette cause, il faut en convenir, avait perdu son imposant caractère à l'époque où MM. Mignet et Thiers commencèrent leurs travaux sur la Révolution. Les contemporains ne la défendaient plus que par époque, suivant le rôle qu'ils y avaient joué, le parti auquel ils avaient appartenu, les intérêts qu'ils avaient compris; et il y avait telle époque, tel parti, tel intérêt, dont les représentants gardaient un silence obligé. Ceux qui, moins compromis, pouvaient se présenter au combat, sommés chaque jour d'accepter ou de répudier la Révolution tout entière, se tiraient de la difficulté en s'indignant plus haut que leurs adversaires contre ce qui, dans la Révolution, n'était point eux ou leur parti. La jeunesse qui s'élevait alors était victime de ce système maladroit et faux. Les imprudentes résistances, les inutiles complots par lesquels elle essayait de soutenir en son particulier la vieille cause, telle qu'elle la concevait, étaient réprimés par des lois de mort comme des acheminements à une seconde révolution.

Le livre de M. Mignet parut le premier, et fut, au milieu de disputes sans courage et sans bonne foi, une sorte de rappel à la dignité nationale. Il invitait les esprits à revenir au vrai sur la Révolution, à se rappeler la justice éternelle de ses prétentions, à l'approuver dans l'invincible persévérance de ses efforts, à la comprendre en chacune des nécessités imposées par l'alternative de vaincre ou de périr; enfin, à l'accepter tout entière, sans crainte de retour, parce que, victorieuse, elle était accomplie. Ce livre produisit une sensation très grande. Il se trouva dans la raison du jeune historien une autorité qui tranquillisait les consciences ébranlées par l'âge, et qui rendait à la jeunesse découragée de nouveaux motifs d'espoir et de fierté. L'histoire de M. Mignet n'a point cessé depuis de se répandre ; elle a conquis les hommes de bonne foi dans toutes les opinions. Grâce à elle, en partie, on ne craint plus de regarder la liberté défendue par le comité de salut public et la liberté qui est aujourd'hui dans nos vœux comme une seule et même cause. Les adversaires de cette cause sont incapables de ressaisir jamais leurs anciens avantages; c'est assez dire que ses partisans dans la génération actuelle ne sauront jamais par expérience ce que les extrémités du danger peuvent conseiller à certaines âmes. Or, de toutes les garanties de stabilité, voilà la plus sûre qu'un gouvernement puisse avoir parmi nous s'il veut la comprendre.

Le précis de M. Mignet venait à peine de reporter la Révolution à sa distance de nous, les esprits, en la contemplant dans cet éloignement, s'étonnaient encore de n'éprouver plus ni crainte ni haine, lorsque parurent les premières livraisons de la grande histoire que M. Thiers a achevée seulement l'an dernier, et dont la réimpression est déjà entamée. De bonne heure aussi, M. Thiers avait pu s'indigner de notre injustice envers

un temps qui nous a faits ce que nous sommes, et, à cet
égard, nul esprit n'avait eu à convertir le sien. Mais ce
qui, dans la Révolution, l'avait surtout frappé, c'était
ce qu'une belle imagination d'artiste, une âme propre à
sympathiser avec l'élévation et la force en toutes choses,
une intelligence également sûre de deviner le vice
rampant et de lire au front du génie, ne pouvaient
rencontrer ailleurs; c'était, de plus, ce qu'un savoir
aussi varié qu'étendu dans toutes les branches de la
politique ne pouvait approfondir que là. Les grands
phénomènes de l'ambition et de la colère chez les
individus n'avaient pas été peints; ceux de l'activité
dans le gouvernement n'avaient pas été étudiés. Et
cependant, quoi de plus profondément tragique comme
développement de passions! quoi de plus surprenant
comme effort de puissance, que le spectacle donné au
monde par la France dans les douze dernières années
du grand siècle!

Une révolution commence, non-seulement juste,
mais bienveillante, aussi raisonnable dans ses vœux que
pure dans ses intentions. Tout à coup, la colère et le
bon droit, le génie de quelques hommes, la force et
l'imbécillité des masses, doivent s'armer en commun
contre des résistances auxquelles l'innocence si regrettable des premiers jours de liberté n'avait pas songé.
Dans cette alliance, tout ce qu'une société régulière
peut recéler de grandeurs inconnues et d'impuretés
incroyables est mis à découvert par la tempête, et porté
par elle à la place même où un trône avait été respecté
pendant quatorze siècles. Un peuple qui se dit souverain,
une assemblée qui obéit et qui gouverne, une société

qui n'a plus ni dieux ni foyers, une levée en masse qui
vit presque nue et se bat sans pain, sont mêlés et con-
fondus, agissant aux pieds de la mystérieuse puissance
que chacun appelle la Terreur, et qui s'est proclamée
elle-même et nommée ainsi. Devant cette puissance
indéfinissable, tous sont égaux. Elle n'a pas deux jours
de suite les mêmes ministres. Nul, depuis le héros
jusqu'à la faible femme, ne refuse sa tête quand elle la
demande, et, chose incroyable! ces hommes toujours
prêts à partir, et qui n'ont pas de lendemain dont ils
osent disposer comme pères, comme époux, comme
fils, travaillent sans relâche jusqu'à ce que le bourreau
les appelle; ils travaillent pour quelque chose qui leur
survivra, et qu'ils appellent encore la cause de la liberté!
Est-ce folie, vertu, mépris du ciel, ou bien adoration
intérieure des voies de cette Providence que jamais
homme n'a niée sans être à la veille d'y croire encore?
Ce peuple n'est point tombé dans l'engourdissement ni
dans l'inaction; il a comme des vertiges d'activité et
d'intelligence; c'est au milieu des scènes de mort que
la science du gouvernement s'établit, que le crédit est
inventé, que l'administration s'organise, que tous les
arts de la guerre sont portés à un point inconnu de
perfection, que des généraux incomparables se forment
à la tête de nos armées. Le 18 brumaire arrive; Marengo
éclate, une année de paix s'écoule, et cette nation qui,
derrière l'immense rideau de ses quatorze armées,
apparaissait de loin à l'Europe comme un monstre
dévorant ses propres entrailles, la voilà tout à coup
plus rassise et plus florissante que ses ennemis! Mais
de la liberté, plus un souvenir, comme si le mot n'eût

jamais été prononcé, et que la Bastille n'eût pas été prise.

Il y a dans le commencement, dans la fin et dans toutes les phases de ce délire, qu'éprouva un peuple renommé jusque-là par la douceur presque molle de ses habitudes, une conviction de bon droit, une énergie et une majesté de désespoir, une réflexion de cruauté, une volonté de salut, une beauté d'efforts et de sacrifices, qui portent l'admiration dans l'âme en même temps que l'effroi, et devant qui s'effacent bien vite l'odieux et le ridicule cherchés dans de telles scènes par de vulgaires esprits. Quelle rare beauté de talents n'est-ce point que celle du jeune écrivain qui, comprenant et sentant le premier toutes ces choses à la fois en poëte, en moraliste, en esprit supérieur, a su leur donner la vie dans un récit entraînant de mouvement, si habilement composé, si harmonieux de ton, si constamment soutenu par l'inspiration, que les continuels changements de théâtre et de rôle auxquels il est obligé ne s'aperçoivent point ! On est bien réellement conduit par l'historien aux carrefours, dans les grandes journées; à la Commune, aux Jacobins, aux Feuillants, dans les plus mémorables tumultes; à la Constituante, le jour où Mirabeau se fait entendre pour la dernière fois; à la Législative, dans la séance où Danton jette à l'Europe, pour défi, les terribles paroles de septembre; à la Convention, le jour où Vergniaud et Condorcet font leurs adieux au monde, ou bien quand Robespierre ose parler de clémence et Marat de pudeur. On est transporté, par cette même magie du récit, au milieu de la gloire et des misères de nos bivouacs républicains; on assiste, sous

la tente, aux conseils d'un Dumouriez, d'un Hoche, d'un
Bonaparte; on croit éprouver ce qu'est, au milieu de
tout cela, la vie réelle ; on voit le formidable mécanisme
de cette administration révolutionnaire qui s'est emparée
de tout, non pour détruire, mais pour modifier, pour
créer cette multitude de nouveaux rapports dont l'ensemble est la Révolution elle-même. L'illusion ne cesse
qu'au moment où l'on ferme le livre étonnant qui l'a
produite, et il ne reste plus qu'un vif sentiment de
curiosité pour le jeune guide sur les pas duquel on a
parcouru un champ d'émotions et d'enseignements si
vaste, et qui semble parfois vous avoir procuré des
moments de familiarité avec les grands hommes.

Il ne fallait pas moins que cette nouveauté de talent
pour que nous eussions enfin une histoire complète de
la Révolution, éloge bien grand pour qui comprend ce
que c'est, dans le sens de l'art, qu'une histoire complète.
M. Thiers a dit le premier quelle serait la tâche d'un
historien qui prétendrait l'être dans toute l'étendue de
ce mot; il a essayé le premier de remplir la tâche telle
qu'il l'avait tracée, et il l'a osé avec un juste sentiment
de ses forces. Rendons à tant de labeur et d'instruction,
à des facultés si peu communes et si jeunes encore, la
justice qui leur est due, et félicitons-nous de posséder
l'une des plus belles histoires qui aient été écrites
jusqu'à ce temps. C'est chose que nous serons heureux
de prouver en passant en revue, dans l'ordre de leur
réimpression, les livraisons de l'édition actuellement
sous presse. Ce sera moins servir l'auteur que profiter
de lui; car il n'y a point de sujet aussi important à
connaître pour la France que l'histoire de sa révolution,

et il n'y en a point sur lequel plus de grossières erreurs
sont encore amassées.   (*Constitutionnel.*)

[Dans la *Revue américaine*, recueil qu'il dirigea, Carrel publia
une biographie de la mère de Washington; la biographie est
un genre de travail pour lequel il avait du goût.]

La mère de Washington.

A l'époque où Washington fut nommé commandant
en chef des armées américaines, et peu de temps avant
qu'il allât rejoindre les troupes à Cambridge, la mère
de ce héros quitta sa maison de campagne pour s'établir
au village de Fredericksburg, situé moins loin du théâtre
de la guerre; elle y resta durant presque toute la lutte
révolutionnaire, placée sur la ligne des postes : tantôt
c'était un courrier qui passait, apportant la nouvelle
d'une victoire; tantôt c'était un messager de malheur,
annonçant les désastres d'une défaite; mais la fortune
favorable ou contraire ne put altérer le calme de son
âme. Mettant toute sa confiance en Dieu, elle montra à
ses concitoyennes que les vaines terreurs étaient indignes
des femmes dont les fils combattaient pour les droits de
l'homme, pour la liberté et pour le bonheur des siècles
futurs.

A la nouvelle de ce glorieux passage de la Delaware
qui vint relever les espérances abattues des Américains,
plusieurs des amis de mistriss Washington se réunirent
chez elle pour la féliciter. Elle les reçut avec dignité,

disant que l'événement était fort heureux ; que Georges
paraissait avoir bien mérité de la patrie ; et, comme les
patriotes ne cessaient de louer la conduite du général :
« Mes bons messieurs, répondit-elle, ceci est de la
flatterie... mais mon Georges n'oubliera jamais les
leçons que je lui ai données ; il ne s'oubliera pas lui-
même, en dépit de tant d'éloges. »

On a répandu le bruit absurde, et auquel personne
n'a pu ajouter foi, que la mère de Washington était
royaliste. Comme toutes les personnes qui avaient passé
l'âge de l'enthousiasme, cette dame douta longtemps
du succès des armes de son pays. Elle craignit que les
ressources des indépendants ne fussent insuffisantes
contre une nation aussi formidable que la Grande-
Bretagne, et que leurs soldats, braves, mais indisciplinés
et mal équipés, ne pussent soutenir le choc des phalanges
si bien éprouvées et si bien commandées du monarque
anglais. Mais ces appréhensions étaient aussi celles d'un
grand nombre d'hommes et même de patriotes ardents ;
et, lorsque mistriss Washington fut informée de la prise
de Cornwallis, elle s'écria, en élevant les yeux au ciel :
« Dieu soit loué, la guerre est terminée ; la paix, l'indépendance et le bonheur vont habiter notre patrie ! »

Mistriss Washington conserva jusqu'à l'âge de quatre-
vingt-deux ans une activité incroyable. Plusieurs habitants de Fredericksburg la citent encore comme un
modèle pour le gouvernement domestique. Elle était
dans l'usage d'aller tous les jours à sa petite ferme, où
elle montait à cheval, parcourant tous ses champs,
donnant ses ordres et en surveillant l'exécution. Quoiqu'elle fût peu riche, cette activité et l'ordre qu'elle

mettait dans toutes ses affaires lui procuraient les moyens
de faire d'abondantes aumônes. Rien de ce qui touche à
l'économie domestique (si nécessaire dans ces temps de
troubles et de privations) n'avait échappé à ses soins
attentifs.

A l'âge de quatre-vingt-deux ans, une maladie cruelle
(un cancer à l'estomac) l'obligea à ne plus sortir de sa
modeste habitation ; mais elle trouva de bien douces
consolations dans les soins que ses nombreux enfants et
petits-enfants lui rendirent jusqu'à ses derniers moments.
Sa fille, mistriss Lewis, lui était particulièrement chère.
Cette dame la pria souvent de venir passer le reste de ses
jours chez elle, et son fils lui offrit de consacrer le
Mont-Vernon à sa vieillesse ; mais elle répondit à tous
les deux : « Je vous sais gré de toutes vos offres ; mes
besoins sont peu de chose dans ce monde, et je me
sens capable de me suffire à moi-même. » Le colonel
Fielding Lewis, son gendre, lui ayant proposé un jour
de se charger de ses affaires : « Fielding, lui dit-elle,
tenez mes livres en règle, car vos yeux sont meilleurs
que les miens ; mais laissez-moi la direction du reste. »

Une seule faiblesse déparait peut-être cette âme
énergique ; c'était la crainte du tonnerre. Dans sa jeunesse une de ses amies, étant assise à table tout près
d'elle, fut frappée de la foudre et périt à l'instant. Le
souvenir de cette scène ne s'effaça jamais de la mémoire
de mistriss Washington. A l'approche d'un orage, on la
voyait fuir dans sa chambre, et elle n'en revenait que
lorsqu'il était passé.

Pieuse sans affectation, elle avait coutume de se retirer
chaque jour dans un lieu solitaire, et là, en *présence de*

la nature seule, elle adressait à l'Éternel ses fervente. prières.

Au retour des armées combinées de New-York, et après une absence qui avait duré près de sept ans, il fut enfin permis à cette mère de revoir et d'embrasser son illustre fils (1). Arrivé près de Fredericksburg avec une suite brillante et nombreuse, Washington envoya demander à sa mère quand il lui serait agréable de le recevoir : et, se détachant de son escorte, le maréchal de France, le commandant en chef des armées combinées de France et d'Amérique, le libérateur de sa patrie, le héros du siècle, vint, seul, à pied, présenter ses hommages à celle qu'il vénérait comme l'auteur de ses jours et de sa renommée. Nulles trompettes, nulles bannières déployées, ne proclamèrent son approche : il connaissait trop bien sa mère pour croire qu'elle serait touchée par l'appareil de l'orgueil et de la puissance.

Mistriss Washington était seule quand on lui annonça

(1) Le commandant en chef resta absent de son pays natal depuis le printemps de 1775 jusqu'à la fin de l'année 1781. Il avait coutume de faire venir sa femme auprès de lui à la fin de chaque campagne, et de la renvoyer au Mont-Vernon à l'ouverture de la campagne suivante ; aussi cette dame disait-elle que, pendant la guerre de la révolution, elle avait entendu le premier et le dernier coup de canon de chaque campagne. Une année qu'elle était restée plus tard que de coutume dans le camp formé sur l'Hudson, il arriva qu'une alarme fut donnée. L'ennemi, disait-on, s'approchait du côté de New-York. Les femmes des généraux Green et Knox et plusieurs autres se trouvaient en même temps au quartier général. Les compagnons de Washington proposèrent de les renvoyer sous bonne escorte. Le commandant en chef s'y opposa, disant : « Nous nous battrons mieux en présence de ces dames. » Tout fut préparé pour le combat ; mais l'ennemi, qui croyait surprendre les Américains, voyant leurs troupes en état de défense, se retira sans coup férir.

son fils. Elle le reçut en l'embrassant et en lui donnant les noms de son enfance; elle compta les rides que les soucis et les travaux avaient gravées sur son front, l'entretint beaucoup du temps passé, de ses vieux amis, et ne dit pas un mot de sa gloire présente.

Cependant le village de Fredericksburg se remplissait d'officiers français et américains, et de patriotes accourus des environs pour accueillir les vainqueurs de Cornwallis. Les citoyens du village préparèrent un bal magnifique, auquel mistriss Washington fut spécialement invitée. « Bien que mes jours de danse soient un peu loin de moi, dit-elle, je me ferai un plaisir de prendre part à la joie publique. »

Les officiers étrangers étaient impatients de voir la mère de leur général. Ils avaient entendu parler vaguement du caractère peu commun de cette femme; et, jugeant d'après ce qu'ils avaient vu en Europe, ils s'attendaient à ce qu'elle paraîtrait avec la pompe qui accompagne les dames d'un haut rang dans l'ancien monde. Grande fut leur surprise quand mistriss Washington se présenta dans la salle du bal, appuyée sur le bras de son fils, et portant le costume simple, mais élégant, des Virginiennes d'autrefois. Son air, quoique imposant, était plein de bienveillance. Elle reçut les compliments de tout le monde sans le moindre signe de vanité, et, après avoir joui quelque temps du plaisir des autres, elle observa qu'il était l'heure où les personnes âgées doivent se coucher, et se retira donnant le bras à Washington.

On était dans l'admiration de voir tant de simplicité dans une personne à qui tout semblait devoir inspirer une sorte d'orgueil. Les officiers français surtout se prosternaient devant cette force de caractère qui la rendait supérieure à sa propre grandeur. Ils disaient avec naïveté n'avoir rien vu de semblable en Europe, et on les entendit déclarer que si telles étaient les mères en Amérique, ce pays pouvait s'attendre à d'illustres enfants.

Ce fut à cette fête que, pour la dernière fois de sa vie, le général Washington dansa un menuet avec mistriss Willis. Le menuet était fort en vogue à cette époque; il était très propre à faire briller la belle figure et la taille élégante du général. Aussi les braves Français qui étaient présents affirmèrent-ils qu'on ne dansait pas mieux à Paris.

Avant son départ pour l'Europe, en 1784, le marquis de la Fayette se rendit à Fredericksburg pour voir la mère de son général et lui demander sa bénédiction.

Conduit par un des petits-fils de mistriss Washington, ils approchaient de la maison, lorsque le jeune homme s'écria : « Voici ma grand'maman, » et le marquis aperçut la mère de son honorable ami qui travaillait à son jardin. Quelques éloges que la Fayette en eût entendu faire, cette entrevue ajouta encore à son estime pour elle, et il demeura persuadé que les dames romaines pouvaient avoir des émules dans les temps modernes.

Le marquis parla des heureux effets de la Révolution, du glorieux avenir qui s'offrait à l'Amérique régénérée, annonça son prochain départ pour la France, paya à la mère son tribut d'amour et d'admiration pour le fils, et conclut en lui demandant sa bénédiction. Il obtint de l'octogénaire la faveur qu'il demandait; mais mistriss

Washington ne répondit que par ces paroles aux louanges qu'il avait prodiguées à son fils : « Je ne suis pas surprise de ce que Georges a fait ; car il a toujours été un *très bon garçon* (*very good boy*). »

Immédiatement après l'organisation du gouvernement actuel, et avant de se diriger sur New-York, le président de la république se rendit auprès de sa mère. « Le peuple, lui dit-il, vient de m'élever à la dignité de premier magistrat des États-Unis ; mais, avant d'en commencer les fonctions, je suis venu pour vous faire mes adieux. Dès que les lois du gouvernement me laisseront quelque relâche, je reviendrai dans la Virginie. » — « Et tu ne me verras plus, interrompit-elle ; mon grand âge et la maladie cruelle dont je suis affectée m'annoncent une mort prochaine ; mais va, mon cher Georges, accomplir les hautes destinées auxquelles Dieu semble t'avoir appelé ; que la grâce du ciel ne t'abandonne jamais, je te donne ma bénédiction. » Le président était profondément ému, sa tête était renversée sur l'épaule de sa mère, dont le faible bras entourait son cou ; il versait d'abondantes larmes ; mille souvenirs se présentaient à son esprit ; il se rappelait avec amour les soins qu'elle avait pris de sa jeunesse, et, s'il songeait à l'avenir, tout semblait lui annoncer une séparation éternelle.

Ses pressentiments n'étaient que trop fondés. Sa mère mourut à l'âge de quatre-vingt-cinq ans, avec le sentiment d'une vie bien employée et l'espoir d'en trouver la récompense.

Mistriss Washington avait une taille moyenne et bien proportionnée. La sœur du général était une très belle femme et ressemblait beaucoup à son frère; lorsqu'elle s'amusait à se vêtir d'un manteau et à se couvrir la tête d'un chapeau militaire, on la prenait facilement pour ce grand homme.

Dans ses derniers jours, mistriss Washington parla souvent de son *bon fils*, jamais du libérateur de la patrie. Était-ce insensibilité, était-ce défaut d'ambition? ni l'un ni l'autre. Lacédémonienne par son caractère, elle lui avait enseigné la vertu; sa gloire n'en était qu'une conséquence.   (*Revue américaine.*)

[Carrel connaissait et aimait l'Espagne. Dans la *Revue française*, il traça un excellent tableau de la révolution inévitable et progressive de ce pays, malgré les oscillations et les interventions. La marche des événements a pleinement justifié les vues du jeune sous-lieutenant devenu publiciste.]

De l'Espagne et de sa révolution.

ITINÉRAIRE DESCRIPTIF DE L'ESPAGNE. Troisième édition, revue et corrigée par M. le comte de Laborde, 5 vol. in-8. Paris, 1827, Firmin Didot.

HISTOIRE DE LA GUERRE DE LA PÉNINSULE SOUS NAPOLÉON, précédée d'un tableau politique et militaire des puissances belligérantes, par le général Foy. 4 vol. in-8, Paris, 1827, Beaudoin frères.

MÉMOIRES DE D. JUAN VAN HALEN, chef d'état-major d'une des divisions de Mina en 1822 et 1823, 2 vol. in-8. Paris, 1827, Jules Renouard.

La situation actuelle de la Péninsule excite peu l'attention et peut-être encore moins l'intérêt de l'Europe. Il en est de l'Espagne à peu près comme de l'Italie : ceux qui ont détruit avec tant de facilité la liberté dans les deux pays les méprisent à cause de leur faible résistance ; et ceux qui firent des vœux pour la cause des constitutionnels de Naples et de Cadix ne leur pardonnent pas d'avoir compromis cette cause, d'avoir trompé leurs espérances ou fait mentir leur prophéties.

Si, depuis quarante ans, l'Espagne et son gouvernement avaient été plus en rapport de progrès et d'intérêts avec les autres nations d'Europe et leurs gouvernements, on ne s'étonnerait pas des sollicitudes de la sainte alliance pour la royauté espagnole et de la petite rancune des libéraux de tous les pays contre les *libérales* d'Espagne. Mais le mot fameux : « Il n'y a plus de Pyrénées, » n'est pas plus juste aujourd'hui qu'il ne l'était au commencement du dernier siècle, et c'est un des malheurs de l'Espagne qu'on ne soit pas convaincu de cela. Mal connue, elle est exposée aux influences extérieures les plus diverses et les plus désastreuses. Sans le zèle des étrangers amis de la liberté, elle n'aurait peut-être pas récemment éprouvé l'inimitié de ceux que tout progrès indigne et effraye.

C'est parce que Napoléon ne connaissait pas l'Espagne qu'il lui prit fantaisie de la donner comme un apanage de famille au plus mou et au plus incapable de ses frères. C'est parce qu'on ne la connaissait pas davantage en 1823 qu'on a entrepris contre elle cette ridicule croisade monarchique, dont le but semblait être d'y renverser la démocratie, et dont l'effet, au contraire, a été de créer cette démocratie et d'ôter à la classe moyenne sa prépondérance naissante, prépondérance conservatrice de l'ordre et la meilleure garantie des trônes, comme on le voit ailleurs. L'erreur était com-

plète dans les craintes comme dans les espérances ; car
le système constitutionnel s'est affermi chez nous malgré sa chute en Espagne et presque par cette chute ; et
nos absolutistes se sont détruits eux-mêmes par ce que
leur influence en Espagne a produit de révoltant et de
misérable.

Nous avons fait les frais de l'intervention, et c'est en
être quittes à bon marché : Bonaparte paya plus cher sa
méprise. Les *cent mille Français* annoncés à l'Espagne
par une célèbre déclaration sont revenus, ou peu s'en
faut, mais après avoir tout confondu, tout renversé
sans rien établir que l'honneur national ou seulement
le bon sens puisse avouer. Ceux qui nous acceptèrent
comme alliés, et que nous crûmes aider à relever le
trône et l'autel, sont devenus les révolutionnaires à leur
tour : ils parlent de Ferdinand VII, roi absolu, comme
ils en parlaient quand il signait les décrets des cortès
et prenait les hommes et le ciel à témoin de son attachement à la constitution. Ce que Mina fut il y a six
ans pour les bandes de la foi, Ferdinand VII l'est aujourd'hui pour les bandes d'*agraviados ;* et les soldats
de la foi et les *agraviados* sont les mêmes hommes. Que
voulaient-ils alors ? Que veulent-ils aujourd'hui ? Personne ne l'a encore compris ; non, pas même Ferdi-
dinand, qui semble pourtant savoir ce qu'il fait en or-
donnant de telles destructions. Mais devenu, grâce à
nous, le seul homme libre de toute l'Espagne, n'ayant
de compte à rendre à personne, car, en le délivrant
d'une constitution nationale, on n'a pas su lui faire
agréer une tutelle étrangère, Ferdinand VII a converti

en droit de tout sacrifier à sa conservation cette faculté
d'ordonner et d'instituer qui lui fut rendue par nos
armes. Il s'est fait un système d'impartialité à sa
manière. L'oubli du passé tel qu'il le conçoit n'est que
rigueur égale pour tous. La même main signe aujour-
d'hui la condamnation de Jeps del Estangs et les royales
ordonnances contre ceux qui laissent croître leurs favoris, ceux qui portent des casquettes d'une certaine façon,
ceux qui blasphèment, ceux qui se tiennent éloignés de
l'église dans les saints jours, etc.

Tôt ou tard cela finira par une constitution bonne ou
mauvaise, octroyée ou arrachée. Quand tous les visages
catalans seront rasés, quand les plus remuants des
anciens généraux de la foi seront fusillés, l'Espagne ne
sera pas pour cela résignée à n'avoir pour loi que les
caprices d'une politique allant et venant sans cesse de
l'insolence à la peur et de la peur à l'insolence.
L'Espagne divisée, mais non pas avilie ni impuissante,
approche tous les jours plus rapidement de ce terme où
la tyrannie n'est plus possible parce qu'elle menace
toutes les existences. Un gouvernement qui ne s'est
établi qu'en soldant la turbulence et la misère des vagabonds et des paysans, qui les déporte ou les tue quand
il ne peut plus les payer, qui n'a ni assez de crédit pour
pouvoir emprunter au dehors, ni assez de prévoyance
pour ménager les ressources qu'offre encore le pays,
sera bientôt sans argent et sans partisans. Alors peut-
être la cause du mal sera mieux sentie par toutes les
classes de la nation ; et, si les plus éclairés sont conduits
par leurs principes à rappeler la nécessité des institutions,

les plus ignorants et les plus pauvres arriveront au même
vœu par l'instinct du malaise et l'expérience du régime
enfanté par les discordes.

En effet, la plupart des notions en vertu desquelles
certains politiques condamnent l'Espagne à un éternel
esclavage sont vieillies. Ce que l'on disait de ce pays
avant la première guerre française n'est plus vrai
aujourd'hui. L'invasion de Bonaparte commença en
Espagne, il y a vingt ans, une révolution qui n'a point
d'analogue dans l'histoire des nations modernes, et qui,
pour être maintenant étouffée, ne se continue pas moins
inaperçue. Si pendant ces vingt années la présence des
soldats des deux nations les plus civilisées du globe, la
guerre civile, les émigrations en masse, les efforts des
partis les uns contre les autres, leurs alliances au dehors,
les tumultes de tout genre n'ont pas fait faire au pays
de grands progrès, ces circonstances ont du moins
considérablement changé son aspect moral ; elles ont
préparé, d'une manière violente, mais inévitable, de
grands développements qui plus tard éclateront ; elles
ont attaqué avec énergie l'une des plus anciennes et des
plus grandes causes de l'abaissement de l'Espagne, la
séparation de sa population en deux branches presque
étrangères l'une à l'autre.

Au commencement de ce siècle, il y avait en Espagne
comme deux nations : l'une répandue sur le vaste
littoral des deux mers et le long des fleuves navigables;
l'autre retranchée dans les hautes montagnes qui
couvrent en grande partie la surface intérieure du pays.
La première, de tout temps en commerce avec le reste
de l'Europe, avait sa part des opinions, des besoins et

des progrès communs aux nations civilisées; elle était
riche et aimait le luxe; son accroissement couvrait et
surpassait même le dépérissement continuel de la population de l'intérieur. C'est elle surtout que fit connaître
l'itinéraire publié en 1808 par M. de Laborde, et réimprimé aujourd'hui pour la troisième fois; et c'est pour
cela qu'on prit sur ce livre une trop haute idée des ressources et des mœurs de l'Espagne. La population des
parties montagneuses était pauvre, indolente, supersti-
tieuse, entichée de souvenirs qui remontaient jusqu'au
temps de la domination presque universelle de l'Espagne.
Après la fin de cette domination, les arts de la paix ne
s'étaient point introduits dans les antiques pépinières
des armées de Charles V et de Philippe II. Les instincts
guerriers avaient survécu à l'activité militaire; l'orgueil,
la sobriété, la paresse étaient devenus le fond des
mœurs. A dix lieues d'eux, les montagnards ne connaissaient pas leurs voisins, ou bien ils nourrissaient
contre eux de féroces préventions. Les deux tiers de la
terre cultivable étaient possédés par des moines qui
savaient se rendre utiles et se faire respecter, et par de
grands seigneurs que les paysans tenaient pour plus
riches qu'eux, mais rarement pour plus nobles. L'administration de Godoy, aveugle en tant de choses, avait
compris pourtant que l'avenir de l'Espagne était dans
l'essor que pouvait prendre cette population non civilisée
que le défaut de communications condamnait à l'isole-
ment, à la paresse, à l'ignorance, et que le manque de
subsistances faisait rapidement dépérir. Godoy avait
commencé des routes et entrepris des travaux qui
devaient faciliter le mélange des deux populations. Les

prétentions de Napoléon à la couronne d'Espagne vinrent
le surprendre au milieu de ces tardives sollicitudes.

L'attentat de Bonaparte fit en quelques années, pour
la portion inerte de la nation espagnole, ce que l'action
du gouvernement le plus éclairé n'eût pas fait en un
demi-siècle. L'insurrection arracha le peuple des montagnes à ses habitudes de repos et d'insouciance; elle
l'opposa et le mêla tour à tour au peuple des villes; elle
lui fit aimer le mouvement de la guerre et l'activité
politique; elle lui donna le sentiment de ses forces; en
l'introduisant dans les affaires publiques, elle le rendit
jaloux de l'influence qui avait été si longtemps le partage
exclusif des grands seigneurs et des prêtres; elle lui
rendit familières les idées libérales qui tiennent de plus
près au sentiment de l'indépendance nationale. Mais,
comme il est plus facile de réveiller et de précipiter les
masses que de les discipliner et de les instruire, il n'est
resté à ce peuple, après une paix venue de circonstances
qui lui étaient étrangères, qu'un besoin immense de
mouvement, et le désir impatient d'une condition
meilleure, sans la connaissance bien claire de ce qui
peut la lui procurer. L'instruction viendra difficilement;
mais le besoin d'activité ne passera point : il faudra lui
donner le change en le dirigeant vers le travail. C'est ce
que le gouvernement constitutionnel n'a pas eu le temps
ni peut-être les moyens de faire; c'est à quoi le gouvernement de Ferdinand VII ne songe nullement, et
c'est pour cela que le peuple des campagnes s'est armé
contre la constitution et s'arme encore aujourd'hui
contre Ferdinand VII. Toute déplorable qu'elle peut
paraître, cette turbulence populaire est maintenant la

seule protestation que l'Espagne fasse entendre à
l'Europe. Plus cette turbulence est indomptable, plus
elle rend nécessaire l'établissement d'un gouvernement
capable de l'apprivoiser, pour ainsi dire. Les cabinets
qui ont ordonné le renversement de la constitution espagnole sentiront cela quelque jour. Mais, qu'on vienne
au secours de l'Espagne, ou qu'on la laisse abandonnée
à elle-même, elle est plus avancée aujourd'hui avec ses
bandes d'*agraviados*, demandant l'inquisition et un
nouveau roi, qu'elle ne l'était il y a vingt ans, lorsqu'elle
n'osait troubler les voluptés de ce favori sans génie et
sans vertu à qui la couche royale était prostituée.

Ainsi, les désordres auxquels diverses provinces de
l'Espagne, et notamment la Catalogne, viennent d'être
livrées, sont présentement les seuls résultats visibles de
la grande secousse de 1808, et, sous une forme donnée
par les plus étranges circonstances, la continuation du
mouvement révolutionnaire déterminé par cette secousse. Suspendu par la paix de 1814, repris en 1820,
régularisé un moment par le gouvernement constitutionnel, repris de nouveau en 1822 avec sa physionomie
actuelle, ses vœux insensés de despotisme politique et
de persécution religieuse, ce mouvement tout démocratique doit marcher ainsi jusqu'à ce qu'il soit encore
une fois accablé par la force ou pris en tutelle par un
gouvernement éclairé.

Le grand travail s'est fait de 1808 à 1814. Il appartient aux Espagnols, témoins et acteurs, de nous
apprendre ce qui se passa chez eux pendant ces six
années. Jusqu'ici l'agitation du pays, ⁂peut-être la
défiance de l'avenir, nous ont privés d'une multitude

de témoignages précieux; et, sans les attendre, on a
déjà raconté et jugé la révolution espagnole. On parle
beaucoup en Angleterre d'une histoire de cette révolution, publiée en ce moment par le poëte lauréat Southey.
Nous possédons un fragment considérable de celle que
le général Foy préparait depuis dix ans lorsque la mort
nous l'enleva. Il avait fait cette guerre; il connaissait
en grande partie le pays. La belle introduction, qui est
la seule partie achevée de son ouvrage, montre combien
il avait été frappé du spectacle qu'il avait eu sous les
yeux. Pourtant la nature des observations dont elle se
compose fait voir que l'illustre général se préparait
plutôt à représenter la Grande-Bretagne et l'empire
français aux prises dans la Péninsule, que la nation
espagnole opérant sa régénération à la fois contre
l'usurpation française et contre le patronage de
l'Angleterre. Or c'est surtout dans les efforts commandés
à l'Espagne par cette situation difficile entre des
ennemis et des alliés également ambitieux, également
à craindre, qu'est l'intérêt du grand drame auquel le
général Foy avait consacré son talent, si digne de
regrets. La révolution espagnole est là : elle n'est pas
plus dans la dégoûtante intrigue de Bayonne, telle
qu'un diplomate français nous l'a racontée (1), que
dans la célèbre rivalité militaire du maréchal Soult et
d'Arthur Wellesley.

Si tous les bons esprits ont dû condamner, comme
impraticable, la Constitution de Cadix, cette même
Constitution, comme fait historique, comme produit

(1) M. de Pradt.

d'un mouvement révolutionnaire si peu observé dans le tumulte d'événements qui changeaient la face de l'Europe, mérite un haut degré d'attention. On a trop dit qu'un tel système d'institutions, chez un peuple entièrement privé d'antécédents en ce genre, ne put être que la création d'un petit nombre d'hommes plus éclairés que leurs concitoyens et s'imposant à eux par la force. Jamais loi politique ne fut au contraire le résultat d'un concours de volontés plus général; jamais constitution ne répondit à plus de vœux à la fois. Tous les Espagnols engagés dans la guerre contre la France contribuèrent, avec plus ou moins de connaissance de cause et suivant leur part d'influence, à faire la Constitution de Cadix ce qu'elle fut; ils la jurèrent avec transport. Mais cet assentiment de tous devint, à la paix, une réprobation à peu près aussi générale. Voilà ce qu'il est difficile de concevoir, ce qui naturellement déroute les étrangers, et ce qui pourtant s'explique comme on va le voir.

Lorsque l'Espagne apprit, par le fameux message de l'alcade de Mostolès (1), ce qui s'était passé dans Madrid aux 2 et 3 mai (1808), ce furent les montagnards, les moines pauvres, les habitants des petits hameaux et les artisans des villes qui les premiers coururent sus aux

(1) Le 2 mai, pendant que les Français fusillaient dans les rues les habitants de Madrid, l'alcade de Mostolès, petit village à deux lieues de la capitale, fit partir dans toutes les directions des émissaires chargés de l'énergique et simple avis qui suit : « En ce moment, Madrid paraît victime de la perfidie française. La patrie est en danger. Espagnols, levons-nous tous pour la sauver. 2 mai.

» L'alcade de Mostolès. »

Français et formèrent des juntes insurrectionnelles. La riche bourgeoisie, la grandesse, le haut clergé ne s'émurent point; ils étaient en ce moment dans l'attente de la constitution et du nouveau roi promis par Napoléon. Ils voulurent qu'on prît patience, et protestèrent contre tous mouvements capables de changer les bonnes dispositions de l'empereur français. L'Espagne, délivrée par Bonaparte de l'administration universellement odieuse de Godoy, avait été unanime dans les premiers transports de sa reconnaissance. Malgré l'occupation frauduleuse de ses principales forteresses, elle avait paru accepter, désirer même pour réformateur celui que la famille royale prenait pour arbitre dans ses démêlés domestiques. Bonaparte avait jusqu'ici un langage pour toutes les imaginations et des titres pour toutes les intelligences. Il se présentait à la confiance éclairée des riches et des nobles comme un génie sans égal dans un siècle de si grandes choses, et à la vive et grossière admiration du commun peuple, comme le ministre et le protégé d'en haut. Mais les événements de Madrid firent deux partis, l'un pour la paix, l'autre pour la guerre; et ces deux partis répondirent assez exactement aux deux grandes divisions de la population espagnole. Les insurgés furent d'abord traités de jacobins, d'assassins et de voleurs de grands chemins (1)

(1) C'est ce que l'on peut voir dans les Mémoires de M. Llorente, qui ne les traite jamais autrement. M. Llorente, auteur de l'*Histoire de l'inquisition*, avait été l'adversaire constant de l'administration de Godoy; ses écrits avaient contribué à faire désirer une réforme politique; mais il fut de ceux qui voulurent cette réforme par Napoléon, et non autrement. Il ne reconnaît que deux gouvernements légitimes en Espagne de 1807 à

par les partisans de la paix. Mais, comme le grand
argument de ces derniers était l'impossibilité de la
résistance, ils se convertirent peu à peu en voyant les
succès des insurgés; enfin, la plupart des villes non
livrées aux Français furent entraînées par cette journée
de Baylen, qui vit seize mille de nos soldats poser les
armes devant un nombre d'insurgés à peine double.
Dès lors le parti de l'insurrection fut le corps même de
la nation, et le parti de la paix ne fut plus qu'une minorité en opposition avec les idées, les passions et les
vœux du pays, sinon avec ses véritables intérêts. Cette
minorité reçut de Bonaparte la constitution de Bayonne
et la soutint comme la seule qui pût préserver l'Espagne
de la tyrannie politique et religieuse et de l'invasion de
la démocratie. Elle eut, pendant les revers des insurgés,
quelques retours d'influence et s'efforça de prouver ses
bonnes intentions en s'occupant avec éclat de projets
d'amélioration publique; mais, comme elle marchait à
la suite des armées françaises, comme elle était vouée
aux inspirations de la chancellerie impériale, elle ne fit
rien de national, rien qui pût survivre au patronage
malheureusement trop suspect qu'elle osait avouer.

C'est donc l'ancien parti de la guerre qu'il faut suivre
dans ses développements politiques pour arriver à
comprendre la réaction à laquelle la fin de la lutte militaire donna lieu. Malgré ses conquêtes successives dans
la noblesse, le haut clergé et la riche bourgeoisie, l'insurrection espagnole ne perdit point le caractère démo-

1814, savoir, celui de Charles IV et celui de Joseph. Les constituants de
Cadix ne sont pour lui que des factieux.

cratique qu'elle tenait de son origine. L'importance que donne aux classes inférieures toute guerre soutenue par une population en masse contre des armées régulières, devait se révéler très vite en Espagne, où la classe moyenne est comparativement faible. Ainsi, dans la première année de la guerre, on vit les généraux, anciens courtisans de Charles IV, à la tête de troupes plus disciplinées, plus instruites, mieux armées que le commun des insurgés; mais ce furent des bandes de guérillas qui les premières devinrent redoutables à l'ennemi (1); ce furent les noms plébéiens des chefs de ces bandes qui devinrent illustres. L'Empecinado, le Pastor, le Manso, le Medico, Mina, l'un meunier, l'autre artisan, celui-ci berger, un autre valet de ferme ou muletier, et de bas officiers ou de simples sergents, tels que Milans et Morillo, furent les véritables héros du pays. De même, s'il y eut à Aranjuez, dès l'année 1808, une junte supérieure reconnue pour centre provisoire d'autorité et composée des patriotes appartenant aux hautes classes, ce furent les juntes secondaires, et surtout les juntes inférieures, qui déployèrent l'activité la plus infatigable et firent les sacrifices les plus généreux pour soutenir la guerre. En effet, la junte centrale était toujours hors de la portée de l'ennemi, et les juntes

(1) Ce furent des bandes de guérillas organisées soudainement entre Madrid et le pays occupé par le général Dupont en 1808, qui réduisirent la division commandée par ce général à une si cruelle détresse, et la forcèrent ainsi à poser les armes. Cette déplorable affaire est tout au long racontée dans le quatrième volume du général Foy; elle s'explique là pour la première fois. Il n'y a point de récit militaire plus attachant ni d'une plus belle et plus simple vérité.

provinciales étaient quelquefois obligées de se dissoudre
à son approche; mais les petites juntes, toujours sous
le fer des Français, fuyant dans les montagnes quand
la plaine était envahie par l'ennemi, entretenaient dans
le peuple ce fanatisme implacable qui ne laissait à nos
soldats ni repos, ni abri, ni subsistance, qui détruisait
tout plutôt que de les laisser profiter de la moindre
ressource. Les juntes inférieures, obligées fort souvent
de se mettre sous la protection des bandes armées,
partageaient leurs périls dans cette guerre atroce plutôt
que brillante, car aux insurgés tout moyen était bon
pour détruire en détail l'ennemi, qu'on ne pouvait
détruire en bataille rangée. Les écrivains du parti
français en veulent surtout aux petites juntes, incapables, disent-ils, d'entendre quelque chose aux véritables intérêts du pays, tant leur composition était
pitoyable. Quelquefois, en effet, un barbier, un moine,
un maître d'école, un commis de douane étaient les
personnages les plus considérables de ces assemblées
errantes; les uns avaient été choisis par leurs voisins,
les autres s'étaient nommés eux-mêmes. Il fallait bien
qu'il en fût ainsi quand la riche bourgeoisie des villes,
enchaînée par de grands intérêts, était obligée de s'entendre avec les Français pour ne pas tout perdre en
leur résistant. Au reste, quelle que fût la composition
des juntes, et cela variait beaucoup, le peuple reconnaissait en elles un ascendant moral quelconque, celui
de l'audace, celui de l'intelligence ou celui du rang, et
cela suffisait. L'harmonie entre les juntes et les bandes
d'insurgés était parfaite; nul conflit entre ceux qui
combattaient et ceux qui administraient; car c'est une

des singularités de cette révolution, qu'une autorité civile aussi régulière que le permettaient les circonstances, se formant sous la protection des gens armés, et non-seulement respectée par eux, mais même les tenant dans une soumission presque aveugle.

Qu'on juge maintenant comment cette démocratie armée, si passionnée et si compacte, dut opiner dans la grande question d'avenir qui s'agitait au milieu des dangers présents; car, tout en repoussant les Français, il fallait songer à mettre quelque chose de stable à la place du gouvernement qu'ils avaient renversé. La junte centrale n'était qu'une dictature provisoire, la royauté de Ferdinand VII qu'une fiction chère au peuple. Les juntes provinciales demandaient une assemblée qui représentât la nation et s'occupât de lui donner une constitution. Le peuple voulait cette assemblée; il la voulait même sur de certaines bases, et savait bien ce qu'il faisait en la réclamant sous telle forme plutôt que sous telle autre. Un instinct de situation, plus sûr que les notions données à d'autres peuples par une civilisation avancée, le conseillait ainsi. Il y avait dans la junte centrale un comité chargé spécialement d'examiner comment on pourrait approprier au besoin actuel de représentation nationale l'ancienne coutume des assemblées appelées cortès. Les travaux de ce comité étaient rendus publics; les hommes qui le composaient étaient animés des plus pures intentions, très capables d'examiner historiquement la question qui leur était soumise, mais effrayés de l'attitude toute nouvelle que le peuple avait prise dans les affaires publiques. Ce qu'ils savaient de la révolution

française leur montrait dans l'avenir l'Espagne livrée
à une démocratie ignorante et sanguinaire. Ils déclarèrent en majorité, et comme à regret, qu'il serait imprudent de marcher trop vite en innovations, qu'on
devait se contenter d'appeler les cortès par états, suivant
ce qui s'était pratiqué deux siècles auparavant. De cette
manière, les prélats formant le premier état, les grands
d'Espagne formant le second, et les députés des villes
formant le troisième, devaient se réunir en assemblée
commune, les deux premiers états ayant le double vote,
pour que leur opinion pût balancer celle du troisième
état, le plus nombreux. Cette première assemblée
devait délibérer une constitution. De toutes les parties
de l'Espagne et jusque des refuges inaccessibles, où des
poignées d'insurgés, sans habits et sans vivres, étaient
retranchées, les réclamations les plus vives, jointes à
des propositions et à des projets de convocation de toute
espèce, furent adressées à la commission. On lui disait
qu'une assemblée par états ne représenterait pas la
nation et ne pourrait la constituer avec justice ; que le
peuple avait couru le premier aux armes ; que c'était
lui qui avait versé son sang à grands flots et supporté
toutes sortes de misères pour repousser la tyrannie
étrangère, tandis que les nobles et les prélats étaient allés en grand nombre offrir leurs services à l'usurpateur ;
qu'il y en avait beaucoup encore qui flottaient entre le
devoir et l'ambition ; que les prélats et les grands avaient
une assez belle place dans la constitution de Joseph ; que
le peuple, à son tour, devait trouver la sienne dans la
constitution que sanctionnerait un jour le bien-aimé

Ferdinand VII. Une multitude de petits écrits et plusieurs feuilles politiques (1) firent valoir ces raisons
adoptées avec chaleur par le peuple, et, comme on n'en
peut disconvenir, tout à fait à sa portée ; il n'y avait pas
là d'abstractions libérales. La commission, après dix-
huit mois de délibération, persista dans son opinion :
on décréta la convocation des cortès par états, et l'on
adressa aux juntes provinciales les lettres de convocation
suivant les anciennes formules exhumées des archives
du royaume. Mais la junte centrale ne put survivre à
ce décret. Les juntes subalternes supprimèrent, de leur
propre autorité, les avis de convocation qu'elles étaient
chargées de transmettre aux grands et aux prélats. Un
soulèvement populaire dans le lieu où résidait la commission constitutionnelle faillit coûter la vie à quelques-
uns de ses membres. La junte centrale, après environ
deux années de fonctions, fut obligée de remettre
l'autorité à un nouveau pouvoir exécutif, sous le nom
de régence ; et la régence traita presque comme des
traîtres ceux qui, dans l'ancienne commission, avaient
le plus insisté pour la convocation par états (2).

(1) On trouverait une partie de cette discussion dans les journaux publiés de 1808 à 1810, sous les titres de *Séminaire patriotique*, *Spectateur
de Séville*, *Organe de la nation*, et dans les collections de brochures qui
peut-être sont déjà rares en Espagne.

(2) De ce nombre fut Gaspard Jovellanos, l'un des meilleurs patriotes
et des plus savants hommes de l'Espagne à cette époque. On trouve dans
ses Mémoires un curieux récit des travaux de la junte centrale et de la
commission constitutionnelle, dont il était membre. Dans ses écrits, et
longtemps avant qu'il fût question de révolution en Espagne, Jovellanos
avait déclaré la guerre au régime oppressif qui tenait le pays dans la misère et l'ignorance. L'ingénieuse satire qu'il publia en 1796, sous le titre

Jusqu'ici le peuple espagnol n'était donc pas poussé par ses gouvernants, il les poussait au contraire. Il attaquait le haut clergé et la grandesse, non pas parce que, dans un pays voisin, des philosophes avaient enseigné que tous les hommes naissent égaux, mais parce qu'il suspectait le patriotisme des évêques et des nobles. Cette défiance était fondée ou ne l'était pas; mais, dans la situation, c'est-à-dire tant que durait le danger, elle devait inspirer le peuple exactement comme l'eût fait la doctrine de l'égalité; elle devait le porter à vouloir faire ses affaires par lui-même et de là à proclamer sa souveraineté. Tout ceci arriva : d'abord l'opposition des juntes provinciales au décret de la junte centrale empêcha ce qui avait été prescrit pour la convocation d'une assemblée constituante; puis la régence, qui succédait à la junte centrale, décida que la noblesse et le clergé n'auraient point de représentation à part, et que la nation en masse choisirait ses représentants indifféremment dans les notables des trois ordres. De cette façon il y eut des nobles et des prêtres envoyés par les provinces aux cortès constituantes, mais ce

Pan y toros, lui attira de cruelles persécutions. Il fut un de ceux que Bonaparte, en 1808, chercha le plus à attirer à lui; mais il ne se laissa pas séduire comme Llorente et le chanoine Escoiquiz ; il n'hésita pas même, comme fit Cevallos. Il approuva l'insurrection dès l'origine, et, infirme qu'il était, il la servit avec ardeur jusqu'au moment où ses opinions l'obligèrent à s'arrêter. On ne peut lire sans attendrissement les pages dans lesquelles il se plaint de l'ingratitude de ses concitoyens. Comme tous les hommes entrés dans une révolution avec des principes arrêtés, il fut haï par ceux qui voulaient aller plus loin que lui. Il ne comprit rien à cette haine, et ne vit plus que des intrigants et des ambitieux dans ceux qui firent la constitution de Cadix; il fut injuste envers eux comme les *afrancesados* l'avaient été envers lui.

furent ceux qui, par exception, avaient donné à la cause de l'indépendance nationale de sûres garanties, et la majorité de l'assemblée fut composée de non-privilégiés qui, dans la convocation par états, n'eussent obtenu qu'une humble place.

Dès lors seulement, la classe moyenne commença à jouer le rôle qui convenait à ses lumières et à son aptitude aux affaires. Pendant les deux premières années de la révolution, elle n'avait été presque rien si ce n'est dans les juntes provinciales, l'autorité étant provisoirement entre les mains des anciens privilégiés et la guerre se faisant presque partout par les seules forces du peuple. Mais, quand il fut question d'élections générales, les choix tombèrent sur cette classe. Probablement elle apporta, dans la rédaction de l'acte important qui devait être en partie son ouvrage, des opinions opposées à celles des privilégiés et nouvelles pour le peuple, qui n'avait de principe politique arrêté que celui de l'indépendance nationale. Cependant le peuple, partant de ce principe unique, si fécond en conséquences libérales et généreuses, accepta avec enthousiasme tout ce que décrétèrent les cortès constituantes.

Si l'on examine, en effet, l'œuvre tant blâmée de ce corps qui délibérait sous le canon de l'ennemi, on verra que la plupart des propositions républicaines qui se sont trouvées dans la suite en opposition avec l'ordre de choses rétabli par la paix, durent être dans le temps fort populaires, parce qu'alors elles étaient seulement antifrançaises, et non pas, comme elles ont pu paraître depuis, antimonarchiques. Par exemple, cet article que les absolutistes d'aujourd'hui ne liraient pas sans

indignation : « La nation espagnole est libre ; elle n'est
et ne peut être le patrimoine d'aucune famille ni d'aucun individu, » qu'était-ce autre chose qu'une réponse
aux prétentions de cet étranger qui, s'étant fait céder
l'Espagne par Ferdinand VII, la cédait à un autre
comme son patrimoine? L'article qui disait : « La nation
est souveraine ; à elle appartient exclusivement le droit
d'établir ses lois fondamentales, » n'était-ce pas aussi
une protestation contre le droit en vertu duquel l'étranger avait octroyé la constitution de Bayonne? Toutes les
préoccupations du moment, tous les sentiments qui
étaient l'âme de la résistance à l'usurpation française,
ne se retrouvent-ils pas dans ces déclarations, qu'on a
trouvées depuis emphatiques : « Tout Espagnol est
libre ; » — « L'amour de la patrie est le premier devoir
du citoyen espagnol ; » — « Tout Espagnol est obligé
de défendre la patrie les armes à la main ? » Que si l'on
considère cette constitution dans le détail des attributions, de la composition et de la formation des cortès,
on verra presque partout la haine de la domination
française dans l'intention bien marquée de faire autrement ou mieux que la constitution de Bayonne, qui
avait séduit tant d'Espagnols. Ainsi Bonaparte avait
institué deux chambres : l'une, l'assemblée des cortès
par états, suivant l'ancien usage ; l'autre, un sénat
ayant le pouvoir énorme de suspendre l'acte constitutionnel ; il avait établi un conseil d'État sur le modèle
de celui qui existait en France, c'est-à-dire supérieur
aux assemblées délibérantes et aux tribunaux ; il avait
enchaîné la presse ; il avait laissé la liberté des individus
sans garantie ; il avait oublié la religion catholique, si

chère aux Espagnols ; enfin il avait attribué au chef du gouvernement un pouvoir au-dessus des lois. Les constituants de Cadix ne voulurent qu'une seule assemblée ; ils firent un conseil d'État dépendant de cette assemblée ; ils déclarèrent la presse libre et garantirent la liberté des individus ; ils proclamèrent la religion catholique la seule vraie, la seule qu'il fût permis de professer en Espagne ; enfin ils n'accordèrent à la royauté qu'une prérogative très bornée. Sur ce dernier point, les précautions n'étaient pas dirigées contre le jeune prince que le peuple aimait à se représenter comme sensible à sa gloire et à ses souffrances, comme n'ayant cédé qu'aux plus terribles menaces. En effet, si, par pure affection pour Ferdinand, les constituants espagnols plaçaient son nom en tête de leurs actes, pas un seul d'entre eux, au moment où le chapitre *Du Roi* était en discussion, c'est-à-dire à la fin de l'année 1811, ne pouvait espérer avec quelque fondement le retour de l'ancienne famille. La guerre, alors très malheureuse, ne présentait aucune issue prochaine, ni probable ; et, si la force des événements obligeait à subir un étranger, on croyait avantageux et patriotique à la fois de poser d'avance les conditions auxquelles un roi, quel qu'il fût, serait accepté. Sans doute, ce ne fut pas là la pensée de la totalité des membres des cortès constituantes ; car on ne peut méconnaître dans certaines parties de leur travail l'influence d'hommes qui s'étaient présentés avec des théories toutes faites, et n'étaient pas exempts de quelques vues d'imitation étrangère. Mais les raisons dirigées dans la discussion contre la minorité qu'on appelait servile et qui combattait les doctrines opposées à l'ancien régime monarchique, ramenèrent toujours les questions de détail à la grande question de l'indépendance nationale, sur laquelle, dit un Espagnol témoin de ces débats (1), ou n'était jamais en désaccord. Il n'est pas douteux que ce fut ainsi que le comprit la masse de la nation ; car il n'y eut rien de feint ni de commandé dans la joie avec laquelle elle reçut la constitution de Cadix.

Cette constitution fut donc l'expression de la situation politique où elle naquit plutôt que celle de l'état de civilisation auquel elle semblait devoir répondre. Cela dut échapper aux législateurs, et cependant put être remarqué dès le milieu de l'année qui suivit la promulgation de l'acte constitutionnel, c'est-à-dire dès le mois d'août 1813. On sait qu'à cette époque les armées françaises étaient partout repoussées ; que les Anglo-Espagnols les rejetaient sur les Pyrénées, tandis que les Prussiens, les Russes, les Autrichiens les précipitaient sur le Rhin. Il n'y avait plus rien à craindre pour l'indépendance nationale en Espagne : la signification de la constitution de Cadix était déjà changée pour le peuple. Les cortès extraordinaires qui avaient voté cette constitution se retiraient. Elles avaient généreusement, mais malhabilement décidé qu'aucun des membres de leur assemblée ne pourrait être réélu pour celle qui devait suivre. Les élections furent régulières cette fois ; car, le territoire étant délivré, chacun avait repris sa place, et les influences paralysées durant la

_____

(1) L'auteur de l'écrit publié en 1820 sous le titre *Noticia de los principales sucesos ocurridos en el gobierno de España*, 1808-1814.

guerre s'étaient rétablies. Le parti qu'on avait qualifié
de servile dans les cortès constituantes fut beaucoup
plus nombreux dans les premières cortès ordinaires. Des
écrits pleins de haine contre les auteurs de la constitution commencèrent à trouver faveur, et déjà l'édifice
était attaqué lorsque le traité de Valençay rendit l'Espagne à Ferdinand VII.

Ce traité est du mois de décembre 1813. A cette
époque Bonaparte n'était pas encore réduit par ses extrémités à reconnaître ses torts envers la famille royale
d'Espagne. Mais il se préparait à son étonnante campagne de 1814. Il avait besoin des généraux et des soldats que la nature du pays en Espagne avait formés au
genre de guerre qu'il allait tenter. Les Anglais le gênaient. Il n'avait imaginé rien de mieux pour les arrêter que de leur lâcher le roi légitime des Espagnes, en
persuadant à celui-ci que la constitution de Cadix et
tout son mouvement patriotique n'était que du jacobi-
nisme soufflé par l'Angleterre pour achever la destruction de la puissance espagnole; que l'Espagne ne serait
tranquille que par l'expulsion des Anglais. Ferdinand VII
n'était que trop disposé, par éducation et par caractère,
à en croire son nouvel allié; mais que les cortès et leurs
adhérents fussent ou non à ses yeux les agents de l'Angleterre, il ne vit en eux que des ennemis. Les affaires
marchèrent si vite en France, que bientôt il fut dispensé
d'exécuter à l'égard des *afrancesados* les stipulations de
Valençay. Dès lors il ne fit qu'un des partisans des deux
constitutions : l'exil, les emprisonnements, la déporta-
tion les châtièrent de ce qu'ils avaient fait sans le con-

cours de la volonté royale, ou contre l'ancienne étendue
de cette volonté, qui redevint absolue.

Ceci se passa au milieu des acclamations d'un peuple
que l'abolition violente du gouvernement reconnu par
lui pendant toute la durée de la guerre occupait beaucoup
moins que la joie de la restauration de Ferdinand.
Déplorable inconstance! honteux abandon! s'est-on
écrié. L'inconstance du peuple, mot tant répété, n'est
souvent que sa raison d'accord avec ses données sur les
choses. Le peuple n'avait vu dans la constitution de
Cadix qu'un instrument de résistance à l'usurpation
étrangère. Il avait prétendu soutenir par elle non-
seulement ses propres droits comme peuple, mais ceux
de Ferdinand comme tête couronnée. Ce n'était pas
hypocritement qu'il avait inscrit sur ses bannières le
nom du prince aimé parce qu'il était captif. Maintenant,
ce que le peuple n'avait pas prévu, et ce que les plus
éclairés avaient pu pressentir, arrivait : la constitution
et Ferdinand ne pouvaient exister ensemble. Le peuple
se rangeait avec bonne foi du côté de celui qu'il n'avait
pas prétendu dépouiller en son absence; il se déclarait
contre ceux qui voulaient que la victoire remportée
contre l'étranger fût une victoire contre l'ancienne
royauté nationale.

Ainsi la constitution de Cadix ne fut pas soutenue. Le
roi en promit une autre; mais bientôt il fut aussi peu
permis de parler de celle qu'il avait promise que de celle
qu'il avait renversée. Dans le silence de mort qui commença à régner sur l'Espagne, et dont la classe éclairée
gardera longtemps le souvenir, on chercherait en vain

quelques signes des progrès faits par la masse de la nation pendant la guerre de l'indépendance, si la colère avec laquelle le despotisme fut exercé ne donnait elle-même la mesure de ces progrès. En effet, quand un peuple est réduit au silence, on peut encore juger de sa puissance par le poids de ses fers. Or ce n'était plus l'absolutisme tempéré dix années auparavant par une certaine mansuétude. La sécurité que Charles IV avait pu goûter derrière un favori seul chargé du poids des affaires et des mécontentements publics, Ferdinand ne pouvait plus la trouver que dans les passions et l'activité d'un gouvernement de parti. Aux doctrines de ce parti on peut apprendre quelles doctrines il avait à combattre; car, dans leurs discordes, les hommes ne ressuscitent ou ne créent des principes que pour combattre d'autres principes : ainsi, puisque la faction gouvernante soutint le pouvoir absolu par la spoliation, les gibets, les exécutions militaires, il est inutile de dire que la liberté était le vœu d'une autre faction dont la vitalité était déjà puissante.

L'existence d'un tel parti était chose nouvelle en Espagne, aussi bien que le rôle joué dans les affaires par le peuple. Le peuple n'était plus inutile ni méprisé; il était caressé par les absolutistes; la *camarilla* s'était ouverte pour lui; en tous lieux il était travaillé par des moines qui ne l'entretenaient plus de ses croyances, mais qui le faisaient juge entre le roi et les révolutionnaires, et parvenaient à l'animer contre ces derniers. Toute la classe riche et éclairée fut bientôt en état de suspicion. Alors, et comme on croit mieux juger des situations après les avoir dépassées, ceux qui avaient versé leur sang dans la guerre de l'indépendance, et

qui s'étaient vantés, avec quelque droit, d'avoir donné à
l'Europe le signal de la délivrance, se repentirent de
n'avoir point accepté la constitution de Bayonne, toute
décevante qu'elle était. Une part beaucoup trop grande
y était faite à l'autorité royale; la représentation nationale, instituée par elle, eût été presque illusoire; mais
du moins la presse eût été libre pour les sciences, pour
toutes les branches des connaissances humaines qui,
sans pousser directement à la liberté, la préparent par
les voies de la civilisation; l'inquisition et la puissance
monacale eussent été pour jamais détruites; le peuple
eût été appliqué au travail, et, par degrés, arraché à la
barbarie. C'étaient de vains et peut-être de déraison-
nables regrets; mais par eux s'éteignit l'ancienne aversion contre les partisans de la constitution de Bayonne,
et ceux-ci, de leur côté, revinrent du mépris que leur
avaient inspiré, pendant la guerre, les hommes réunis
à eux, depuis la restauration, par les mêmes dangers et
les mêmes souffrances. Une société qui n'avait point
ailleurs de caractère politique, et dont l'existence en
Espagne était ancienne, la franc-maçonnerie, devint
pour les proscrits des deux régimes un asile de réconci-
liation et un foyer d'entreprises communes. D'autres
sociétés se formèrent en secret : les unes, pour un
simple but d'instruction, rallièrent la jeunesse des
écoles; les autres, avec différents buts politiques, péné-
trèrent jusque dans le palais de Ferdinand et établirent
des rapports entre les militaires obligés de servir le
despotisme et les citoyens fatigués de le subir. On trouve
dans les curieux Mémoires de don Juan Van Halen
l'histoire de la formation et des progrès de toutes ces

sociétés, et un hideux tableau des moyens que l'inquisition employait pour les détruire. Van Halen fut torturé
lui-même dans les cachots, et interrogé avec un lugubre
appareil, dont les détails semblaient ne plus devoir
figurer que dans les romans de madame Radcliffe.
Porlier et Lacy succombèrent; ils conspiraient du
moins. Mais il fallait se cacher pour lire Bentham et
Destutt de Tracy. C'était au péril de leurs jours que
quelques hommes instruits faisaient secrètement des
cours de législation et d'économie politique. Les affilia-
tions militaires communiquèrent enfin au mouvement
général une audace contre laquelle les ruses et l'activité
de l'inquisition ne furent plus de mise. On sait quel fut
le succès de l'insurrection de l'île Léon.

Si jamais erreur dut être fatale à la cause de la
liberté, ce fut celle que commirent les nouveaux insurgés en adoptant la constitution de Cadix sans la modifier. Comment les hommes éclairés qui prirent part à
ce mouvement méconnurent-ils assez les causes du
premier renversement de leur constitution pour espérer
qu'elle aurait cette fois toute la nation pour elle? En
quoi six années de la plus stupide tyrannie avaient-elles
amélioré la condition et les idées du peuple? Et encore
n'était-ce pas là seulement qu'était le mal; car, lors
même que le peuple eût été assez appliqué au travail,
assez éclairé sur ses intérêts pour trouver de l'avantage
à s'attacher à ce qui le concernait dans cette constitution, l'ensemble n'en eût pas été moins défectueux. La
constitution avait été rédigée par les hommes de la classe
moyenne, en l'absence de la royauté et pendant la dispersion de la classe supérieure. La royauté avait été

fort maltraitée, la classe supérieure aussi. Ni l'une ni
l'autre ne s'étaient trouvées là pour soutenir leurs intérêts, et l'on voulait considérer comme admis à jamais
contre elles ce qui n'avait pas même été discuté. On sait
par l'expérience de tous les peuples que de telles discussions entre les classes ne s'éteignent que dans le sang, et
les Espagnols se vantaient de tenir les résultats sans
avoir connu la guerre, les proscriptions, les violences,
qui ailleurs avaient souillé la même cause. Quant à la
royauté, leur persistance dans les principes de la constitution de Cadix venait d'un ressentiment particulier
contre Ferdinand VII, qu'ils croyaient toujours trop bien
partagé pour peu qu'il eût d'autorité ; elle venait aussi
d'une très fausse appréciation de ce que devait être la
royauté dans une constitution monarchique. C'était,
suivant eux, une influence nuisible, mais que, par respect pour un vieux préjugé, il fallait laisser vivre dans
une sinécure richement rétribuée, et de plus entourer
d'inviolabilité, parce que l'Europe armée le voulait
ainsi. Qu'on payât exactement à un roi constitutionnel les quartiers de sa liste civile, qu'on ne touchât pas
à un cheveu de sa tête, qu'on l'isolât le plus possible
des affaires, et la perfection du système leur semblait
atteinte. La France et l'Angleterre étaient bien éloignées
de là ! Les Espagnols ne savaient pas, et ailleurs l'on
savait peut-être beaucoup moins bien alors, que ce n'est
pas pour sa propre défense, mais pour l'efficacité de
son action dans l'État, que la royauté constitutionnelle
est armée d'une prérogative ; qu'il est des circonstances
rares, mais souveraines, où ses hautes et libres options
importent à la conservation du système, comme la

représentation matérielle du pays et l'expression continuelle de ses opinions importent à son existence de
chaque jour.

La fin de tout ceci a montré ce qu'il eût été si
heureux que l'on observât lorsqu'il était temps encore ;
mais on doit se souvenir qu'avant l'événement aucune
des voix dans lesquelles les Espagnols eussent été disposés à prendre confiance ne s'éleva des pays plus avancés
pour leur représenter leur imprudence. Au contraire,
la tribune, les journaux, les écrits des publicistes retentirent de louanges pour cette Espagne qui, disait-on,
avait su obtenir la constitution la plus libérale de
l'Europe, et celle qui avait coûté le moins de sang. On
répéta jusqu'à satiété ce rapprochement absurde entre
deux faits qui s'excluaient. C'était précisément parce
qu'il n'y avait point eu combat, mais surprise, que les
conditions de l'alliance constitutionnelle entre des
intérêts ennemis par nature étaient si mal réglés. Un
soupçon du danger vint cependant à quelques hommes
moins prévenus, et de ce nombre fut, dit-on, le noble
et infortuné Riego. La proposition formelle de reviser
la constitution de Cadix, d'étendre la prérogative royale,
de créer une chambre haute, de relever les attributions
du conseil, fut déposée ; mais la majorité des nouvelles
cortès fut pour le maintien de ce qui existait. On sait
que, dans cette détermination, l'avis du publiciste
Bentham ne fut pas de peu de poids : Bentham écrivit
à M. Falgueira pour réfuter ceux qui demandaient une
chambre haute ; il dit que les maux causés à l'Angleterre
par l'aristocratie devaient servir de leçon à l'Espagne,
qu'il fallait se garder de constituer une minorité privi-

légiée, qu'une chambre comme celle des lords d'Angleterre serait pour l'Espagne le cheval de Troie, qui portait dans ses flancs la ruine et la mort. Mais il n'ajouta
point qu'il fallait savoir s'il existait ou non une aristocratie en Espagne, et exterminer ou chasser cette aristocratie, si elle existait ; auquel cas, on eût su que penser de l'avis du publiciste, et rejeter la fin, si les moyens
ne convenaient pas.

La classe moyenne fit son affaire de cette constitution
et s'appuya d'abord sur l'armée régulière, puis sur les
milices, c'est-à-dire qu'elle s'arma elle-même. Elle crut
n'avoir pour adversaires déterminés que les prêtres et
les courtisans et se flatta de pouvoir enlever à ceux-ci
les classes inférieures. Dans les villes, cela fut aisé :
partout où il y avait de l'industrie, le peuple trouva un
avantage immédiat dans un ordre de choses qui promettait de faire refleurir le commerce, qui allait rendre
entreprenants ceux dont la prospérité faisait la sienne,
et que le travail lui donnait pour chefs naturels. Mais,
avant qu'il en fût ainsi pour le pays pauvre, que de
temps et d'efforts il fallait au nouveau gouvernement !
Pour le paysan désarmé par la paix et qui depuis
n'avait trouvé rien à faire, qu'était-ce que ce droit,
accordé par la constitution à tout Espagnol, de faire
partie des juntes électorales, de pouvoir être délégué ou
électeur de paroisse à vingt-cinq ans? Que lui importait
de figurer, comme unité du dernier ordre, dans cette
longue hiérarchie électorale, au sommet de laquelle était
l'assemblée des cortès, s'il lui fallait payer cet avantage
en contribuant suivant ses ressources à la masse des
charges publiques, lui qui, avant la révolution, ne

s'était jamais demandé comment l'État vivait, ni comment il était gouverné ? Qu'importait aux habitants de misérables hameaux de pouvoir élire des municipalités, là où il n'y avait pas d'intérêts municipaux à soutenir contre une administration générale ? Les institutions n'ont de valeur qu'en raison des intérêts matériels qu'elles ont à protéger. Il fallait au peuple des campagnes une autre existence que celle que lui assignait la constitution : il s'offrit donc aux courtisans et aux prêtres, comme une milice propre à rétablir l'absolutisme dès que l'absolutisme pourrait la solder. En ce temps, de graves diplomates, réunis en congrès, parlaient pourtant des cortès espagnoles comme d'une Convention qui menaçait de révolutionner de nouveau l'Europe : c'était, si l'on veut, une Convention, mais au milieu d'une Vendée prête à éclater.

La guerre civile était inévitable en Espagne. Elle seule pouvait réformer convenablement la constitution. Elle l'eût fait longuement peut-être ; mais elle l'eût fait d'une manière sûre et n'eût pas franchi les Pyrénées : c'était une affaire toute d'intérieur. La royauté et l'aristocratie, à la tête des classes inférieures, n'eussent pas écrasé la classe moyenne, mais sans doute elles l'eussent forcée à entrer en arrangement. Le traité de paix eût été une constitution. La royauté eût stipulé suivant ses forces, l'aristocratie et la classe moyenne suivant les leurs ; et la guerre eût donné la mesure exacte de ces forces diverses, car ses hasards ne sont pas pour de telles luttes. On se serait entendu sur ce qu'il y avait à faire pour le peuple ; et, dans tous les cas, le clergé n'eût point formé un parti à part, car ce sont ses intrigues au dehors qui lui ont donné de l'importance. Les choses se passant tout différemment, les cabinets de l'Europe ont cru devoir intervenir, et de bonne heure la probabilité de cette intervention a changé en Espagne l'attitude des partis. Les royalistes ont compté sur l'étranger et ont fait autrement qu'ils n'eussent fait, abandonnés à eux-mêmes : ils ont demandé l'abolition de la constitution, au lieu d'une simple amélioration dans leur sens. Le parti de la liberté a compté sur l'opinion des peuples étrangers et a refusé aux cabinets des amendements qu'il eût accordés certainement à la seule insurrection intérieure. C'est ainsi qu'une lutte sérieuse à son origine, et qui promettait d'être décisive, a été changée en une contestation ridicule et sans résultat. C'est là le service que la double intervention étrangère a rendu à l'Espagne.

(*Revue française*, numéro 2.)

[Carrel, comme il a été dit dans la *Notice* mise en tête du premier volume, avait donné sa démission d'officier et était allé défendre la cause constitutionnelle en Espagne. Ici il expose, avec un talent supérieur et un tact infini, l'état moral de l'armée française qui entra en Espagne, la condition des partis et de l'armée espagnole, le genre d'habileté que déploya Mina, ainsi que le rôle et le sort du corps des réfugiés français.]

De la guerre d'Espagne en 1823.

MÉMOIRES SUR LA DERNIÈRE GUERRE DE CATALOGNE, par Florentin Galli, aide de camp du général Mina. Un volume in-8. Prix : 7 fr. Paris, Bossange, 1828.

Si l'on est parvenu, dans le deuxième numéro de cette Revue, à montrer que la nation espagnole a aussi sa loi de développement, bizarre et variable dans ses formes, mais constante dans son but, irrésistible dans son entraînement et presque inépuisable de moyens; si l'on a fait comprendre ce qu'il y a de tout à fait particulier à l'Espagne dans ce mouvement, ce qui fait qu'il est si difficile aux étrangers de le diriger suivant leurs vues, et qu'il leur est plus impossible encore de l'arrêter; si tout cela est admis, la dernière intervention française, réduite à un contre-sens politique, à un fait presque sans portée dans ces vastes enchaînements de faits qu'embrasse l'histoire, doit paraître peu mériter et l'honneur qu'on lui a fait en la célébrant, et celui que lui ferait encore à présent une critique haineuse ou un examen pris de trop haut.

Mais cette guerre de 1823, coup de parti malhabile

et méchant, se relève par le détail de son action passagère sur l'Europe et par son résultat pour nous. Elle a rendu en Europe notre attitude militaire si différente de ce qu'elle était depuis 1815; elle a amené dans nos luttes d'opinion une amélioration si grande et si peu espérée; elle a fini si vite, que bien des gens qui ne cesseront pas d'en détester le principe croient lui devoir un peu de reconnaissance après avoir tout fait et vainement pour l'empêcher. D'un autre côté, elle eût pu finir si différemment, c'est du moins une opinion très répandue; quelques-unes de ses opérations sont restées enveloppées de tant de mystère, elle a entamé tant de réputations, elle a donné lieu à de si étranges procédures, qu'elle sera longtemps encore l'entretien des deux camps désarmés et presque mêlés par elle. Ainsi, après les considérations assez graves qu'un coup d'œil jeté sur la Péninsule a pu fournir, quelques traits d'un moins grand tableau, celui de la dernière guerre française en Espagne, ne seront peut-être pas vus sans plaisir. On a déjà beaucoup écrit sur cette courte et peu sanglante campagne; mais pour quelques observations de bonne foi, quelques jugements sans haine, quelques renseignements dus à des circonstances qui permirent de voir plus d'un aspect de la question, il y a place encore.

En des jours qui ne sont pas bien éloignés de nous, lorsque l'administration qui voulut une guerre contre l'Espagne était encore au pouvoir, et, pour s'y maintenir, voulait une guerre du même genre contre la capitale du royaume; en ces jours de deuil, un écrivain n'eût pas laissé soupçonner les circonstances qui von permettre ici de parler des vainqueurs et des vaincus d'après une connaissance des uns et des autres à peu près égale. Si de meilleurs jours sont venus, et il faut y compter, il sera permis, après avoir signalé ce qu'il y eut de faux comme jugement dans la conduite politique des défenseurs et des adversaires de la constitution de Cadix, d'étendre la sphère de cette équité, qui serait froide et misérable si elle se bornait à signaler toutes les fautes. Ce ne sera qu'user du droit de l'indépendance d'esprit montrée dans le blâme. Il ne faudra plus de courage pour rendre aux sentiments nobles, à la cause juste qui furent trahis par l'inflexible marche des choses, le culte qui leur est dû ; on n'aura plus l'air de la flatterie si l'on dit quelles vertus militaires ont su mériter l'estime en faisant triompher la mauvaise cause. Ce n'est point ici l'artifice d'une opinion qui change d'armes, qui se glisse à la faveur d'un déguisement sur un terrain plus favorable à ses attaques; c'est une ferme intention de vérité qui se présente avec confiance là où plus d'une injustice de parti est encore à redresser. Le temps des inconsolables douleurs et des joies insensées au sujet du renversement de la constitution de Cadix est passé. Ce qu'il faut aujourd'hui, c'est qu'en jugeant mieux les illustres patriotes qui tombèrent avec la con-stitution espagnole, en voyant de plus près la conduite de cette armée à qui la politique a fait jouer un rôle si peu digne d'elle, quiconque s'est trompé de bonne foi s'écrie : « Non, de tels hommes ne devaient point être traînés sur la claie, et périr par d'infâmes supplices; non, une telle armée n'était pas faite pour monter la garde au pied de l'échafaud de Riego. »

Le tort des constitutionnels espagnols, on l'a dit, ç'a

été de ne pas sentir, après le soulèvement de l'île de
Léon, la nécessité de beaucoup modifier la constitution
de Cadix ; mais ce n'a pas été de croire que les cabinets
étrangers voulussent détruire cette constitution, quand
ils demandaient simplement qu'on la réformât. Il n'y a
rien à dire contre la nécessité et la justice des refus
dans lesquels les cortès persistèrent. Le sort des constitutions d'Italie les avertissait assez de ce que l'on réservait
à la leur. Ils voyaient bien qu'on préludait contre eux par
des hostilités diplomatiques, parce qu'on les croyait à
l'abri d'une surprise armée. Tant d'actes d'une duplicité
scandaleuse, par lesquels le gouvernement français leur
prouva qu'il n'y avait rien de sérieux dans les négociations, n'ont pas besoin d'être rappelés. La peste de
Barcelone servant de prétexte à l'établissement du
fameux cordon sanitaire ; le cordon, par sa présence
sur la frontière, déterminant l'insurrection catalane, et
s'offrant à elle comme un point d'appui ; l'insurrection
à son tour donnant prétexte de renforcer le cordon,
puis de le transformer en armée d'observation ; les
paroles du trône employées pendant trois ans à nier un
dessein si bien formé, et le proclamant enfin au mépris
des assurances pacifiques données la veille : nous avons
tous vu, entendu et compris ces choses en leur temps.
Et, parce que l'Espagne les vit et les comprit comme
nous, il nous a été difficile de concevoir comment elle
ne fut pas prête à résister quand vint l'attaque ; comment
tant d'impuissance après de si fiers discours.

Malheureusement pour les Espagnols, ce n'était pas le
sentiment de leur force qui leur avait dicté ce hautain
langage, mais le désir d'être applaudis et l'espoir d'être

soutenus par le libéralisme européen. Les journaux de
Paris à la main, ils avaient cru pouvoir défier les
ministres français de plier chez eux, à une guerre
d'absolutisme, des opinions si énergiquement déclarées
contre elle. Quand ils virent que le gouvernement français ne reculait point, et que cependant tout était tranquille en France, leur confiance dans les sentiments
d'une nation qu'ils regardaient comme la protectrice
de toutes les libertés naissantes se reporta sur l'armée
même qu'on destinait à agir contre eux. Marquant la
différence entre les soldats de cette armée et les épais
Germains qui n'avaient pas hésité à renverser les constitutions de l'Italie, ils se persuadaient encore que le
drapeau blanc ne franchirait pas les Pyrénées, quand
déjà tout s'ébranlait pour l'invasion. Aujourd'hui cette
croyance peut sembler étrange. Cependant ceux qui se
félicitent encore à présent de la guerre, parce que,
disent-ils, elle a prouvé que notre armée appartenait
bien à la royauté par ses affections, n'expriment pas une
autre opinion que celle qui rendit les constitutionnels
d'Espagne trop présomptueux. Si, très peu de temps
avant l'entrée en campagne, les Espagnols espéraient
encore que l'armée ne consentirait point à tirer l'épée
contre eux, dans le même temps notre ministère épurait
les rangs élevés de cette armée dont il allait se servir,
et la faisait épier sous la tente par ses agents. On ne
saurait pas encore à quel point il la redoutait, si la
correspondance administrative, mise sous les yeux de
la commission d'enquête dans l'affaire des marchés de
Bayonne, n'eût révélé d'incroyables défiances et des

terreurs plus ridicules que toutes les espérances des cortès.

C'était surtout dans le parti modéré ou des maçons, parti qui se composait de toutes les hautes séries libérales et qui voulait ensemble, et de franche conviction, la royauté et la constitution de Cadix, que la confiance dans les événements du dehors était grande. La plupart des anciens afrancesados étaient maçons; ils avaient conservé des relations avec la France et comptaient sur elle et sur l'Angleterre. Beaucoup de généraux et de membres des cortès de 1812, que la restauration et la terreur de 1814 à 1820 avaient forcés à errer en pays étranger, étaient revenus de l'exil avec les mêmes impressions et les mêmes idées. Ils affirmaient que la France serait en révolution aussitôt que son armée aurait mis les Pyrénées derrière elle ; et cela les dispensait de faire des préparatifs de défense. Toute l'énergie nécessaire pour conspirer contre le pouvoir absolu et le renverser, les maçons l'avaient eue. Ils avaient reconquis d'un seul effort la liberté et une constitution qui leur paraissait établir cette liberté sur d'excellentes bases; mais, ceci fait, il ne leur restait plus de force que pour jouir en repos de leur victoire. Quand, au sein d'une existence devenue assez douce, il fallait prévenir par des efforts et des sacrifices nouveaux le retour de la tyrannie, ils se reposaient sur tout ce qui ne pouvait venir d'eux et négligeaient ce qui en dépendait. Ils étaient en majorité dans les cortès et avaient été portés au gouvernement comme les plus riches, les plus influents, les plus capables de bien ménager les intérêts extérieurs du pays dans une situation qui ne pouvait être séparée de celle de l'Europe. Leur premier soin fut de se priver des forces qui seules eussent pu donner au dehors du poids à leur langage. Partant à faux de ce principe libéral qui condamne les armées permanentes comme dangereuses pour les institutions d'un pays, ils licencièrent les troupes qui avaient fait la révolution de l'île de Léon et voulurent leur substituer des milices. L'insurrection royaliste venant à éclater, ils rappelèrent les anciens régiments ; mais tous les vices d'organisation signalés par le général Foy, et qui, avant 1808, mettaient l'armée espagnole si fort au-dessous des plus médiocres troupes du nord de l'Europe, furent conservés. On les exagéra encore par la facilité avec laquelle d'anciens chefs de guérillas furent admis aux grades élevés dans les armes qui réclamaient le plus de pratique et d'instruction. La nouvelle armée se trouva tout au plus supérieure à l'insurrection. Elle avait très peu d'artillerie, une cavalerie qui ne manœuvrait point, une infanterie qui ne savait d'autres guerres que celle des troupes irrégulières, c'est-à-dire la guerre des surprises et des fuites. La plupart des généraux étaient du parti maçon et servaient mollement.

Si le peuple eût été pour quelque chose dans la révolution de 1820, la déclaration du roi de France, qui levait toutes les incertitudes, eût produit un soulèvement contre les maçons. Les comuneros, qui étaient les démocrates de cette révolution, se seraient emparés de l'autorité. L'Espagne, au lieu de quelques grands citoyens martyrs de la liberté, aurait eu peut-être un roi martyr du pouvoir absolu, comme cela est arrivé par-

tout où le pouvoir absolu a été vaincu. La guerre contre
les Français eût été terrible, et probablement funeste à
ces derniers; l'Europe entière en eût été ébranlée. Mais
les comuneros n'étaient pas aux maçons, par rapport
à la puissance, ce que, dans les révolutions de deux
pays plus avancés, les partis avec lesquels on peut leur
trouver de la ressemblance furent aux partis moyens ou
modérés comme les maçons. Les comuneros avaient eu,
sous la royauté absolue, une existence beaucoup moins
étendue que celle des maçons, parce que leurs doctrines
étaient exclusives dans un temps où les meilleurs principes de liberté étaient ceux qui ralliaient le plus de
monde. Ils faisaient remonter haut leur origine : leur
cause, disaient-ils, était celle qui avait succombé avec
le grand Padilla sous Charles-Quint; c'étaient les débris
des associations populaires brisées en ce temps, débris
conservés au milieu des orages de la tyrannie pendant
deux siècles, qu'étaient nées, en 1808, les juntes patriotiques qui avaient enlevé l'Espagne à Napoléon; et
maintenant eux étaient les véritables successeurs des
juntes indépendantes, les patriotes par excellence,
tandis que les maçons avaient pour affiliés la plupart
des anciens serviteurs de Joseph. Il y avait du vrai dans
tout cela. Les comuneros étaient bien le parti du peuple,
mais c'étaient les sentiments et les passions de ce parti,
moins ses forces. Le peuple les ignorait, ou les détestait
sous les noms de tueurs de rois, tueurs de moines
(*mata-reyes*, *mata-frailes*), que leur donnait la prévoyance des absolutistes. Les maçons étaient un parti
effacé, mais du moins complet; les intérêts, les idées,
les forces, en même temps que l'indécision de la classe

moyénne, étaient bien réellement en lui. Les comuneros
n'étaient qu'une tête de parti. Ils ne laissaient pas
d'être assez nombreux dans les rangs inférieurs de la
milice et pouvaient compter sur le peuple des grandes
villes. A Madrid, c'étaient eux qui, au 7 juillet, avaient
fait tourner contre les absolutistes la journée méditée
par ceux-ci contre la constitution ; à Barcelone, c'étaient
eux qui avaient forcé les autorités à faire exécuter la
sentence rendue contre l'évêque de Vich. Ils régnaient
en général dans les *ayuntamientos* ou municipalités, et
c'était par celles-ci qu'ils luttaient contre le gouvernement général des maçons. Quelques-uns des leurs
étaient dans les cortès, et ce furent les plus fermes;
d'autres avaient des commandements dans l'armée, et
ce furent eux qui ne voulurent entendre à aucune
composition.

Les comuneros, ne gouvernant pas, ne purent que
seconder avec zèle le peu de dispositions hardies qu'il
plut aux maçons d'adopter. Les municipalités des petites
villes, presque abandonnées à elles-mêmes par le gouvernement général et composées de comuneros, tâchaient
d'imiter le mouvement des anciennes juntes insurrectionnelles : elles faisaient réparer les vieilles enceintes,
traîner aux portes des canons hors de service, élever
au dehors des retranchements tracés avec ignorance.
Tout cela eût été formidable, si, comme dans la dernière guerre, chaque réduit avait eu pour garnison ses
habitants, prêtres, hommes, femmes et enfants. Mais
cette fois, au lieu d'une sauvage ardeur, il y avait dans
les préparatifs de guerre une sorte de vaine décence : tout
défenseur de la constitution voulait être un soldat armé.

vêtu, équipé à la française, parce que l'habit montagnard n'était plus bon qu'à couvrir la misère et la lâcheté des soldats de la Foi. Si quelque citoyen influent se mettait en frais de guerre, ce n'était plus pour être chef de bande : il prenait un titre militaire, passait en revue la milice de son village et se parait d'un uniforme à broderies. On avait ouvert, pour habiller et armer les miliciens, de vieux magasins où des dépouilles françaises, trophées de la dernière guerre, étaient entassées. C'était un spectacle digne de la bizarre grandeur des événements dont la Péninsule avait été le théâtre depuis quinze ans, que celui de la bigarrure qu'offraient certains corps ainsi équipés et armés à la hâte. Sous les couleurs des comuneros de 1822, sous leur devise *Constitucion ó muerte*, on voyait reparaître des casques, des sabres, des lances, des shakos, apportés là par des Polonais, des Allemands, des Italiens, des Français, réunis un moment comme un peuple d'élite dans la main d'un seul homme, et qui, précipités par lui sur l'Espagne, y avaient laissé leurs ossements.

Pendant l'année 1822 et jusqu'à l'invasion française, les comuneros, servis par le danger, firent d'assez grands progrès. On dit que les élections de 1823 les auraient fait entrer en majorité dans les cortès. Mais, lors même qu'ils auraient eu cette majorité, ils n'auraient pu faire sortir la révolution espagnole de ses voies naturelles pour la faire marcher suivant les leurs. Par exemple, cette propriété de plus d'un tiers du sol, sur laquelle se fondait, suivant eux, l'influence du clergé, ils ne seraient point parvenus à la lui enlever par des décrets. Pour que le clergé se résignât à la perte de ses

biens, pour que la bourgeoisie se décidât à les acheter,
pour que le produit de ces ventes pût servir à repousser
l'invasion étrangère, il fallait plus que la voix d'une
grande assemblée et les petits moyens des sociétés
secrètes. Il fallait que les cris d'un peuple en fureur
apprissent aux prêtres que leur règne était fini, et à
ceux qui avaient de l'argent pour acheter les terres
nationales qu'on pouvait compter sur des bras si l'ennemi
venait contester leurs titres de propriété. Le peuple seul
en Espagne peut dépouiller les prêtres; et, tôt ou tard,
il le fera. Quand sa misère les accusera plus clairement,
ses idées les condamneront bien vite. Aujourd'hui, la
misère s'accroissant avec rapidité, on peut croire que
les idées nécessaires au plus grand pas que la révolution
espagnole ait à faire suivront de près celles qui règnent
encore à présent, et qui elles-mêmes ont fait succéder
la haine contre les *negros* à la haine contre Bonaparte.

Un parti qui gouvernait avec des moyens faibles et
des passions épuisées; un autre parti qui aspirait à
gouverner, et qui avait de l'énergie, mais point de
force; une armée en défaveur, sans instruction, et
commandée par des chefs qui tous n'avaient pas sa
confiance; des milices nombreuses, mais d'un patriotisme turbulent, d'une indiscipline et d'une ignorance
infaillibles causes de lâcheté; des provinces entières
livrées à un système de répression terrible; un trésor
vide; un crédit usé; des grandes routes couvertes de
brigands et de révoltés; une attitude diplomatique
entièrement déconsidérée là où elle n'excitait point de
colères sérieuses : telle était cette Espagne constitutionnelle contre laquelle, au commencement de 1823 et

après trois années d'une dissimulation bien superflue,
notre ministère envoya cent mille hommes sous un
prince français.

La déclaration de guerre si longtemps différée élevait
au rang de régence provisoire l'une des juntes absolutistes, qui jusque-là avaient cru diriger le mouvement
anticonstitutionnel. Elle transformait en armée royale
ces bandes indisciplinables que la frontière française
avait tant de fois sauvées d'une destruction certaine; et
c'était comme auxiliaires de cette prétendue armée
qu'on allait faire entrer en Espagne les troupes jusqu'alors employées à protéger nos départements méridionaux contre les inconvénients de l'hospitalité offerte
à des gens sans pain et sans habits. On ne reviendra pas
sur ce qui a été dit pour rétablir le véritable caractère
politique de cette émigration espagnole, au secours de
laquelle la sainte alliance devait marcher à notre défaut,
et même malgré nous, en prenant passage sur notre
territoire; c'est du moins la menace qu'un ministre
nous fit en demandant de l'argent pour cette guerre.
La suite des événements a cruellement détrompé ceux
qui, de bonne foi, avaient vu dans l'insurrection espagnole un mouvement tout religieux et royaliste; elle a
durement humilié, dans leurs combinaisons, les hommes
habiles qui avaient espéré gagner en Espagne des
batailles contre nos institutions. A cette démonstration
si bien donnée par le temps, il n'y a rien à ajouter.
Mais ce qu'on oserait à peine avancer aujourd'hui, et
ce que le temps encore rendra croyable, c'est qu'il s'en
est peu fallu que l'insurrection populaire, dans certaines
parties de l'Espagne, ne fût un mouvement des comu-

neros contre les maçons, au lieu de l'effort des absolutistes contre les constitutionnels. Bessières, vaincu et
pris, en 1825, à la tête des premiers *agraviados*, avait
été condamné à mort à Barcelone en 1821, comme
agent d'une conspiration républicaine dans laquelle
figuraient des hommes d'un patriotisme très connu,
entre autres un célèbre général, et cette conspiration
devait éclater dans les lieux mêmes où parurent les
premières bandes de la Foi. Deux sortes d'hommes ont
toujours concouru à la formation de ces bandes, ceux
qui, par disposition d'esprit, ou par quelque cause
matérielle de dépendance, portent le joug des moines,
et les turbulents qui vivent indifféremment de la con-
trebande, du vol de grand chemin, ou de la guerre
civile, véritables *borderers* (1) des Pyrénées, toujours
aux prises avec les douaniers de l'une ou de l'autre
frontière, quand ce n'est pas avec les escortes militaires
ou les cavaliers de la police. Les fanatiques, sans être
plus nombreux que les turbulents, ont donné à ceux-ci
le mot d'ordre dans la guerre de 1822 à 1823, parce que
leurs relations avec la France et tous les absolutistes de
l'Europe leur ont permis d'assurer la piécette par jour
à qui s'armerait pour *le roi tout seul* contre la constitution. Mais les Bessières, les Carajol, les Carnicer, les
Locho, les Jeps-del-Estangs n'étaient ni les amis ni les
dupes du trappiste et du père Pugnal, et, célébrés en
France à l'égal des Quesada et des d'Éroles (2), traités

(1) Tous les lecteurs de Walter Scott savent ce qu'étaient autrefois ces
habitants des frontières qui séparent l'Écosse de l'Angleterre.

(2) On trouve, dans une brochure publiée l'année dernière, sous le titre
Des Agraviados d'Espagne, des renseignements très curieux sur les princi-

en héros de la fidélité par les chefs de notre armée, ils n'appartenaient nullement à la cause que le drapeau blanc allait faire triompher.

Ainsi qu'on a déjà eu l'occasion de le dire, le moral de l'armée française était lui-même fort mal connu, et jusqu'au dernier moment il fut, d'une part comme de l'autre, l'objet de calculs et de défiances également peu fondées. C'est toucher une matière délicate que parler de l'esprit de l'armée dans des circonstances comme celles qui précédèrent immédiatement la guerre d'Espagne. Bien des gens, sans tenir au pouvoir, croient qu'il ne faut jamais permettre aux militaires une opinion différente de celle du gouvernement. « La force ne doit jamais délibérer ; » c'est là une maxime des temps calmes à peu près aussi raisonnable que celle-ci : « Les peuples ne doivent jamais se révolter. » L'une et l'autre, dans l'intérêt des gouvernements, bien plus encore que dans celui des gouvernés, seraient très convenablement remplacées par celles-ci : « Il ne faut pas mettre les peuples dans la nécessité de se révolter ni les soldats dans la nécessité de délibérer. » L'histoire prouverait en faveur de ce dernier principe, et, en dépit des deux premiers, elle montre assez que les masses, armées ou non, peuvent toujours en droit ce qu'en fait elles trouvent possible et nécessaire. Il ne faut pas mettre une armée dans la nécessité de délibérer, c'est-à-dire qu'il ne faut pas vouloir qu'elle entre dans un démêlé à la fois comme

paux chefs de bande espagnols. Cette brochure, écrite par un homme d'esprit qui connaît fort bien l'Espagne, est pleine de bonnes choses sur le pays. Elle eût rendu service au moment de son apparition, s'il eût convenu à la censure de permettre que les journaux la fissent connaître.

force passionnée et comme force aveugle. Lui demander conviction sur des points de doctrine monarchique, c'est lui permettre examen ; vouloir qu'elle ait une opinion dans une guerre d'opinion, lui enseigner le dévouement à une cause, à une personne, c'est reconnaître que sa loyauté, comme celle de tous les corps de l'État, doit être éclairée pour avoir quelque prix et mériter confiance. Au moment d'entreprendre une guerre dans laquelle il avait besoin que nos soldats eussent certaines idées, certaines croyances en dehors de celles qui suffisent aux devoirs ordinaires du métier, le gouvernement a dû travailler l'esprit de l'armée. Il l'a fait et avec peu de mystère vraiment. On n'effrayera donc personne en affirmant que, sur ces suggestions du gouvernement, il y a eu délibération dans l'armée, au moins délibération des individus avec eux-mêmes. Ceci étant, il est facile de comprendre comment les choses se sont passées sans qu'il y ait eu désordre. Qu'on fasse attention à la composition de l'armée, aux lois de recrutement, d'organisation et d'avancement qui la régissent, on verra si elle pouvait être tout à fait désintéressée dans la question.

Il n'y avait plus de vieux soldats dans l'armée réunie sur les Pyrénées, ainsi plus de souvenirs ennemis de l'état de choses fondé par la restauration ; peu d'enrôlés volontaires, ainsi peu de cet esprit turbulent qui a besoin de la guerre ou des tumultes intérieurs. La presque totalité des soldats d'infanterie ou de cavalerie appartenait à une classe nombreuse de la population qui ne se rachète point du service, parce qu'elle ne le peut, qui quitte un métier à vingt ans, sert en comptant les jours, et toutefois avec zèle et intelligence, pendant

huit ans, puis revient au toit paternel, non pas, comme
on le croit, plus vicieuse et moins propre au travail,
mais plus développée, plus sociable, sachant ce que vaut
l'ordre, quelquefois avec de petits talents et même un
commencement d'instruction, enfin avec des habitudes
militaires assez faites pour qu'au besoin elle puisse
reparaître sous le drapeau avec honneur pour elle et
profit pour l'État. C'est cette excellente classe de soldats
qui, sous une personnification naïve, excite dans nos
petits théâtres la risée en même temps que la sympathie
populaire. La loi Gouvion Saint-Cyr en a fait, avec
grande raison, le fond de l'armée. Chaque année celle-
ci, reversant dans la population environ trente mille
hommes faits et capables de défendre le pays, pour
quarante mille villageois et paysans qu'elle lui enlève,
rend à proportion bien plus qu'elle ne prend : s'il y a
déficit dans la quantité, il y a gain immense dans la
qualité. Ceux qui se plaignent de ce que la France,
avec une armée de cent cinquante mille hommes, est
réduite à la condition de puissance militaire de second
ordre, ne pensent pas que, de 1817 à 1827, l'armée, à
raison seulement de trente mille hommes par an, a
congédié trois cent mille soldats et sous-officiers parfaitement instruits, qui presque tous vivent, distribués
dans mille professions, et sont à peine arrivés à l'âge
mûr. Les armées d'Austerlitz et de Wagram n'ont
jamais eu derrière elles une telle réserve, et il n'y a
point d'armée en Europe qui puise à pareille source ; ce
qui manquerait en un besoin, ce serait un matériel qui
répondît à de si grands moyens militaires en hommes.

Dans l'armée d'observation, en 1822, il y avait, par

suite de l'application régulière de la loi de recrutement,
un cinquième environ de soldats ayant cinq ans de
services et plus, trois cinquièmes ayant de quatre à un
an de service et à peu près un cinquième de jeunes
soldats. Un quart des sous-officiers tout au plus appartenait à l'ancienne armée ; le reste devait ses grades
aux dispositions libérales de la loi Gouvion Saint-Cyr.
Cette loi, c'est la charte de l'armée. Elle ouvre à tous
des chances à tout avancement. On ne la violerait pas
impunément, surtout pour les grades inférieurs auxquels
un plus grand nombre de sujets aspirent ; et tous les ministres successeurs de Gouvion Saint-Cyr ont montré
qu'ils pensaient ainsi, car ils l'ont rigoureusement
observée. On a dit que de l'organisation de l'armée au
temps de la dernière guerre se déduirait aisément son
esprit. Cette armée, comme on voit, n'était point
mercenaire, mais nationale, sortant bien réellement du
peuple ; les sous-officiers étaient pris dans ses rangs et
fournissaient eux-mêmes des officiers égaux de tout point
à ceux qui venaient des écoles spéciales. Ce bel ordre
est né de la révolution ; il est compris de tout militaire
qui a de la capacité à faire valoir ; il était mis en péril
par une guerre qui menaçait de refaire le passé : c'est
ce qui ne saurait être douteux. Les principes de cette
guerre, fréquemment émis dans les sermons des aumô-
niers, dans les ordres du jour et les allocutions de certains chefs de corps, devaient inquiéter ceux qui, ayant
les qualités requises pour se faire une carrière, ne
pouvaient être sans notions sur l'ancien régime qu'on
semblait vouloir rétablir. Ils devaient froisser, dans la
masse, des instincts de liberté et d'irréligion prononcés

dans les derniers rangs de l'armée comme dans le peuple. Nos soldats, propres, gais, actifs, dégagés, railleurs dans les plus saintes choses comme ils le deviennent bientôt, ne pouvaient voir qu'avec dégoût et aversion des gens si différents d'eux, et qu'on présentait à leur affection comme de dignes serviteurs de la légitimité. Leur peu de sympathie pour les individus ressemblait beaucoup à de la répugnance pour la cause; mais cette répugnance était tout à fait subordonnée à la conduite et à l'esprit des officiers.

Un homme étranger à l'armée eût difficilement connu, en 1822, l'opinion des officiers au sujet de la guerre, car toute confiance, toute franchise de langage avaient disparu. Les épurations inspiraient presque autant de terreur que l'échafaud au temps des Custine et des Houchard. L'opinion des officiers n'était pas une. Elle était partagée comme les situations. Une classe d'officiers, et c'était la plus nombreuse, appartenait à l'ancienne armée par l'âge et les services, et, restée dans les emplois subalternes, peu caressée, sans espoir d'avancement, elle n'avait rien oublié du passé. Elle appartenait au pays par des sympathies comprimées, épiées, dissimulées même quelquefois. Elle avait plié sous la loi d'une nécessité dure, la nécessité de conserver le morceau de pain attaché à une épaulette qui avait coûté du sang, et bien plus encore, le temps d'une jeunesse après laquelle il n'y avait plus eu d'apprentissage possible pour une autre carrière. Dans la vie civile, qui permet une liberté complète d'opinions, une opposition ouverte aux actes du gouvernement, on s'intéresse trop peu à toutes ces existences épuisées d'avenir dans leur jeunesse, et que nos dernières luttes contre l'Europe ont léguées à la restauration toutes mutilées. De nobles caractères, de belles vies, et non pas rares, sont cachées dans les obscurs honneurs de ces régiments que la dernière administration condamnait à appuyer les pauvretés des législateurs à ses ordres et les tracasseries de ses plus bas agents. Il faut le dire aujourd'hui pour l'honneur de ces anciens militaires qui occupent la presque totalité des emplois de lieutenant et de capitaine, et une grande partie des commandements d'escadron et de bataillon, ils servaient alors avec un dégoût profond. La guerre d'Espagne ne put s'offrir, à eux qui avaient fait de grandes choses, que comme une guerre de police, une occupation à l'autrichienne, sans combats, si les Espagnols imitaient les patriotes napolitains, et pleine de dangers, sans compensation, s'ils résistaient comme en 1808. Dans les corps appelés savants, où une plus grande liberté d'opinions était permise à une instruction plus distinguée et plus difficile à remplacer, le mépris pour le principe de la guerre et la honte du rôle qu'on allait faire jouer à l'armée étaient exprimés hautement.

Il y avait de l'enthousiasme pour la guerre dans une classe d'officiers qui représentaient à l'armée le ministère, la cour et l'émigration. Là où cet enthousiasme était l'expression d'une haine franche pour la liberté et d'opinions royalistes exagérées, mais sincères, on trouvait l'orgueil des noms anciens et toute l'ardeur des passions contre-révolutionnaires unies à un certain rajeunissement des idées de l'ancien régime, à une loyauté véritable et quelquefois à du mérite militaire.

La même exaltation était de commande dans les rangs élevés de l'armée. De vieux généraux dont on n'avait pas cru pouvoir se passer dans la guerre, et qu'on avait rappelés après une disgràce qui datait de 1814, se croyaient obligés, en reparaissant à la tète des brigades et des divisions, de faire leurs preuves de bons sentiments. Ils parlaient du panache de Henri IV et de la monarchie de Louis XIV, comme eussent pu faire les Larocheja-quelein et les Fitz-James. Des courages sans esprit ou d'honnêtes âmes sans caractère ne s'arrêtaient pas tou-jours, dans cette voie des concessions, là où la feinte cessait d'être permise et devenait mensonge et bassesse. Les démonstrations de quelques intrigants sans talent, et malheureusement aussi de quelques gens de talent sans conscience, passaient les bornes de toute pudeur. Les dévouements vrais ou simulés dans les hauts gra-des coûtaient, au détriment du reste de l'armée, des sommes incroyables; car, à côté des officiers capables qu'on avait appelés, on conservait bon nombre de nullités couvertes de broderies et de noms éclatants. On payait les uns pour agir et les autres pour laisser faire.

Enfin, au-dessous des hommes liés par leurs antécé-dents et leurs intérêts à l'un ou à l'autre des deux régimes contraires, il y avait dans l'armée une classe d'officiers qui n'appartenait qu'à la restauration. C'étaient des jeunes gens sortis depuis 1820 des écoles militaires, ou des sous-officiers promus dans les corps. Presque toutes les sous-lieutenances de l'armée et une partie des lieutenances de l'état-major étaient à eux. Ils avaient l'instruction et l'aplomb des vieux officiers, et, à cause de ce qu'il y avait de net dans leur position, la faveur des généraux et des chefs de corps. Pour avancer, il ne leur fallait plus que la guerre. Peut-être, dans l'alternative où nous étions placés, suivant M. de Villèle, ils auraient autant aimé se défendre sur le Rhin qu'attaquer sur les Pyrénées. Ils étaient prêts à marcher aussi bien contre la sainte alliance que contre les cortès. Pourvu qu'ils vissent du pays, et qu'à leur tour ils pussent parler de leurs nuits de bivouac, de leurs bonnes fortunes d'avant-garde, des angoisses du danger et des tressaillements de la victoire, peu leur importait la cause. Ce ne sont pas là des idées bien élevées, mais ce sont celles qu'on s'efforce de donner à la jeunesse militaire dans les écoles, et l'on y réussit malheureusement assez bien.

D'après cette composition de l'armée, il y avait donc beaucoup de décousu dans les dispositions des soldats et des officiers. C'est parce que le ministère s'en apercevait qu'il croyait à des complots, et rien de semblable n'existait. Avec le dernier soupir des Bories et des Raoul(1) s'était éteint dans l'armée l'esprit des dévouements insensés. Ces jeunes hommes avaient été assez bien choisis pour que leur exemple servît. C'était bien l'illusion de la liberté dans tout ce qu'elle a de noble, de désintéressé, d'impossible, qu'on avait frappée en eux ; et, après de telles morts, indifférentes à ceux qui les avaient vues, le rêve était jugé. Ainsi, quels que fussent les sentiments de l'armée, l'ordre de passer les Pyrénées trouva tous les esprits disposés à l'obéissance, les uns comme à un devoir, les autres comme à une nécessité. De la marche générale des affaires en Europe, de la

(1) Deux des quatre sergents exécutés en 1822 pour complot.

faiblesse ou de la fermeté des constitutionnels d'Espagne, de la conduite du prince généralissime devait ensuite dépendre la fin, bonne ou mauvaise, de l'entreprise.

Le prince montra plus de goût pour les officiers de l'armée que pour ceux de la cour, plus d'estime pour les services de tous les jours, les mérites de détail, l'instruction, l'exactitude, que pour les démonstrations et les empressements de l'état-major. Cela surprit, mais disposa bien en sa faveur et donna confiance. A peine arrivé, et devant s'attendre à n'avoir plus qu'un coup d'œil à jeter sur l'armée, et un ordre à donner pour qu'elle fût sur la Bidassoa, il se trouva que, par l'imprévoyance et presque la folie d'un ministre, il avait à décider si l'on ferait ou ne ferait pas la guerre à l'Espagne. Cette guerre n'était pas de celles qui doivent nourrir la guerre, et l'armée n'était pas dans des dispositions qui permissent de l'exposer à l'indiscipline, résultat immanquable des privations. Le ministre avait imaginé d'envoyer de France, jour par jour, à l'armée d'Espagne des fourrages pour trente mille chevaux et des vivres pour cent mille hommes; mais il n'y avait rien de préparé pour le service immense que nécessitait un tel système d'approvisionnement. Dans le peu d'instants qui furent accordés au prince pour délibérer cette résolution fameuse qui donna naissance aux marchés Ouvrard, de grandes destinées furent en balance. Ce n'était pas seulement le salut de quelques milliers d'hommes qu'il fallait assurer; les intérêts de la maison de Bourbon en Espagne, et peut-être en France, la forme du gouvernement en France, et l'accord de la France avec l'Europe, tout ce qui avait été décidé sous les murs de Paris en 1814 et 1815, fut remis en question dans ce grand doute : Ouvrard peut-il ce qu'il propose ? est-il croyable que, sans tirer une ration de France, il puisse nourrir et approvisionner l'armée en Espagne par son seul crédit ?

Le duc d'Angoulême, en adoptant, contre l'avis de son conseil, les idées d'Ouvrard, a fait la seule grande chose que le peu de résistance des constitutionnels ait permis de faire. Les poursuites dirigées depuis contre le munitionnaire ont donné la couleur d'une témérité à ce qui fut une détermination hardie sans doute, mais raisonnée. La témérité serait d'une nature telle qu'on ne la peut admettre. Mais les inquiétudes bien naturelles du prince, élevé hors de France, commandant pour la première fois une armée, ayant pour lieutenants des hommes qui s'étaient illustrés sous un autre drapeau et qui avaient vu un si grand maître, l'état des affaires et des esprits à cette époque, la terreur qui régnait, au moment d'entreprendre la guerre, dans les rangs mêmes de la faction qui l'avait exigée, enfin l'abandon dans lequel toutes choses avaient été laissées par une administration qui ne s'occupait que d'intrigues : voilà, ce semble, assez de motifs pour un choix qu'une imprudente procédure a livré si différent de lui-même aux conversations publiques. Un puissant instinct de position dut entraîner le prince vers Ouvrard ; il y allait de plus que sa réputation de général, il y allait de l'étoile de sa maison. Comme un joueur poussé à bout, il fallait qu'il risquât tout pour tout emporter. Ouvrard a tenu parole, et jamais partie n'a été plus complétement gagnée.

Les marchés Ouvrard ont fait le succès de la guerre ;

car, sans eux, point de subsistances assurées, point de discipline, et conséquemment point d'accord entre les soldats et les habitants, première condition pour réussir en Espagne. Si l'on a payé trop cher l'avantage de conserver l'ordre de choses compromis par la guerre, c'est ce que chacun peut décider, suivant ses affections. Mais, que ceux qui voulurent la guerre, et qui, pour détruire la constitution de Cadix, auraient sacrifié la moitié des ressources de la France, soient venus dénoncer ces marchés auxquels ils devaient d'être encore au pouvoir; que, pour être autorisés à faire banqueroute à un homme qu'ils ne pouvaient rembourser, ils aient fait condamner comme dilapidation ce qui était économie au prix des gaspillages qu'ils préparaient, c'est une audace à laquelle on ne se serait point attendu, et nous l'avons vue. Sans doute il est fâcheux qu'il y ait eu nécessité d'employer des talents aussi coûteux que ceux d'Ouvrard; mais, en songeant aux incalculables chances de désordre dont le pays a été racheté par les marchés, on conviendra que ce n'est point du remède qu'il eût fallu se plaindre, mais du mal.

Le service des vivres et un autre service, qui probablement n'a pas coûté moins d'argent, celui des intelligences dans l'armée constitutionnelle, une fois assurés, c'est sur eux que la direction miliaire de l'expédition a été calquée. Il ne faut pas vouloir comprendre sur une carte pourquoi l'armée a d'abord envahi telle province plutôt que telle autre, laissé tel corps ennemi sur ses derrières, tandis qu'elle allait plus loin en chercher un beaucoup plus faible, pourquoi elle a négligé certaines places et assiégé les autres, car la raison de tout cela est

au fond de combinaisons dans lesquelles la pensée
militaire n'est pour rien. C'est, comme on l'a dit, une
guerre de police, dans laquelle l'armée est venue pour
prêter main-forte au besoin. On la nourrissait bien ; on
l'habillait mieux que ne le furent jamais les soldats
français ; on avait soin de ses logements ; on ne la faisait
marcher qu'à propos, en ménageant tout pour qu'elle
fût peu fatiguée, pour qu'elle n'eût qu'à occuper le
poste abandonné par l'ennemi, et rarement à l'emporter. A ces conditions qu'un esprit judicieux et ferme,
celui du major général, avait reconnues indispensables,
la discipline de l'armée, sa tenue, l'ordre dans ses
marches, sa gravité dans toutes les cérémonies religieuses par lesquelles on célébrait son approche, son
indifférence pour les passions qui s'agitaient autour
d'elle, ses égards pour les habitants des deux opinions,
tout en elle était parfait de mesure et d'esprit de conduite. Voilà le résultat de cette délibération de tous les
individus à laquelle le passage des Pyrénées devait donner lieu. Dès le début de la campagne, on n'avait point
vu d'héroïsme chez les constitutionnels, pas même de
sentiments chez les absolutistes. Rien n'avait excité la
sympathie sur cette terre ; on avait senti que la querelle entre ceux qui l'habitaient n'appelait point de con-
ciliateurs étrangers. Et, toutefois, excepté parmi ceux
qui tenaient à la cour ou à la faction, il n'y avait qu'une
pensée dans l'armée, c'est que ce n'était pas une guerre
patriotique que l'on faisait, mais une; mission politique
désagréable que l'on était venu remplir ; et chacun, autant qu'il était en lui, arrangeait une chose jugée mauvaise par la manière dont il y participait. Voilà le secret

de cette conduite qu'on a eu raison d'admirer. Ce n'est
point l'austère discipline de ces armées pauvres et républicaines qui donnèrent à la Hollande, en 1793, un si
grand spectacle ; mais c'est une sorte de résignation
élevée qu'on sent n'être pas indigne des hommes de la
même nation servant une cause si différente ; c'est toujours cette race de soldats sans égale pour la guerre,
qui comprend tout ce qu'on lui fait faire, et ne s'émeut
que pour ce qui en vaut la peine. Il y a trente ans, elle
battait des mains à la vue des Pyramides, et versait des
larmes quand le général de l'armée d'Italie lui disait :
« Vous valez les légions romaines. » En 1823, elle a
fait comme ces mêmes légions qui répugnaient à vaincre
pour les décemvirs, et ne se révoltaient pas contre eux.

Des gens qui ne croient pas qu'on puisse parler de
l'esprit d'une armée autrement qu'avec les mots fidélité,
dévouement, enthousiasme, ont gâté cette matière qui
méritait qu'on la présentât de bonne foi dans ses détails. Ils veulent absolument que cette promenade faite
l'arme au bras de Bayonne à Cadix ait mis la gloire du
prince généralissime et des armées de la restauration
au-dessus de celle de Bonaparte et des armées impériales qui ne soumirent point la Péninsule. Ils voient de
hautes combinaisons stratégiques, de savantes manœuvres, des batailles gagnées là où il n'y a guère que des
étapes et des rencontres sans combat ; pour eux, la Bidassoa rappelle l'Adige, le fossé du Trocadéro les redoutes de Jemmapes. Pour décrire la moindre escar-
mouche, il leur faut les images et les expressions favorites
de celui qui s'était fait une langue à sa taille, et qui
contait les batailles comme il les gagnait. Ils veulent

que la bonne cause ait tout l'entraînement, tout l'héroïsme de la mauvaise ; qu'elle ait eu jusqu'à son esprit, car au besoin ils savent mettre dans la bouche de nos hussards de 1823 de jolis mots, des saillies dignes des vieux soldats de Friedland, et qui par-dessus ont le mérite d'exprimer de bons principes (1). Chez nous, depuis douze ans, cette façon est commune : on dénigre la révolution, mais on la copie.

La gloire du prince a été de se décider à Bayonne comme il l'a fait ; c'est là vraiment qu'il a pris Cadix : il a osé, quand de plus ardents que lui hésitaient, et même reculaient. Quant à l'armée, sa gloire est moins dans ce qu'elle a fait que dans ce qu'elle a paru capable de faire. Il est probable qu'il n'y a jamais eu sous l'Empire une armée de cent mille hommes mieux disciplinée et aussi instruite ; de continuelles guerres ne le permettaient pas. Les officiers anciens militaires ont eux-mêmes beaucoup gagné depuis la paix. Ils se sont livrés à l'étude, ils ont médité sur ce qu'ils avaient fait, ils ont porté dans toutes les parties du métier l'ordre, la précision, le perfectionnement ; ce n'est pas l'esprit de minutie des officiers russes et allemands, mais l'esprit de détail et d'ensemble acquis à une grande école. Tout ce qu'il y avait de bon, comme organisation, équipement, mode de service dans l'ancienne armée, a été conservé, et d'heureuses améliorations ont été faites. C'est la même infanterie, la même cavalerie, mais reposées, mieux

(1) Le livre le plus ridicule en ce genre est celui que M. Panckoucke a ajouté à sa fameuse collection des *Victoires et conquêtes*. On peut citer ensuite, mais d'assez loin, l'*Histoire de la guerre d'Espagne*, par M. le marquis de Marcillac.

vêtues, mieux traitées. Les officiers du génie et de l'artillerie sortent toujours de la célèbre école fondée par
Monge ; ils pratiquent moins, mais étudient plus, ce qui
vaut mieux pour eux. Une seule création peut-être dans
cette armée a été mauvaise, c'est le corps royal d'état-
major composé de jeunes gens trop instruits pour être
employés à porter des ordres, et pas assez pour le service des siéges, de la fortification de campagne et des
reconnaissances militaires. L'armée a eu peu d'occasions
de combattre ; rarement elle a rencontré des adversaires
dignes d'elle ; mais, quelquefois, elle a eu contre elle
l'avantage du nombre et des positions, et chaque fois
elle a étonné ceux qui l'ont vue. Elle n'a jamais eu l'entraînement de l'enthousiasme, mais jamais non plus son
désordre. Sa bravoure, quand elle a dû en montrer, a
été calme, intelligente, de meilleure qualité peut-être
que celle qui, au commencement de la révolution,
triompha de la discipline prussienne. Les officiers de
cette armée qui avaient vu Iéna et Wagram, et il y en
avait beaucoup, ont fait peu de bruit de leurs faits d'armes
de 1823 ; peut-être que, se comparant à eux-mêmes,
ils n'ont pas été tout à fait justes ; mais les officiers de
l'émigration et de la cour ont voulu, comme les écrivains
dont il a été parlé plus haut, exagérer les choses, et ils
ont empêché qu'on ne les vît sous leur côté frappant.

Les constitutionnels espagnols, pris trop au dépourvu
pour pouvoir opposer sur les Pyrénées quelque résistance,
ne se sont défendus sur aucun des grands fleuves paral-
lèles à la frontière. L'Èbre, le Duero ont été franchis,
le Tage et Madrid atteints, sans qu'une amorce ait été
brûlée. Il y a eu encore ici, dans la conduite des consti-

tutionnels, faux calcul plutôt que lâcheté. Ils avaient vu
dans la dernière guerre les Français maîtres de toutes
les villes d'Espagne sans être pour cela plus avancés;
ils se souvenaient que c'était à Cadix, sur la dernière
langue de terre conservée à la cause de l'indépendance,
que leur constitution avait été proclamée, et chaque
fois qu'on leur apprenait un nouveau progrès des Français, ils répondaient encore : *no importa* (qu'importe !),
ce mot de constance si souvent dit au milieu des désastres
de 1809 (1). Les exemples ne manquaient pas d'armées
qui s'étaient aventurées sans défiance dans un pays
ouvert comme l'Espagne, et qui n'en étaient pas sor-
ties. Ainsi, se retirer devant les Français, c'était les
attirer, non pas fuir; c'était donner aux généraux qui
commandaient dans le Nord les moyens d'opérer sur les
derrières de l'ennemi et de jeter dans ses rangs la défection. Les espérances ainsi fondées, par les constitutionnels refoulés dans la partie méridionale de l'Espagne,
sur ceux qui tenaient encore à l'est, au nord et à l'ouest,
on les conçoit, dans ces derniers, fondées au contraire
sur la résistance des patriotes du midi; et, comme les
Français, occupant le milieu du pays et gardant la mer,
gênaient beaucoup la correspondance entre les provinces
du littoral, chacune d'elles ne faisait rien ou peu, et se
reposait sur toutes les autres. A Pampelune et à la Corogne, on contait de prétendues victoires de Ballesteros,
de Riego et de l'Empecinado; à Carthagène, à Barcelone, on contait celles de Quiroga et de Morillo. Les

(1) C'est le général N'IMPORTÉ qui gagne toutes nos batailles, disaient
les insurgés de 1809.

exploits de Mina avaient crédit par toute l'Espagne, et il
y avait en effet matière à parler de lui.

Le rêve eût pu finir beaucoup plus tôt, si les opérations des Français eussent été conduites avec autant de
rapidité de Madrid à Cadix que de la Bidassoa à Madrid.
On a expliqué de diverses manières ce ralentissement
d'activité dans la seconde moitié de la campagne. Les
uns ont dit que le temps avait été employé à négocier,
avec les généraux constitutionnels laissés sur les derrières
et les flancs de l'armée, certains arrangements sur lesquels on avait dû compter avant d'attaquer Cadix, le
dernier boulevard de la constitution espagnole. D'autres
ont dit qu'intrigues et opérations militaires, tout avait
marché trop vite au gré de gens qui avaient leurs profits à faire sur la durée de la guerre (1); que ceux-ci,
par différents moyens, étaient parvenus à faire croire à
des difficultés qui n'existaient point; que le moins soup-
çonné des expédients par lesquels ces hommes avaient
trompé la religion du prince avait été masqué, par la
prise du Trocadéro, d'une gloire tout à fait inutile. Ceux
qui disent cela donnent pour raison que, dans la dernière
guerre où personne ne s'était enrichi, du moins de l'argent de la France, le Trocadéro avait été jugé un point
sans importance; qu'au lieu de donner un mois aux Espagnols pour s'y fortifier, et de se préparer pendant un
autre mois à les en débusquer, on aurait pu, immédiatement après la déroute de Séville, et par un débarquement, s'emparer de Cadix sans coup férir; que les rem-

(1) Il n'est nullement question ici du munitionnaire, bien que, de
son aveu, il n'ait pas prétendu servir en homme dévoué, mais en négociant.

parts de cette ville étaient alors en fort mauvais état et
sans canons ; que l'île de Léon n'avait encore ni chaloupes
canonnières ni retranchements qui la protégeassent. De
ces deux explications, la dernière ne doit pas être légèrement admise. La première sera trouvée plus simple
par ceux qui se résignent à ne savoir, des mystères de
cette guerre, que ce qu'il a plu à la dernière administration de nous en laisser connaître.

A quelque cause qu'aient tenu ces délais, ils ont été
peu profitables à la cause constitutionnelle. Des travaux
de défense qui n'existaient pas ont été faits à Cadix et
ailleurs. Quelques résistances sont nées du temps même
qu'on a voulu donner comme employé en préparatifs
contre elles ; mais aucun effort d'ensemble n'a pu être
tenté. Les dernières luttes entre les comuneros et les
maçons, bornées à des espaces qui allaient toujours en
se resserrant, ont fini par être pitoyables comme toutes
les querelles que la mauvaise fortune aigrit et rapetisse.
Toutefois, on a vu pendant la durée de la guerre un
parti modéré, connu sous le nom d'*Anilleros*, et différent des maçons en ce qu'il voulait s'entendre avec les
cabinets étrangers, prendre quelque importance et s'ef-
forcer un peu tard de sauver la liberté par des concessions. Un moment, la Charte de France fut, dit-on,
promise aux agents de ce parti; elle devait être le prix
de grandes défections qui se sont opérées sans rien obtenir de semblable, d'où l'on a cru qu'elles avaient été
récompensées d'une façon moins honorable. Morillo et
Ballesteros, les hommes qu'on cite comme ayant traité
avec les Français, aux conditions désirées par les *Anilleros*, ont vainement protesté contre la violation de pro-

messes qui leur auraient été faites sous une garantie
auguste. On ne les a pas crus, et il ne leur est resté que
la honte, et peut-être le regret d'avoir séparé leur cause
de celle de Riego, de l'Empecinado et de Mina.

Le dernier de ces généraux a échappé au sort des deux
autres héros de l'Espagne constitutionnelle, autant par
l'habileté de sa conduite que par l'avantage de sa position. Il commandait en Catalogne. Cette province a
soutenu sa vieille réputation de citadelle de l'Espagne.
La guerre y a été active et sanglante, en comparaison
de ce qu'elle était partout ailleurs. La population catalane proprement dite, celle des montagnes, ne s'était
pourtant pas arrangée de la constitution, et on a dit
pourquoi. Mais, dans les grandes cités et les petits ports
qui bordent la côte de cette province, ainsi que dans
les vallées qui la traversent et vont à la mer, est répandue
la population la plus avancée et la plus riche de toute
l'Espagne, égale au moins en lumières à celle de nos départements méridionaux. Grâce au zèle de cette population, et par une simple battue bien ordonnée, Mina
était parvenu à imposer l'ordre pour bien longtemps à
la Catalogne, lorsque vingt mille Français y entrèrent
sous le commandement du maréchal Moncey. Mina avait
à peine dix mille hommes de troupes, qui s'étaient trouvées excellentes contre les factieux, mais qui, quant
à l'instruction, étaient trop au-dessous des Français
pour pouvoir leur être opposées avec avantage, même
dans les meilleures positions. Il avait quelques escadrons
d'une détestable cavalerie ; pour toute artillerie, quelques
pièces de montagne portées à dos de mulet ; ses bataillons, quoique les plus vieilles troupes de ligne de l'Es-

pagne, ne savaient pas manœuvrer, c'était faute d'officiers ; mais ils étaient composés d'excellents tireurs et
de marcheurs infatigables. Plusieurs de ces bataillons
lui étaient particulièrement dévoués : il fit choix d'environ trois mille hommes, avec lesquels il se jeta sur la
droite des Français, tandis que le reste de ses forces,
sous le général Milans, son meilleur lieutenant, se repliait
devant eux et descendait vers la basse Catalogne.

Le maréchal Moncey, vieux militaire ferme, qui savait
bien la guerre, surtout celle qu'il fallait faire en Espagne, car il y avait commandé avec distinction les armées de la République et de l'Empire, vit sans inquiétude
le mouvement de Mina. Il savait bien ce que pouvait
entreprendre ce chef avec trois mille soldats, qui n'é-
taient capables que de marcher, ayant la population
contre lui, et à peine un asile en cas de poursuite : il
n'enlèverait point de convois, ayant déjà trop de ses
propres bagages ; il n'attaquerait ni détachements ni
traînards, puisque la discipline de l'armée n'en admettait
pas ; et, quant à la frontière française, elle était à l'abri
de pareilles insultes. Mais les militaires qui faisaient
pour leur compte une guerre d'opinion et qui haïssaient
dans Mina l'homme de toute l'Espagne qui avait le plus
de caractère, voulaient mettre la main sur lui. Ils firent
valoir le danger politique de la présence de ce général
entre la frontière et l'armée ; et, comme ils parlaient
fort haut, ayant à la cour le genre d'amis qui donnait
crédit en ce temps, le maréchal les laissa faire. Un général qui avait siégé à la Chambre des députés, et dont
les incartades avaient été pendant plusieurs années un
des scandales d'une représentation nationale faussée,

se consacra de passion à la poursuite de Mina. Il engagea au succès de son entreprise tout ce qu'il avait d'ardeur dans l'amour-propre et de confiance dans ses talents ; aussi la haine politique se changea en lui bientôt en animosité personnelle contre le général catalan. Les chefs de corps qui servaient sous ses ordres mirent à le seconder une ambition non moins vive et plus noble, car il y avait de quoi faire honneur dans une telle capture ; et, après la délivrance de Ferdinand VII, c'était le plus grand coup qu'on pût porter à la cause constitutionnelle. Mina vit bien que c'était à sa personne qu'on en voulait ; il savait de quelle importance était son nom pour sa cause ; il s'était dévoué, et il agit pour conserver à la fois sa personne et sa réputation. Sa petite campagne de six semaines contre les divisions Donnadieu et Curial est un petit chef-d'œuvre de sagacité, de décision, d'esprit de ressources, et probablement est au-dessus de ce qu'il fit dans les dernières guerres, quand il avait le peuple pour lui, et que dans tout paysan il trouvait au besoin un hôte, un espion ou un soldat. Cette fois, il fallait qu'il obligeât les villages à le recevoir, à lui fournir des vivres, à cacher sa marche à l'ennemi, et il parvenait à se faire servir ; mais lui seul avait ce privilége. Quand il voulait aller se reposer à la Seu-d'Urgel, qui est tout près de la frontière, il trouvait moyen de faire marcher le général Donnadieu sur Vich ou sur Manresa, vers le centre de la Catalogne ; s'il avait besoin de se rapprocher de ces deux villes pour savoir ce qui se passait à Barcelone, le général Donnadieu recevait à propos quelque faux avis qui l'attirait vers Besalu ou Figuières, et la route était libre ; s'il fuyait, et que deux chemins se rencontrassent, il savait toujours se faire poursuivre par celui des deux qu'il n'avait pas pris (1). Enfin, on le vit se promener tranquillement dans la Cerdagne française, lorsqu'à Paris on le croyait anéanti, et quand, d'autre part, on s'attendait à le voir déboucher dans la plaine de Vich ou de Tarragone. Pour obliger les paysans à dire ce qu'il voulait faire croire à l'ennemi, son moyen était simple : il reparaissait brusquement dans un lieu qu'il avait quitté le matin ou la veille, et où l'ennemi s'était présenté depuis, et malheur alors à qui l'avait trahi. Dans ces soudains retours, qu'il parvenait à faire craindre en vingt endroits à la fois, il était impitoyable, et, par là, économe de sang ; car, dès qu'un petit nombre d'exemples eut appris qu'il était homme à faire vingt lieues pour venir tirer vengeance d'un acte d'hostilité ou d'un manque de foi, et qu'il était impossible d'échapper à ses surprises, il n'y eut plus de villages qui voulussent donner la main aux Français contre lui, à moins qu'on ne leur laissât garnison pour les protéger.

A la fin, ce jeu de marches et de contre-marches devenant inquiétant pour l'armée de Catalogne et empêchant ses progrès dans le midi de la principauté, le maréchal donna ordre exprès de détruire Mina et sa bande. Mina était alors entre la frontière française et les troupes qui formaient le blocus de Figuières, c'est-à-dire tout à fait sur les derrières de l'armée de Catalogne. La moitié de cette armée fit volte-face pour s'emparer de lui ; c'était quatre fois plus de forces qu'il

---

(1) Si l'on doute de ceci, on peut recourir au livre de M. de Marcillac, officier très dévoué au général Donnadieu.

n'en fallait pour l'écraser. Il se tira d'affaire cependant,
et par une retraite que des généraux plus instruits,
avec les mêmes soldats, n'eussent pas su faire. Il vit le
grand intérêt de cette retraite où il était, dans sa personne ; et, pour se sauver, il se servit de ses troupes
suivant ce qu'elles valaient. Elles marchaient bien,
supportaient toutes sortes de fatigues et combattaient
mal ; il se régla là-dessus. Quand il était serré de trop
près, au lieu de soutenir un combat pendant lequel des
forces supérieures l'eussent gagné de vitesse, et qui lui
eût coûté deux ou trois cents hommes, il en sacrifiait pareil nombre qui ne se faisaient pas tuer, mais se laissaient
prendre ; et il gagnait, en les abandonnant, le temps
que l'ennemi perdait à les recueillir. Il alla, en deux
occasions, jusqu'à dédoubler sa troupe : une moitié po-
sait les armes tandis qu'avec l'autre il disparaissait par
des chemins où jamais hommes ni chevaux n'avaient
passé. Plus il s'affaiblissait, plus il était facile de
l'envelopper : et il arriva plusieurs fois qu'on l'enveloppa ; mais alors il découvrait le point gardé par
les troupes du baron d'Éroles, et passait là, tandis
qu'il envoyait aux Français quelques compagnies
destinées à être prises. Il arriva à la Seu-d'Urgel,
sa place de dépôt, ayant ainsi dépensé, de la seule
manière qui pût le sauver, plus des trois quarts de sa
troupe. Les sept à huit cents hommes qui lui restaient étaient exténués de fatigue ; lui-même avait eu
un pied gelé dans la montagne, et était grièvement
blessé. On le disait mort dans l'armée française, ou du
moins incapable de s'exposer à de nouvelles courses. Il
profita de la sécurité que donnait ce bruit pour quitter

la Seu, après quelques jours de repos. Il fit, avec quatre ou cinq cents hommes, une marche plus considérable et plus périlleuse que toutes celles qu'il avait faites jusque là, mais si rapide et si bien conduite qu'on ne put l'empêcher d'entrer dans Barcelone très peu de temps avant l'investissement de cette place. Il avait réussi dans ce qu'il s'était proposé, en se séparant du gros de ses forces à l'entrée des Français, puisqu'il avait donné au général Rotten le temps de rendre Barcelone imprenable pour l'armée du général Moncey. Cela obtenu, le plus grand service qu'il eût encore à rendre à une cause déjà trahie ou perdue par toute l'Espagne, c'était de lui conserver le prestige attaché à son nom : il y est parvenu. Après avoir fait tout ce que l'activité et l'audace pouvaient contre les événements, il a su s'arrêter à point, ne pas se commettre là où ses talents n'étaient pas de mise, et finir tard et avec honneur. De tous les patriotes illustrés dans la guerre de l'indépendance, il est le seul qui n'ait rien perdu à devenir homme de parti. Dans les lieux mêmes où sa personne et ses actes ont laissé l'impression de la terreur, son souvenir est encore entouré d'une popularité qui peut-être sera quelque jour utile à l'Espagne.

Entre les villes riches et fortes de l'Espagne, Barcelone a joué, dans la guerre de 1823, le premier rôle militaire et le second rôle politique. Elle n'a été rendue que sur une capitulation qui l'a préservée des excès commis ailleurs par les volontaires royalistes. Sous le gouvernement du général Rotten, à qui elle est redevable de cette belle capitulation, elle a plus fait pour la cause constitutionnelle que Madrid, Séville et Cadix ;

elle a habillé, nourri, soldé les garnisons de Tarragone, Lerida, Figuières, Hostalrich, les troupes qui, sous le vieux et brave général Milans, ont tenu jusqu'à la fin la campagne et donné quelquefois à faire à notre armée de Catalogne. Elle a dû son importance politique à la présence de Rotten et de Mina, deux hommes qu'on savait capables de tout pour leur cause; à l'esprit de sa population qui devait faire craindre une résistance extrême, si l'on était obligé d'en venir à un siége en règle; enfin, à la réunion dans ses murs d'un nombre d'étrangers proscrits que l'on croyait considérable, et qui, de ce commun refuge, avaient assez inquiété le gouvernement français pour qu'un de ses griefs contre l'Espagne fût la protection accordée par elle à ces hommes que l'Europe avait rejetés.

Barcelone n'était pas la seule ville d'Espagne où des proscrits se fussent réunis. Ce n'était pas elle qui avait envoyé sur la Bidassoa ceux qui vinrent y agiter inutilement aux yeux de nos soldats des couleurs oubliées, et qui, avant d'enterrer ce drapeau qui trompait leurs espérances, crurent lui devoir cet honneur d'être encore une fois mitraillés sous lui. Mais Barcelone, par sa position vis-à-vis de l'Italie, et sa réputation de ville libérale, avait attiré la plupart des hommes compromis dans les révolutions de Naples et du Piémont, ceux que la police de la sainte-alliance avait obligés de quitter la Pologne, la Lombardie, les petits États du Rhin, et toutes les contrées de l'Europe où la domination de Bonaparte avait eu des serviteurs et des soldats. D'anciens officiers français, qui depuis 1815 étaient allés faire la guerre partout où ils avaient pu la trouver, en

Grèce sous les drapeaux d'Ypsilanti, en Amérique sous ceux de Bolivar, en Italie sous Pepe, avaient préféré Barcelone à Madrid, à Cadix et à la Corogne. Quelques étudiants des universités d'Allemagne, des jeunes gens compromis en France dans d'inutiles complots, ou qui l'avaient quittée, enflammés de zèle pour une cause qu'ils croyaient la leur, enfin des sous-officiers et des soldats déserteurs de l'armée française, étaient venus se réunir à eux. Après avoir rendu les plus grands services comme volontaires dans la guerre contre les factieux, ces étrangers avaient été appelés à former un corps destiné par le général Mina à jouer un rôle politique dans la guerre contre la France ; mais bientôt, déchus de cette importance, vu la tournure prise par les affaires, ils avaient dû se disperser encore, fuir l'Espagne, ou se résigner à ce qui adviendrait de la constitution et de ses défenseurs. Cinq cents environ, dans toute la Catalogne, restèrent sous les armes et formèrent, sous le nom de *légion libérale étrangère*, un petit bataillon d'infanterie et un faible escadron de lanciers. Plusieurs compagnies étaient toutes d'officiers ; deux généraux italiens étaient dans les rangs portant la lance ; il y avait moitié de Français ; ceux qui ne l'étaient pas avaient servi dans les armées impériales : ainsi les habitudes de service étaient les mêmes, l'esprit, ou plutôt le souvenir dominant, celui de la liberté conquérante et de Bonaparte ; l'uniforme et les emblèmes rappelaient ce temps. Un brillant militaire, un compatriote et un ami de Santa-Rosa, le colonel Pachiarotti, avait organisé la légion libérale, et la commandait. Plus d'une fois, les généraux espagnols, aventurés, comme à Mataro, dans des entreprises qu'ils étaient incapables de diriger, et donnant l'exemple de la fuite, ont dû leur salut au sentiment de honte qui précipitait Pachiarotti et ses étrangers au-devant d'un ennemi qui les faisait rougir de leurs alliés.

L'histoire de ce petit corps serait curieuse. Une partie, sous les ordres du général Milans, partagea la fortune des troupes constitutionnelles qui défendirent Tarragone. L'autre partie, la plus considérable, vue de mauvais œil dans Barcelone par ceux qui craignaient, non sans raison, que la présence des révolutionnaires étrangers dans leur ville n'attirât sur elle l'animadversion des Français, après avoir été employée dans la place à tous les services périlleux, fut, sous les ordres de son chef Pachiarotti, lancée dans une expédition où elle devait périr. Les passions qui ont fait la guerre d'Espagne sont maintenant assez effacées pour qu'on puisse se promettre d'inspirer quelque intérêt, en montrant au milieu des montagnes de la Catalogne, sous l'ancien uniforme français, des soldats de toutes les nations, ralliés à l'ascendant d'un grand caractère, marchant où il les menait, souffrant et se battant sans espoir d'être loués ni de rien changer, quoi qu'ils fissent, à l'état désespéré de leur cause, n'ayant d'autre perspective qu'une fin misérable au milieu d'un pays soulevé contre eux, ou la mort des esplanades s'ils échappaient à celle du champ de bataille. Telle fut, pendant de longs jours, la situation de ceux qui, partis de Barcelone peu de temps avant la capitulation de cette place, allèrent succomber avec Pachiarotti devant Figuières, après deux jours d'un combat dont l'achar-

nement prouva trop que c'étaient des Français qui
combattaient de part et d'autre. Ce combat, qui devait
finir par l'extermination du dernier de ceux qui, au
milieu de l'Europe de 1823, avaient osé mettre la
flamme tricolore au bout de leurs lances, et rattacher à
leur schako la cocarde de Fleurus et de Zurich, le général Damas l'arrêta par une parole qu'il était noble à
lui d'offrir et que nul autre que lui dans l'armée n'était
en position de faire respecter. Ce n'est rien que la destinée de quelques hommes dans de tels événements ;
mais combien d'autres événements il avait fallu pour
que ces hommes de toutes les parties de l'Europe se
rencontrassent, anciens soldats du même capitaine, venus dans un pays qu'ils ne connaissaient pas, défendre
une cause qui se trouvait être la leur! A ce titre, la légion de Pachiarotti méritait qu'on dît un mot de son
existence. Les choses, dans leurs continuelles et fatales
transformations, n'entraînent point avec elles toutes les
intelligences; elles ne domptent point tous les caractères avec une égale facilité, elles ne prennent pas
même soin de tous les intérêts ; c'est ce qu'il faut comprendre, pardonnant quelque chose aux protestations
qui s'élèvent en faveur du passé. Quand une époque est
finie, le moule est brisé, et il suffit à la Providence
qu'il ne se puisse refaire; mais des débris restés à terre,
il en est quelquefois de beaux à contempler (1).

(1) Le maréchal Soult, ministre de la guerre, défendant les décisions
qui avaient déféré aux conseils de guerre les insurgés des 5 et 6 juin 1832,
avait parlé des réfugiés qui avaient capitulé à Llers. Carrel, dans le *National*, 2 décembre 1832, rectifie les faits :

« M. le maréchal Soult a rappelé qu'en 1824, un certain nombre de

Depuis qu'un premier article sur l'Espagne a été publié dans cette Revue, deux mois se sont écoulés, et l'impression de terreur produite dans le nord de la Péninsule par le voyage du roi s'est maintenue. Les

Français, ayant capitulé à Llers, en Catalogne, entre les mains du maréchal Moncey, ces Français, qui avaient combattu sous le drapeau tricolore, furent livrés, au mépris de leur capitulation, à des commissions militaires, et que la cour de cassation reconnut la compétence des conseils de guerre. L'arrêt de la cour de cassation, en date du 5 février 1824, faisant jurisprudence, a dit le maréchal, on a dû, pour se conformer aux lois, livrer les combattants des 5 et 6 juin aux conseils de guerre. La charte actuelle, a ajouté M. le maréchal Soult, n'est-elle pas la même charte que celle qui existait alors, et sous l'empire de laquelle fut rendu l'arrêt de la cour de cassation en date du 5 février 1824 ?

» Personne ne sait mieux que nous la valeur de cet incroyable argument en faveur de l'état de siége, attendu que l'arrêt du 5 février 1824 fut rendu sur le pourvoi qu'un de nos collaborateurs actuels avait adressé à la cour de cassation contre la compétence d'un conseil de guerre qui venait de le condamner à mort comme ayant combattu en Espagne sous le drapeau tricolore.

» On avait appliqué à notre collaborateur et à ses amis, non pas cette législation de l'état de siége, qui n'est écrite nulle part, mais les anciennes lois faites contre l'émigration, et ces lois étaient abolies à l'égard des Français non militaires, par l'article de la charte qui disait : « Nul ne peut être distrait de ses juges naturels. » Une consultation signée des principaux avocats de Paris, entre autres de M. Barthe, appuyait le pourvoi, présenté, au nom de notre collaborateur, par Me Isambert. La doctrine soutenue aujourd'hui par M. le maréchal Soult le fut alors par M. de Peyronnet.

» M. Isambert (a), qui a eu, comme tout le monde sait, une grande part à la rédaction de l'arrêt de la cour de cassation contre l'état de siége, a fait triompher, comme magistrat, dans cette circonstance, la doctrine qu'il avait soutenue comme avocat. M. Barthe, qui avait plaidé comme lui, en faveur de Caron, le principe que nul ne peut être distrait de ses juges naturels, s'est démenti comme ministre. »

(a) M. Isambert, devenu membre de la cour de cassation, et auteur de quelques travaux d'érudition, est mort tout récemment.

royalistes qui, en 1823, mettaient en pièces les blessés de la légion de Pachiarotti, sont traqués aujourd'hui dans leurs montagnes comme des bêtes fauves: Le comte d'Espagne, dont la faveur a paru un moment ébranlée, se soutient en continuant à servir son maître en Catalogne suivant ses vues, c'est-à-dire par la destruction des *agraviados*. Ferdinand VII, en passant d'une province dans l'autre, paraît être retombé sous l'influence des apostoliques, ennemis du comte d'Espagne, à qui ils ne pardonneront pas la mort de Bessières. Les journaux racontent les entrées triomphales du roi dans ces villes d'Aragon, qui peuvent à peine donner du pain aux gens de sa suite. On ne sait où s'arrêtera la marche de ce gouvernement en démence. Il y a quatre ans, l'auteur d'un excellent livre sur l'Espagne, M. A. Rabbe, après un éloquent tableau de l'état de la Péninsule, s'écriait avec une confiance dans l'avenir qu'il faut partager : « Ce serait une étrange illusion de regarder comme finie une révolution qui commence, et de prendre les chances passagères d'un parti et ses exagérations inhumaines pour les garanties de sa conquête. L'avenir qui s'avance ne ratifiera point les décrets de l'inquisition. Si la faction qui pousse le trône de Castille vers l'abîme pouvait un moment ouvrir les yeux, elle frémirait de son triomphe. » On ne saurait dire mieux ni plus juste, et, malgré tout ce qui s'est passé depuis, nous en sommes malheureusement encore à ces espérances. On n'attend plus de ceux qui gouvernent l'Espagne qu'ils reviennent à de meilleures idées, on est réduit à désirer qu'ils se pressent à commettre leurs dernières fautes. L'état

de leurs ressources est plus désespéré encore qu'on ne
le croit ordinairement, et voici ce qu'on en peut dire
d'après un document particulier très digne de foi :

Les recettes de toute espèce faites par le gouvernement espagnol pendant l'année 1827 se sont élevées à
trente-deux millions de piastres fortes, somme qui dé-
passe de beaucoup le revenu des années les plus pros-
pères depuis bien longtemps. Voici comment on est
parvenu à ce résultat extraordinaire. Le gouvernement
a réclamé de prétendus arrérages dus sur les contributions annuelles depuis 1804 ; la violence a forcé
tous ceux qui avaient de l'argent à payer. On a réclamé ensuite, comme dues au Trésor, les sommes
acquittées à titre de contributions ordinaires, de 1808
à 1813, par les villes et les provinces occupées alors
par les Français ; en sorte que ce qui a été payé à
Joseph pour l'entretien des services publics, on a été
obligé de le payer de nouveau à celui qui se regarde
comme propriétaire de l'Espagne, et ne veut pas avoir
été frustré comme absent. Les villes qui n'ont pas eu
de quoi satisfaire à cette nouvelle réclamation ont été
autorisées à taxer arbitrairement ceux qui à cette époque firent partie des ayuntamientos, et qui doivent être
des gens riches. Enfin, le gouvernement a mis la main
sur tous les dépôts et consignations d'objets en litige. Il
a vendu à vil prix les biens d'un grand nombre d'émigrés constitutionnels. De toutes ces exactions est résul-
tée la somme énorme de trente-deux millions de piastres, environ cent soixante millions de francs. Voici
maintenant comment cela a été employé, car il n'en
reste plus rien : les frais de perception se sont élevés à

cinq millions de piastres ; cinq millions ont été envoyés en France ; c'est un remboursement fait on ne sait à qui, du moins pas au Trésor, quoique l'Espagne lui doive beaucoup ; dix millions ont été dépensés pour les besoins de l'État, et douze millions pour la seule maison du roi : total trente-deux millions.

Depuis, le gouvernement de Ferdinand VII a vécu en dissipant les revenus affectés à l'extinction des intérêts de la dette nationale, dont rien n'a été payé ces deux dernières années, excepté pour la dette Guebhard. On est aux expédients pour continuer ; et il faut entretenir par toute l'Espagne une population armée sous le nom de volontaires royalistes, qui jusqu'ici a maintenu le système par la terreur, mais qui commence à souffrir beaucoup de la misère. On voit déjà ces soldats de la restauration de 1823 demander l'aumône par détachements aux portes des hôtelleries et des grandes maisons. L'habit qui fut tiré des magasins français pour les vêtir est en lambeaux ; et, pour comble d'embarras, ils sont aujourd'hui beaucoup plus à redouter que par le passé pour les troupes de ligne qu'on essayerait au besoin de leur opposer ; car le commencement d'instruction et de discipline que les généraux français étaient parvenus à leur donner, pour se servir d'eux contre les constitutionnels, a fructifié dans de continuels exercices. Ainsi l'on est au moment de voir quel funeste présent ont fait à Ferdinand VII ceux qui, pour le dégager de ses obligations envers la portion riche et éclairée de l'Espagne, lui ont donné pour armée les classes inférieures de la nation, abruties et sanguinaires, comme elles sont encore.   (*Revue française.*)

Mémoires sur les campagnes des armées du Rhin et de Rhin-et-Moselle, de 1792 *jusqu'à la paix de Campo-Formio,* par le maréchal GOUVION SAINT-CYR.

4 volumes in-8 enrichis de 15 cartes ou plans, d'un grand nombre d'états de situations, et accompagnés d'un Atlas d'une grande dimension. Paris, 1829.

On persuaderait difficilement aux hommes, et surtout aux hommes de notre temps qui ont vu beaucoup de militaires, que l'art de la guerre est celui de tous peut-être qui donne le plus d'exercice à l'esprit. Cela est pourtant vrai; et ce qui fait cet art si grand, c'est qu'il exige le caractère autant que l'esprit, et qu'il met en action et en évidence l'homme tout entier. A cet égard, l'art de la guerre n'a que l'art de gouverner qui lui ressemble et l'égale. Regardez, en effet, aux œuvres des poëtes, des savants, des orateurs les plus célèbres. Leurs œuvres, même les plus belles, ne vous diront jamais de quelle trempe fut leur âme. Regardez, au contraire, aux actions des généraux et des hommes d'État; toujours vous y lirez leur caractère autant que leur esprit, parce qu'on gouverne et on combat avec son âme tout entière. Bien entendu cependant que gouverner ne signifie pas administrer une préfecture, et que combattre ne signifie pas charger à la tête d'un régiment; autrement il faudrait donner une âme et un esprit à trop de gens.

L'homme appelé à commander aux autres sur les champs de bataille a d'abord, comme dans toutes les professions libérales, une instruction scientifique à ac-

quérir. Il faut qu'il possède les sciences exactes, les arts
graphiques, la théorie des fortifications. Ingénieur, ar-
tilleur, bon officier de troupes, il faut qu'il devienne
en outre géographe, et non géographe vulgaire, qui sait
sous quel rocher naissent le Rhin et le Danube, et dans
quel bassin ils tombent, mais géographe profond, qui
est plein de la carte, de son dessin, de ses lignes, de
leurs rapports, de leur valeur. Il faut qu'il ait ensuite
des connaissances exactes sur la force, les intérêts et le
caractère des peuples; qu'il sache leur histoire politique, et particulièrement leur histoire militaire; il faut
surtout qu'il connaisse les hommes, car les hommes, à
la guerre, ne sont pas des machines; au contraire, ils
y deviennent plus sensibles, plus irritables qu'ailleurs,
et l'art de les manier, d'une main délicate et ferme,
fut toujours une partie importante de l'art des grands
capitaines. A toutes ces connaissances supérieures, il
faut enfin que l'homme de guerre ajoute les connaissances plus vulgaires, mais non moins nécessaires, de
l'administrateur. Il lui faut l'esprit d'ordre et de détail
d'un commis; car ce n'est pas tout que de faire battre
les hommes, il faut les vêtir, les armer, les guérir. Tout
ce savoir si vaste, il faut le déployer à la fois et au milieu des circonstances les plus extraordinaires. A chaque
mouvement, il faut songer à la veille, au lendemain, à
ses flancs, à ses derrières; mouvoir tout avec soi, munitions, vivres, hôpitaux; calculer à la fois sur l'atmosphère et sur le moral des hommes; et tous ces éléments
si divers, si mobiles, qui changent, se compliquent sans
cesse, les combiner au milieu du froid, du chaud, de la
faim et des boulets. Tandis que vous pensez à tant de

choses, le canon gronde, votre tête est menacée ; mais
ce qui est pire, des milliers d'hommes vous regardent,
cherchent dans vos traits l'espérance de leur salut ; plus
loin, derrière eux, est la patrie avec des lauriers ou des
cyprès ; et toutes ces images, il faut les chasser, il faut
penser, penser vite ; car, une minute de plus, et la
combinaison la plus belle a perdu son à-propos, et au
lieu de la gloire, c'est la honte qui vous attend.

Tout cela peut sans doute se faire médiocrement,
comme toute chose d'ailleurs ; car on est poëte, savant,
orateur médiocre aussi ; mais cela fait avec génie est
sublime. Penser fortement, clairement, au fond de son
cabinet, est bien beau sans contredit ; mais penser aussi
fortement, aussi clairement au milieu des boulets, est
l'exercice le plus complet des facultés humaines. Ceux
qui ont rêvé la paix perpétuelle ne connaissaient ni
l'homme ni sa destinée ici-bas. L'univers est une vaste
action : l'homme est né pour agir. Qu'il soit ou ne soit
pas destiné au bonheur, il est certain du moins que
jamais la vie ne lui est plus supportable que lorsqu'il
agit fortement ; alors il s'oublie, il est entraîné, et cesse
de se servir de son esprit pour douter, blasphémer, se
corrompre et mal faire. Une société en paix perpétuelle
tomberait en pourriture. Voyez quelle était la France
à la fin du xviiie siècle ! Il faut sans doute qu'une guerre
soit juste ; mais, appuyée sur la justice, succédant à de
longs intervalles de paix, elle retrempe les mœurs et
le caractère des nations.

Au reste, la preuve de ce que nous avançons est
dans les faits. De toutes les espèces d'hommes, celle
dont il y a le moins, ce sont les grands capitaines, les

très grands, il est vrai. On en compte quatre ou cinq peut-être dans l'histoire ; et, chose remarquable, ils ont été grands écrivains ; car ce qui est nécessaire pour agir comme pour écrire, c'est la supériorité de la pensée ; et, quand on la possède, il est rare qu'on ne l'emploie pas à faire les deux choses à la fois.

Cependant il ne faut pas être exclusif ; on est militaire comme on est toute chose, avec différents caracsères et différents degrés de supériorité. Après ces hommes qui, à la façon de César ou de Bonaparte, changent la face du monde à coups d'épée, il y a ces hommes, d'une autre espèce, qui se bornent à défendre leur patrie. Il y a des Turenne et des Vauban dont le nom est immortel ; il y a des Catinat auxquels la vertu donne presque l'éclat du génie, car nulle part la vertu ne sied mieux que dans un caractère guerrier. Ainsi, génie à part, l'homme de guerre savant, éclairé, qui est tout plein de ce qu'il a vu et de ce qu'il a fait, qui est homme de bien et aime son pays, est l'un des personnages les plus intéressants que l'on puisse rencontrer. Nous avons vu beaucoup de militaires dans ce siècle ; de longues guerres avaient épuisé leurs facultés, et, ce qui est plus fâcheux, le régime des cours avait beaucoup altéré leur caractère. Naître dans une cour et y vivre peut se concilier parfaitement avec beaucoup de dignité ; mais ne pas naître dans cette haute position, y arriver par accident, et d'une cour passer à une cour ennemie, est un malheur pour la noblesse du caractère. Cependant il est toujours quelques hommes de trempe assez forte pour résister à de rudes travaux et traverser impunément beaucoup de régimes. On a toujours cité

M. le maréchal Saint-Cyr comme l'un des hommes qui, par la simplicité des mœurs, l'indépendance des sentiments, rappelaient le mieux ces guerriers patriotes, à la façon de Kléber et de Desaix, dont le nom est resté si beau dans nos annales. M. le maréchal Saint-Cyr est l'un de nos plus anciens généraux ; il faisait partie de ces bataillons de volontaires qui s'armèrent spontanément en 1792 pour voler à la défense de nos frontières menacées. Soldat et bientôt général à l'armée du Rhin, il fut collègue de Desaix et lieutenant de Moreau. Il fit la célèbre retraite de 1796, comparée à celle des dix-mille ; il fit la campagne si malheureuse et si méritoire de 1799 contre Suwarow ; il fit la célèbre et victorieuse campagne de 1800, qui se termina par le superbe trophée de Hohenlinden. Sous l'empire, sa carrière ne cessa pas d'être utile ; sous la restauration, il nous a donné une loi, la plus belle après la charte, et il s'est noblement retiré quand il a cru devoir ce sacrifice à son pays. La vie de M. le maréchal Saint-Cyr est donc une des belles vies de nos modernes annales. A côté de ces gloires, comme celles de Kléber et Desaix, que la mort décerne, il y en a une autre pour ceux qui vivent lontemps, c'est de vivre purement. A travers ces jeux bizarres et sanglants de la fortune, on peut bien ne pas lui dérober son bien-être, mais on peut lui dérober son caractère et le garder sain et pur.

Dans les actions des hommes on lira toujours leur caractère quand on saura lire ; mais on n'y retrouve pas aussi bien leur esprit. Pour le retrouver, il faut aller le chercher dans leurs écrits, s'ils ont consacré par des écrits leurs actions et les motifs de leurs actions. M. le maréchal Saint-Cyr, en nous donnant ses Mémoires, vient de nous prouver toute la force de son esprit dans les matières qui ont fait l'occupation de sa vie. Ces Mémoires offrent un livre simple, grave, profond, convenablement écrit, c'est-à-dire parfaitement. Sans doute, M. le maréchal Saint-Cyr n'a pas le désir qu'on fasse de lui un écrivain; mais il l'est comme on doit toujours être fier de l'être, il l'est par les bonnes raisons ; il l'est parce qu'il conçoit profondément et clairement ce qu'il expose, et qu'alors de bons termes arrivent nécessairement pour le rendre. Ce qui pouvait cependant ne pas être, ces bons termes sont parfaitement élégants. Peu de livres de ce temps-ci sont aussi bien écrits; et il est singulier que, lorsque les hommes dont la profession est d'écrire laissent corrompre ce bel art, il se conserve chez les hommes qui ne l'ont jamais exercé. Cela doit être : les bonnes leçons en ce genre nous viendront des hommes solides qui ont des choses sérieuses à dire, et que le sérieux de ces choses préservera de ces goûts fantastiques et puérils qui font le ridicule de notre temps.

Nous n'avons parlé du style que parce qu'il tient, dans le livre que nous examinons, aux bonnes qualités de la pensée. M. le maréchal Saint-Cyr se proposait un but plus élevé; il voulait donner des leçons aux générations futures qui auront à leur tour à défendre la patrie, et qui auront à la défendre sur le sol même où on la défendit en 1792 ; car malheureusement nous n'avons pas fait un pas vers nos frontières naturelles ; et ce Rhin que M. le maréchal Saint-Cyr, avec tous les bons esprits, regarde comme la seule ligne sur laquelle notre défense puisse prendre sa base, ce Rhin conquis par tant de sang, ce Rhin tant dépassé, et peut-être pour avoir été dépassé, ne nous reste pas. Il faudra nous battre encore sur les mêmes lieux où nos belles armées versèrent tant de sang, sur la Lauter, sur la Queich, à Kaiserlautern, à Mayence, à Manheim, Strasbourg, Huningue. Aucun homme ne connaît mieux tous ces lieux que M. le maréchal Saint-Cyr ; aucun ne connaît mieux la guerre qu'on peut y faire. M. le maréchal Saint-Cyr n'aime pas les systèmes, et il a raison. Il pense que la meilleure de toutes les instructions pour la guerre, c'est l'histoire, c'est-à-dire l'expérience, et il a raison encore. De notre temps, on a beaucoup écrit sur ces matières, et beaucoup fait de systèmes. Comme on fit au lendemain des campagnes de Frédéric, on fait au lendemain de celles de Napoléon : on commente, on définit, on subtilise. Il en est de l'art de la guerre comme de tous les autres ; après les chefs-d'œuvre arrive la critique, qui prétend donner le pourquoi et le comment de toutes les opérations, ce qui est bon et utile ; mais qui prétend aussi créer un art, le réduire à quelques principes, par l'application desquels tout est bien, sans l'application desquels tout est mal. De là sont résultées ces interminables discussions sur l'ordre oblique, sur l'ordre mince ou profond, et ces autres discussions plus modernes sur la tactique et la stratégie.

Parce qu'il avait réussi à Frédéric, au lieu d'attaquer de front une armée, de se porter sur une de ses ailes pour l'accabler, on en conclut un ordre d'attaque par excellence, qu'on appela l'ordre oblique, avec lequel toute bataille devait être gagnée, et sans lequel toute bataille était perdue. L'Europe le crut ; partout on instruisait les soldats comme ceux de Frédéric; on les dressait comme des mannequins; on les habituait, dans de belles parades, à défiler obliquement devant une ligne ennemie, et à se porter sur ses ailes. C'était à Postdam surtout que ces parades avaient lieu; toute la jeune noblesse de l'Europe courait y apprendre l'art des grands capitaines, que le comte de Guibert traduisait en beau langage parisien. Le vieux Frédéric, qui employait le temps de la paix à se moquer de l'Europe, souriait en voyant nos jeunes Français courir à ses manœuvres, et n'avait qu'un regret, c'était de ne pas les commander, mais à sa façon, qui n'était pas celle qu'il avait l'air d'enseigner au monde. Les prodigieux mouvements de Napoléon, qui a exécuté sur la carte de l'Europe des enjambées si vastes et si hardies, ont suggéré l'idée de deux sciences : l'une, la *tactique*, consistant dans l'art de manœuvrer sur un terrain resserré, d'adapter les différentes armes à la forme de ce terrain, de les placer, de les mouvoir convenablement ; l'autre, la *stratégie*, consistant dans les vastes mouvements qui ont pour but d'occuper la meilleure ligne d'opérations, de se porter sur les points les plus dangereux pour l'ennemi, sur ses flancs, ses derrières, ses magasins, sa capitale, etc. La première de ces sciences ferait les bons généraux, l'autre les grands. On a prétendu réduire la seconde à quelques principes rigoureux, avec lesquels on devient de grands capitaines, à la condition de les entendre. Nous en doutons, car nous connaissons quantité de gens qui seraient capables de les entendre, et qui, à ce compte, seraient autant de César ou de Napoléon ; et il nous répugne d'admettre que les César et les Napoléon soient si répandus en ce

monde. Les principes de cette science sont développés
dans un savant livre de l'archiduc Charles, et dans les
livres plus célèbres du général Jomini, si estimés par
Napoléon. Quoi qu'il en soit des théories contenues dans
ces ouvrages, ils renferment un grand savoir, une critique profonde, l'empreinte d'un esprit supérieur, et ils
ont ainsi de meilleurs gages de durée que des systèmes
toujours contestés.

Qu'il y ait, à la guerre, des maximes vraies, utiles,
résultant de l'expérience, comme il y a des préceptes
d'État en politique, des sentences en morale, cela n'est
pas douteux ; mais qu'on puisse rédiger un art, le réduire
à quelques principes absolus, et ensuite vaincre avec,
cela n'est pas probable. Autant vaudrait dire qu'on peut
faire un art de la politique, au moyen duquel tout homme
serait grand homme d'État ; un art de la vie, au moyen
duquel tout homme serait sage et heureux. Les combinaisons infinies, inépuisables, que la nature des choses
amène, ne permettent pas ces analyses rigoureuses.
Prenez une seule vie militaire, et voyez si sa richesse
n'échappe pas à toutes vos énumérations. A Castiglione,
Napoléon sacrifie le blocus de Mantoue, qui était prête
à se rendre, pour concentrer ses forces, et battre l'ennemi qui venait à lui. L'Europe admire ce hardi sacrifice qui lui donne la victoire. A Arcole, il se jette dans
des marais où il n'y avait que deux chaussées prati-
cables, et annule le nombre par la nature du terrain sur
lequel il se place. A Rivoli, au milieu d'un pays de montagnes, il profite de la division des armes de l'ennemi,
dont l'infanterie tenait les hauteurs, dont l'artillerie et
la cavalerie tenaient la plaine, se porte hardiment sur

le plateau où elles devaient se réunir, prévient leur
jonction, et les détruit privées les unes des autres.
A Marengo, à Ulm, il tourne son adversaire ; à Austerlitz, il enfonce son centre ; partout il agit selon les circonstances, et varie ses combinaisons suivant les temps,
les lieux et l'ennemi. Qui pourrait donc énumérer toutes
ses manœuvres? Après les siennes, celles de Frédéric,
de Turenne, d'Eugène, de Marlborough ; et, remontant
dans les siècles, celles de César et d'Annibal ? Qui trouverait, au milieu de cette suite d'inspirations du génie,
un principe commun, unique, générateur éternel de la
victoire? Le but, sans doute, est constant; c'est de battre
l'ennemi ; et, pour cela, on voit le vainqueur chercher
le point le plus vulnérable : tantôt les flancs, le centre,
les derrières, les dépôts, les magasins, la capitale ; mais
cela avec une telle variété de cas, que ce qu'il y a de
commun dans tous n'est plus qu'une insignifiante gé-
néralité.

Cependant, si, avec toute sa bonne volonté accoutumée, l'esprit humain ne peut pas rédiger un système et
le réduire à quelques principes rigoureux, il y a une
chose possible et utile, c'est l'expérience ; et elle résulte
de l'histoire éclairée par une saine critique, de l'histoire
comme on la trouve écrite par les grands capitaines,
comme elle l'est dans les *Commentaires* de César, dans
les œuvres de Frédéric, dans ce que Napoléon a écrit
sur lui-même, sur Turenne, sur Frédéric, enfin dans
les Mémoires de M. le maréchal Saint-Cyr. Si la science
de la guerre a ses dogmatiques, elle a ses empiriques
aussi, qui sont allés jusqu'à nier même la possibilité
d'une bonne critique. Ils ont prétendu que tous les ju-

gements portés sur les opérations militaires étaient vains;
que le hasard avait une si grande part au succès, qu'il
était impossible de faire celle du calcul et de l'habileté,
et qu'on ne pouvait jamais considérer que le résultat.
A ce compte, Frédéric, Napoléon, ne seraient que des
joueurs heureux ; mais nous avons vu le malheur avoir
assez de part à leur vie, pour être obligés de reconnaître
autre chose qu'une fortune variable pour cause de leurs
succès. Sans doute, la critique peut se tromper, négliger
souvent de tenir compte d'un accident de l'atmosphère,
ou de la bravoure d'un sous-lieutenant qui a décidé du
succès. Mais c'est une erreur qu'elle peut commettre
dans tous les genres d'histoire, et c'est pourquoi on lui
fait un mérite de son exactitude à tenir compte de toutes
les circonstances. Néanmoins il est constant que, sauf
erreur, elle peut s'exercer justement ; que souvent elle
s'exerce ainsi, car autrement, ne blâmant ni ne louant
plus aucune opération, il faudrait les trouver toutes indifférentes, excepté par le résultat. La preuve, d'ailleurs,
en est facile à donner ; nous allons la rencontrer dans
l'analyse des Mémoires de M. le maréchal Saint-Cyr ;
on y verra les mêmes événements critiqués de la même
manière par les esprits les plus divers, les plus rarement d'accord, et tous supérieurs, quoique à des degrés différents.

M. le maréchal Saint-Cyr prend l'histoire des campagnes de la Révolution à leur origine même. Quoique
plein de détails de tactique, ce livre peut être intéressant
pour les esprits politiques eux-mêmes, car l'histoire de
la guerre, bien faite, est aussi importante pour les hommes
d'État que pour les hommes de guerre. On voit, en li-

sant ces beaux Mémoires, comment la France, assaillie de tous côtés, sut échapper à de si urgentes extrémités. Attaquée par toute l'Europe, elle avait une armée qui n'était pas de deux cent mille hommes. Presque pas un des officiers et des soldats qui la composaient n'avait vu le feu, car la guerre d'Amérique avait fini en 1783, c'est-à-dire dix ans auparavant. Cette guerre, d'ailleurs, qui avait donné tant de développement à notre marine, n'avait presque rien appris à notre armée de terre, dont quelques régiments à peine avaient été employés en Amérique, et sur laquelle pesait encore le souvenir de Rosbach. Toujours soucieux de notre supériorité militaire, nous allions, comme on a vu, chercher des leçons en Prusse, et nous en avions rapporté une discipline pédantesque et incompatible avec notre humeur. Cette discipline même finit par révolter l'armée, quand on voulut la compléter sous le comte de Saint-Germain, en y ajoutant les coups de plat de sabre. Cette réforme, introduite avec une intention novatrice, irrita un siècle novateur, parce qu'elle blessait le caractère national. Quoi qu'il en soit, cette armée était assez bien disciplinée, bien qu'un peu affaiblie par le régime des casernes; l'artillerie en était parfaitement instruite; nos officiers savaient tout ce qui s'apprend dans les écoles, quoique, parmi eux, il se trouvât beaucoup de jeunes courtisans, ignorants et dissipés.

La guerre de 1792 ne nous trouva pas même dans cet état. Tous les officiers avaient émigré, les uns par crainte, les autres par mode; et ceux qui restaient étaient tellement suspects, qu'ils ne pouvaient plus être utiles. Une multitude de volontaires, soulevée par le célèbre

manifeste de Brunswick, était venue renforcer les derrières de notre armée d'une qualité d'hommes indisciplinés, point aguerris, mais robustes et enthousiastes.
Ils étaient organisés en bataillons, à part de l'armée
de ligne. Ainsi nous marchâmes à l'ennemi avec une
armée régulière de soldats de métier, avec une armée
irrégulière de volontaires, presque pas d'officiers, et
une artillerie excellente.

Les premiers pas furent faits avec désordre. Une tentative sur la Belgique n'amena que des déroutes, fruit
de l'indiscipline et de la confusion. Suivant la coutume
des soldats indisciplinés, d'attribuer leur désordre à leurs
chefs, les nôtres s'en prirent à leurs officiers, et le malheureux Dillon fut massacré. Cependant, un homme
habile et ferme se rencontrant, il était possible de tirer
parti de cet ensemble confus.

Bientôt l'offensive qui nous avait si mal réussi fut prise
par les Prussiens. On vit cette armée, la plus redoutée de
l'Europe, à la tête de laquelle on croyait toujours apercevoir l'ombre du grand Frédéric, et qui était commandée
par l'un de ses plus illustres disciples, on la vit s'avancer
au sein de nos provinces. Nos soldats se trouvèrent dans
cet instant privés même de général, par le départ de
M. de la Fayette. Un intrigant, hardi, brave, plein de
génie, qui avait végété dans les cours jusqu'à cinquante ans, et qui avait cette pétulance produite par
une attente trop longue, Dumouriez était au camp de
Maulde. Il s'était emparé fortement de ses soldats, en
les habituant au feu par de petites actions de tous les
jours. Une désobéissance, commise à propos à l'égard
deso n général, M. de la Fayette, lui valut le comman-

dement en chef. Dans le moment, il n'avait que vingt
ou vingt-cinq mille hommes sous la main. Il ne fut pas
intimidé, et eut la hardiesse de venir barrer le chemin
que devait franchir l'armée prussienne. C'était la forêt
de l'Argonne, devenue célèbre depuis dans nos annales
patriotiques. Ne pas perdre la tête dans un pareil moment, et venir hardiment, quoique imprudemment peut-
être, se placer sous les pas de l'ennemi, annonçait une
grande force d'esprit et de caractère, et doit être considéré comme un service éminent. Napoléon en a jugé
ainsi, et a exprimé une haute admiration pour cet acte
singulier d'assurance. Malheureusement, Dumouriez
fut tourné, ce qui était immanquable, comme l'observe
très bien M. le maréchal Saint-Cyr, car il est peu de
positions, si obstruées qu'elles soient, qui n'aient quelque
issue par laquelle elles puissent être franchies. L'Argonne
fut tournée comme les Thermopyles ; mais Dumouriez
ne mourut pas : il fit mieux, il décampa hardiment avec
quinze ou dix-huit mille hommes qui lui restaient, et
vint s'adosser à l'un de ses lieutenants, Dillon, qui défendait, aux Islettes, l'un des passages de l'Argonne.
La route de France se trouva ouverte, mais l'ennemi
ne voulut pas la prendre en laissant sur ses derrières
Dumouriez et Dillon, appuyés l'un à l'autre, et attirant
tous les jours de nouveaux renforts. Il alla mourir de
faim, de misère et de dyssenterie, devant le camp de
Dumouriez, que rien ne put décider à quitter une position bien choisie, ni les ordres du gouvernement, ni les
alarmes de la capitale. La canonnade de Valmy, tentée
par les Prussiens pour éprouver nos troupes, acheva de
les dégoûter, et ils causèrent à l'Europe cette sur-

prise si grande de se retirer devant nos jeunes soldats.

Telle fut cette première opération, si fameuse, et qui nous donna le courage de la résistance. M. le maréchal Saint-Cyr, dont la sévérité est inexorable pour tout le monde, voudrait substituer au plan de Dumouriez un plan fort sage, mais tout simplement impossible. Il remarque, avec beaucoup de raison, que, lorsque d'une armée dépend le salut du pays, il ne faut pas la compromettre, et qu'il vaut mieux perdre du terrain que des batailles ; qu'au lieu de tenir tête aux Prussiens avec des troupes incapables de leur résister, il fallait s'écarter pour leur ouvrir le passage, faire sur leurs flancs une guerre de détail, donner aux autres généraux le temps d'arriver, et les faire périr entre une population soulevée et plusieurs armées réunies. Ce plan est fort bon sans doute, mais il n'appartenait pas aux généraux d'en suivre un pareil. Le général qui, même avec les vues les plus sages, aurait laissé entrer l'ennemi sans essayer d'abord de lui barrer le chemin, eût passé pour un traître. Le gouvernement lui-même, s'il eût donné de pareils ordres, aurait été suspect, ou du moins aurait perdu l'ascendant que lui donnait l'audace. Généraux et gouvernants étaient tenus alors d'agir avec une audace déréglée.

Plus tard, les fautes de Dumouriez, et surtout de ses collègues, sont incontestables, et l'accord de M. le maréchal Saint-Cyr avec tous les historiens qui les ont relevées prouve combien la critique peut être unanime, et par conséquent fondée.

Dumouriez, au lieu de harceler les Prussiens dans leur retraite, laissa ce soin à ses lieutenants, non qu'il

s'entendît avec les Prussiens, comme paraît le croire
M. le maréchal Saint-Cyr, mais parce qu'il était plein
d'une idée, la conquête de la Belgique. Il courut à Paris
recevoir des fêtes, obtenir des moyens de toute espèce;
il vola ensuite en Belgique, aborda de front l'armée autrichienne, lui livra un assaut brillant à Jemmapes, releva par cette bataille le moral de nos troupes, refit la
réputation des armées françaises, et s'arrêta enfin sur
la Meuse sans pousser jusqu'au Rhin. Dans le même
temps, Custine, lieutenant de Biron sur le Rhin, profitait
de l'abandon où les coalisés avaient laissé cette frontière,
se présentait devant les villes allemandes mal gardées,
s'aidait de leur esprit révolutionnaire pour y pénétrer,
enlevait d'un coup de main l'importante place de
Mayence, et osait même s'avancer jusqu'à Francfort, où
il joignait, à l'imprudence de quitter la base du Rhin,
celle d'aliéner une cité amie en lui imposant des contributions.

Les fautes de nos généraux sont ici visibles et frappantes pour tous les yeux. Dumouriez, au lieu de laisser
les Prussiens se retirer tranquillement, au lieu de venir
perdre du temps à Paris, pour aller ensuite se jeter de
front sur les Autrichiens de la Belgique, devait réunir
à lui toutes les forces alors sous sa main, s'élevant à près
de quatre-vingt mille hommes, poursuivre les Prussiens
à outrance, les jeter dans le Rhin s'il le pouvait, ou du
moins les y ramener; puis, descendant le cours de ce
fleuve, prendre par derrière l'armée autrichienne des
Pays-Bas, et lui faire déposer les armes. Custine, de son
côté, au lieu de faire des excursions folles en Allemagne,
devait s'en tenir au Rhin, et venir coopérer à la des-

truction des Prussiens, qui eût été certaine s'il s'était joint à Dumouriez. Ces fautes sont frappantes, et elles sont celles des généraux, du gouvernement, de tout le monde ; mais tout le monde alors ignorait ce qu'on a appris depuis, et éprouvait un trouble d'esprit que nous ne ressentons plus aujourd'hui, et que nous comprenons même difficilement.

Nous ferons remarquer cependant que M. le maréchal Saint-Cyr, si sévère pour Dumouriez, dont il loue bien froidement les faits d'armes, et surtout le courage d'esprit, est beaucoup plus indulgent pour Custine, qui ne fit rien qu'un coup de main, et qui commit à Francfort des fautes qu'on peut appeler sottes, tant elles étaient empreintes d'étourderie et d'irréflexion. Du reste, c'est sous ses ordres que M. le maréchal Saint-Cyr commença sa carrière, et on conçoit sa prédilection involontaire. Il le peint du reste à merveille, relève en lui un mérite, celui de maintenir une sévère discipline, de plaire aux soldats par sa tournure, ses moustaches, ses airs de fanfaron ; il le distingue bien de Dumouriez, qui, homme de cour et d'esprit, plaisait plus aux officiers qu'aux soldats, tandis que Custine plaisait plus aux soldats qu'aux officiers. Du reste, leur carrière fut conforme à ce caractère, car Dumouriez montra un courage d'esprit imperturbable, et Custine, brave d'ailleurs, ne montra ce courage ni sur le Rhin ni sur l'échafaud.

Telle fut cette première campagne de la révolution, qui causa en Europe un étonnement extraordinaire. Au lieu de nous voir ramenés tambour battant à Paris, on nous vit victorieux en bataille rangée, conquérants de la Belgique, maîtres de Mayence et faisant des pointes en Allemagne. Il n'y avait pas là de quoi ramener la France révolutionnaire à une politique modérée. Elle ajouta l'Angleterre et l'Espagne à la liste de ses ennemis, préférant des hostilités déclarées à des hostilités sourdes, et conservant, pour tout reste de liaison avec l'Europe, la neutralité d'un petit État, la Suisse.

La seconde campagne devait présenter un aspect différent. Le ridicule mépris qui nous avait fait attaquer trop faiblement, s'était changé en crainte. Outre nos premiers ennemis, l'Angleterre et l'empire germanique venaient d'entrer en lice ; l'Espagne y était entrée aussi avec une excellente armée et un excellent général. L'Autriche faisait arriver Cobourg avec les troupes illustrées en Orient. Les Prussiens se préparaient à redoubler d'efforts. De notre côté, nous avions gagné beaucoup de confiance ; mais les premières ressources réunies en munitions et en matériel étaient épuisées ; nos volontaires, organisés en bataillons séparés, étaient déjà familiarisés avec le feu, mais diminués en nombre par la désertion de ceux qui croyaient leurs devoirs remplis. Notre artillerie avait acquis beaucoup de gloire et de valeur, mais perdu en matériel. Les anciens officiers devenaient tous les jours plus suspects et moins nombreux, par l'effet de l'émigration.

Nous fûmes fortement attaqués sur le Rhin et en Belgique. Dumouriez, qui avait fait la faute de s'arrêter sur la Meuse, au lieu de pousser droit au Rhin, pour prendre d'emblée cette puissante ligne, commit l'autre faute, bien plus grave, de tenter une entreprise téméraire sur la Hollande, tandis qu'il laissait de simples lieutenants pour résister sur la Meuse à tout l'effort des

Autrichiens. Il fut, comme on le sait, bientôt ramené par les revers essuyés sur ses derrières, perdit la bataille de Nerwinde par la faute de l'un de ses généraux ; et, joignant l'humeur que lui causait sa défaite à celle que lui inspirait une démocratie tracassière, il leva l'étendard de la révolte, reçut des coups de fusil de ses troupes, se sauva à l'étranger, et retourna consumer dans l'oisiveté un génie rare, gâté par l'intrigue et les cours.

Custine, après être resté sottement autour de Franc-fort, faisant le brave, fut bientôt obligé de rentrer sur le Rhin ; puis, n'osant tenir autour de Mayence, il laissa dans la place une garnison de vingt mille hommes ; et, ayant vu un corps de ses troupes se débander à l'ap-proche de l'ennemi, qui passait le Rhin sur ses flancs, il perdit la tête à tel point qu'il ne s'arrêta qu'aux lignes de Wissembourg. Mayence fut investie ; l'Alsace fut me-nacée. Au même instant, la frontière du nord était en-vahie ; Dunkerque et Maubeuge étaient en péril ; Perpi-gnan était pour ainsi dire bloqué ; Lyon, Toulon étaient en révolte ; les Vendéens étaient à Saumur, et mena-çaient Nantes. C'est dans ce moment que s'établit le célèbre comité de salut public, et que furent faites tant de choses, avec précipitation, avec violence, mais avec présence d'esprit et héroïsme. M. le maréchal Saint-Cyr, qui parle avec tant de dignité des hauts faits des ar-mées républicaines, et qui en parle, il faut le dire, comme très peu de MM. les maréchaux sortis de ces armées seraient capables d'en parler aujourd'hui, ne rend peut-être pas assez de justice aux travaux de ce gouvernement, obligé de tout faire hâtivement et brutalement. Du reste, la tâche de M. le maréchal Saint-Cyr n'est pas de juger

les nécessités politiques de ce temps-là. La sienne est
de juger les mesures et les opérations militaires. La
levée en masse, imaginée à cette époque, n'obtient point
son suffrage. Elle ne procura, dit-il, qu'une multitude
confuse, mal armée, et qui se débanda ou fut renvoyée.
M. le maréchal Saint-Cyr cite même ce qui se passa à
l'armée du Rhin, où il n'en resta que deux bataillons.
Il a raison pour cette armée, mais il se trompe pour les
autres. L'armée du Rhin ne fut pas celle qui paraissait
la plus menacée, et vers laquelle on dirigea les nouveaux
réquisitionnaires. Ce furent les armées de Belgique, de
l'Ouest et du Midi, qui en reçurent le plus grand nombre,
et qui y trouvèrent une abondante' matière à recrutement, pour tout le reste de la guerre. L'armée du Rhin
resta presque entièrement composée de volontaires de
1792, qui n'étaient pas ceux de 1793, ce qui lui imprima
un caractère qu'elle conserva longtemps.

Quoi qu'il en soit, grâce aux efforts faits à cette époque,
Dunkerque fut sauvé par une victoire de Houchard, qu'il
paya de sa tête, parce que ce ne fut qu'une demi-vic-
toire. Maubeuge fut sauvé par une victoire du brave
Jourdan. Mayence résista d'une manière héroïque pendant quatre mois d'un siége épouvantable, et protégea
longtemps la frontière du Rhin. Toulon et Lyon furent
repris, les Vendéens ramenés sur leur territoire.

La chute de Mayence, qui finit par céder, faute d'avoir
été secourue à temps par Beauharnais, reporta la campagne en deçà du Rhin, et la fit durer bien avant dans
l'hiver. Wurmser et Brunswick se portèrent alors sur
les lignes de Wissembourg. Beauharnais avait donné sa
démission. Tous les anciens officiers s'étaient retirés,

poursuivis de soupçons et abreuvés de dégoûts. Tout le monde, se défiant de ses forces, et craignant d'ailleurs une responsabilité terrible, refusait le commandement. Ainsi, soit modestie, soit terreur, l'armée était sans chef. Elle n'en avait pas, ou à peu près, quand elle fut attaquée, perdit les lignes de Wissembourg, et fut repliée sous Strasbourg. Grâce à la résistance prolongée de Mayence, le nouveau danger survenait dans un moment où on avait paré à tous les autres. Le gouvernement pouvait donner toute son attention à la frontière du Rhin. Il envoya deux terribles proconsuls, Saint-Just et Lebas, qui commirent de grandes cruautés, mais rétablirent l'énergie sur cette frontière menacée à la fois par les armées autrichiennes et prussiennes et par les intrigues des émigrés. On cherchait toujours des généraux ; on trouva Hoche, ancien soldat aux gardes françaises, qu'une ardeur extrême, et des mémoires adressés au gouvernement sur les opérations dont il était le témoin, signalèrent à l'attention de Carnot. On trouva aussi Pichegru, qui n'avait pas, comme Hoche, entendu siffler les balles et les boulets, et qui n'avait jamais vu l'ennemi, comme dit M. le maréchal Saint-Cyr, qu'avec une lunette d'une rive du Rhin à l'autre. Cependant on le disait assez instruit. Ces deux hommes eurent, sous la direction des représentants, le commandement, l'un de l'armée de la Moselle, l'autre de celle du Rhin, opérant toutes deux sur la chaîne des Vosges, chacune sur l'un des versants. La manœuvre naturelle était de réunir les deux armées à la fois sur un seul versant pour y accabler les Autrichiens, et aller ensuite sur l'autre accabler les Prussiens. Cependant, les deux généraux com-

battirent d'abord isolément. Hoche fut battu à Kaiserlautern. On le croyait perdu ; mais sa détermination, son
désir de bien faire, lui concilièrent le comité de salut
public, et il fut le premier général battu qui reçut des
félicitations. Il conçut, ou il reçut de Carnot, suivant
M. le maréchal Saint-Cyr, la belle idée de se réunir à
Pichegru pour accabler Wurmser sur l'un des côtés des
Vosges, ce qui fut fait, et ce qui amena la reprise des
lignes de Wissembourg, le déblocus de Landau et le
salut de cette frontière. Ainsi finit la seconde campagne
de la Révolution par le recouvrement des frontières d'a-
bord envahies de toutes parts.

Il faudrait lire les détails de cette campagne dans les
Mémoires mêmes de M. le maréchal Saint-Cyr ; il faudrait voir comment il peint les tâtonnements et les progrès de nos soldats, s'habituant tous les jours au feu,
et, quoique incapables encore de manœuvrer en grandes
masses en présence des armées les plus manœuvrières
de l'Europe, pouvant leur opposer une résistance heureuse dans les pays accidentés, et ayant déjà, de régiment à régiment, une supériorité décidée ; il faudrait
voir se former peu à peu un état-major par la réunion,
faite à la hâte, de tous les officiers qui avaient quelque
instruction et quelque connaissance des arts graphiques ;
il faudrait voir les généraux se former au commandement d'une division et d'une armée, les représentants
eux-mêmes, tracassant, intimidant les généraux, mais
apportant partout où il fallait une autorité irrésistible,
et qui levait tous les obstacles ; cherchant le mode le plus
convenable d'avancement, d'abord l'élection par les soldats, puis l'ancienneté des services, et enfin leur propre

volonté; et, dans un moment d'urgence où la faveur
disparaissait devant le besoin, donnant à la France tous
les grands généraux qui l'ont illustrée. Il faudrait voir,
enfin, les actes admirables de bravoure que relève partout le noble historien, dont le style s'anime, se colore,
lorsqu'il peint le vieux Campagnol, chef du premier
bataillon de Lot-et-Garonne, vieillard vénérable qui excitait l'admiration et l'enthousiasme de tous les jeunes
soldats :

« Quand il indiquait avec son chapeau aux volontaires,
qu'il appelait ses enfants, les points où ils devaient diriger leurs feux, ses longs cheveux blancs faisaient sur
sa troupe l'effet de ce panache dont on a raconté les
merveilles. En gravissant les rochers boisés et embar-
rassés encore par les abatis qu'on y avait pratiqués, ses
forces physiques l'abandonnèrent ; mais ses grenadiers
lui firent aussitôt, d'une espèce de brancard, un pavois
sur lequel ils l'élevèrent et le portèrent à leur tête, jusqu'au moment où l'ennemi, cédant à tant d'intrépidité,
se réunit sur la crête de la montagne en se resserrant
sur les autres troupes de sa division (1). »

M. le maréchal Saint-Cyr fait au plan général de
cette campagne un reproche, c'est d'avoir laissé vingt
mille hommes dans Mayence. Il pense qu'il fallait raser
cette place, ce qui nous eût épargné plus tard tant
d'efforts pour la bloquer ou la reprendre, et eût privé
les Autrichiens d'une tête de pont sur le Rhin ; que les
vingt mille hommes, retirés de la place et joints à l'armée du Rhin, lui auraient fourni le moyen de tenir la

(1) Tome Ier, p. 95.

campagne. Il y a contre cette opinion de M. le maréchal Saint-Cyr une objection qu'il ne se dissimule pas, c'est que cette défense opiniâtre de Mayence retarda pendant quatre mois la marche des coalisés, et que quatre mois dans ce moment étaient d'un prix immense. Il y a une remarque à ajouter contre l'opinion de M. le maréchal, c'est que ce délai divisa les dangers, et empêcha ceux du Rhin de concourir avec ceux de la Belgique ; que vingt mille hommes de plus n'auraient donné à notre armée que le nombre, qui ne lui manquait pas, et non la solidité dont elle manquait encore pour tenir la campagne ; et qu'enfin cette belle garnison alla sauver la république dans la Vendée. Quoi qu'il en soit, du reste, nous citons cet avis de M. le maréchal pour prouver combien ses vues, même quand elles sont contestables, sont importantes et dignes d'être méditées.

Nous n'adresserons plus qu'une observation à M. le maréchal Saint-Cyr, c'est en faveur d'un homme illustre et malheureux, qui avait fait augurer à ses contemporains une grande supériorité, et qui a conservé dans l'histoire le prestige d'une belle espérance détruite par une mort prématurée : nous voulons parler de Hoche, que M. le maréchal Saint-Cyr a vu avant l'époque où l'expérience l'avait mûri, et dont il a retenu quelques paroles inconsidérées de jeune homme, fort communes alors, car tout le monde était jeune, même les vieillards. Tous les hommes ne se développent pas d'une manière égale : il y en a chez lesquels l'audace devance la prudence ; il y en a d'autres, mais en moindre nombre, chez lesquels la prudence devance l'audace, et qui de-

viennent audacieux en vieillissant, comme Napoléon le
dit de Turenne avec une profonde admiration. Hoche
était des premiers ; une fougue extraordinaire avait devancé chez lui le développement de l'esprit, mais n'avait
fait que le devancer, car cet esprit se développa bientôt avec une étonnante rapidité. Vigoureux et décidé,
Hoche devint en outre un homme d'un jugement rare.
Sa correspondance, d'abord médiocre et mal écrite,
devint bientôt correcte, sage et souvent profonde. Quelques-unes de ses lettres écrites de la Vendée sont d'une
admirable sagacité. Son opération de Quiberon fut conduite avec autant d'habileté que de vigueur. Sa pacifi-
cation de la Vendée lui valut un vaste renom de sagesse ;
et enfin la bataille de Neuwied lui a mérité même le
suffrage de M. le maréchal Saint-Cyr. Il était, dit-on,
ambitieux ; mais qui ne l'est pas dans les gouvernements
libres ? Il eût provoqué la guerre civile pour résister à
Napoléon : qui le sait ? Il est mort pur, généreux et
probe, et avec des qualités qui, chaque jour, de brillantes devenaient solides. Il y a assez de fautes véri-
fiées pour ne pas encore imaginer les fautes possibles ;
nous n'avons pas assez de gloire intacte pour être inexo-
rables.

La campagne de 1794, la troisième de la révolution,
ne pouvait manquer d'être brillante. Nous partions de
nos frontières à peu près sur tous les points, sauf en
Flandre, où une petite partie de territoire avait été perdue. L'ardeur de nos jeunes soldats, dont le patriotisme
était exalté par leurs derniers succès, était extraordinaire. On venait de prendre une excellente mesure par
rapport à l'organisation : c'était de fondre ensemble

les bataillons de volontaires avec les troupes de ligne, pour effacer toute différence entre des troupes devenues égales par la bravoure et l'instruction. On créa ce qu'on appela des demi-brigades, en les composant d'un bataillon de ligne et de deux bataillons de volontaires. Des officiers excellents s'étaient formés ; une foule de bons généraux de brigade et de division perçaient de toutes parts, comme autant d'espérances pour faire des généraux en chef. On citait Marceau, Desaix, Saint-Cyr, et ce Kléber, qui *ne voulait ni commander ni obéir*, mais qui, dans les moments de péril, montrant au feu sa belle tête et sa taille gigantesque, prenait sur ses inférieurs et ses supérieurs un ascendant qui le rendait le véritable maître de la journée. Nos généraux en chef avaient commencé à acquérir de l'expérience. Hoche s'était fait mettre aux fers ; mais Pichegru avait été conservé et transporté à l'armée du Nord ; Jourdan commandait l'armée de la Moselle.

L'ennemi, concentré en Flandre dans la forêt de Mormale, y résistait à tous nos efforts. Après l'avoir vainement attaqué sur son centre, on se décida à agir sur ses ailes. Deux colonnes opérant, l'une vers la mer, l'autre vers la Meuse et la Sambre, eurent plus de succès. Une grande mesure, due à Carnot, compléta notre triomphe. Jourdan, attiré sur la Meuse avec cinquante mille hommes des armées de la Moselle et du Rhin, vint renforcer l'une des attaques de flanc, et, en livrant la bataille de Fleurus, décida la retraite des coalisés qui ne s'arrêta qu'au Rhin. Alors commença cette longue suite de victoires et de conquêtes, qui nous livra l'univers entier, dont il ne nous reste pas même notre juste part. Tandis que Moreau faisait en huit jours des siéges qui autrefois auraient coûté des années, Pichegru poussait l'ennemi aux extrémités de la Belgique, et Jourdan, sur l'Ourthe et la Roër, livrant des batailles de cent mille hommes, venait à Dusseldorf achever la conquête de notre frontière naturelle.

Pendant ce temps, la brave armée du Rhin, que M. le maréchal Saint-Cyr affectionne particulièrement, comme l'armée la plus sage, la plus ferme et la plus patriotique peut-être de nos armées républicaines, continuait une carrière qui a été pour elle une carrière de sacrifices. Privée du vaste renfort qui, en affaiblissant celle de la Moselle, l'avait affaiblie elle-même, privée de Pichegru, de Hoche, confiée un moment à un vieillard qui n'avait consenti à se charger du commandement que par intérim, et qui, pour obliger les représentants à l'en décharger, finit par prendre le parti de ne plus donner d'ordres et de ne répondre que par le silence à ceux qui lui en demandaient, elle fut mise sous le commandement d'un brave et modeste officier, Michaud, qui accepta le généralat par patriotisme, et ne consentit à l'exercer que pour le compte de ses deux lieutenants, Saint-Cyr et Desaix. A chaque opération, il les assemblait, et ne se dirigeait que par leur avis. Souvent même, il allait les consulter chez eux, ce qui peint bien la simplicité de ce temps. On ne songeait alors ni à être fiers, ni à broder ses habits.. L'armée du Rhin eut à combattre, pendant toute la campagne, les armées prussienne et autrichienne réunies ; et, malgré l'infériorité du nombre, vaincue d'abord, victorieuse ensuite, elle fit à elle seule la tâche de deux, et, comme les autres armées de la république, termina sa carrière au Rhin.

Cette grande et célèbre campagne nous donna donc la ligne entière du Rhin, et nous procura les plus belles conquêtes. Ce qui en décida évidemment les succès, ce fut le mouvement de Jourdan, venant à Fleurus se jeter dans le flanc de la grande armée autrichienne. M. le maréchal Saint-Cyr en convient ; mais, plein de sa sévérité accoutumée, et plein surtout d'attachement pour l'armée du Rhin, qui se trouva affaiblie par ce mouvement, il est presque disposé à accuser Carnot d'imprudence. Mais M. le maréchal reconnaît, en une multitude de passages, et en termes on ne peut pas plus spirituels, à la page 256 du tome II, que, pour être fort sur le point décisif, il faut consentir souvent à être faible sur les autres. C'est ce que fit le gouvernement d'alors ; et, puisque les vertus guerrières de l'armée du Rhin couvrirent le point affaibli, le résultat justifie ses mesures et ses calculs.

Le célèbre hiver de 1795, le plus dur du siècle, qui sembla paralyser la nature vivante en couvrant toute l'Europe de glace, nous donna une belle conquête, impossible en tout autre temps, celle de la Hollande. Pichegru en recueillit une gloire imméritée, sur laquelle il s'appuya pour nous trahir. Alors commença, pour l'armée du Rhin, la plus rude de toutes les épreuves. Nos armées des Pyrénées avaient débouché au midi de la chaîne ; celle d'Italie était abritée par le ciel de Nice ; celle du Nord était cantonnée en Hollande, et se reposait de ses fatigues au sein de l'abondance. Mais la brave et malheureuse armée du Rhin, qui, arrêtée par ce grand fleuve, avait vaincu sans faire de conquêtes, condamnée à se morfondre devant Mayence, dans un pays ruiné, y supporta des maux auxquels ceux de la retraite de Prague dans le dix-huitième siècle, et de la retraite de Moscou dans le dix-neuvième, sont seuls comparables. Sans bois, sans vivres, sans souliers, et presque sans vêtements, elle vécut souvent de racines; et, chose admirable, elle conserva sa discipline. Cet exemple est unique, suivant M. le maréchal Saint-Cyr, car on ne conserve jamais l'ordre dans une armée dont on n'assure pas les besoins. Nous engageons tout le monde à lire la belle et touchante description que M. le maréchal fait des maux de cette armée pendant l'hiver de 1795.

Nos immenses succès de 1794 et du commencement de 1795 rendirent presque insignifiante la campagne de cette année, qui fut la quatrième. Tout le monde songea dès lors à la paix. La Prusse, fatiguée de ses fautes chevaleresques, traita avec la France. L'Espagne en fit autant; bientôt aussi une partie de l'Italie. Pour signer ces traités, on allait se cacher en Suisse, le seul pays resté neutre; et la république, ménageant ces fausses hontes, consentait à cette manière de traiter.

Cette campagne de 1795 ne commença à être un peu active que vers la fin. Le champ de bataille se trouvait resserré sur le Rhin; nous n'avions plus à nous battre que contre les soldats autrichiens, mais pourvus de l'or des Anglais, et plus aguerris, plus nombreux que jamais. Pichegru avait repris le commandement de l'armée du Rhin; Jourdan, celui de Sambre-et-Meuse. Tous deux devaient agir sur ce fleuve, l'un en débouchant de Dusseldorf, l'autre de Strasbourg ou de Manheim. M. le maréchal Saint-Cyr reproche, non aux généraux, mais

au gouvernement, d'avoir fait agir les deux armées de
trop loin, l'une de Dusseldorf, l'autre de Strasbourg. Il
a raison, sans doute ; car, pour se réunir sur la rive droite,
en partant de points si éloignés, il y avait des difficultés
immenses à surmonter. Mais M. le maréchal oublie que
l'armée stationnaire en Hollande et en Belgique était de
quarante mille hommes au plus ; qu'elle était sans cesse
menacée par les Anglais ; que la faire appuyer plus haut
vers Dusseldorf était dangereux, et que, dès lors, il était
difficile de reporter l'armée de Sambre-et-Meuse sur un
point plus élevé du Rhin. Au reste, son opinion est à
méditer par les hommes de l'art.

Vers la fin de la campagne, Jourdan passa le Rhin à
Dusseldorf, Pichegru à Manheim ; mais celui-ci, soit
incapacité, soit trahison, ne le passa pas avec des forces
suffisantes. La jonction fut impossible. Clairfayt, pro-
fitant habilement de cette position, ramena alternati-
vement Jourdan et Pichegru, et puis, se jetant sur le
corps d'armée qui bloquait Mayence, emporta les lignes
où le général Saint-Cyr commandait une division, et où
il se distingua par une belle retraite.

Cette quatrième campagne de 1795 fut donc courte,
et, sinon malheureuse, du moins fâcheuse ; car elle mêlait une alternative de revers à la longue suite de nos
patriotiques succès. L'armée du Rhin, éprouvée à la fois
par la pauvreté et la rigueur des saisons, était destinée
à de nouvelles infortunes. L'infâme Pichegru trahit ses
nobles efforts, et fit verser le sang de ses soldats. M. le
maréchal Saint-Cyr, avec un courage qui est méritoire
dans ce temps-ci, imprime l'infamie au front d'un traître,
auquel on décerne aujourd'hui des statues. Mais, juste

autant qu'il est ferme, il n'aggrave point des crimes déjà assez graves; il ne fait point remonter la trahison de Pichegru aussi haut que d'autres historiens; il ne pense pas que Pichegru fit passer à Manheim des forces insuffisantes pour les faire écraser. M. le maréchal Saint-Cyr connaît mieux le cœur humain. Pichegru ne voulait point être battu, car il se fût vendu moins cher. Mais ce conquérant de la Hollande, que les glaces lui avaient donnée sans combat, était profondément incapable. D'accord avec beaucoup de contemporains, qui l'ont jugé de près, M. le maréchal Saint-Cyr dit ne lui avoir jamais vu ni intelligence, ni vigueur. Froid, astucieux, dissimulé, cachant sous une apparente indifférence un goût effréné des plus basses jouissances, Pichegru se vendit pour de l'argent et des plaisirs. Il ne trahit pas son armée sur le champ de bataille; mais, pour la mécontenter et la pousser à la révolte, il lui fit passer l'hiver de 1795 à 1796 hors de ses cantonnements, et lui infligea ainsi un second hiver, presque aussi dur que le précédent, malgré l'indignation des généraux Desaix et Saint-Cyr, qui réclamaient de toutes leurs forces pour leurs malheureux soldats. Enfin, l'année suivante, il commença l'effusion volontaire du sang français, et, pendant le siége de Kehl, ses agents, ne cessant de désigner le point sur lequel il fallait tirer, firent écraser des milliers de braves. Mais ce perfide n'était pas un Monk; car, ainsi que le dit M. le maréchal Saint-Cyr, s'il y avait place alors pour un Cromwell, il n'y en avait pas encore pour un Monk. Pichegru savait qu'on ne pouvait rien; il connaissait trop bien son armée et son pays pour rien tenter ; mais il prenait l'argent de ses séducteurs, et, pour trancher le mot, il les volait.

L'année 1796 amène enfin la plus extraordinaire campagne de la première guerre de la Révolution ; campagne pendant laquelle on vit Jourdan en Bohême, Moreau en Bavière, et le jeune Bonaparte sur l'Adige et la Brenta. Cette campagne célèbre, dit M. le maréchal Saint-Cyr, pourrait fournir le texte d'un traité complet de la guerre ; car on y a vu tous les genres de guerre à la fois, des siéges, des blocus, des passages de fleuve en présence de l'ennemi, une retraite unique dans l'histoire moderne, et un genre d'invasion sans exemple. M. le maréchal Saint-Cyr voudrait qu'elle fût écrite pour l'instruction éternelle des hommes d'État et des hommes de guerre.

Les deux armées postées sur le Rhin partirent, l'une de Dusseldorf, sous les ordres de Jourdan, l'autre de Strasbourg, sous les ordres de Moreau. Ce dernier avait pour lieutenants Desaix, Saint-Cyr et Lecourbe. Les points de départ étaient toujours aussi distants, par les raisons que nous avons rapportées plus haut. Dans le même instant, Bonaparte, auquel on avait confié trente et quelque mille hommes qui, depuis quatre ans, vivaient de privations dans les Alpes, desquels on n'attendait rien de grand, et qu'on hasardait dans les mains d'un jeune homme, comme pour tenter la fortune, Bonaparte descendait l'Apennin, et, franchissant le Pô, le Mincio, l'Adige, venait s'établir sur ce dernier fleuve pour ne le plus quitter. A peine cette invasion si subite de l'Italie avait-elle étonné l'Autriche et la France elle-même, que trente mille hommes des meilleures troupes

de l'empereur étaient retirés du Rhin pour les transporter sous Wurmser dans le Tyrol, et punir le jeune
téméraire qui venait de faire une entrée si extraordinaire
sur la scène du monde. Cet affaiblissement des armées
autrichiennes d'Allemagne avait facilité les mouvements
offensifs de Jourdan et de Moreau. L'archiduc Charles,
qui leur était opposé, avait d'abord arrêté Jourdan, et
avait ensuite couru sur Moreau, qu'il avait trouvé à Ett-
lingen, prêt à lui livrer bataille, après un passage du
Rhin aussi sagement conçu que hardiment exécuté. Le
prince, après avoir perdu la bataille, avait formé le projet de se retirer en concentrant ses forces sur le Danube.
Grâce à sa belle cavalerie, et, suivant des critiques peut-
être sévères, grâce aussi à la lenteur des généraux français, il se retira heureusement, se plaçant toujours entre
nos deux armées, qui s'avançaient en flèche vers le Danube. Arrivé sur ce fleuve, il s'arrêta, saisi d'une pensée heureuse qu'il avait conçue, dit-il, dès le début de
la campagne, et qui, suivant d'autres, ne lui fut suggérée
que dans le moment. Il livra à Moreau une bataille à
Neresheim, non pour le battre, mais pour l'occuper;
puis, se joignant avec toutes ses forces au corps qui ob-
servait Jourdan, il accabla celui-ci à Neuwark, à Wurtz-
bourg, et le ramena jusqu'à Dusseldorf. Moreau se trouva
seul alors au centre de la Bavière, à la tête d'une belle
armée de soixante et dix mille hommes, mais à une immense distance de sa base, et exposé à voir le prince
Charles lui fermer le retour à travers les montagnes
Noires. Cette pensée ne troubla ni lui ni ses lieutenants;
il fit une retraite restée modèle; il battit plusieurs fois
La Tour, qui n'avait, il est vrai, que quarante mille

hommes à lui opposer, mais qui avait tous les avantages
de l'offensive, de la sécurité et de l'affection du pays sur
lequel il opérait, tandis que l'armée française avait tous
les désavantages de la retraite, de grandes inquiétudes
sur son retour, et un pays malveillant autour d'elle. Les
communications avec la France étaient coupées ; on
était resté quelque temps sans nouvelles de Moreau,
lorsque tout à coup on vit déboucher sa belle armée à
travers les montagnes Noires, avec une attitude victorieuse, avec plusieurs mille prisonniers, et n'ayant perdu
ni traînards, ni drapeaux, ni canons. Rien n'est plus
beau que la peinture que trace M. le maréchal Saint-
Cyr de l'aspect de ces soldats, qui venaient de faire près
de huit mois d'une campagne lointaine, qui rentraient
sans souliers, sans vêtements, avec des armes brisées,
et qui n'avaient d'entier, dit-il, que leurs buffleteries.
« Je n'ai rien vu de plus martial, dit le noble historien,
que ces soldats couverts de haillons, accablés de fatigue, mais ayant le regard assuré, même un peu
farouche, et aussi redoutables qu'au lendemain d'une
victoire. »

Pendant ce temps, Bonaparte avait détruit Wurmser
après Beaulieu, et, après Wurmser, Alvinzi, c'est-à-dire
trois armées, ralliées et renforcées deux fois chacune.
Il avait attiré à lui et épuisé toutes les forces de la monarchie autrichienne. L'hiver vit continuer les opérations
de cette armée. L'armée du Rhin, toujours dévouée,
tandis que celle de Sambre-et-Meuse se reposait, défendait la tête du pont de Kehl avec un courage héroïque,
et donnait à l'armée d'Italie le temps de détruire les
dernières ressources de l'Autriche à Rivoli. Les soldats

du Rhin n'avaient pour se chauffer que les palissades que leur livrait le canon de l'ennemi en les détruisant. Ils attendaient, dit M. le maréchal Saint-Cyr, qu'elles fussent abattues par les boulets, les ramassaient au cri de *Vive la République!* et couraient allumer ces débris pour ranimer leur sang glacé : c'était le troisième hiver qu'ils passaient de la sorte.

Ces rudes travaux ne finirent qu'en janvier. Bonaparte avait attiré tous les événements où il était. Le conseil aulique avait prescrit à l'archiduc Charles de venir barrer à Bonaparte le chemin de Vienne, et le Directoire, de son côté, envoyait en Italie un renfort de trente mille hommes Mais, dès l'ouverture de la campagne, notre jeune général passa les Alpes Juliennes, brisa tous les obstacles que lui opposait l'archiduc, et donna à peine à l'armée du Rhin le temps d'un nouveau passage du fleuve, qu'elle exécuta avec une admirable énergie. Arrivé aux portes de Vienne, il arracha à l'orgueil impérial la reconnaissance de la république française et la paix du continent.

C'est là que s'arrête le récit de M. le maréchal Saint-Cyr. Nous avions dit, en commençant cet article, que la critique avait des bases si sûres, qu'elle pouvait souvent devenir unanime sur les points importants. Nous allons en donner la preuve. Quatre juges ont critiqué cette mémorable campagne : l'archiduc Charles, le général Jomini, Napoléon et le maréchal Saint-Cyr. Ils sont tous d'accord sur les fautes, sauf quelques-unes, que M. le maréchal Saint-Cyr, toujours plus sévère, ajoute à celles qu'avaient révélées ses prédécesseurs.

On reproche aux Français d'avoir formé deux armées

au lieu d'une seule, d'avoir laissé ainsi au prince Charles l'avantage d'une position concentrique, de n'avoir pas toujours tendu à se réunir pour corriger la faute de cette séparation ; on reproche surtout à Moreau de n'avoir pas suivi précipitamment l'archiduc Charles, quand il se jeta sur Jourdan, et de ne pas l'avoir mis, en l'enfermant entre les deux armées françaises, dans une position désastreuse.

On reproche au prince autrichien de n'avoir pas profité, dès le début, de sa position concentrique, en débouchant de Mayence, et en frappant sur Jourdan et Moreau, avant qu'ils eussent passé le Rhin, les coups alternatifs qu'il frappa plus tard ; on lui reproche de s'être ainsi laissé contraindre à une retraite qu'il aurait pu éviter ; on lui reproche, quand il exécuta sa belle manœuvre, de ne l'avoir pas fait plus franchement, d'avoir laissé trop de monde devant Moreau, d'avoir poursuivi Jourdan trop loin, et de n'avoir pas remarché sur Moreau assez tôt et avec assez de monde pour rendre sa retraite impossible.

Sur ces divers points, les quatre juges que nous venons de citer sont unanimes. Il faut le remarquer en l'honneur de la critique, à laquelle certains esprits voudraient refuser de juger les opérations autrement que par le résultat.

Il faudrait suivre, dans le récit de M. le maréchal Saint-Cyr lui-même, le détail des critiques qui sont toujours profondes et ingénieusement présentées. Les bornes de ce recueil ne nous le permettent pas, et nous interdisent même d'en discuter quelques-unes qui nous semblent rigoureuses. Nous ferons remarquer seule-

ment que la faute de la séparation des armées françaises est beaucoup plus celle du gouvernement que ne
le croit M. le maréchal Saint-Cyr; car, tout en recom-
mandant aux deux généraux de se tenir en communication, Carnot, plein du système qu'il s'était fait,
leur recommandait constamment de déborder les deux
ailes de l'ennemi, ce qui les obligeait de s'étendre sans
cesse, l'un vers la Bohême, l'autre vers le Tyrol. Il y
aurait un autre point plus grave à discuter. M. le maréchal Saint-Cyr paraît blâmer le gouvernement d'avoir
ouvert en Italie un nouveau champ de bataille, quelque
grandes que soient les choses qui s'y sont passées. On
voit bien que les hauts faits d'Italie, et celui qui en fut
l'auteur, touchent M. le maréchal Saint-Cyr beaucoup
moins que l'armée du Rhin. Il dit avec raison que marcher sur Vienne à travers l'Italie, en passant deux fois
les Alpes, était insensé, et que Napoléon, quand il fut
maître du choix, y marcha directement par les montagnes Noires et le Danube. M. le maréchal a raison
d'un côté; mais il oublie comment on fut conduit à
opérer en Italie. Si l'on eût songé à marcher sur Vienne
de Dusseldorf, de Strasbourg et de Nice à la fois, on
eût été insensé; mais personne alors ne songeait à la
possibilité d'aller à Vienne. On espérait tout au plus
déboucher en Allemagne, y faire quelques lieues et gagner une bataille. En entrant au contraire en Italie, on
espérait enlever à l'Autriche une province à laquelle
elle tenait beaucoup, et se faire ainsi pour les Pays-Bas
un objet d'échange. On croyait, en lui rendant la
Lombardie à la paix, la décider à céder les Pays-Bas.
Ce ne fut que le génie hardi du jeune général qui, ayant

dépassé le but, entraîna les Français à faire un second pas après en avoir fait un premier, et, après avoir marché de Nice à Milan, à marcher de Milan à Vienne. Entraîné comme on l'avait été par les événements, le plan était irréprochable.

Nous terminerons là ces observations déjà trop longues, et nous dirons que, même lorsque l'avis de M. le maréchal Saint-Cyr peut être combattu, il est toujours neuf, motivé avec force et digne d'être médité. Les vues neuves sont assez ordinairement bizarres; il n'en est pas ainsi de celles de M. le maréchal Saint-Cyr. Quoiqu'il ait beaucoup de plaisir à penser différemment des autres, il ne contredit pas pour le plaisir de contredire, et il ouvre toujours des points de vue nouveaux et étendus. Nous ne lui reprocherons que son extrême sévérité, lorsqu'elle va surtout jusqu'à attaquer des hommes qui avaient jusqu'ici toute notre estime. Qui ne s'est plu, par exemple, à grouper autour du nom de Desaix toutes les idées d'héroïsme et de vertu guerrière? Qui n'éprouvera de la peine à voir élever quelques doutes sur le caractère désintéressé de *Sultan le Juste* (1), et à voir l'amour unique de la gloire militaire substitué chez lui à l'amour de la patrie? Il est vrai que M. le maréchal Saint-Cyr ajoute à son égard des expressions d'affection et d'estime qui dédommagent de la peine qu'il a causée à ceux qui souhaitent les gloires pures parce qu'ils les aiment. On est fâché encore de voir M. le maréchal, dans tous les conseils de guerre, avoir éternellement raison contre Moreau et Desaix, non

(1) Nom qu'on donnait à Desaix dans la Haute-Égypte.

qu'on soit fâché que M. le maréchal Saint-Cyr ait raison, mais on l'est que Desaix et Moreau aient toujours
tort. Au reste, il y a dans le récit de M. le maréchal
une simplicité, une bonne foi de ton qui ne laissent
aucun doute sur sa sincérité, et qui prouvent que c'est
véritablement qu'il s'estime si haut. L'homme qui s'estime beaucoup vaut toujours beaucoup : on est assuré
qu'il se respectera autant qu'il s'estime. La vie de M. le
maréchal Saint-Cyr en est un noble et rare exemple.

Outre la fécondité et l'originalité des vues, on remarque, dans ces Mémoires, des récits militaires d'une
véritable beauté. Nous considérons comme beauté dans
un récit militaire la clarté, la précision et le degré de
couleur qui s'accorde avec une exposition savante. L'hiver de 1795, la belle affaire de Rathensol, la bataille de
Neresheim, la retraite de 1796, la bataille de Biberach,
le passage du Rhin à Diersheim, sont des modèles de
récit militaire. On trouve, en outre, dans ce livre, ces
traits de détail, qu'on ne peut énumérer, et qui font
un des mérites principaux de la bonne histoire; ces
traits portent tour à tour sur le caractère des hommes,
sur leurs impressions au feu, sur leur humeur dans la
victoire ou dans la défaite, sur l'art si difficile de les
conduire, sur la différence des caractères nationaux,
sur la diversité des tempéraments propres à la guerre,
sur l'influence différente que l'âge exerce sur l'esprit
et les qualités du militaire, sur la composition des armées, sur mille points enfin de la plus grande importance pour la connaissance des hommes à la guerre.
M. le maréchal Saint-Cyr vient de confirmer sa place
parmi les plus grands écrivains militaires, et ce n'est

pas une gloire médiocre. L'histoire de la guerre est une des bases de la science politique. On ne sait à fond la carte d'un pays qu'en étudiant les combats dont il a été le théâtre, et l'on ne connaît bien les relations d'un pays avec les autres qu'en connaissant bien sa carte.

Parmi les buts divers que se proposait M. le maréchal Saint-Cyr, il en est un des plus nobles, qu'il faut relever encore; il a voulu élever un monument patriotique à l'une de nos armées, peut-être la plus digne d'estime qui ait existé. Jusqu'à l'empire, qui confondit toutes nos armées en une seule, et même assez longtemps encore sous l'empire, elles montrèrent un caractère propre, qui naissait du caractère des hommes dont elles étaient originairement composées, du genre de guerre qu'elles avaient fait et des chefs qui les avaient commandées. L'armée d'Italie, composée en grande partie de méridionaux fougueux, gâtée par la victoire, livrée à l'abondance et au luxe, conduite par le plus ardent des hommes, avait une intempérance, une audace et un orgueil extraordinaires. Les armées du Nord et de Sambre-et-Meuse, avec moins de fougue naturelle, mais avec autant de bravoure, avaient aussi goûté de la victoire, de ses délices, et même de ses excès. Elles étaient, avec celle d'Italie, extrêmement prononcées pour leurs opinions révolutionnaires. L'armée du Rhin présente un caractère tout différent des précédentes. Les volontaires de 1792 en faisaient le fond, et ceux de 1793 y étaient rares. Placée en présence du Rhin, qu'elle avait pour but de défendre sur un point, d'atteindre sur un autre, et qu'elle ne put jamais dépasser, condamnée à une guerre défensive,

dans un pays ruiné, sous un ciel rigoureux, elle fut
éprouvée par des difficultés de toute espèce, par les revers autant que par les succès, par les rigueurs des saisons et par la misère. Peu gâtée par la fortune, elle ne
le fut pas davantage par le gouvernement, qui, ne la
destinant pas à conquérir, la trouvant toujours patiente
et dévouée, ne lui prodigua jamais les ressources, et la
livra toujours à ses vertus. On ne lui laissa pas même
ses généraux, et, dès qu'il s'en montra un dans ses rangs,
on l'envoya en Belgique. Son rôle devint plus important en 1796, lorsqu'on la destina, sous Moreau, à percer
en Allemagne. Mais, un moment conquérante, elle fut
sur-le-champ obligée de revenir à un autre rôle, et elle
fit alors sa célèbre retraite, admirable moins par le
génie des chefs que par le caractère que déployèrent
les soldats. Trahie par un de ses généraux, compromise
par la tiédeur d'un autre, elle resta suspecte au gouvernement, et fut presque en disgrâce. Lorsque la destinée des révolutions donna l'empire à l'un des généraux, ce ne fut pas le sien qui l'obtint, mais celui de
l'ardente et ambitieuse armée d'Italie. Longtemps encore elle fut peu en grâce, jusqu'à ce que ses prodiges
en Allemagne eussent élevé sa faveur et effacé son caractère. La modestie, la sobriété, une discipline admirable, une bravoure froide et solide, toutes les vertus
guerrières enfin distinguèrent cette belle armée. C'est
un caractère particulier qu'il était utile à notre gloire
de signaler; car nous avons beaucoup d'armées auda-
cieuses à montrer aux étrangers, mais moins de ces
armées froides et inébranlables dans la bonne comme
dans la mauvaise fortune. Nous en avons cependant, et

l'exemple de l'armée du Rhin prouve qu'il dépendra d'un gouvernement habile de nous en donner.

Le génie de l'armée du Rhin, moins séduisant, mais plus attachant, a inspiré M. le maréchal Saint-Cyr, et a influé sur tous ses jugements. Il aime mieux non-seulement la composition de cette armée, mais même le genre de guerre qu'elle a fait. La guerre méthodique va mieux à son esprit austère que cette guerre à grands mouvements, à résultats extraordinaires qui a signalé l'empire. M. le maréchal Saint-Cyr a peut-être raison au point de vue moral et politique, mais non au point de vue de l'art. Napoléon, dit-il, en remuant les hommes avec une rapidité prodigieuse, avec une hardiesse surprenante, faisait avec peu de soldats le même effet qu'avec beaucoup, parce qu'il les faisait battre sur plusieurs points ; il faisait vite, et d'une manière décisive ; mais, en présentant les mêmes troupes plus souvent au feu, il en faisait périr davantage, et épuisait leurs facultés par un exercice violent. Cette manière de considérer le génie de la guerre ne nous semble pas admissible. Que l'on condamne dans Napoléon le politique qui a abusé de la guerre, qui l'a trop faite et sur trop de points, et l'on aura raison, quoiqu'il y ait beaucoup à dire sur sa situation et sa destinée ; mais l'homme de guerre en lui ne nous semble pas mériter les reproches adressés à l'homme politique. Faire davantage, faire plus vite, tirer plus de parti des hommes, exercer l'art enfin avec plus puissance, ne saurait être une déviation de son véritable but. Il faut éviter la guerre si l'on peut ; mais, si on la fait, il la faut prompte, terrible et décisive. Mieux vaut le système qui donne un royaume en une bataille, comme à Marengo ou à Austerlitz, que celui qui prolonge pendant sept ans la conquête d'une province. Il y a économie même d'hommes à être prompt et décisif, quoiqu'il y ait perte apparente, à ne considérer qu'une seule journée. Du reste, il est difficile de former sur ce sujet des préférences bien raisonnées. La guerre, le gouvernement, les négociations, l'administration, portent le caractère de leurs auteurs, varient comme eux, et ne peuvent pas être plus facilement classées.

Quoi qu'il en soit de ces différentes manières de penser, l'armée si sage et si ferme à laquelle M. le maréchal Saint-Cyr a consacré sa plume méritait ses hommages et les nôtres. Lorsque Napoléon quitta Fontainebleau, il dit à ses vieux grenadiers : « Maintenant que nous n'avons plus de grandes choses à faire, je vais raconter celles que nous avons faites ensemble. » Cette noble pensée doit être celle de tous les hommes qui ont fait des choses mémorables. Ils doivent à leurs compagnons de les raconter, quand ils en sont capables. Ainsi après les devoirs du général viennent ceux de l'historien. M. le maréchal Saint-Cyr a noblement rempli les uns et les autres.

(*Revue française*, n° 12.)

Essai sur la vie et les écrits de P.-L. Courier.

Cette notice fut publiée dans les OEuvres complètes de Paul-Louis Courier. Paris, Sautelet, 1829.

La vie d'un écrivain distingué par une très grande originalité est le meilleur commentaire de ses écrits ; c'est l'explication, et, pour ainsi dire, l'histoire de son talent. Cela est vrai, surtout, de celui qui n'a point dans sa jeunesse suivi les lettres comme une carrière, et dont l'imagination, dans l'âge de l'activité et des vives impressions, ne s'est point appauvrie dans les quatre murs d'un cabinet, ou dans l'étroite sphère d'une coterie littéraire. S'il est aujourd'hui peu d'écrivains dont on soit curieux de savoir la vie après les avoir lus, c'est qu'il en est peu qui frappent par un caractère à eux, et chez qui se révèle l'homme éprouvé, développé, complété par un grand nombre de situations diverses. Les mêmes études faites sous les mêmes maîtres, sous l'influence des mêmes circonstances et des mêmes doctrines, le même poli cherché dans un monde qui se compose de quelques salons, voilà les sources de l'originalité pour beaucoup d'écrivains qui, se tenant par la main depuis le collége jusqu'à l'Académie, vivant entre eux, voyant peu, agissant moins encore, s'imitent, s'admirent, s'entre-louent avec bien plus de bonne foi qu'on ne leur en suppose. De là vient que tant de livres, dans les genres les plus différents, ont une physionomie tellement semblable, qu'on les prendrait pour sortis de la même plume. Vous y trouvez de l'esprit, du savoir, de la profondeur

parfois ; le cachet d'une individualité un peu tranchée
n'y est point. C'est toujours certaine façon roide, précieuse, uniforme, assez exacte, mais sans chaleur, sans
vie, décolorée ou faussement pittoresque ; cette manière
enfin qu'un public, trop facilement pris aux airs graves,
a tout à fait acceptée comme un grand progrès littéraire.
L'exemple est contagieux, et l'applaudissement donné
au mauvais goût pervertit le bon : aussi, n'a-t-on plus
aspiré à des succès d'un certain ordre, qu'on ne se soit
efforcé d'écrire comme les hommes soi-disant forts ; il
a fallu revêtir cette robe de famille pour se faire compter
comme capacité, pour n'être point taxé de folle résistance à la révolution opérée par le xixe siècle dans les
formes de la pensée.

Si l'affranchissement complet du joug des conventions
d'une époque peut être regardé comme le principal caractère du talent, Paul-Louis Courier a été l'écrivain le
plus distingué de ce temps, car il n'est pas une page
sortie de sa plume qui puisse être attribuée à un autre
que lui. Idées, préjugés, vues, sentiments, tours, expressions, dans ce qu'il a produit tout lui est propre.
Vivant avec un passé que seul il eut le secret de reproduire, et devenu lui-même la tentation et le désespoir
des imitateurs, il a toujours été seul de son bord, allant
à sa fantaisie, tenant peu de compte des réputations,
même des gloires contemporaines, et marchant droit au
peuple des lecteurs, parce qu'il était plus assuré d'être
senti par le grand nombre illettré, qu'approuvé par les
académiciens et les docteurs de bonne compagnie. Trop
savant pour n'avoir pas vu que nul ne l'égalait en connaissance des ressources générales du langage et du génie

particulier de notre langue, convaincu que ses vaga-
bondes études lui avaient appris ce que les livres
n'avaient pu enseigner à aucun autre, il n'écouta ni
critiques, ni conseils. Au milieu de gens qui semblaient
travailler à se ressembler les uns aux autres, et qui faisaient commerce des douceurs réciproques de la con-
fraternité littéraire, il se présenta seul, sans prôneurs,
sans amis, sans compères, parla comme il avait appris,
du ton qu'il jugea lui convenir le mieux, et fut écouté.
Il arriva jusqu'à la célébrité, sans avoir consenti à se
réformer sur aucun des exemples qui l'entouraient,
sans avoir subi aucune des influences sous lesquelles des
talents, non moins heureusement formés que le sien,
avaient perdu le mouvement, la liberté, l'inspiration.
Mais aussi quelle vie plus errante et plus recueillie ; plus
semée d'occupations, d'aventures, de fortunes diverses,
et plus constamment dirigée vers un même objet ; plus
absorbée par l'étude des livres, et plus singulièrement
partagée en épreuves, en expériences, en mécomptes
du côté des événements et des hommes ? En considérant
cette vie, on convient qu'en effet Courier devait rester
de son temps un écrivain tout à fait à part.

Paul-Louis Courier est né à Paris en 1773. Son père,
riche bourgeois, homme de beaucoup d'esprit et de littérature, avait failli être assassiné par les gens d'un grand
seigneur, qui l'accusait d'avoir séduit sa femme, et qui,
en revanche, lui devait, sans vouloir les lui rendre, des
sommes considérables. L'aventure avait eu infiniment
d'éclat, et le séducteur de la duchesse d'O...... avait dû
quitter Paris et aller habiter une province. Cette circonstance fut heureuse pour le jeune Courier. Son père,

retiré dans les beaux cantons de Touraine dont les noms
ont été popularisés par le *Simple Discours* et la *Pétition
des villageois qu'on empêche de danser*, se consacra tout
à fait à son éducation. Ce fut donc en ces lieux mêmes
et dans les premiers entretiens paternels que notre incomparable pamphlétaire puisa l'aversion qu'il a montrée toute sa vie pour une certaine classe de nobles, et
ce goût si pur de l'antiquité que respirent tous ses écrits.
Il s'en fallait de beaucoup, toutefois, que l'élève fût
deviné par le maître. Paul-Louis était destiné par son
père à la carrière du génie. A quinze ans, il était entre
les mains des mathématiciens Callet et Labey. Il montrait, sous ces excellents professeurs, une grande facilité à tout comprendre, mais peu de cette curiosité, de
cette activité d'esprit qui seules font faire de grands
progrès dans les sciences exactes. Son père eût voulu
que ses exercices littéraires ne fussent pour lui qu'une
distraction, un soulagement à des travaux moins riants
et plus utiles. Mais Paul-Louis était toujours plus vivement ramené vers les études qui avaient occupé sa première jeunesse. La séduction opérée sur lui par quelques
écrivains anciens, déjà ses modèles favoris, augmentait
avec les années et par les efforts qu'on faisait pour le
rendre savant plutôt qu'érudit. Il eût donné, disait-il,
toutes les vérités d'Euclide pour une page d'Isocrate.
Ses livres grecs ne le quittaient point. Il leur consacrait
tout le temps qu'il pouvait dérober aux sciences. Il entrait toujours plus à fond dans cette littérature unique,
devinant déjà tout le profit qu'il en devait tirer plus tard
en écrivant sa langue maternelle. Cependant la Révolution éclatait. Les événements se pressaient et mena-

çaient d'arracher pour longtemps les hommes aux habitudes studieuses et retirées. Le temps était venu où
il fallait que chacun eût une part d'activité dans le mouvement général de la nation. On se sentait marcher à
la conquête de la liberté. La guerre se préparait. On
pouvait présager qu'elle durerait tant qu'il y aurait des
bras en France et des émigrés au delà du Rhin. Les
circonstances voulurent donc que le jeune Courier sa-
crifiât ses goûts aux vues que son père avait de tout
temps formées sur lui. Il entra à l'École d'Artillerie de
Châlons. Il y était lors de l'invasion prussienne de 1792.
La ville était alors toute en trouble, et le jeune Courier,
employé comme ses camarades à la garde des portes,
fut soldat pendant quelques jours. L'invasion ayant cédé
aux hardis mouvements de Dumouriez dans l'Argonne,
Paul-Louis eut le loisir d'achever ses études militaires ;
enfin, en 1793, il sortit de l'École de Châlons officier
d'artillerie, et fut dirigé sur la frontière.

Ici commence la vie militaire de Courier, l'une des
plus singulières assurément qu'aient vues les longues
guerres et les grandes armées de la Révolution. Ceci ne
sera point pris pour une exagération. Ouvrez nos énormes
biographies contemporaines. Presque à chaque page est
l'histoire de quelqu'un de ces citoyens, soldats improvisés en 1793, qui, faisant peu à peu de la guerre leur
métier, s'avancèrent dans les grades, et moururent, çà
et là, sur les champs de bataille, obtenant quelque commune et obscure mention. Quelle famille n'a pas eu
ainsi son héros dont elle garde encore le plumet républicain ou la croix impériale, et qu'elle a tâché d'immor-
taliser par une courte notice dans le *Moniteur* ou dans

es tables nécrologiques de M. Panckouke? Toutes ces vies d'officiers morts entre le grade de capitaine et celui de commandant de brigade ou de division se ressemblent. Quand on a dit leur enthousiasme de vingt ans, le feu sacré de leur âge mûr, leurs campagnes par toute l'Europe, les victoires auxquelles, perdus dans les rangs, ils ont contribué, les drapeaux qu'ils ont pris à l'ennemi, enfin leurs blessures, leurs membres emportés, leur fin glorieuse, il ne reste rien à ajouter qui montre en eux plus que l'homme fait pour massacrer et pour être massacré. C'est vraiment un bien autre héros que Courier : soldat obligé à l'être, et sachant le métier pour l'avoir appris, comme Bonaparte, dans une école, il prend la guerre en mépris dès qu'il la voit de près, et toutefois il reste où l'éducation et les événements l'ont placé. Le bruit d'un camp, les allées et venues décorées du nom de marches savantes, lui paraissent convenir autant que le tapage d'une ville à la rêverie, à l'observation, à l'étude, sans suite et sans travail, de quelques livres, faciles à transporter, faciles à remplacer. Le danger est de plus; mais il ne le fuit ni ne le cherche. Il y va pour savoir ce que c'est, et pour avoir le droit de se moquer des braves qui ne sont que cela. On s'avance autour de lui ; on fait parler de soi; on se couvre de gloire; on s'enrichit de pillage; pour lui, les rapports des généraux, le tableau d'avancement, l'ordre du jour de l'armée, ne sont que mensonges et cabales d'État-Major. Il se charge souvent des plus mauvaises commissions, sans trouver moyen de s'y distinguer, comme si c'était science qu'il ignore; et, quant à son lot de vainqueur, il le trouve à voir et revoir les monuments des arts et de la civili sation du peuple vaincu. Encore est-ce à l'insu de tout le monde qu'il est érudit, qu'il se connaît en inscriptions, en manuscrits, en langues anciennes; il est aussi peu propre à faire un héros de bulletin qu'un savant à la suite des armées, pensionné pour estimer les dépouilles ennemies, et pour retrouver ce qui n'est pas perdu. Quinze années de sa vie sont employées ainsi, et, au bout de ce temps, les premières pages qu'il livre au public révèlent un écrivain comme la France n'en avait point possédé depuis Pascal et La Fontaine. Assurément, ce n'était pas trop de dire que cette carrière militaire a été unique en son genre pendant les longues guerres de notre Révolution.

Sans doute, avec de l'instruction et du caractère, il fallait bien peu ambitionner l'avancement, pour n'en pas obtenir un très rapide, lorsque Courier arriva, en 1793, à l'armée du Rhin. C'était le fort de la Révolution, et il suffisait d'être jeune et de montrer de l'enthousiasme, pour être porté aux plus hauts grades. Hoche, général d'armée, âgé de vingt-trois ans, et commandant sur le Rhin, avait un chef d'état-major de dix-huit ans et était entouré de colonels et de chefs de brigade qui n'en avaient pas vingt. Il en était de même par toute la frontière. Courier, qui servit jusqu'en 1795 aux deux armées du Rhin et de Rhin-et-Moselle, n'eut point le feu républicain que les commissaires de la Convention récompensaient avec tant de libéralité. Il n'éprouva probablement pas non plus pour les proconsuls le dévouement et l'admiration qu'ils inspiraient à de jeunes militaires plus ardents et moins instruits que lui.

Se laissant employer, et s'offrant peu aux occasions, il passait le meilleur de son temps à bouquiner dans les abbayes et les vieux châteaux des deux rives du Rhin. Les lettres qu'il écrivait alors à sa mère sont enveloppées, confuses, soigneusement silencieuses sur les affaires; un sentiment triste et peu confiant dans l'avenir y domine. Mais, à la manière dont le jeune officier d'artillerie parle de ses études et de ses livres, on voit déjà sa carrière et son système d'écrivain tout à fait tracés : « J'aime, dit-il, à relire les livres que j'ai déjà lus nombre de fois, et par là j'acquiers une érudition moins étendue, mais plus solide. Je n'aurai jamais une grande connaissance de l'histoire, qui exige bien plus de lectures; mais j'y gagnerai autre chose qui vaut mieux, selon moi. » C'est ainsi que Courier a étudié toute sa vie; tel a été aussi presque invariablement son peu de goût pour l'histoire. Il ne l'a jamais lue pour le fond des événements, mais pour les ornements dont les grands écrivains de l'antiquité l'ont parée. Bonaparte, tout jeune, avait deviné la politique et la guerre dans Plutarque. Courier, lieutenant d'artillerie, faisait ses délices du même historien; mais il le prenait comme artiste, comme ingénieux conteur. La vie d'Annibal ne le ravissait que comme Peau-d'âne *conté* eût ravi La Fontaine. Il a toujours persisté dans cette préférence qui semble d'un esprit peu étendu; et, cependant, en s'abandonnant à elle, il a su de l'histoire tout ce qu'il lui en fallait pour être un écrivain politique de premier ordre. Il a beaucoup cité, beaucoup pris en témoignage l'histoire de tous les temps, et toujours avec un sens qui n'appartenai qu'à lui, avec une raison, une force, une sûreté de coup toujours terrassante pour l'abus vivant qu'il voulait accabler.

En 1795, on voit Courier, toujours officier subalterne dans l'artillerie, quitter subitement l'armée devant Mayence et rentrer en France sans autorisation du gouvernement. La misère, les privations, les travaux, sans compensation de gloire et de succès, à ce blocus de Mayence, étaient bien faits pour rebuter un aussi tiède champion de la Révolution que l'était Courier. A propos de cette campagne, il a depuis écrit : « J'y pensai geler, et jamais je ne fus si près d'une cristallisation complète. » Mais il paraît qu'il eut, pour abandonner son poste, un motif sinon plus naturel, au moins plus honorable. Son père venait de mourir, et la nécessité toute filiale de voler auprès de sa mère malade et désespérée, lui avait fait oublier le devoir qui l'attachait à ses canons. A la suite de cette escapade, il alla s'enfermer dans une petite campagne, aux environs d'Alby, où il se mit à traduire avec une admirable sécurité la harangue *Pro Ligario*, tandis qu'on le réclamait de l'armée comme déserteur, et que peut-être il courait grand risque d'être traité comme tel. Des amis plus prudents que lui s'employaient pendant ce temps pour le mettre à couvert des poursuites qu'il avait encourues. Ils y réussirent, mais la note resta, et probablement elle a beaucoup aidé Courier, dans la suite de sa carrière, à se maintenir dans son philosophique éloignement des hauts grades. Vinrent les belles années de 1796 et 1797, qui assurèrent le triomphe de la Révolution. Pendant que, sous Bonaparte, en Italie, la victoire faisait sortir des rangs

une multitude d'hommes nouveaux dont les noms ne
cessaient plus d'occuper la renommée, Courier comptait
des boulets et inspectait des affûts dans l'intérieur, service qui pouvait passer pour une disgrâce dans de telles
circonstances. Mais Courier s'arrangeait de tout. Il avait
alors vingt-trois ans. Ses premières années, au sortir de
l'École de Châlons, avaient été attristées par le sombre
régime imposé aux armées sous la Convention. Entrer
dans le monde au temps de la Terreur avec l'amour de
l'indépendance et des libres jouissances de l'esprit, c'é-
tait avoir bien mal rencontré ; aussi Courier donna-t-il
vivement dans la réaction des mœurs nationales que la
première période du Directoire vit éclater contre les
vertus décrétées par la Convention, réaction plus em-
portée dans le midi que partout ailleurs. On se ruait en
fêtes, en danses, en festins, en plaisirs de toutes sortes.
Hommes et femmes éprouvaient à se retrouver ensemble
comme amis, comme parents, comme gens du même
cercle, non plus comme citoyens et citoyennes, un plaisir qui n'était pas lui-même sans inconvénients pour la
paix intérieure des familles. Notre philosophe apprit à
danser avec la plus sérieuse application, et courut les
bals, les spectacles, les sociétés. Sa gaîté, sa verve comique, qui n'étaient pas encore tournées à la satire, à
l'humorisme, le firent rechercher des femmes qu'il ido-
lâtrait. Il plut, et plut si bien, qu'un beau matin il lui
fallut quitter Toulouse, pour échapper comme son père
au ressentiment d'une famille outragée. Sa société en
hommes était très nombreuse; il affectionnait surtout
un Polonais, fort savant et grand amateur d'antiquités.
Il passait des journées entières en tête-à-tête avec lui,

soit dans une chambre, soit en suivant les allées qui
bordent le canal du midi. Ce qu'étaient ces conversations, on peut s'en faire une idée en lisant les lettres,
malheureusement peu nombreuses, adressées d'Italie
par Courier à M. Chlewaski.

En passant à Lyon (en 1798) pour se rendre en Italie,
où on l'envoyait prendre le commandement d'une compagnie d'artillerie, Courier écrivait à M. Chlewaski :
« Lectures, voyages, spectacles, bals, auteurs, femmes,
Paris, Lyon, les Alpes, l'Italie, voilà l'Odyssée que je
vous garde. Mes lettres vous pleuvront une page pour
une ligne. » Il ne tint parole qu'en partie. En général,
plus on voit, et moins on écrit ; plus les impressions sont
vives, accumulées, pressantes, moins on est tenté de les
vouloir rendre. Et puis, il s'en fallut de beaucoup que
cette Italie que Courier avait toujours désirée, lui vînt
fournir les riantes peintures auxquelles son imagination
s'était sans doute préparée. A peine il eut passé les Alpes,
que l'état d'oppression, d'avilissement et de misère dans
lequel était le pays, affligèrent son âme d'artiste. Il traversa la belle et triste péninsule, et de Milan jusqu'à
Tarente il eut le même spectacle. Il vit le trop sévère
régime imposé par Bonaparte à sa conquête, menaçant
déjà de tomber en ruines, et rendu insupportable par
l'avidité, l'ignorante et brutale morgue des hommes
qu'il avait fallu employer à ces gouvernements improvisés. Il vit l'élite de la société italienne rampant basse-
ment sous les agents français, faisant sa cour à nos soldats parvenus, bien qu'en sachant les apprécier ce qu'ils
valaient, et toute cette race abâtardie s'épuisant en démonstrations républicaines, méprisée de ses maîtres, et

se laissant dépouiller, mettre à nu par des commis, des valets d'armée, des fournisseurs qui, prévoyant nos prochains revers, se faisaient auprès des généraux un mérite d'emporter tout ce qui ne se pouvait détruire. On ne saurait nier que ce ne fût là l'état de l'Italie après le premier départ de Bonaparte, et que les plus honteux désordres, le plus effréné pillage n'y déshonorassent avec impunité la domination française. La guerre qui s'était déclarée entre les commissaires du gouvernement et les commandants militaires, avait rendu toute discipline, toute administration régulière impossible, et il n'y avait si bas agent qui ne se crût autorisé à imiter Bonaparte, faisant payer en chefs-d'œuvre la rançon des villes d'Italie. Courier ne sera point compté parmi les détracteurs de notre Révolution, pour avoir écrit sous l'impression d'un pareil spectacle ces éloquentes protestations auxquelles il n'a manqué, pour émouvoir toute l'Europe éclairée, et la soulever contre les déprédateurs de l'Italie', que d'être rendue publique dans le temps:

« Dites, écrivait-il à son ami Chlewaski, dites à ceux qui
» veulent voir Rome, qu'ils se hâtent, car chaque jour
» le fer du soldat et la serre des agents français flé-
» trissent ses beautés naturelles et la dépouillent de sa
» parure. Permis à vous, Monsieur, qui êtes accoutumé
» au langage naturel et noble de l'antiquité, de trouver
» ces expressions trop fleuries, ou même trop fardées;
» mais je n'en sais point d'assez tristes pour vous peindre
» l'état de délabrement, de misère et d'opprobre où
» est tombée cette pauvre Rome que vous avez vue si
» pompeuse, et de laquelle à présent on détruit jus-
» qu'aux ruines. On s'y rendait autrefois, comme vous

» savez, de tous les pays du monde. Combien d'étran-
» gers qui n'y étaient venus que pour un hiver, y ont
» passé toute leur vie ! Maintenant, il n'y reste plus que
» ceux qui n'ont pu fuir, ou qui, le poignard à la main,
» cherchent encore dans les haillons d'un peuple mou-
» rant de faim quelque pièce échappée à tant d'extor-
» sions et de rapines..... Les monuments de Rome ne
» sont guère mieux traités que le peuple..... Je pleure
» encore un joli Hermès, enfant, que j'avais vu dans
» son entier, vêtu et encapuchonné d'une peau de lion,
» et portant sur son épaule une petite massue. C'était,
» comme vous voyez, un Cupidon dérobant les armes
» d'Hercule ; morceau d'un travail exquis, et grec, si
» je ne me trompe. Il n'en reste que la base, sur la-
» quelle j'ai écrit avec un crayon : *Lugete, Veneres,*
» *Cupidinesque,* et les morceaux dispersés qui feraient
» mourir de douleur Mengs et Winckelmann, s'ils
» avaient eu le malheur de vivre assez longtemps pour
» voir ce spectacle. Tout ce qui était aux Chartreux, à
» la villa Albani, chez les Farnèse, les Honesti, au mu-
» séum Clementi, au Capitole, est emporté, pillé, perdu
» ou vendu. Des soldats, qui sont entrés dans la biblio-
» thèque du Vatican, ont détruit, entre autres raretés,
» le fameux Térence du Bembo, manuscrit des plus
» estimés, pour avoir quelques dorures dont il était orné.
» Vénus de Villa Borghèse a été blessée à la main par
» quelque descendant de Diomède, et l'Hermaphrodite,
» *immane nefas !* a un pied brisé..... »

Qu'on juge de l'effet qu'eussent produit à Paris, en
1798, dans certains cercles où l'on se croyait la mission de rallumer parmi nous le flambeau demi-éteint de

l'intelligence, beaucoup de passages de ce genre, expression si vive, si touchante et si gracieuse encore de
ce qu'éprouvait dans un coin de l'Italie, confondu parmi
les dévastateurs de cette infortunée patrie des arts, un
jeune officier, amateur exquis de l'antiquité, savant inconnu, écrivain déjà parfait ; car ces premières lettres
d'Italie ont toute la verve, toute l'originalité qu'on
trouve dans les plus célèbres écrits de l'âge mûr de
Courier. Elles sont, avec cela, d'un goût irréprochable :
nulle affectation, nulle manière ne s'y fait sentir ; chacune d'elles est un petit chef-d'œuvre d'élégance et de
pureté de langage, de convenance de ton, d'éloquence
même, toutes les fois que la matière le comporte,
comme lorsqu'elles peignent l'avilissement du caractère
italien, et sondent si énergiquement, dix ans avant que
personne y pensât, la plaie de notre révolution, l'esprit d'envahissement et de destruction plus noblement
appelé l'esprit militaire. Et cependant celui qui, dans
sa droiture naturelle, jugeait si bien d'illustres pillages
sur lesquels la France n'a ouvert les yeux que lorsque,
vaincue, on la paya de représailles, l'homme qui, seul
peut-être dans nos armées, écrivait et pensait ainsi,
était exposé chaque jour de sa vie à périr obscurément
sous le poignard italien, victime privée de la haine
qu'inspiraient les Français. Il y songeait à peine, disant
gaîment que pour voir l'Italie il fallait bien se faire conquérant, qu'on n'y pouvait avancer un pas sans une
armée, et que, puisqu'à la faveur de son harnais, il
avait à souhait un pays admirable, l'antique, la nature,
les ruines de Rome, les tombeaux de la grande Grèce,
c'était le moins qu'il ne sût pas toujours où il serait ni

s'il serait le lendemain. On ne saurait compter après lui les périlleuses rencontres auxquelles ses excursions d'antiquaire, bien plus que son service d'officier d'artillerie, l'exposèrent tant de fois parmi les montagnards du midi de l'Italie. Portant un sabre et des pistolets comme on porte un chapeau et une chemise, il était toujours à la découverte en curieux, point en héros. Facile à prendre et à désarmer, il se tirait d'affaire par sa présence d'esprit, son grand usage de la langue italienne, ou par le sacrifice d'une partie de son bagage ; et le lendemain il allait affronter les *brigands* sans plus de précaution, sans plus de crainte, surtout sans désir de vengeance. Ces malheureux Calabrais lui paraissaient tout à fait dans leur droit quand ils nous assassinaient en embuscade, et il ne pouvait sans horreur les voir massacrer au nom du droit des gens par nos professeurs de tactique.

Ce débonnaire et nonchalant mépris du danger était chose plus rare aux armées que la bouillante valeur qui emportait des redoutes. C'était une bravoure à part. Courier la portait dans l'esprit, non dans le sang, et, comme elle n'allait point sans quelque mélange d'insubordination, elle ne devait guère plus sûrement le mener au bâton de maréchal que le *Pamphlet des pamphlets* à l'Académie : aussi n'avançait-il qu'en science, et n'était-il récompensé que par la science des dangers qu'il était venu chercher. Il aimait à raconter qu'un jour, les douze ou quinze volumes qu'il portait avec lui ayant été enlevés par les hussards de Wurmser, l'officier commandant le détachement les lui avait renvoyés avec une lettre fort aimable. Cette politesse, extrême-

ment remarquable de la part d'un ennemi dans une
guerre qui se faisait sans courtoisie, souvent même sans
humanité, lui paraissait une exception très flatteuse et
faite uniquement pour lui, car nul autre n'eût été capable de la mériter par la perte d'un pareil bagage.
Moins heureux dans sa prédilection de savant pour le
séjour de Rome, Courier faillit y être mis en pièces
lorsque les Français furent obligés de l'abandonner. Il
faisait partie de la division que Macdonald, en marchant
vers la Trebbia, avait laissée dans Rome. Cette division
capitula, et dut être embarquée et transportée en
France. Courier voulut dire un dernier adieu à la bibliothèque du Vatican : il y oublia l'heure marquée
pour le départ de sa division, et, lorsqu'il en sortit, il
n'y avait déjà plus un seul Français dans Rome. C'était
le soir; on le reconnut à la clarté d'une lampe allumée
devant une madone; on cria sur lui au *giaccobino*;
un coup de fusil tiré sur lui tua une femme, et, à la
faveur du tumulte que cela causa, il parvint à gagner le
palais d'un noble romain qui l'aimait et qui l'aida à
fuir. Voilà comme il quitta Rome et l'Italie pour la
première fois.

A cette époque, certains départements de la France
ne valaient guère mieux que l'Italie pour les militaires
républicains. Courier, débarqué à Marseille et se rendant à Paris, fut encore traité comme *giaccobino* par
les honnêtes gens qui pillaient les voitures publiques sur
les grandes routes, au nom de la religion et de la légitimité. Il perdit argent, papiers, effets, et arriva à Paris
ainsi dépouillé, de plus atteint d'un crachement de sang
qui l'a tourmenté toute sa vie. Bientôt éclata la révolu-

tion qui mit aux mains de Bonaparte la dictature militaire. Courier ne s'était point mêlé jusque-là de politique d'une manière active. Il ne s'était point déclaré avec les militaires contre les avocats, ni avec ceux-ci contre les traîneurs de sabres. Il resta donc sous le consulat ce qu'il avait été sous le directoire, bornant son ambition à rechercher la société du petit nombre de savants que la révolution avait laissés s'occupant obscurément d'antiquités et de philologie. Riche d'observations, le goût formé, apprécié déjà des érudits qu'il avait rencontrés en Italie, il fut accueilli, encouragé. Il eut pour amis Akerblad, Millin, Clavier, Sainte-Croix, Boissonade, qui certes ne devinèrent point son avenir, mais qui donnèrent à ses essais l'attention qu'ils méritaient. Ce ne fut guère que pour obtenir les suffrages d'un petit cercle d'amis et de connaisseurs qu'il composa, de 1800 à 1802, divers opuscules longtemps ignorés d'ailleurs : l'*Éloge d'Hélène*, ouvrage nouveau, comme il le dit quelque part, donné sous un titre ancien et comme une simple traduction d'Isocrate ; le *Voyage de Ménélas à Troie pour redemander Hélène*, composition d'un autre genre, dans laquelle il semblait s'être proposé d'effacer l'auteur de Télémaque, comme imitateur de la narration antique ; enfin, un article sur l'édition de l'*Athénée* de Schweighäuser, le morceau de critique le plus habilement déduit, et certainement le plus élégamment écrit qui ait paru dans le *Magasin encyclopédique* de Millin. Sans les *pamphlets*, qui ont fait la célébrité de Courier, on saurait à peine aujourd'hui l'existence de ces opuscules ; on est étonné de ne les trouver guère inférieurs aux publications qui ont suivi. C'est que le grand art de style, qu'on ne se lasse point d'admirer dans Courier, n'a pas été moins en lui un don naturel que le produit des études de toute sa vie.

Le Consulat approchait de sa fin, et, avec lui, la paix conquise sur les champs de bataille de Marengo et de Hohenlinden. Courier fut désigné pour aller commander comme chef d'escadron l'artillerie d'un des corps qui occupaient l'Italie, redevenue française. Les travaux qu'il avait entrepris, les relations qu'il s'était faites pendant trois années de non-activité, ne furent rien auprès du bonheur de revoir un pays, des mers, un ciel qu'il aimait avec passion, et dont il ne parlait jamais sans ravissement. Il était à peine en Italie, que l'ordre y vint de prendre l'opinion des différents corps sur un nouveau changement dans le gouvernement de la France. La République n'était déjà plus qu'un mot, et Bonaparte voulait au pouvoir qu'il exerçait seul, et presque sans contrôle, un titre plus décidé. L'Empire était créé, mais il fallait le légitimer par une apparence de délibération nationale. Nous n'avons point encore de mémoires qui nous apprennent comment fut accueillie par l'armée cette consultation extraordinaire, qui, par elle-même, était déjà la destruction de la République. Les militaires qui servaient à cette époque, et qui depuis, rentrés dans la vie civile, ont mieux connu le prix de la liberté, assurent généralement qu'ils virent avec indignation le pouvoir d'un seul succéder à la volonté de tous. Mais aucun fait éclatant n'a prouvé cette disposition des armées de la république. N'est-il pas bien plus probable que les choses se passèrent partout comme on le voit dans ce comique récit de Courier, où tout un corps d'officiers, assis en rond autour du général d'Anthouard, reste muet à la question : « Voulez-vous encore la république, ou bien aimez-vous mieux un empereur ? »

En effet, pour des militaires, dire non, c'était tirer l'épée, ou protester inutilement; car où était l'autorité qui présiderait au dépouillement de ce vaste scrutin, qui compterait les voix et répondrait du respect de Bonaparte pour les répugnances de la majorité? Courier se garda bien de dire non ; il avait son opinion cependant : « Un homme comme Bonaparte, disait-il énergiquement, soldat, chef d'armée, le premier capitaine du monde, vouloir qu'on l'appelle Majesté....! Être Bonaparte, et se faire sire....! Il aspire à descendre. »

Si le caractère indépendant mais peu vigoureux de Courier, si son esprit frondeur plutôt qu'arrêté en certains principes, sont assez compris par ce qui précède, on ne s'étonnera point qu'il continuât à servir malgré son peu de goût pour la nouvelle forme de gouvernement établie en France. Courier n'avait jamais aimé la république. La convention l'avait repoussé comme violent et impitoyable. Il avait méprisé le directoire comme incapable et vénal. Il n'avait guère éprouvé le bienfait du Consulat que par le loisir dont trois années de paix l'avaient laissé jouir. Peu porté d'ailleurs à accorder aux actions humaines des intentions bien profondes, il vit moins dans l'élévation de Bonaparte à l'Empire un attentat d'ambition qu'un égarement de vanité digne de compassion. Le mot d'usurpation ne lui vint même pas pour caractériser l'entreprise du nouveau César, et

il ne s'enveloppa point contre lui dans la sombre haine
d'un Brutus. L'Empire, avec ses cordons, ses titres, ses
hautes dignités, ses princes, ses ducs, ses barons, estro-
piant la langue et l'étiquette, avec sa grotesque fusion de
la noblesse des deux régimes, avec ses conquêtes féodales
et ses distributions de royaumes, lui parut d'un bout à
l'autre une farce parfois odieuse, presque toujours bouffonne à l'excès. Dans ses lettres écrites d'Italie de 1803
à 1809, il épuise les traits de la plus amère satire contre
ces généraux devenus des Majestés à l'image de l'Empereur, contre ces États-Majors transformés en petites
cours, et livrés à la brigue des parentés, à l'adoration
des noms anciens et des illustrations nouvelles.

Assurément, c'est bien là l'époque prise par son côté
ridicule ; côté de vérité, oui, mais qui n'est point toute
la vérité. L'histoire y saura montrer autre chose. Si
l'on ne s'attache ici qu'au moindre aspect, celui des
travers individuels, des vanités, du sot orgueil de tant
d'hommes qui, enchaînés à une pensée supérieure,
firent, réunis, de si grandes choses, c'est que cet aspect
frappa surtout Courier. Il faut voir un instant les choses
comme il les vit, pour concevoir, en ce qu'elles ont eu
de fort excusable, des préventions qu'on lui a trop re-
prochées.

L'Empire, avec ses foudroyantes campagnes de trois
jours, ses armées transportées par enchantement d'un
bout de l'Europe à l'autre, ses trônes élevés et renversés
en un trait de plume, son prodigieux agrandissement,
sa calamiteuse et retentissante chute, sera de loin un
grand spectacle ; mais, de près, un contemporain y aura
vu des misères que la postérité ne verra point. Il y a

mieux : il fallait en être sorti pour l'embrasser dans son
vaste ensemble, qui seul est digne d'admiration. Tant
qu'il exista, ses grandeurs ne furent célébrées que par
des préfets ou des poëtes à gages ; et tel qui paraîtrait
aujourd'hui un esprit libre, en jugeant cette fameuse
administration de Bonaparte comme elle doit l'être, se
serait tu par pudeur sous la censure impériale, ou n'aurait pas vu, comme aujourd'hui, les choses par leur
grand côté. Les lettres de Courier tiendront une toute
petite place parmi les mémoires du temps ; elles font
l'histoire, malheureusement assez triste, du moral de
nos armées, depuis le moment où Bonaparte eut ouvert
à toutes les ambitions la perspective d'arriver à tout par
du dévouement à sa personne, autant que par des services réels.

Courier se vantait de posséder et de pouvoir publier,
quand il le voudrait, comme pièces à l'appui de ses por-
traits et de ses récits, un grand nombre de lettres à lui
écrites, aux diverses époques de la révolution, par les
maréchaux, généraux, grands seigneurs de l'Empire,
dévoués depuis 1815 à la maison de Bourbon. On aurait vu, disait-il, les mêmes personnages professer dans
ces lettres, et avec un égal enthousiasme, suivant l'ordre
des dates révolutionnaires, les principes républicains
les plus outrés, et les doctrines les plus absolues de la
servilité ; tenir à honneur d'être regardés comme ennemis des rois, et ramper orgueilleusement dans leurs
palais ; commencer leur fortune en sans-culottes, et la
finir en habits de cour. Mais ce monument des contra-
dictions politiques du temps et de la versatilité humaine
dans tous les temps, ne s'est point trouvé dans les papiers

de Courier, et la perte assurément n'est pas grande.
Le ridicule et l'odieux méritent peu de vivre par eux-
mêmes. C'est le coup de pied que leur donne en passant
le génie qui les immortalise. Les précieuses, les marquis, les faux dévots du temps de Louis XIV, seraient
oubliés sans Molière. Peut-être on s'occuperait peu de
nos révolutionnaires Scapins dans cinquante ans ; les
ravissantes lettres de Courier les feront vivre plus que
leurs lâchetés.

Mais voici qui va bien surprendre de la part de l'homme
qu'on a vu jusqu'ici tant détaché des idées de gloire et
d'ambition ! Courier sollicitant la protection d'un grand
seigneur de l'Empire, et briguant l'occasion de se distinguer sous les yeux de l'Empereur ! C'est pourtant ce
qui arriva à l'auteur des lettres écrites d'Italie. Il eut
son grain d'ambition, son quart d'heure de folie, comme
un autre ; la tête aussi lui tourna. Mais cela ne dura
guère ; il en revint bientôt avec mécompte, et corrigé
pour toute sa vie. Voici l'histoire : vers la fin de l'année 1808, Courier, ayant sollicité, sans pouvoir l'obtenir, un congé qui lui permît d'aller prendre un peu de
soin de ses affaires domestiques, avait donné sa démission. Il arrive à Paris, se donnant aux érudits, ses anciens amis, comme séparé pour jamais de son *vil métier*, comme ayant de la gloire par-dessus les épaules.
Mais voilà qu'une nouvelle guerre se déclare du côté
de l'Allemagne. Les immenses préparatifs de la campagne
de 1809 mettent la France entière en mouvement. Paris
est encore une fois agité, transporté, dans l'attente de
quelqu'une de ces merveilles d'activité et d'audace auxquelles l'Empereur a habitué les esprits, et dont les

récits plaisent à cette population mobile, comme ceux des victoires d'Alexandre au peuple d'Athènes. C'était alors le flot le plus impétueux de notre débordement militaire, et Bonaparte, comme porté et poussé par cet ouragan, brisait et abîmait sous lui de trop impuissantes digues. En ce moment, il revenait d'Espagne, où il lui avait suffi de paraître un instant pour ramener à nous toutes les chances d'une guerre d'abord peu favorable. D'autres armées l'avaient précédé vers le Danube, et il y courait en toute hâte, parce que déjà ses instructions étaient mal comprises, ses ordres mal exécutés. Quel homme alors, en le contemplant au passage, n'eût été atteint de la séduction commune? Courier ne résista point au désir de voir s'achever cette guerre qui commençait comme une Iliade. Ce n'était point un esprit sec, étroit, absolu. Il avait la prompte et hasardeuse imagination d'un artiste. Faire une campagne sous Bonaparte, lui qui n'avait jamais vu que des généraux médiocres, rencontrer peut-être l'homme qu'il lui fallait, l'occasion qu'il n'avait jamais eue ; montrer que, s'il faisait fi de la gloire, ce n'était pas qu'il ne fût point fait pour elle : toutes ces idées l'entraînèrent. Le voilà donc faisant son paquet et partant furtivement dans la crainte du blâme de ses amis. La difficulté était d'être rétabli sur les contrôles de l'armée après une démission, chose que l'Empereur ne pardonnait pas. Il se glisse comme ami dans l'état-major d'un général d'artillerie, et, sans fonctions, sans qualités bien décidées, il arrive à la grande armée. Mais Courier ne savait pas ce que c'était que la guerre comme Bonaparte la faisait. Quoiqu'il eût assisté à plusieurs affaires chaudes, il n'avait

jamais vu les hommes noyés par milliers, les généraux
tués par cinquantaines, les régiments entiers disparais-
sant sous la mitraille, les tas de morts et de blessés servant de rempart ou de pont aux combattants, l'artillerie,
la cavalerie, roulant, galopant sur un lit de débris humains, et quatre cents pièces de canon faisant pendant
deux jours et deux nuits l'accompagnement non interrompu de pareilles scènes. Or, il y eut de tout cela
pendant les quarante-huit heures que Courier passa
dans la célèbre et trop désastreuse île de Lobau. Notre
canonnier ne vit rien, ne comprit rien, ne sut que faire
dans l'immense destruction qui l'entourait. La faim, la
fatigue, l'horreur eurent bientôt triomphé de l'illusion
qui l'avait amené. Il tomba d'épuisement au pied d'un
arbre, et ne se réveilla qu'à Vienne, où on l'avait fait
transporter. Aussi prompt à revenir qu'à se prendre, il
quitta la ville autrichienne comme il avait quitté Paris,
et, sans permission, sans ordre, se regardant comme
libre de partir, parce que les dernières formalités de sa
réintégration n'avaient pas été entièrement remplies, il
alla se remettre en Italie des épouvantables impressions
qu'il avait cherchées à la grande armée. Depuis lors,
son opinion sur les héros, sur la guerre, sur le génie des
grands capitaines, a été ce qu'on la voit dans la *Conversation chez la duchesse d'Albany*. Courier n'a plus
voulu croire qu'une pensée, une intention quelconque
aient jamais présidé à un désordre comme celui dont il
avait été témoin. Il a été jusqu'à nier absolument qu'il
y eût un art de la guerre. Peut-être qu'un peu honteux
de son équipée de Wagram, il voulut se tromper lui-
même par cette exagération.

La vie de Courier n'est désormais plus que littéraire. A peine arrivé en Italie, il se rendit à Florence pour y chercher dans la Bibliothèque Laurentine un manuscrit de Longus, dans lequel existait un passage inédit qui remplissait la lacune remarquée dans toutes les éditions de ce roman. Mais, dans le transport avec lequel il se livrait à un travail qui enrichissait la littérature, une certaine quantité d'encre se répandit sur le précieux morceau. C'est là l'histoire de ce fameux pâté qui sembla la destruction du Palladium de Florence. Les bibliothécaires dénoncèrent Courier au monde. savant, comme ayant anéanti ce grec dans l'original pour trafiquer de la copie, ou pour empêcher qu'on ne pût vérifier la découverte qu'il s'attribuait. L'affaire eût fait peu de bruit, si Courier n'eût voulu répondre aux attaques des cuistres qui le poursuivaient; mais il fit, sous le titre de *Lettre à M. Renouard*, libraire de Paris, qui s'était trouvé présent à la découverte du Longus, quelques pages remplies de ce fiel satirique, de cette verve d'insolence un peu abandonnée et pourtant de bon goût, dont il n'y avait plus de modèles depuis les *Réponses* de Voltaire à Fréron et à Desfontaines : avec cela le style des *Provinciales*. La *Lettre à M. Renouard* ne pouvait manquer d'attirer l'attention. Le gouvernement lui-même s'en inquiéta. Courier avait voulu intéresser à sa querelle l'opinion en France, toute faible qu'elle était alors. Il insinuait que les pédants florentins ne s'attaquaient à lui si vivement que parce qu'il était français, et qu'on était bien aise, en Italie, de s'en prendre à un pauvre savant de la haine qu'inspirait la vice-royauté. La chose montée si haut, on sut que l'homme de la tache d'encre était précisément un chef d'escadron qu'on réclamait à l'armée depuis Wagram. Voilà Courier dans un grand embarras pour s'être si bien vengé des bibliothécaires florentins. Le ministre de l'intérieur voulait le poursuivre comme voleur de grec, et, dans le même temps, celui de la guerre prétendait le faire juger comme déserteur. Il s'en tira toutefois, mais à la condition de ne plus employer contre personne une plume si hardie ; prudence qu'il observa. Courier ne fit donc plus qu'étudier et voyager jusqu'à la paix. Il voyageait en 1812, à l'époque de la conspiration de Mallet. Il était sans passeport ; on l'arrêta comme suspect, puis on le relâcha, en reconnaissant qu'il ne se mêlait point de politique. Ce fut là son dernier démêlé avec le régime militaire impérial.

La restauration des Bourbons, le retour et la seconde chute de Bonaparte, furent des événements trop pressés, trop coup sur coup, pour tirer immédiatement Courier de l'inactivité politique à laquelle il s'était condamné. La catastrophe lui avait paru dès longtemps inévitable, et peut-être il y trouvait également de quoi plaindre et de quoi espérer. D'ailleurs, un mariage qui, sur ces entrefaites mêmes, était venu combler tous ses vœux, l'absorbait en partie. Ainsi, dans ces deux années désastreuses, dont les résultats dominent encore l'époque actuelle, Courier ne prit point parti entre Bonaparte et la coalition, entre la vieille cause de Jemmapes, qui, de lassitude, laissait tomber l'épée, et celle de Coblentz, hypocritement parée de l'olivier de paix. Mais, voir la France envahie deux fois, pillée, insultée, mise à contribution, et tous ces malheurs, toute cette honte, ne tourner d'abord qu'au profit d'une famille qui trouvait le trône vide et s'y replaçait ; voir une poignée d'émigrés, vagabonds et mendiants de la veille, se donner l'orgueil et prendre insolemment l'odieux de ces deux conquêtes ; voir d'affreuses persécutions éclater jusque dans la plus paisible et de tout temps la moins révolutionnaire de nos provinces, contre quiconque n'avait pas refusé un gîte et du pain à nos tristes vaincus de Waterloo ; il n'y avait pas d'animosité contre Bonaparte, pas de ressentiment contre la tyrannie militaire, pas d'amour du repos et de préférence studieuse, qui pût tenir à un pareil spectacle, chez un homme aussi droit, aussi impressionnable que l'était Courier. Aussi bientôt se montra-t-il parmi les adversaires du nouvel ordre de choses. Alors, seulement, il éprouva quelque fierté d'avoir autrefois combattu l'étranger dans les armées de la République ; alors aussi, il cessa de se désavouer lui-même comme soldat de l'Empire ; car, à Florence, à Mayence, à Marengo, à Wagram, c'était le même drapeau, c'était la même nécessité révolutionnaire, vaincre pour n'être pas enchaînés, conquérir pour n'être pas conquis.

En prenant le parti d'élever la voix et de dire au public son avis sur les affaires, Courier avait senti, comme un autre, le besoin d'arranger son personnage, et, par un bonheur peu commun, tout dans sa vie passée pouvait prendre la couleur du patriotisme le plus désintéressé. La singularité si rare d'avoir été quinze ans les armes à la main contre les coalitions de l'émigration, sans obtenir, sans briguer faveurs ni titres, sans être d'aucun des partis qui s'étaient disputé le pouvoir, lui devenait d'un merveilleux secours pour l'autorité de ses paroles. Ce qui était le fait d'une humeur un peu bizarre, d'un esprit distrait et capricieux, passait sur le compte de la fermeté de caractère et de la supériorité de jugement. Le vigneron de Touraine faisait désormais un même homme avec l'ancien canonnier à cheval. Ce n'était plus par hasard, mais par amour du pays, qu'il était allé à la frontière en 1792. Ce n'était plus par insouciance qu'il était demeuré dans son humble condition, mais par haine du pouvoir qui corrompt. Soldat par devoir, paysan par goût, écrivain par passe-temps, tel il se donnait et tel il fut pris. D'ailleurs, ne voulant de la Charte qu'autant que le gouvernement en voulait, ni plus ni moins, et ne croyant pas à la subite illumination des aveugles-nés, il prétendait appeler les choses par leur nom, parler aux puissances, suivant leurs intentions bien connues, et non pas suivant celles qu'une opposition trop polie voulait bien leur accorder: l'attitude était vraiment unique.

En tout cela, Courier n'obéissait pas moins à l'instinct de son talent qu'à son indignation d'honnête homme et de citoyen contre un système de persécution qui atteignait autour de lui quiconque ne voulait point être persécuteur. Il ne se fit pas longtemps attendre. Au mois de décembre 1816, il adressa aux chambres, pour les habitants de Luynes, la fameuse pétition : *Messieurs, je suis Tourangeau.* La sensation fut des plus vives. Ce n'était que le tableau de la réaction royaliste dans un village de Touraine ; mais la France entière s'y pouvait reconnaître, car partout la situation était la même, avec une égale impossibilité de publier la vérité. Cou-

rier avait rendu à la nation cet immense service de
publicité, dans un écrit de six pages fait pour être recherché de ceux mêmes qui, s'intéressant moins aux
victimes qu'aux persécuteurs, se piquaient d'aimer l'esprit en gens de cour. Or c'était là le point : tout dire
dans une feuille d'impression et savoir se faire lire.
Courier y avait réussi ; aucune porte fermée n'avait pu
empêcher cette vérité d'arriver à son adresse. M. Decazes, alors ministre de la police, se servit de la pétition contre le parti extrême qu'il ne gouvernait plus et
qui voulait le renverser lui-même. Il chercha, par
toutes sortes de moyens, à s'attacher Courier, mais
inutilement. Courier ne voulait pas, plus qu'auparavant, se faire une carrière politique. Il était bien réellement paysan, occupé de sa vigne, de ses bois, de ses
champs. Précisément alors ses propriétés avaient à souffrir de la part de gens qui trouvaient protection auprès
des autorités du pays, et il était toujours allant et
venant de Paris à sa terre, de sa terre à Paris, poussant
un procès contre l'un, demandant inutilement justice
contre l'autre. Comme M. Decazes réitérait auprès de
lui ses assurances d'envie de lui être utile, il crut pouvoir profiter de dispositions si rares de la part d'un
ministre, au moins pour obtenir dans son village repos
du côté des autorités, et satisfaction de ceux qui vo-
laient impunément ses bois. Il parut dans les salons
ministériels du temps, et cela seul suffit pour faire
changer de conduite à son égard le préfet du département, et tout ce qui dépendait du préfet. C'était là tout
ce qu'il voulait; il remercia, salua, et ne reparut
plus.

La *Lettre à Messieurs de l'Académie des inscriptions et belles-lettres*, donnée en 1820, coupa court aux petites attentions ministérielles dont Courier avait continué d'être l'objet depuis la pétition de Luynes. Ses amis avaient tous blâmé l'âpreté de ce nouvel écrit. Lui s'étonnait qu'on pût y voir autre chose que ce que tout le monde pensait des académies et de certains académiciens. On sait l'histoire de cette *Lettre*. Courier s'était présenté pour succéder, dans l'Académie des inscriptions, à Clavier, son beau-père ; à l'en croire, il avait parole du plus grand nombre des académiciens, et cependant, au jour de l'élection, il avait été unanimement rejeté. Il s'en fâcha et fit la *Lettre*. On remarqua que, puisqu'il avait trouvé la place de Clavier assez honorable pour la vouloir occuper après lui, il s'était fustigé lui-même sur cette prétention en voulant humilier le corps entier des académiciens ; qu'il était ridicule à lui d'avoir frappé à la porte d'une académie uniquement fondée, d'après son dire actuel, « pour composer » des devises aux tapisseries du roi, et, en un besoin, » aux bonbons de la reine. » Mais, si Courier s'était trompé sur la moralité ou la convenance du procédé, il en fut puni dans le temps par l'endroit le plus sensible à un auteur. Ce qu'on appelait la méchanceté et la vanité blessée de l'académicien aspirant ferma beaucoup d'yeux sur l'art infini avec lequel était composé ce petit écrit. « Nulle part Courier n'a répandu avec plus » de bonheur les traits d'une satire à la fois bouffonne » et sérieuse, qui excite le rire en même temps qu'elle » soulève l'indignation et le mépris, telle qu'on l'admire » dans les immortelles *Provinciales*. » C'est le jugement

émis par Courier lui-même dans une courte notice sur
sa personne et sur ses écrits qui n'a point été publiée
sous son nom, mais dans laquelle il est impossible de le
méconnaître, et dont il serait ridicule de rougir ici pour
lui (1). S'il était possible de prendre ainsi sur le fait
tous ceux qui, dans les biographies et dans les journaux,
se sont chargés de parler d'eux-mêmes, et l'ont fait
avec quelque avantage pour leur réputation, l'histoire
littéraire de ce temps aurait à recueillir nombre de
plaisantes confidences d'amour-propre : tel n'est point
le caractère de la petite notice dont il est question ici.
Courier n'y a point changé sa manière si connue ; il n'a
probablement ni espéré ni désiré qu'on s'y trompât; et,
sans précautions oratoires, sans ambages, sans grimaces
de fausse modestie, il a dit de chacun de ses écrits,
bonnement, franchement, avec la plus naïve conviction, ce qu'il en pensait. Ce trait peint bien moins les
mœurs littéraires de l'époque qu'il ne peint Courier
lui-même. Le curieux n'est pas, en effet, à ce qu'il se
soit loué de sa propre plume, comme tant d'autres,
mais au peu de façon et de déguisement avec lequel il
s'est rendu ce petit témoignage d'une bonne conscience.

Après tout, qu'on ne s'y trompe pas : ces éloges sont,
littérairement parlant, l'exacte mesure de l'homme,
tel qu'on serait charmé de l'avoir de Corneille, de La
Fontaine, de Montesquieu, de Molière, si ces grands

---

(1) L'opinion de madame Courier et de quelques personnes qui ont
connu très particulièrement Courier est que cette notice n'est point de lui.
L'auteur de cet Essai a cru pouvoir, malgré des autorités si respectables,
persister dans l'opinion qu'il a émise ici.

écrivains avaient été capables de parler d'eux-mêmes
avec cette liberté ou plutôt cette ingénuité d'opinion.
N'est-ce point, par exemple, une bonne fortune de
trouver sur les *Lettres au censeur*, qui parurent en
1820, l'opinion de l'écrivain même qui nous ravit et
nous vengea par ces hardis opuscules?

« La petite collection des *Lettres au censeur*, dit Cou-
» rier, commença à populariser le nom de l'auteur.
» Jusque-là les éloquentes et courageuses dénonciations
» dont il avait poursuivi les magistrats iniques qui fai-
» saient peser leur despotisme sur la population timide
» et muette des campagnes n'avaient guère retenti au
» delà du département d'Indre-et-Loire. Il était l'écri-
» vain patriote de sa commune, de son canton; il
» n'était pas encore l'homme populaire de toute la
» France. Les *Lettres au censeur*, assez répandues, ré-
» vélèrent au public ce talent et ce courage nouveau
» d'un sincère ami du pays, dont l'esprit, élevé au-
» dessus de tous les préjugés, voit partout la vérité, la
» dit sans aucune crainte, et la dit de manière à la
» rendre accessible à tous, vulgaire, et, si l'on veut
» même, triviale et villageoise. Ajoutez à cela que,
» par un prodige tout à fait inouï, cet écrivain, qui
» semble ne chercher que le bon sens, s'exprime avec
» une pureté et une élégance de langage entièrement
» perdues de nos jours, et qui empreignent ses écrits
» d'un caractère inimitable. »

Tout le monde, assurément, aura reconnu ici la
plume du maître, et, s'il est impossible de rien ajouter
à cet éloge des *Lettres au censeur*, on conviendra aussi
qu'il n'y a rien à en ôter. C'est de ce même ton, avec

cette même absence de pruderie littéraire que la notice,
dont voilà maintenant l'anonyme assez dévoilé, continue l'histoire et l'examen des écrits du vigneron de la
Chavonnière. Elle est postérieure au *Pamphlet des
pamphlets*, et conséquemment le dernier écrit de Courier, comme s'il eût dû terminer sa carrière par ce rapide et glorieux coup d'œil jeté en arrière avec tant de
bonne foi. Il est bien impossible de ne pas s'aider de cette
curieuse pièce quand on l'a sous les yeux, et ce serait
faire au lecteur un véritable tort, que de ne pas laisser
parler Courier toutes les fois qu'on est de son avis sur
lui-même. On accepte bien un grand capitaine ou un
politique fameux pour historien de ses propres actions ;
on trouve même qu'il est trop peu de tels historiens ;
que le plus capable de faire de grandes choses, est aussi
le plus capable d'en bien parler. Pourquoi un grand
écrivain ne serait-il pas aussi quelquefois le meilleur
commentateur de ses propres ouvrages ? Courier, par
exemple, l'homme de son temps qui sut le mieux l'histoire de notre langue, le seul qui ait possédé le génie
particulier de chacun des âges de cette langue, quel serait aujourd'hui le critique compétent à le juger sur
toutes ses parties d'écrivain ? Boileau, le grand critique
du xviie siècle, n'osa point parler de La Fontaine ; Voltaire en déraisonna, et, jusqu'à ces derniers temps,
c'est-à-dire jusqu'à Paul-Louis Courier, le bonhomme,
dont Molière seul comprit la supériorité, n'avait peut-
être rencontré ni biographe, ni commentateur qui en
sût assez pour parler de lui.

Entre la dernière *Lettre au Censeur* et le *Simple discours* sur la souscription pour Chambord, il y eut un

immense progrès dans la réputation de Courier ; cependant le talent est le même dans ces deux opuscules. Tout
l'avantage du *Simple discours* est dans l'à-propos, aussi-
heureux que hardi, de ce fer chaud appliqué sur l'épaule
des courtisans, dans le temps même où ils s'agitaient
pour donner à un tribut imposé à la faiblesse de beaucoup de gens la couleur d'une amoureuse offrande nationale. Courier fut condamné pour cette brochure à
deux mois de prison et à trois cents francs d'amende.
On trouva qu'en disant tout haut : « Je ne souscrirai
point pour donner Chambord au duc de Bordeaux, »
il avait offensé la morale. « Or, le *Simple discours*, comme
» dit très bien le biographe anonyme, est un des plus
» éloquents plaidoyers qu'on ait jamais faits en faveur
» de la morale, non publique et telle qu'on l'émet dans
» nos lois, mais de la morale véritable, telle que les
» croyances populaires l'ont reconnue. » On ne s'étonnera point de voir ce mot d'éloquence appliqué à une
production en apparence toute simple et toute naïve. Le
vigneron de la Chavonnière semble ne parler qu'à des
paysans comme lui ; mais, tout en s'accommodant à leur
intelligence, il trouve le moyen de faire entendre, sur la
cour, sur les courtisans, sur les mœurs de l'ancien régime naturellement rappelées par Chambord, ce lieu
témoin de tant d'illustres débauches, des choses à faire
frémir les intéressés.

La brochure dans laquelle Courier rend compte de
son procès est elle-même un délicieux pamphlet. Quant
à l'admirable plaidoyer qui la termine, on ne pense pas
que Courier ait jamais sérieusement pensé à le réciter
en face de ses juges. Il avait montré trop d'émotion dans

les réponses, où il se peint d'une fermeté et d'une ironie
si imperturbables, pour être capable de l'assurance nécessaire au débit d'un pareil morceau. Il est probable
même que cette harangue étudiée, si belle à la lecture,
eût manqué son effet à l'audience ; on y eût trop reconnu les transports oratoires élaborés dans le cabinet.
Si la parole est souveraine, c'est quand l'enfantement
de la pensée est visible comme un spectacle ; c'est quand
un homme privilégié semble divulguer à toute une assemblée le secret de la plus haute des facultés humaines,
l'inspiration.

La veille du jour où expirait sa détention de deux
mois, Courier fut tiré de la prison de Sainte-Pélagie,
et conduit devant le tribunal pour un nouveau pamphlet,
la *Pétition pour des villageois qu'on empêche de danser*.
Il en fut quitte, cette fois, pour une simple réprimande ;
mais, reconnaissant, à ce second réquisitoire, qu'il lui
était désormais impossible de causer, comme il le disait, avec le gouvernement, par la voie de la presse légale, il eut recours à la presse clandestine. Son secret
fut si bien gardé, que ses meilleurs amis ne surent pas
comment il s'y prenait pour faire imprimer et répandre
ses nouvelles causeries, lesquelles se succédaient avec
une rapidité plus surprenante encore pour ceux qui
connaissaient la lenteur habituelle à Courier dans ses
compositions. Ainsi parurent, de 1822 à 1824, sans
être avouées de leur auteur, mais le faisant trop bien reconnaître, la *Première* et la *Deuxième réponse aux ano-
nymes*; l'une des deux admirable par le récit du forfait
de Maingrat, et par cette poétique et vivante peinture des
combats du jeune prêtre confessant la jeune fille qu'il

aime, enfin par ce continuel et si facile passage de la
simplicité villageoise la plus naïve, au pathétique le plus
déchirant et au raisonnement le plus rigoureux. Tout le
XVIIIe siècle a écrit contre les couvents d'hommes et de
femmes, contre les vœux de religion, contre la confes-
sion des jeunes filles par les jeunes prêtres. Si l'on en
excepte la profession de foi du vicaire savoyard de Jean-
Jacques, qu'a-t-on produit dans ce siècle de guerre em-
portée, qui fasse descendre dans les âmes la conviction
de l'abus, aussi bien que cette éloquente lettre où le
prêtre excusé, plaint en tant qu'homme, intéresse presque dans son irrésistible passion, comme victime de
cette robe qui n'empêche point le cœur de battre, mais
qui lui prescrit le mensonge, s'il est faible, le meurtre,
si la preuve vient qu'il a succombé ?

Le *Livret de Paul-Louis,* la *Gazette du village,* ces
croquis délicieux, ces comiques boutades d'un *ennemi
du gouvernement,* plus artiste et homme d'esprit que
factieux ; enfin, la *Pièce diplomatique,* supposition bien
hardie, sans doute, de ce qui pouvait se passer en 1823
au fond d'une âme royale quelque peu double et assez
mal dévote, précédèrent de très peu de temps le *Pamphlet des pamphlets,* qui fut le chant du cygne, comme
on l'a bien et tristement dit quelque part. « Cet ou-
» vrage, a dit Courier dans la notice anonyme, est, à
» proprement parler, la justification de tous les autres.
» L'auteur, qui toujours a su resserrer en quelques
» pages les vérités qu'il a voulu dire, s'attache à dé-
» montrer que le pamphlet est, de sa nature, la plus
» excellente sorte de livre, la seule vraiment populaire
» par sa brièveté même. Les gros ouvrages peuvent être

» bons pour les désœuvrés des salons ; le pamphlet s'a-
» dresse aux gens laborieux de qui les mains n'ont pas
» le loisir de feuilleter une centaine de pages. Cette
» thèse heureuse à la fois et ingénieuse est soutenue en
» une façon qu'on appellerait volontiers dramatique.
» L'opinion d'un libraire parisien est mise en face de
» celle d'un baronnet anglais; l'un prétend flétrir, l'autre
» glorifier l'auteur du titre de pamphlétaire ; et du dé-
» bat sortent une foule de ces bonnes vérités qui vont
» à leur adresse. » Voilà l'esquisse décolorée, ou, si l'on
veut, tout simplement la donnée du *Pamphlet des pamphlets*. Mais ici le biographe anonyme laisse trop à dire
sur ce magnifique discours dont la lecture doit rendre
à jamais déplorable la fin prématurée de Courier. Tout
ce qu'il avait produit jusque-là, parfait à beaucoup d'é-
gards, n'était point sans déplaire à quelques lecteurs
par le retour fréquent des mêmes formes, par le suranné
d'expressions qui montrent la recherche et n'ajoutent
point au sens, par le maniéré de cette naïveté villageoise
un peu trop ingénieuse, qui va se transformant à travers
les combinaisons de raisonnement les plus déliées, du
paysan au savant et du philosophe au soldat. En un mot,
l'art du monde le plus raffiné semblait embarrassé de
lui-même. Ce pamphlétaire, qui ne se gênait d'aucune
vérité périlleuse à dire, hésitait sur un mot, sur une vir-
gule, se montrait timide à toute façon de parler qui
n'était pas de la langue de ses auteurs. Le *Pamphlet
des pamphlets* montra le talent de Courier arrivé à ce
période de puissance où l'écrivain n'imite plus personne
et prétend servir d'exemple à son tour. On peut voir
dans sa correspondance avec madame Courier la con-

fiance lui venant avec ses succès. D'abord, il s'étonne,
il s'effraie presque de sa célébrité si rapide, il la comprend à peine. N'ayant eu jusque-là de l'esprit que pour
lui et pour quelques amis, il semble ne pouvoir se reconnaître dans l'écrivain qui fait la curiosité des salons
et que les feuilles publiques appellent le Rabelais de la
politique, le Montaigne du siècle, l'émule heureux de
Pascal. Mais, assez vite, il se rassure ; il s'habitue à sa
réputation ; il éprouve la sympathie universelle du public français pour un talent qu'il n'avait connu, lui, que
par le laborieux et pénible côté de la composition. A
mesure qu'il produit, on peut remarquer son allure plus
dégagée, plus libre, sa manière se séparant de plus en
plus de celle des écrivains auxquels on a pu d'abord le
comparer, jusqu'à ce qu'enfin elle soit tout à fait l'expression de l'originalité de son esprit et de la trempe un
peu sauvage de son caractère. Cet assouplissement gra-
duel est assez marqué depuis la *Lettre à M. Renouard*
jusqu'au *Simple discours ;* mais, depuis le *Simple discours*
jusqu'au *Pamphlet des pamphlets*, il l'est bien davantage. C'est là seulement que la lente formation de ce
talent de premier ordre, qui tout à l'heure va disparaître,
est accomplie. La maturité peut-être un peu factice des
premiers écrits de Courier a fait place à une maturité
réelle, dans laquelle la vigueur est alliée à la grâce, et
l'originalité la plus âpre au naturel le plus parfait. On
voit que ce lumineux et mordant génie a rencontré enfin
la langue qui convient à ses amères impressions sur les
hommes et les choses de son temps, et qu'il va marcher
armé de toutes pièces. Dans le *Pamphlet des pamphlets*,
ce n'est plus un villageois discourant savamment sur les

intérêts publics, c'est Paul-Louis se livrant avec une sorte d'enthousiasme au besoin de dire sa vocation de pamphlétaire, et de la venger des mépris d'une portion de la société. Il s'est mis en cause commune avec Socrate, Pascal, Cicéron, Francklin, Démosthènes, saint Paul, saint Basile; il s'est environné de ces grands hommes, comme d'une glorieuse milice d'apôtres de la liberté de penser, de publier, d'imprimer; il les montre pamphlétaires comme lui, faisant, chacun de son temps, contre une tyrannie ou contre l'autre, ce qu'il a fait du sien, lançant de petits écrits, attirant, prêchant, enseignant le peuple, malgré les plaisanteries de la cour, le blâme des honnêtes gens, la fureur des hypocrites et les réquisitoires du parquet; les uns allant en prison comme lui, les autres forcés d'avaler la ciguë ou mourant sous le fer de quelque ignoble soldat. Voilà le *Pamphlet des pamphlets*, morceau d'un entraînement irrésistible, et dont le style, d'un bout à l'autre en harmonie avec le mouvement de l'inspiration la plus capricieuse et la plus hardie, est peut-être ce que l'on peut citer dans notre langue de plus achevé comme goût et de plus merveilleux comme art.

On ne s'est point arrêté aux derniers travaux de Courier comme helléniste. Le plus important, sa traduction d'Hérodote, n'a point été achevé. Ce n'est guère ici le lieu de discuter le système dans lequel cette traduction a été commencée. Courier s'en est expliqué dans une préface qui n'a point mis tout le monde de son avis, mais qui a peut-être donné l'idée la plus complète des richesses littéraires silencieusement accumulées en lui pendant ses campagnes, ses voyages, ses séjours à Naples, à Rome, à Paris, et sa dernière retraite en Touraine. Ce n'est pas trop de dire qu'il avait encore toute une réputation à se faire comme critique.

Voilà l'écrivain que la France a perdu dans toute la vigueur de son talent, et la tête plus que jamais pleine de projets, le 10 avril 1825, atteint d'un coup de fusil à quelques pas de sa maison.

On verra qu'une année avant sa tragique fin, Courier se faisait dire dans son Livret : *Paul-Louis, les cagots te tueront.* Le procès auquel a donné lieu cette déplorable mort n'a point accusé les cagots ; aujourd'hui même encore on n'accuse personne. Quelques amis de Courier savent seulement que, devenu dans ses dernières années d'une humeur assez difficile, il n'était pas sans ennemis dans son voisinage..... Mais ce dont il est impossible de n'être pas vivement frappé, c'est le vague pressentiment de malheur qui règne dans la dernière partie du *Pamphlet des pamphlets.* Quelques lignes semblent être un confus adieu de Courier à la vie, à ses études favorites, à sa carrière déjà si glorieuse, un involontaire retour sur lui-même, et comme un touchant désaveu de ses préventions contre son temps. « Détournez de
» moi ce calice, dit-il, la ciguë est amère, et le monde
» se convertit assez sans que je m'en mêle, chétif ; je
» serai la mouche du coche, qui se passera bien de mon
» bourdonnement ; il va, mes chers amis, et ne cesse
» d'aller. Si sa marche nous paraît lente, c'est que nous
» vivons un instant ; mais que de chemin il a fait depuis
» cinq ou six siècles ! A cette heure, en plaine roulant,
» rien ne le peut plus arrêter. »

C'est parmi ces espérances d'un temps meilleur pour

la France et pour l'humanité, que l'ardent ennemi des
oppresseurs de grande et de petite taille semblait pressentir à la fois et la fin et l'inutilité prochaine de son
rôle de pamphlétaire ; il y a six ans de cela, et certes le
coche n'est point resté depuis lors immobile. Hier il
avançait, aujourd'hui il recule (1). C'est toujours la lutte
des passions et des ineptes fantaisies de quelques débris
d'ancien régime contre les résultats de la Révolution.
Assurés de vaincre un jour, mais pressés d'en finir, qui
de nous n'a point senti cruellement dans ces derniers
temps l'absence de Paul-Louis Courier? Combien de
fois ne s'est-on pas surpris à penser qu'en tel acte arbitraire ou honteux, le pouvoir qui se riait des attaques
concertées de cent journaux, eût tremblé à l'idée de
rencontrer la petite feuille du pamphlétaire? Non, Courier n'est point oublié et ne le sera point. La place qu'il
occupa dans nos rangs demeurera vide jusqu'à la fin du
combat. Mais, avant de rencontrer sa destinée, il a du
moins gravé sur l'airain tous les sentiments qui lui furent communs avec nous et qui absoudraient cette génération, si jamais elle était accusée d'avoir été muette
spectatrice de toutes les hontes de la France depuis
quinze ans.

(1) C'était l'époque du ministère Polignac, et le fort de la grande lutte
qui s'est terminée par la révolution de juillet.

Funérailles de M. Alphonse Rabbe.

[Alphonse Rabbe était regardé, parmi la jeunesse libérale,
comme un de ceux qui, par le talent, le caractère et l'ardeur, étaient appelés au premier rang. Mais, dans le cours
de ces espérances, une maladie qui le défigura lui ôta tout
désir de travailler, de se faire une place, et finalement de
vivre.]

Les funérailles de M. Alphonse Rabbe ont eu lieu
aujourd'hui à trois heures. Des écrivains, des membres
du barreau de Paris, des artistes, formaient le convoi.
Cet écrivain si supérieur à sa réputation pour tous
ceux qui l'ont connu, cet homme si intéressant par les
circonstances qui condamnaient à l'obscurité ce qu'il y
avait de véritablement rare en lui, a succombé hier
matin à une maladie qui durait depuis quatre mois. Il
était âgé de quarante-trois ans. Il était entré dans le
monde à la suite de brillantes études, avec un esprit
remuant, un caractère intrépide, des passions vives,
une belle figure, de l'esprit, du cœur, un geste mâle et
parlant, une éloquence noble, hardie, entraînante. Il
avait à peine vingt-six ans lorsque l'avenir que lui pro-
mettaient tant d'avantages naturels se ferma pour lui
sans retour. Il fut atteint d'une horrible maladie dont
il ne sortit, au bout de deux ans, que défiguré, mutilé,
rendu presque méconnaissable. Ainsi affligé, il lui fallut
vivre après avoir vainement désiré et plusieurs fois tenté
de mourir; mais vivre retiré et presque caché, lui dont
le besoin le plus impérieux était de communiquer avec

les hommes et d'en être écouté, aimé, applaudi! La maladie avait encore eu pour effet de ruiner entièrement sa fortune; il lui fallut écrire pour exister. Vivant en grande partie séparé des affaires courantes, sans intérêt et presque sans espoir personnel dans nos luttes, il ne fit guère en politique que d'éloquents hors-d'œuvre. Il écrivit deux livres d'histoire, des abrégés, des résumés, genre qui ne convenait à aucun talent moins qu'au sien. Ce ne furent que des compilations faites avec hâte et fatigue, et dans lesquelles étaient jetées çà et là des pages éloquentes, expression de ses misanthropiques douleurs. Comme tous les hommes dévoués à un extrême malheur, il voyait, il enviait malgré lui des heureux dans tous ceux que le sort avait moins maltraités que lui. Il avait vu successivement tous les hommes de son âge s'avancer en réputation, en situation, en bien-être, suivant les progrès naturels de la vie; et lui, immobile dans la sienne, volontairement exilé des sociétés où le talent est deviné, encouragé, poussé, récompensé, il se regardait trop facilement comme délaissé par ceux qu'à la longue il lui fallait perdre de vue. On pouvait déplorer en lui cette disposition injuste et trop cruellement expliquée par une solitude flétrie et souffrante. Mais, bon, aimant, généreux, il était toujours prêt à recommencer la vie, à se reprendre à toutes sortes d'illusions avec le premier jeune homme que le hasard lui faisait rencontrer, et qui annonçait quelque avenir. Combien d'écrivains, aujourd'hui aimés du public, peuvent se souvenir d'avoir reçu de notre infortuné Rabbe les premiers applaudissements qui leur aient fait sentir leur vocation! Combien il en

est dont le nom a paru, pour la première fois, dans
quelqu'une de ces chaudes et vives recommandations
auxquelles sa plume était toujours préparée ! Il avait
renoncé, pour son compte, à la réputation dont il lui
était si douloureux de se sentir digne. La plus douce
récompense du talent, celle qui se recueille au sein d'un
monde brillant, et que dans son langage figuré il appelait la gloire argent comptant, devant toujours lui manquer, il n'y avait point de prix équivalent à ses yeux. Il
eût fallu, pour obtenir de plus tardifs et peut-être de
plus solides applaudissements, qu'il fît violence à sa
nature, qu'il changeât la direction de ses facultés, qu'il
se renfermât dans la méditation, lui qui était un homme
d'expansion, de dehors et de premier mouvement. Ce
pouvoir, dont peu d'hommes sont capables, ne lui avait
pas été donné. « Je ne suis, disait-il peu de jours avant de
mourir, je ne suis depuis bien des années qu'un sur-
numéraire dans la vie, qu'un débris d'homme ; je par-
tirai sans avoir rien fait : heureux si quelques amis ont
su ce que je pouvais faire ! » Mais, pour tous ceux qui
l'ont fréquenté, pour tous ceux qui l'ont entendu, ne
fût-ce qu'une fois, il n'y eut jamais de débris plus
noble et plus regrettable. Quand il parlait de lui, de sa
vie, quand il peignait ses impressions, ses souffrances,
quand il racontait ce qu'il avait appris ou vu, il était
admirable. Alors son langage si abondant et si riche, sa
diction si virile et si noblement accentuée, sa panto-
mime si spontanée, si heureuse, tout, jusqu'à sa physionomie dévastée, était expression, mouvement, peinture, entraînement. Il était rare qu'on ne lui dît point :
« Mais écrivez ce que vous venez de dire, peignez-vous

vous-même, vous serez le plus singulier et le plus émou-
vant des écrivains de ce temps. »

L'agonie de quatre jours qui a terminé sa vie ne lui
a laissé aucun moment dont ses amis aient pu profiter
pour savoir s'il avait destiné quelque écrit à paraître
après lui; mais on connaissait de lui quelques morceaux
inédits dans lesquels il se retrouvera tout entier, et dont
on ne peut que désirer vivement la publication.

(*National*, 3 janvier 1830.)

Histoire de France depuis la Restauration,

par M. LACRETELLE.

Premier article.

La valeur historique du mot restauration n'est pas
encore bien fixée pour nous. La restauration, à proprement parler, n'est qu'un fait, un événement, la
chute du pouvoir impérial, le rétablissement condi-
tionnel de la monarchie; c'est le premier jour de la
période historique dans laquelle nous vivons à cette
heure. Cependant il est reçu d'appeler restauration la
portion déjà parcourue de cette période. L'intérêt ancien, qui, en 1814, reparut au milieu des intérêts nouveaux, n'a cessé de prévaloir contre eux depuis lors.
Il a dominé l'administration intérieure, conduit les relations du dehors, absorbé en partie l'impôt, dicté les
conceptions législatives sur lesquelles une représentation nationale, à moitié fictive, a été appelée à délibé-

rer. Ces quinze années, en un mot, n'ont paru que
comme la continuation forcée, le développement, sous
toutes sortes de formes, du fait primitif que nous appelons restauration. Ainsi, l'acception du mot est
double; c'est à la fois une date et un système politique.

En Angleterre, les historiens appellent restauration,
non le débarquement du fils de Charles Ier à Douvres,
mais l'humiliant ensemble des deux règnes de Charles II et de Jacques II. C'était le temps où une fatale
succession de mauvais conseillers poussait la couronne
d'Angleterre à entraver, à dénaturer, à suspendre des
institutions qu'une première révolution avait proclamées victorieuses. S'il s'est passé chez nous, depuis
1814, quelque chose de semblable; si nous avons vu
le pouvoir presque constamment livré à des combinaisons réparatrices, que nous appelions, nous, bien plus
justement, rétrogrades; si nous avons dû reconnaître,
sous prétexte de fermer les plaies de la révolution, le
dessein formé d'en détruire les résultats, du moins la
série des essais de contre-révolution n'est pas close; le
combat dure encore, et notre restauration n'appartient
pas à l'histoire au même titre que celle des Anglais.

M. Lacretelle s'est donc trompé, suivant nous, en
croyant déjà pouvoir faire l'histoire du gouvernement
de la restauration. Ce sujet sera beau, mais quand le
temps l'aura complété, quand une lutte décisive l'aura
revêtu de ces grandes et instructives moralités qui
n'entrent dans une infinité d'esprits que par l'impression du bon ou du mauvais succès. On ne connaît bien
les choses d'une époque que quand on peut les em-

brasser d'ensemble, et les juger. L'histoire qui se
traîne en captive à la suite des événements, obligée
d'en recevoir la loi, n'instruira point l'avenir, et les
contemporains l'auront à peine distinguée au milieu du
combat qui forme la matière historique elle-même.

Quant à l'événement qui porte le nom de restauration, on y voit bien plutôt la vaste domination qui
tombe et s'abîme, que le pouvoir qui renaît et prend
une place vide. C'est le démenti donné à une révolution qui s'était proclamée européenne, et ne pouvait
être encore que française. La restauration n'est que le
dénouement imprévu du grand drame militaire commencé à l'insurrection russo-germanique, élan soudain
de tant de peuples qui n'obtinrent pas ce qu'ils voulaient pour eux et ne connurent point ce qu'ils nous
apportaient à nous. On ne pensait pas aux princes de
la maison de Bourbon, quand on quitta les bords du
Niémen, du Danube, de l'Elbe, de la Sprée, pour se
mettre à la poursuite des débris, blessés et malades,
affamés, de notre dernière armée conquérante. Mais
ce qui n'était pas l'objet de cette prise d'armes européenne en fut l'accident, le résultat indifférent aux
étrangers vainqueurs, presque incroyable pour nous
vaincus. Il n'y a donc absolument d'autre histoire de la
restauration que celle de la décadence et de la chute
de l'empire français.

Cependant, on ne nous donne aujourd'hui la restauration que comme reprenant, avec une charte volontairement concédée, l'ancien régime au point où
notre révolution abattit la royauté. Cela s'appelle re-
nouer la chaîne des temps, comme s'il n'y avait plus,

entre le 10 août 1792 et le 1ᵉʳ avril 1814, qu'une sorte
de vide historique. L'absence du pouvoir le plus légitime annule-t-elle les grandes choses auxquelles s'est
employée une majorité nationale, rebelle si l'on veut,
mais immense? Et du moment où ce pouvoir ancien
est revenu, n'y a-t-il plus à parler ni des prodigieux
événements qui prolongèrent son exil, ni des calamités
inouïes qui lui rouvrirent notre France? Cinq cent
mille cadavres de nos concitoyens, semés depuis le
Kremlin jusqu'aux Tuileries, ont bien quelque droit à
un regard de l'historien de la restauration : il faut
compter avec tout ce sang, et nous dire quel en a été
le prix. Passe donc, dans des discours, d'apparat ce
renoncement de tout souvenir, brillant ou triste, qui
n'appartient qu'à nous, Français de la révolution, à
nous jeunes et vieux citoyens, qui n'émigrâmes point,
qui n'obtînmes point l'indemnité de la fidélité voya-
geuse. Mais l'histoire est dispensée de ces mensongères
convenances ; c'est pour cela qu'il ne la faut jamais
faire parler avant le temps.

Un rétablissement de dynastie ne recommence pas,
ne renouvelle pas toutes choses dans un pays comme
la France. Il ne fait pas retourner en arrière un grand
mouvement de civilisation. Il détruit des emblèmes,
il efface des écussons, des chiffres, des inscriptions,
mais il n'efface pas un jour, un fait, un nom dans
le passé. Il tient à ce passé, il en dépend, il en dérive,
il le continue forcément. La restauration, tout hostile
qu'elle a pu être à quelques-uns des résultats de la
révolution, est donc encore plus maîtrisée par les réa-
lités de celle-ci, qu'elle ne l'est par les regrets de l'an-

cien régime. Ce qu'elle voudrait reprendre et suivre, elle est obligée, à la fin de chaque lutte nouvelle, de le sacrifier à ce qu'elle continue par nécessité de succession. Ainsi la révolution et l'empire nous ont fait ce que nous sommes; pas un jour n'en a été perdu pour le temps où nous vivons. Tout a servi au triomphe incomplet, mais suffisant, de la cause nationale, et les sombres passions qui élevèrent un temple à la terreur, et l'ambition sans frein qui parcourut et sillonna l'Europe entière, et cette absolue obéissance qui opposa, pendant quinze ans, à l'Europe un dictateur à cheval. Accepter avec courage tout ce que les ennemis de la révolution lui reprochent, c'est s'emparer noblement et légitimement de tout ce que ces mêmes ennemis lui envient avec impuissance.

La liberté n'a été qu'à la condition des fureurs; nécessité triste, mais que nul homme de bonne foi ne conteste plus. Quant à la gloire, elle n'a pas légué seulement des souvenirs, mais une vaste puissance d'opinion. Nous lui devons de n'avoir pas été traités comme les révolutionnaires des deux péninsules. C'est parce que nous nous sommes montrés capables de toutes les extrémités du désespoir; c'est parce que nous fîmes preuve d'une portée d'activité, d'audace et de génie militaire incalculable; c'est parce que nous eûmes des soldats qui se firent rois après qu'on nous eut forcés à recourir aux armes pour obtenir d'être reconnus citoyens, qu'à la première blessure qui nous mit hors de combat, on se hâta de nous présenter la liberté écrite, une constitution telle quelle, plutôt encore comme un frein que comme un gage. Voilà l'origine tant contestée de la charte.

Ainsi, nous ne répudions point l'empire. Nous profitons de ses guerres; nous sommes régis en grande partie par ses institutions. Les lois existaient. Il n'y a eu de renversé que le pouvoir qui, ayant fait de bonnes lois, restait placé au-dessus d'elles. La France doit immensément à l'homme qui était tout dans ce temps. Elle a pu se séparer de lui sans ingratitude; elle n'avait été ni insensée ni lâche en consentant à lui obéir. Le 18 brumaire avait vu commencer, non la servitude, mais l'enchantement de tous les esprits. Cette surprise dura tant qu'il plut à la fortune de faire croire que Bonaparte obéissait aux inspirations de la prédestination la plus absolue, la plus irrésistible. Il avait trouvé, quand il sortit de la foule, des armées épuisées d'enthousiasme et de consistance physique; un gouvernement qui n'avait plus ni considération, ni argent, ni projet; une révolution, il faut le dire, qui, à moitié vaincue, à moitié trahie, commençait à désespérer d'elle-même. Ce n'est rien d'avoir raison, si la fortune ne s'en mêle un peu, et la fortune nous vint avec Bonaparte. Sous le comité de salut public, la révolution avait été terrible à l'ennemi; mais, forcée dans ses joies et secrètement troublée dans ses inhumaines extrémités, elle se sentit belle et pure, elle crut avoir réalisé les illusions de ses premiers beaux jours, quand Bonaparte l'eut parée de ses mains de vainqueur. Tant qu'il n'avait été que général, la France avait vécu de ses conquêtes, le gouvernement de ses idées. Sa capa-

cité, supérieure à son ambition même, voulut enfin
qu'il fût à la fois le chef de l'état et des armées. Il fut
empereur dès qu'il fut consul. Tout ce qui constitue
l'ordre dans une société avait été détruit comme ty-
rannique et vieux. C'eût été le travail des siècles de
tout revoir par la voie constitutionnelle de l'examen
public. Il ne mit point aux voix la reconstruction générale, il la commanda et fit bien. Ce n'était qu'un
militaire, il ne savait pas tout ; mais il écouta le pour
et le contre des choses, et décida seul, quelquefois avec
préjugé, presque toujours avec les lumières de son
temps, la netteté et la décision qui lui étaient propres,
jamais contre sa conscience. Sa conscience, c'était celle
d'un grand homme qui veut faire des choses durables,
c'est la meilleure qu'on puisse apporter en politique.
Mais comme cet homme ne prenait conseil que de lui,
et qu'il avait une imagination égale à sa merveilleuse
sagacité, il se trompa ; il fit des fautes énormes, de ces
fautes qui n'appartiennent qu'aux hommes capables
des plus grandes choses. Il eut raison de croire que le
vieux droit politique de l'Europe n'admettrait jamais
sincèrement la Révolution française, même sous les
formes impériales ; que dans toute paix il y aurait
le germe d'une nouvelle guerre ; que, tant qu'il y aurait en Europe des hommes pour faire des soldats et
de l'argent pour les payer, ce serait toujours nouvelle
coalition, nouvelle nécessité de guerre ; mais son imagination le trompa lorsqu'elle lui fit croire qu'il pouvait surmonter tant d'obstacles en s'emparant de l'Europe, en réduisant l'Angleterre à un rocher, en la
forçant à mourir de faim sur des monceaux d'or et de

denrées coloniales. Il n'était pas le premier qui eût dit que la révolution ne pouvait se défendre que par des conquêtes; mais il se trouva le seul homme assez fort pour pousser cette nécessité jusqu'à ses dernières conséquences. C'était la dette léguée à l'empire par la révolution, dette de sang qui, comme la dette financière de l'ancien régime, ne pouvait finir que par la banqueroute; et la banqueroute vint en 1814, quand il n'y eut plus de conscrits à opposer aux coalitions. Alors il fallut abandonner l'homme qui s'était fait le représentant, le responsable unique de la révolution. Il fallut que ce Curtius se précipitât tout armé dans le gouffre, et, pour dernier titre à la reconnaissance des Français, il n'hésita point à se perdre.

(*National*, 24 janvier 1830.)

Deuxième article.

En 1814, il fallait qu'un événement quelconque séparât la France de Bonaparte. L'Europe et la France avaient été mises sous un joug commun. L'Europe s'était insurgée; il n'y avait pour elle de victoire complète qu'à la condition de vouloir la liberté, pour nous comme pour elle. L'Europe et la France étaient épuisées d'hommes. L'esprit militaire, qui avait rangé derrière les vieilles bandes françaises d'Austerlitz, de volontaires légions d'Italiens, de Suédois, de Polonais, de Saxons, avait été noyé dans les flots de la Bérézina et de l'Elster. La raison semblait être revenue aux cabinets qui avaient poussé à bout l'énergie désordonnée de la nation française. Une voix unanime, une lumière victorieuse de tous les ressentiments, montraient la querelle de 89 comme finie, et les plans gigantesques de Bonaparte comme pouvant seuls la prolonger indéfiniment. Qui de nous ne se rappelle avoir entendu et tenu peut-être ce langage à l'époque des revers si tristes, si constants de 1813, quand les nouvelles de défections en plein combat, de batailles perdues, ou de victoires sans résultats possibles, de morts illustres et irréparables, de fleuves franchis sur nos propres ponts, de villes prises et non défendues, venaient battre coup sur coup les plus fortes âmes? L'imagination, qui pousse si loin dans les bons succès, qui précipite si bas dans les mauvais, était alors contre nous. Le canon grondait encore loin de nos frontières, que chacun songeait déjà à ses foyers envahis, non plus comme en 92, pour les défendre ; mais, comme cela devait être en 1814, après quinze ans de mort politique, pour les préserver, les racheter à quelque prix que ce fût. Ce n'était que gémissements de mères qui avaient perdu deux, trois fils à la guerre, et qui disputaient à un sous-préfet le dernier ; que plaintes de gens ruinés et tyrannisés ; que résistances de pères, qu'on voulait faire contribuer une troisième, une quatrième fois, pour sauver le même fils. Puis, à mesure que l'ennemi approchait, c'était le sinistre silence, ou les paroles amères et désespérantes des vieux militaires qui revenaient mutilés ; c'était le déchirant spectacle de soldats enfants qu'on voyait mourir, sur d'ignobles charrettes, de misère, de froid, de blessures qui souvent, après quinze jours, attendaient un premier appareil. Où étaient alors les hommes qui pensaient,

comme en 92, qu'il fallût tout sacrifier à la défense du
sol? Notre bonne foi ne craint pas d'en convenir : il n'y
en avait point ou presque point. C'eût été alors une
vertu condamnée par la marche des choses. Ce beau
sentiment des premières années de notre révolution,
tout perdre plutôt que d'être envahis, n'était plus que
dans les rangs de l'armée, et, là-même, il avait changé
de caractère, il était rare. On ne le retrouvait plus que
dans l'instinct demi-sauvage des vieux soldats endurcis
aux émotions de la guerre, et, depuis longues années,
faits à l'idée qu'il n'y avait plus rien pour eux, quand
ils auraient enterré leur aigle. C'était encore l'aventu-
reux entraînement d'une moyenne classe d'officiers,
élite de la génération militaire sortie de nos écoles, génération qui voulait, à son tour, parvenir jusqu'à la
tente de l'empereur, et pour laquelle Bonaparte, à
bout de génie, Bonaparte, en deuil de ses premiers et
chers compagnons d'armes, de ceux qu'il s'était plu à
parer de beaux noms, et qu'il avait crus nécessaires à
sa fortune, n'éprouvait pas de sympathie et ne pouvait
plus se rajeunir. Qant à ceux dont la carrière était faite,
ils savaient trop combien il leur était facile, à tout
événement, de faire leur paix, et ils le firent bien voir.

La France donc n'était plus impériale ; elle n'avait
pas bien clairement conscience de l'état meilleur qui
pouvait succéder ; mais elle éprouvait le besoin de se
recueillir, de se renfermer dans de raisonnables limites
territoriales. Son commerce, son industrie, ses arts, sa
pensée même avaient grandi à l'ombre du despotisme.
Ce despotisme avait rempli sa mission : il avait fondu
la révolution dans la vie civile ; il avait préparé, rap-

proché, échauffé tous les éléments d'une vie politique.
Il n'y manquait plus qu'une étincelle de liberté; mais
il ne fallait pas s'attendre à la voir jaillir du sceptre
impérial. Le rôle de Bonaparte était fini. Il le savait
bien, lorsqu'aux derniers jours de son règne, supplié,
par quelques serviteurs dévoués, de songer à son fils,
de travailler pour que ce fils le remplaçàt, il répondit
ce mot profond : « Je ne me remplacerais pas moi-
même. »

Comme on voit, nous ne dissimulons pas les cruelles
extrémités, les dispositions réelles de la France, au
moment où six cent mille hommes menacèrent pour la
première fois sa capitale. Nous ne disons pas que Bonaparte eût vaincu, s'il n'eût été trahi, parce que les défections ont eu plus d'éclat par le déshonneur de certains hommes, que par le profit qu'en put tirer l'ennemi.
Nous ne peignons pas encore frémissante, encore belli-
queuse, une nation qui n'avait plus de volonté énergique
que pour la paix, et qu'on vit s'emparer si impétueuse-
ment de cette paix, à peine déterminée par la reddition
de Paris. On flatte un homme ; mais on ne flatte pas un
peuple ; on ne se trompe pas soi-même. Ainsi nous ne
voulons pas paraître avoir oublié les applaudissements
qui accueillirent sur nos places publiques, dans nos
palais, dans nos théâtres, comme autant de libérateurs,
ces rois, ces généraux qui nous avaient vaincus, et venaient réduire la France à des limites indignes d'elle. Il
est trop vrai que nous ne montràmes point un profond
sentiment de notre malheur; qu'au lieu de la doulou-
reuse réserve avec laquelle il eût convenu de recevoir
un ennemi qu'on n'avait, ni pu, ni voulu, ni peut-être

dû combattre à outrance, on ne songea qu'à faire admirer les graces de l'hospitalité française; qu'enfin, la
vanité nationale trouva son compte à bien faire les honneurs d'un pays qui n'avait plus, pour se défendre, les
toutes-puissantes passions de 93. Mais il a bien fallu
payer, par quelques inconséquences, cette mobilité
d'imagination, cette vivacité d'esprit, cette obéissance
aux premières impressions qui, tout-à-l'heure, nous
avaient fait faire de si grandes choses.

Telles ont été, de notre côté, les circonstances de la
restauration, et certes nous ne les faisons pas brillantes.
Voilà où nous en étions, comprimés par l'empire et séparés de lui, lorsqu'une voix s'éleva du milieu de nous,
qui nous rappela une infortune plus ancienne, plus
méritée, plus flétrie, plus désespérée que la nôtre. On
nous invitait à mettre en commun des disgrâces qui pouvaient se relever l'une par l'autre : la vieille monarchie
sanctionnerait la révolution, se rajeunirait en s'alliant à
elle, et, en retour, serait réhabilitée, dotée de tout ce
que la France avait acquis de gloire et fait de progrès
depuis vingt-cinq ans; l'inviolabilité du prince serait
désormais garantie par la liberté des sujets, et cette
liberté serait posée comme un fait, comme une vérité
démontrée. L'alliance était avantageuse de part et
d'autre. Tout bien examiné, il ne paraissait pas que nous
pussions sortir plus honorablement ni plus promptement
d'embarras, mais il fallait quelque précision dans les
termes du contrat. Malheureusement, on traite vite entre
mauvaises positions; on promet tout, on est pressé de
conclure, et puis après on s'accorde comme on peut.
C'est là ce qui est arrivé quand un prince, heureux de

revoir le sol français, jetait, en reparaissant au milieu
de nous ces mots imprudents : « Plus de conscription !
plus d'impôts ! plus de guerre ! plus de droits réunis ! »
et qu'une multitude transportée répondait par des acclamations royalistes trop oublieuses d'une liberté pour
laquelle on avait versé tant de sang. On ne devait pas
tarder à reconnaître, d'un côté, qu'on ne gouverne pas,
sans impôts, sans armées, sans possibilités de guerre ; de
l'autre, qu'il n'y a point de royauté acceptable sans
liberté. Dès lors on a voulu revenir aux conventions,
mais il n'était plus temps. Suivant les dépositaires du
nouveau pouvoir royal, le monarque restauré n'avait pu
parler que comme allié de la coalition, comme étant
lui-même un des rois victorieux ; il n'avait point du
tout reconnu la liberté comme chose acquise et existante
de soi ; mais, au contraire, nous avions consenti, nous,
à ne posséder cette liberté que comme émanation volontaire de l'antique couronne de France. Depuis quinze
ans, nous protestons contre cette doctrine, non que, la
liberté une fois posée, il importe tant de savoir d'où elle
vient, mais parce que la liberté n'est liberté, qu'à
la condition que personne ne la puisse retirer ou suspendre. C'est l'éternité de sa durée que l'on veut, et non
la pureté spéculative de son origine. Ce n'est pas une
satisfaction de vanité, c'est une sûreté que l'on cherche ;
et, du moment où la royauté s'empare de l'origine du
pacte, il faut que nous nous inquiétions, nous, de sa
durée. Toutes les contestations entre nous et vingt ministères, dont pas un n'a pu satisfaire en même temps le
roi et le pays, peuvent être facilement ramenées à cette
expression simple.

Cependant tout le monde, en France, n'a pas été coupable d'une égale imprévoyance. On avait bien pensé quelque part à des stipulations, lorsque l'ancienne et la nouvelle France se précipitaient un peu follement dans les bras l'une de l'autre. Quelques hommes avaient eu le droit de parler en notre nom, de faire savoir les conditions de la France, dans le temps que, n'étant plus à Bonaparte, nous n'étions pas encore aux Bourbons. Malheureusement, ces hommes, qui avaient à préparer un nouvel état de choses, étaient obligés, en même temps, de se déclarer contre l'empire avec une énergie qui pouvait passer pour de la trahison et de l'ingratitude. On n'a vu que cette dernière partie de leur conduite. On s'est aisément persuadé, en recouvrant un peu de force, qu'on n'avait point été dans un état de faiblesse qui commandât le recours à de tels moyens de salut, qu'on ne s'était point trouvé dans l'absolue nécessité de sacrifier la gloire de Bonaparte au besoin de la paix. Les peuples, comme les individus, ne manquent jamais de parler ainsi quand le danger qui les a trouvés faibles ou non préparés est passé. Malheur alors à qui s'est offert pour appliquer à la situation son unique et triste remède ! C'est là tout à fait le cas du gouvernement provisoire et des corps politiques qui tâchèrent, en 1814, de ménager la transition entre les deux régimes. Leur conduite n'a paru, aux uns qu'une révolte contre l'empire, aux autres qu'une tentative d'usurpation contre la royauté.

Le gouvernement provisoire de 1814, c'était l'empire moins l'empereur, c'est-à-dire moins celui des trois pouvoirs qui avait forcé le rôle des deux autres, qui tout

récemment avait étouffé l'opposition du sénat et brisé
violemment celle du corps législatif. Ce pouvoir, ayant
rompu l'équilibre par ses envahissements, et tombant par
l'effet des guerres extérieures qu'il avait voulues seul,
n'entraînait pas par sa chute celle des deux autres.
Ceux-ci, au contraire, recouvraient leur indépendance,
leur libre et légitime action. Si, après la prise de Paris,
ils eussent disposé d'une force matérielle capable d'appuyer leurs résolutions, la restauration n'eût été que le
gouvernement provisoire de 1814, plus l'ancienne royauté
convenablement modifiée et adaptée à la constitution
comme troisième pouvoir. Le gouvernement provisoire
ne fut pas compris ainsi dans la nation, parce qu'il eut
une existence trop courte, parce que l'attention publique était détournée de lui par l'effroi de la guerre, par
l'attente de la paix, seul vœu, seule passion du moment. Ce ne fut qu'un pont entre les deux régimes. Au
lieu de cela, ce devait être la souveraine autorité prononçant sur l'illégitimité de l'un et la légitimité de
l'autre, un organe extraordinaire de la volonté nationale, comme cette fameuse convention anglaise qui fit
abdiquer Jacques II et conféra à Guillaume III son
droit à la couronne. Mais, à cette époque, la France
voulait jouir de la paix, et peu lui importait la régularité de la transition. Un maître trop dur tombait
chargé d'imprécations; de nouveaux maîtres venaient:
on se contentait de les savoir d'un caractère doux. Rien
n'était plus facile à l'ancienne royauté que de s'autoriser
de cette imprévoyance populaire pour ne pas tenir
compte des demandes de deux corps qui représentaient
les intérêts, les sentiments, l'expérience de la révolu-

tion, pour se faire à elle-même sa part, et conséquemment la faire plus considérable. Mais, aujourd'hui que
la masse de la nation, habituée à la paix, se souvient à
peine de la situation où la guerre l'avait mise; aujour-
d'hui qu'il faut à son bien-être une liberté franche et
complète, il n'est plus si commode d'avoir affaire à
elle. Par charte octroyée, elle entend charte révocable,
et elle ne sera satisfaite, elle ne retrouvera la sécurité
nécessaire à ses travaux que quand elle verra ses droits
mis à l'abri de toute atteinte. Or on serait aujourd'hui
délivré des craintes que peuvent inspirer des opinions
alarmées, si les assemblées qui crurent pouvoir parler
au nom de la France eussent été écoutées.

M. Lacretelle, dont nous nous sommes peu occupé
jusqu'ici, parce que son tableau de l'empire n'est guère
qu'une assez chaleureuse mais assez vide répétition de
tout ce qui a été dit contre l'ambition et l'opiniâtreté
de Bonaparte, exprime, à propos des événements de la
première quinzaine d'avril 1814, une opinion remarquable. Il est le premier écrivain chez qui nous la ren-
contrions. « L'usage que l'on parvint, dit-il,' à faire
» d'une machine aussi usée que le sénat est un chef-
» d'œuvre d'habileté, de prestesse et de vigueur. La
» nation se trouva consultée par une fiction légale;
» elle ne recevait point un joug. Les Bourbons étaient
» demandés, et non imposés. » Entièrement de l'avis
de M. Lacretelle sur l'habileté qui fut montrée alors,
nous voulons de plus que cette habileté n'ait point été
sans fruit. En effet, elle a produit des actes du caractère officiel le plus élevé; ces actes restent; ils ont pu
être contredits par ceux du régime qui a suivi, mais on

n'a jamais osé en proposer l'annulation formelle. C'est
à eux qu'il faut demander la solution historique de cette
question décisive : La liberté a-t-elle été rapportée ou
reconnue? La charte a-t-elle été octroyée ou exigée?
Nous y reviendrons (1). Il y a là une page d'histoire fort
importante et fort peu connue.

(National, 30 janvier 1830.)

George Tierney.

[L'histoire de l'Angleterre avait toujours captivé Carrel ; il s'y
est essayé dans des biographies de quelques personnages
anglais.]

George Tierney, dont les journaux anglais ont an-
noncé la mort il y a peu de jours, a laissé une renommée
parlementaire à laquelle il n'est pas permis à notre pays
de se montrer indifférent. Il a été l'un des généreux et
constants amis qui défendirent notre révolution dans ce
même parlement britannique où les anathèmes de l'é-
migration retentirent si longtemps contre elle ; et, ce
qui rend cette mort plus remarquable, il était le dernier
homme vivant de cette fameuse opposition qui ne sé-
para jamais ses vœux des nôtres, quelles que fussent
les extrémités auxquelles nous poussaient les provocations de l'Europe liguée. George Tierney était né en 1756.
L'opinion commune place à Dublin sa naissance. Son
père était cependant établi à Londres, où il exerçait un
riche commerce. Tierney fut destiné au barreau ; il y
parut avec des avantages naturels qui devaient tout à
fait l'attacher à cette carrière ; mais un mariage brillant

(1) Voy., p. 243, l'article sur les *Mémoires de Bourrienne.*

l'en détourna, et lui inspira l'ambition des succès politiques. C'était vers l'année 1788 ; Pitt était déjà ministre depuis cinq ans, et avait triomphé de difficultés
parlementaires qu'aucun homme d'État n'avait rencontrées avant lui. Il avait depuis peu tranché, avec la
décision qui lui valut tant de succès, cette question de
réforme dans le gouvernement de la Compagnie des
Indes, contre laquelle le court ministère de Fox s'était
venu briser. Tierney prit cette question pour sujet de
son premier essai. Il publia, sous le titre *Situation réelle
de la Compagnie des Indes comparée à ses droits et à
ses priviléges*, un pamphlet qui fut très remarqué : c'é-
tait un violent démenti donné aux assertions du ministre
sur l'état de la Compagnie. Désormais, le choix était
fait pour Tierney entre le ministère et l'opposition.
Mais en Angleterre, où l'on arrive, à tout âge, à la
Chambre basse, c'est là qu'il faut absolument se présenter ; la presse appartient à tout le monde, et ne sert
que bien lentement les ambitions politiques. Tierney
consentit donc à se présenter comme candidat de l'opposition à Colchester, sous les auspices d'un noble duc
qui s'engageait à le faire élire. Ce fut le candidat ministériel qui l'emporta, après un débat des plus vifs. Tierney avait dépensé 12,000 liv. sterl. pour son élection,
et, n'ayant pas réussi, il voulut être remboursé par son
noble patron, ce que celui-ci refusa. Il s'ensuivit, entre
le protecteur et le protégé, une contestation publique,
qui serait aujourd'hui, dans nos mœurs constitutionnelles, un grand sujet d'étonnement, mais qui n'eut rien
que de fort ordinaire en Angleterre. Tierney écrivit
pamphlet sur pamphlet, mémoire sur mémoire, dépensa

trois fois plus d'argent qu'il n'en réclamait, frappa à
toutes les portes, et perdit son procès, mais avec un fort
grand éclat pour sa réputation. Le candidat de Colchester fit tant de bruit par son élection et ses frais perdus,
que le parti populaire du bourg de South-Warth voulut
l'opposer à M. Thellusson, candidat ministériel, dans
une élection qui eut lieu à la fin de 1795. Cette fois, on
lui garantit tous les frais que pourrait lui causer sa can-
didature. Le *poll* fut encore contre lui. Mais il adressa
à la Chambre des communes une pétition dans laquelle,
se fondant sur une des dispositions du *treating-act*, il
demandait l'exclusion de son compétiteur, et sa propre
admission. Sa pétition eut plein succès, et Tierney fut
un des représentants qui vinrent lutter, dans la session
de 1796 à 1797, contre Pitt et le parti des Burkistes
ou ennemis de la Révolution française.

A cette époque, notre révolution était victorieuse.
Elle était rentrée dans le régime des lois ; elle s'efforçait
de revenir à l'ordre ; elle avait fermé la bouche à ses
accusateurs ; elle n'imposait plus aux hommes qui, dans
tous les temps, avaient eu le courage de se déclarer ses
amis, les devoirs d'une solidarité pénible. Ceux-ci étaient
maintenant fiers de ce qu'ils regardaient un peu comme
la gloire de leur cause, comme l'accomplissement de
leurs espérances hautement proclamées ; les autres étaient
humiliés de leurs sinistres prédictions démenties, de leurs
efforts vains, de leurs menaces désormais méprisées. Le
gouvernement leur était devenu d'une difficulté extrême. La pénurie, la gêne, le discrédit étaient pour
eux partout. Leur système avait toujours supposé des
victoires contre la France, et les revers allaient se mul-

tipliant. Il y avait déjà un an que Pitt avait été réduit
à déclarer, dans un message de la couronne, qu'un gouvernement régulier était établi en France, et que la
possibilité des relations avec elle était commencée. Et
en effet, les décevantes négociations de lord Malmesbury avaient été entamées. Burke n'était plus depuis
quelques mois. Il était mort protestant de sa haine contre
la Révolution française, dans un dernier écrit ayant
pour titre : *Réflexions au sujet d'une paix régicide.* C'é-
tait cette paix que nous apportait alors lord Malmesbury,
à l'absurde condition de rendre la Belgique à l'empereur.
Dundas, Wilberforce, Wyndham, se serraient encore
aux côtés de Pitt : Wyndham, qu'on avait entendu
s'écrier, en 1795, quand on proposa l'intervention de
l'Angleterre en faveur des prisonniers d'Olmütz: « L'humanité ne serait plus humanité, si on voulait l'étendre
jusqu'à La Fayette. Puisse, au contraire, La Fayette
souffrir assez longtemps pour servir d'exemple à ceux
qui voudraient commencer des révolutions ! »

Telle était la situation relative du ministère et de l'opposition, quand celle-ci ouvrit ses rangs à Tierney.
Tierney, dès la première session où il figura, se fit
compter parmi les trois ou quatre plus redoutables adversaires de Pitt. Il attaquait presque indistinctement
tous les actes du ministre, non pas avec la véhémence
de Sheridan, ni la grande autorité de Fox, mais avec
une moquerie demi-sérieuse qui effleurait tout, appro-
fondissait peu, s'acharnait aux mots, disparaissait et
revenait sans cesse. C'était la guerre la plus incommode
qu'on pût faire à Pitt, habitué depuis longtemps aux
périodes solennelles et aux explosions bouillantes d'ora-

teurs tout à fait différents. Pitt était de deux ans plus
jeune que Tierney, mais c'était déjà un vieux ministre ;
il avait à peine trente-six ans, et il y en avait douze qu'il
gouvernait l'Angleterre. Il savait tout ce qu'il était possible qu'un homme tel que lui eût appris en faisant
presque seul les affaires de son pays pendant si longtemps. Tierney, au contraire, était peu familiarisé
encore avec les matières de finances et d'économie publique. Quand il s'était permis quelque attaque inconsi-
dérée, Pitt le ramenait de la manière la plus dure :
aussi, l'animosité croissait entre eux à ne pouvoir plus
être contenue par les formes de la discussion parlementaire.

La session de 1797 à 1798 ayant été ouverte par un
discours qui montrait la couronne plus que jamais engagée dans le système anti-français, l'opposition s'était
retirée presque en masse, Sheridan, Fox, Grey, Whith-
bread, avaient quitté leurs siéges ; Tierney resta, et sut
si bien se multiplier dans cette petite guerre parlementaire, pour laquelle il avait des ressources d'esprit infinies, une aisance et une malignité de langage uniques,
que Pitt ne fut ni moins contredit ni moins empêché
que quand il avait en face ses grands et nobles adversaires. Un jour enfin que Tierney avait longtemps disputé à Pitt une levée de dix mille marins destinés à protéger l'Irlande contre une descente méditée, disait-on,
par la France, le ministre s'échappa à dire qu'il fallait
être, pour faire une telle opposition, non-seulement un
ami de la Révolution française, mais un ennemi de la
sûreté de l'Angleterre. Tierney s'adressa à l'Orateur de
la Chambre pour obtenir le rappel à l'ordre de M. Pitt.

L'Orateur déclara que les paroles du ministre paraissaient en effet renfermer une intention injurieuse, mais que, s'il voulait les expliquer, la Chambre saurait prononcer ensuite. M. Pitt répliqua que la Chambre perdrait bien du temps si elle attendait qu'il rétractât les paroles dont se plaignait M. Tierney, que ce que tout le monde avait pu entendre, il le tenait pour dit ; et, en effet, il le répéta. M. Tierney sortit, et le lendemain il y eut une rencontre entre lui et M. Pitt. Les deux adversaires firent deux fois feu l'un sur l'autre, et se manquèrent ; M. Pitt, tirant en l'air son troisième coup de pistolet, termina le combat.

Au commencement de la session suivante (1798 à 1799), Tierney débuta par une motion en faveur de la paix, et, jusqu'à la paix de 1801 et à la fin du premier ministère de Pitt, il ne cessa de revenir, toutes les fois qu'il en eut l'occasion, aux principes sur lesquels il avait appuyé cette motion. Quand il fut question de déterminer la Russie, par un subside, à entrer dans la coalition de 1799, il dit qu'il n'y aurait bientôt plus en Angleterre un propriétaire à qui il restât dix shellings pour se réjouir des succès de cette guerre, entreprise, disait-on, dans l'intérêt du grand principe de la propriété. Lorsqu'en 1800, un autre subside fut demandé pour soutenir l'empereur d'Autriche dans la campagne qui devait se terminer par l'immortelle journée de Marengo : «Vous voulez, dit Tierney, prolonger indéfiniment cette guerre, qui dure depuis sept ans, et qui, s'il était possible qu'elle réussît, n'aurait d'autre effet que de rétablir les Bourbons en France ; souvenez-vous que les Bourbons ont voulu nous imposer les Stuarts ; et les des-

cendants des hommes qui ont établi la succession actuelle en Angleterre ne consentiront jamais à se ruiner
pour rétablir les Bourbons en France.» Ces sentiment:
s'éteignirent un peu avec l'âge dans M. Tierney. Il les
conserva avec ce degré d'énergie, tant que la cause de
la Révolution française ne parut point se perdre dans
les intérêts de l'ambition militaire; mais il arriva un
temps où, comme tant d'autres, Tierney ne la reconnut plus peut-être sous les brillants manteaux de
l'Empire.

Quand M. Addington devint premier ministre, en
1802, M. Tierney entra dans l'administration. Il en
sortit au retour de Pitt, lorsque la guerre recommença
avec la France, et il revint encore après la mort de
Pitt, en 1806. Mais, à cette époque, les choses étaient
engagées entre la France impériale et l'Europe de
manière qu'un ministère pacifique ne pouvait pas
plus subsister en Angleterre qu'un gouvernement constitutionnel en France. La paix, en un mot, ne pouvait
plus venir que de la chute de Bonaparte. Fox, qui
succédait à Pitt, le suivit bientôt au tombeau, et
M. Tierney sortit des affaires pour rentrer indéfiniment
dans l'opposition. Depuis lors, son rôle dans le parlement britannique n'offre plus qu'un intérêt nécessairement borné à l'Angleterre; c'est un de ces hommes
de qui les Anglais disent qu'il est impossible que les
étrangers s'en fassent l'idée, parce que leurs discours
écrits ne sont rien en comparaison de ce qu'ils étaient
eux-mêmes. Tous ceux qui ont connu Tierney s'accor-
dent à dire qu'il n'y a peut-être pas eu d'homme dans
le parlement anglais, pendant la glorieuse période qui

commence à la fin de la guerre d'Amérique et finit à
la paix de 1814, qui ait eu, autant que Tierney, besoin
d'être entendu et vu pour être jugé. On le trouvait
moins puissant que Fox, moins dialecticien que Burke;
il n'avait pas la soudaineté de Sheridan; il n'était pas
plein et imposant comme Pitt, ni déchirant et amer
comme Wyndham; mais il était toujours sûr d'obtenir, après chacun de ces hommes, une attention qui
trouvait à se délasser des autres avec lui. On repas-
sait volontiers des émotions produites par la haute éloquence, au charme d'une causerie ingénieuse, mor-
dante, pleine de goût et d'élégance, qui ne s'élevait
jamais bien haut, mais qu'on trouvait, sur son terrain,
impossible à déconcerter. Ce talent si facile et si flat-
teur s'était développé chez Tierney avec les années.
Son esprit était moins étendu que souple, gracieux et
sûr. Il n'a jamais montré une très haute capacité pour
les affaires, et s'est reproché toute sa vie d'avoir quitté
le barreau. En effet, c'était plutôt un avocat exquis
qu'un véritable homme d'État.

(*National*, 4 février.)

Mémoires de M. de Bourrienne,

Tomes IX et X.

[C'est l'histoire des journées qui s'écoulèrent du 30 mars 1814 jusqu'à l'abdication de Fontainebleau. Cet article a pour but de mettre en lumière la décision des hommes qui renversèrent le gouvernement impérial, les difficultés qu'ils rencontrèrent, et les chances qu'ils coururent.]

Si vous parcourez le *Moniteur*, ou quelques-uns de nos recueils d'actes publics entre le 28 mars et le 20 avril 1814, vous y apprenez, plus sûrement que dans aucune relation existante, comment et à quelles conditions la France a repassé de la monarchie révolutionnaire de Bonaparte à la monarchie révolutionnée des Bourbons. Nous nous étions engagé, dans un dernier article sur la *Restauration* de M. Lacretelle, à faire cette étude, et nous en avions dit la nécessité; car déjà il faut remonter aux sources officielles de l'histoire pour des événements qui ne sont pas à seize ans de nous, et que les préoccupations, l'indifférence et la mobilité générales ont abandonnés aux interprétations de la faction gouvernante. Sur ces entrefaites a été publiée la dernière livraison de M. de Bourrienne, traitant des mêmes événements avec la confusion, le lâché, et, si l'on peut dire, le commérage habituel des mémoires, mais aussi avec une abondance et une nouveauté de détails extrêmement dignes de remarques. Sans mettre M. de Bourrienne comme autorité à côté du *Moniteur*, nous croirons très bien faire en le préférant aujour-

d'hui à l'organe officiel, ou du moins en allant de l'un
à l'autre. Le *Moniteur* est un bien substantiel et bien
véridique historien ; mais il ne connaît que les choses
et pas les hommes ; il instruit des révolutions et ne
tient compte ni des ressorts secrets, ni des caprices
de fortune, qui concourent à les produire avec nos
intérêts, nos volontés, nos passions. Il faut de toute
nécessité que les mémoires particuliers viennent à son
secours, sans quoi le revers de la médaille resterait
toujours invisible.

Par exemple, dans la rapide et mémorable succession d'événements dont nous nous occupons, le *Moniteur* perd de vue Bonaparte dès le 26 mars, date d'un
décret sur la répartition d'une nouvelle levée. Ce décret
est inexécutable ; cela suffit pour que, de ce jour, le *Moniteur* ne connaisse plus ni l'empereur ni Bonaparte.
Jusqu'au 29 avril, on distingue encore dans le *Moniteur* une régence éphémère qui remet pour un demi-
jour à un roi sans royaume, Joseph, la lieutenance
générale de l'empire. Cette ombre de roi s'évapore en
laissant une autorisation de capituler qui, dans les circonstances, est un ordre. Le lendemain, un gouvernement provisoire se proclame héritier et dispensateur
de la révolution. Suivent les actes de ce gouvernement,
donnés par le *Moniteur* avec une sécheresse que le défaut d'espace nous force à exagérer un peu ici.

Le 2 avril, invitation à l'armée de se séparer de
Napoléon, et suspension immédiate de toutes les levées
de conscrits.

Le 3, déchéance motivée de Bonaparte.

Le 4, nouvelles adresses aux armées françaises.

Le 5, avis à la France entière que, rendue à elle-même par les événements, elle doit chercher la paix sous une bonne constitution et sous le gouvernement de ses anciens rois.

Le 6, constitution du sénat et adhésion du corps législatif.

Le 7, rappel de la famille des Bourbons aux conditions de ce nouveau pacte.

Le 8, substitution des couleurs de l'ancien régime aux couleurs de la révolution. Nous omettons quantité de dispositions administratives dans chacun des départements dont se compose ce gouvernement de dix jours ; enfin, le 11 avril, la puissance exécutive est conférée par lui à un prince français jusqu'à la promulgation de la constitution par le roi Louis XVIII.

Il y en a bien assez là pour renverser la doctrine de la charte octroyée. Mais ce n'est pas tout encore. A ne voir que la succession d'actes si nets, si décisifs, on croirait que les choses se passent sans intrigues, sans combats intérieurs, sans résistances, sans menaces du dehors, sans danger pour ceux qui ont entrepris la séparation de la France et de Bonaparte ; que ce gouvernement improvisé n'a voulu que se donner des airs d'importance ou d'utilité en venant répandre sur une chose de soi des formalités dont personne ne se soucie. Or, cela n'est point, et il importe de le bien établir. Car le droit que le gouvernement de 1814 a eu de traiter de la France avec les Bourbons, il le tire surtout des dangers qu'il a pu courir en se prononçant aussitôt qu'il a fait contre Bonaparte. Il a joué gros jeu et gagné la partie ; mais il pouvait la perdre, et c'est là ce

qui, en bonne foi, donne à ses actes un caractère sérieux et indestructible.

En effet, Bonaparte n'était pas mort, quand on le
déclarait déchu du trône, et qu'on motivait cette déchéance sur des violations du pacte constitutionnel
qui dataient de dix ans. Il était quelque part; il était
aux portes mêmes de Paris; il avait encore une armée,
la plus manœuvrière et la plus éprouvée qu'il eût jamais eue; il avait de puissants amis intéressés à ce que
la couronne restât du moins dans sa famille; les
princes alliés eux-mêmes n'étaient pas d'accord sur
cette grande question; il avait enfin son incomparable
décision de caractère toujours capable de lui ramener,
quand on s'y attendait le moins, quatre-vingt-dix
chances sur cent, et le retour de l'île d'Elbe l'a assez
prouvé. En un mot, la restauration était faite, les
Bourbons étaient en route, la statue du général d'Austerlitz était précipitée du haut de son immortelle colonne, qu'il se pouvait bien encore que les choses
tournassent à une régence impériale, et que ceux qui
avaient proclamé un ordre de choses ennemi fussent
traités de rebelles.

Comparons un peu les dates, les faits connus de tout
temps, et les faits nouveaux révélés par M. de Bourrienne. Voyons ce qui se faisait à la fois le même jour,
à la même heure, à Paris et à Fontainebleau, et il
sortira de là, ou nous nous tromperions fort, non pas
un développement de situation tout facile et tout naturel, mais l'expression du drame politique le plus
étonnamment intrigué, le plus sujet aux retours décon-
certants, aux incidents qui glacent; on verra si, dès les

premières scènes, le dénoûment était chose si aisée à prévoir. M. de Bourrienne s'est trouvé dans une situation unique pour nous fournir les points de comparaison. Il était de sa personne à Paris, dans les conseils mêmes du gouvernement provisoire ; et, par ses amis, par ses relations de toute espèce, par sa longue et profonde habitude du caractère de Bonaparte, il assistait aux détresses encore redoutables de Fontainebleau. Au théâtre, ce qui émeut, c'est de voir agir simultanément l'un contre l'autre deux intérêts, deux passions, qui se dérobent l'un à l'autre leurs moyens, leurs intentions, mais qui les découvrent au spectateur : voilà le genre d'effet qu'a produit sur nous la lecture de cette dernière partie des mémoires de M. de Bourrienne. Il est fâcheux que cela soit délayé dans les divagations personnelles les plus importunes. Ne jamais fatiguer en parlant de soi n'est guère le privilége que d'un ou deux hommes de notre connaissance.

Tout le monde a une idée suffisante du théâtre militaire sur lequel se sont passés les derniers événements de 1814. Bonaparte, en faisant ses adieux à la garde nationale de Paris, le 24 janvier, avait dit : « S'il ar- » rivait que, par suite des manœuvres que je vais faire, » l'ennemi trouvât le moyen de s'approcher de vos » murailles, souvenez-vous que ce ne peut être l'affaire » que de quelques jours, et que j'arriverai bientôt à votre » secours. » Bonaparte était encore à Saint-Dizier le 28, à cinquante lieues de Paris, lorsque lui parvinrent les premières et vagues nouvelles du danger de cette capitale, qui n'avait plus alors que vingt-quatre heures à respirer. Le 29, Bonaparte marchait sur Troyes, gagnant

en hâte la route qu'il s'était ménagée par la rive gauche
de la Seine pour revenir, à tout événement, sur Paris.
Le 30 au matin il quittait Troyes, à l'heure à peu près
où les premiers boulets de l'ennemi saluaient Montmartre et Romainville. Il arrivait à temps, si les Parisiens se fussent souvenus de ses paroles, ou du moins
s'il leur eût été possible de résister deux jours au lieu
de douze heures, mais la nouvelle même de son retour ne pouvait plus être connue à temps. Les maréchaux Mortier et Marmont avaient essayé de murer avec
moins de quinze mille hommes l'espace entre Clichy
et Saint-Mandé, de la Seine à la Marne. C'était par
là que se présentait l'ennemi. Vers trois heures de
l'après-midi, cette faible ligne, privée de ses points
d'appui principaux, était forcée de conclure une suspension d'armes. Bonaparte était alors entre Sens et
Fontainebleau, faisant à cheval jusqu'à cinq lieues par
heure. Enfin, le soir à dix heures, lorsque la tête des
colonnes qui avaient capitulé, se rendant sur la rivière
d'Essonne, arrivait au rivage de Froidmanteau, à
quatre lieues de Paris, Bonaparte entrait lui-même
dans ce bourg; il eut à la fois la nouvelle et l'irrécu-
sable preuve des malheurs de la journée. M. de Bourrienne n'est point le seul qui ait dit que Bonaparte fut
content de la résistance qui avait été faite, très peu
alarmé de voir les alliés entrer dans Paris, et qu'il
reprit sans altération apparente la route de Fontainebleau, où le lendemain soir devaient arriver les troupes
qu'il ramenait de Saint-Dizier. C'est qu'en effet Bonaparte ne regardait pas cette soumission des Parisiens
comme sérieuse. Le général D..., son aide-de-camp,

qu'il avait dépêché de Troyes, et qui l'avait devancé de quelques lieues, entra à Paris chez le maréchal Marmont, au moment où l'on y débattait les articles de la capitulation qui devait être signée dans la nuit. Ce fut l'homme du monde le plus surpris quand il vit que la nouvelle qu'il apportait de la prochaine arrivée de l'empereur ne changeait rien aux résolutions prises, et que la capitulation n'était point une ruse pour gagner du temps. « L'empereur compte bien, disait-il, » que vous allez barricader vos portes et recevoir les » alliés en leur jetant de vos fenêtres les pavés de vos » rues, et brûlant contre eux votre dernière amorce ; » vous n'aurez pas longtemps à attendre. » L'énergie de l'aide-de-camp était quelque chose de bien étrange au milieu des dispositions de bienveillance pour les alliés, qui commençaient à prévaloir ; sa nouvelle aussi paraissait bien mériter qu'on y pensât un peu avant de s'engager ; mais déjà il n'y avait plus à reculer pour quelques hommes qui avaient trouvé la défense de Paris trop longue, non pas par peur, mais en conséquence de vues qui allaient produire le gouvernement provisoire. La capitulation eut donc son plein et entier effet.

Le 2 avril, les alliés étaient déjà à moitié Parisiens, et les Parisiens à moitié étrangers ; le gouvernement provisoire existait depuis vingt-quatre heures, le sénat et le corps législatif étaient en pleine insurrection, et l'adresse aux armées françaises se lisait déjà dans le *Moniteur*, que Bonaparte, à douze lieues de là, calculait encore sur des données toutes différentes. Fontainebleau était à la fois le dernier quartier général et la dernière cour de l'empereur. Tous les maréchaux qui

avaient défendu Paris, manœuvré aux environs, ou
suivi Bonaparte dans sa pointe sur Saint-Dizier, étaient
présents. Marmont, Mortier, Ney, Berthier, Macdonald,
étaient également accueillis, loués, consultés par Bonaparte. Il y avait encore apparence de l'obéissance la
plus absolue. Les troupes qui avaient capitulé à Paris
et celles qui arrivaient par la route de Troyes formaient
un total de plus de trente mille hommes distribués en
avant et en arrière de Fontainebleau, dans les positions
les plus militaires, et tout était préparé comme pour
prendre l'offensive au premier signal ; seulement les
nouvelles de Caulaincourt, que Bonaparte avait envoyé
à l'empereur Alexandre pour traiter d'un armistice, se
faisaient un peu attendre. Qu'on se figure la surprise et
l'indignation de Bonaparte, quand les nouvelles arrivent
enfin, sachant tout ce qui s'est passé à Paris depuis la bataille du 30 et apprenant qu'Alexandre ne veut plus traiter
avec lui. Il passe en revue sa garde ; il éclate, en présence
de ses vieux soldats, contre les émigrés qu'il a eu le tort,
dit-il, de laisser vivre, contre Paris, contre le sénat et le
corps législatif. Les cris : Paris! Paris! sortent de ces
rangs d'élite, habitués à n'avoir qu'une passion, celle de
leur général. Peut-être il n'en fallait pas plus à Bonaparte pour que, dans sa colère, il se crût tout permis
contre une ville qu'il avait tant aimée ; et combien pou-
vait-il encore! Il n'avait pas livré une bataille dans cette
merveilleuse campagne qu'il n'eût gagnée (1); il avait
obtenu de sa poignée de vétérans des efforts surhumains,
un combat par jour, une marche par nuit, des marches
qui surpassaient les plus fabuleux récits des légions ro-

(1) Ceci est une erreur de fait ; l'empereur avait été battu en quelques
affaires.

maines. Partout où il avait paru, il avait donné du cœur
et des jambes au dernier conscrit, et c'était le dire des
alliés qu'ils n'avaient point vu de différence entre l'opiniâtreté des vieilles bandes et celle des jeunes troupes,
toutes les fois qu'ils avaient combattu Bonaparte en personne. Nul doute que ces trente mille hommes n'eussent immédiatement marché sur Paris, si Bonaparte
l'eût exigé. Mais les généraux, les officiers, avaient des
femmes, des enfants, des amis dans Paris. On hasarde
auprès de Bonaparte quelques représentations timides :
il les prend pour ce qu'elles sont. Il se plaint que lui seul
veuille encore repousser l'ennemi. Il dit que, monté sur
le trône par le vœu des Français, il mettra sa fierté à
en descendre, si les Français oublient ce qu'ils doivent
à leur plus vieux soldat. Bref, puisque les alliés ne veulent plus traiter avec lui, il commande qu'on aille leur
proposer une abdication tant désirée, mais en faveur
de sa famille seulement ; il a encore une épée pour sa
femme et son fils, si ce n'est pour lui. Cette résolution
est de la nuit du 4 au 5 avril.

Dans cette même nuit, les amis du maréchal Marmont, au nombre desquels est M. de Bourrienne lui-
même, ont tenté sa fidélité et l'ont déterminé à quitter
sa position d'Essonne et à se séparer de Bonaparte. Tout
est déjà réglé entre le maréchal et le prince de Schwartzenberg, lorsque, le matin du 4, Ney, le maréchal
Macdonald et Caulaincourt arrivent à Essonne, portant
à Paris les propositions de l'empereur. Bonaparte leur
avait expressément recommandé de ne point emmener
avec eux le duc de Raguse, attendu, disait-il, que sa
présence à son poste était indispensable. Mais, à la vue

des propositions inespérées de Bonaparte, le maréchal confesse à ses camarades la fausse démarche qu'il a faite : il a trahi Bonaparte deux heures trop tôt; sans les instances de quelques amis, il eût gagné le moment de se détacher avec honneur. Il court en toute hâte auprès du prince de Schwartzenberg, et lui redemande sa parole. Le prince la lui rend, et voilà le duc de Raguse à Paris, mêlé aux fidèles compagnons de Bonaparte, et venant plaider la cause de la femme et du fils de celui qui ne peut plus régner.

Il ne faut pas être doué d'une perspicacité bien grande pour concevoir que, si les chefs de l'armée aimaient mieux les Bourbons et la paix que Bonaparte et la guerre, la régence impériale était pour eux, entre ces deux extrémités, le plus avantageux des moyens termes. En effet, c'était un peu comme leur chef, comme leur maître à tous, comme l'homme du parti militaire, enfin, que Bonaparte avait saisi le pouvoir au 18 brumaire. C'était un peu au profit de ce parti qu'il avait écrasé la république, et ce qu'on appelait le gouvernement des avocats. Bonaparte tombé, les traditions du parti militaire revivaient, et il leur eût convenu beaucoup de se réfugier à l'abri d'une régence impériale, si, du régime impérial, quelque chose avait été possible sans Bonaparte. Il y eut donc, au sujet de cette régence impériale, une lutte des plus vives entre les hommes du gouvernement provisoire et ceux du parti militaire. Les derniers déclarèrent qu'ils ne voyaient que rébellion, lâcheté, infamie, dans tout ce qui s'était fait depuis le combat de Paris; qu'ils ne reconnaissaient pas de gouvernement provisoire. L'empereur Alexandre, témoin de la violence de ces débats, et d'un caractère fort irrésolu, en fut alarmé, et eut besoin de la nuit du 5 au 6 pour prendre un parti. L'empereur François II se récusait par une délicatesse assez tardive. Les plus justes craintes avaient gagné tous ceux qui s'étaient séparés de Bonaparte avec quelque éclat. La journée du 6 allait peut-être voir la France rendue à la famille de Bonaparte; et que de vengeances avaient été provoquées en six jours!

Un événement jusqu'ici mal connu vint lever toutes les incertitudes. Bonaparte, après le départ de ses commissaires, avait voulu voir le maréchal Marmont, que des instructions si précises devaient retenir à Essonne. Ne soupçonnant rien, mais impatient d'une solitude et d'une inactivité accablantes, Bonaparte, comme cela lui arrivait souvent, avait dépêché deux, trois officiers à la suite du premier, avec les mêmes ordres pour le duc. L'arrivée précipitée et coup sur coup des officiers du quartier général effraya trois généraux qui commandaient sous le maréchal, et qui avaient eu part, avec lui, aux conventions de la nuit. Ils se crurent découverts, se prirent de terreur, donnèrent sur-le-champ l'ordre du départ, et gagnèrent Versailles, mettant ainsi l'ennemi entre Fontainebleau et eux. Cette nouvelle, portée à la fois à Paris et à Fontainebleau, changeait tout à fait la face des affaires. La désertion du camp d'Essonne tuait l'esprit de tout ce qui restait de troupes auprès de Bonaparte, et fermait la bouche aux hommes du parti militaire, qui jusque-là n'avaient fait valoir que de grandes considérations de gloire et d'honneur national. Il est vrai que le maréchal Marmont,

apprenant qu'on avait conduit ses troupes à Versailles,
et que celles-ci, en arrivant et se voyant trahies,
s'étaient insurgées, se dévoua pour rétablir l'ordre, et
parut désespéré de ce que M. de Bourrienne appelle
une méprise. Mais l'honneur des stipulations qui avaient
produit cette méprise n'appartenait pas moins au maréchal, et l'effet était produit.

Nous n'avons plus à suivre Bonaparte jusqu'à son
entière ruine, malgré l'intérêt de ces belles et suprêmes
journées de Fontainebleau. Notre objet était de montrer que ce ne fut point sans résistance qu'il succomba
dans les négociations, après avoir tant fait durer la
guerre ; qu'ainsi le gouvernement parlementaire qui
s'éleva contre lui ne ramassa point le pouvoir, mais le
disputa, le gagna, et ajouta au droit incontestable qu'il
avait de représenter la France, le droit de ses efforts et
de ses dangers. Avant le retour de la famille royale, on
avait su montrer aux princes alliés la France assez
forte, quoique vaincue, pour qu'ils renonçassent hautement à lui imposer aucune forme de gouvernement ;
on avait pu aussi vaincre dans ses résistances le régime
militaire qui voulait survivre à Bonaparte. La France
avait donc retrouvé l'entière disposition d'elle-même ;
elle était libre, et n'avait pas besoin qu'on lui octroyât
ce qu'elle possédait si bien. Il y a deux choses dans la
liberté : le principe, qui ne s'établit jamais que par la
force, et la pratique, qui ne s'apprend que par le temps.
Vingt-cinq ans avaient été employés à combattre pour
le principe. Le principe était conquis. Les rois n'étaient
venus sous les murs de Paris que pour le reconnaître
en renonçant aux irritantes prétentions de Pilnitz. A

cette condition, la paix de l'Europe était rétablie. La France n'attendait plus de la restauration que la liberté pratique : elle a vu naître, au contraire, une nouvelle discussion du principe. Malheur au parti qui l'a soulevée !   (*National*, 10 février 1830.)

Le More de Venise, Othello.

[M. Alfred de Vigny avait traduit en vers et fait représenter au Théâtre-Français l'*Othello* de Shakspeare.]

Ce n'est déjà plus une nouveauté que cette traduction d'*Othello*, puisqu'elle a fourni tout un hiver au théâtre de la rue Richelieu ; mais elle n'était point imprimée, et la voici qui paraît avec une préface dans laquelle M. Alfred de Vigny a voulu donner le précepte après ce que le succès l'autorise, dit-il, à appeler l'exemple. On voit assez par là que ce n'est pas Shakspeare seul qui a réussi, et que les applaudissements accordés au véritable *Othello* n'ont pas été reçus tout à fait pour le compte de qui il appartenait. Voyons donc ce que l'on a demandé et ce que l'on a cru obtenir de nous en nous montrant à nu ce terrible More avec lequel le bon Ducis n'avait point osé nous faire faire connaissance complète.

On voit, par la préface de M. Alfred de Vigny, qu'il voulait éprouver si un public français serait à la hauteur du public breton, pour lequel Shakspeare écrivit ses pièces à la fin du XVI⁰ siècle, et qu'il ne s'est déterminé à risquer une représentation que pour avoir moyen

d'adresser à la fois à trois mille intelligences la question
que voici : « Est-ce ou non votre avis, messieurs, qu'à
» l'avenir la tragédie doive montrer un tableau large
» de la vie, au lieu du tableau resserré d'une cata-
» strophe ; qu'au lieu de rôles elle ait des caractères ;
» qu'elle renonce à son éternelle majesté et se compose
» de scènes paisibles sans drame, mêlées à des scènes
» comiques et tragiques ; que, dans son langage, elle
» passe de la simplicité habituelle à l'exaltation passion-
» née, du récitatif au chant ? » Le public a été de l'avis
de M. Alfred de Vigny, ou plutôt M. de Vigny a pris
ainsi l'accueil fait à sa traduction d'*Othello*. N'est-ce pas
une interprétation un peu forcée ? Examinons.

D'abord, était-ce chose tout à fait indifférente, dans
une expérience comme celle que voulait tenter M. Alfred de Vigny, que d'emprunter à Shakspeare un de
ses plus beaux drames ? Une fable neuve et aussi attachante que celle d'*Othello* n'eût peut-être guère coûté à
M. Alfred de Vigny ; mais une fable neuve eût rendu
l'essai complet, tandis que, si l'*Othello* traduit a prouvé
que de magnifiques situations peuvent distraire de l'im-
portunité continuelle d'un langage faux, il reste à voir
quel serait le sort d'une pièce écrite et imaginée à la
fois dans ce malheureux esprit voulant, au milieu de
toutes les recherches d'une civilisation telle que la
nôtre, ressusciter l'invention sans frein, qui n'est qu'au
prix d'une ignorance heureuse si l'on veut, et la naïveté
des formes, qui ne va point sans des mœurs simples et
quelque peu grossières encore. Quand donc M. Alfred
de Vigny, parlant du public, s'écrie : « Que justice lui
soit rendue ; il a compris enfin..... », nous croyons que

M. Alfred de Vigny remercie ses juges d'un suffrage
qu'il ne les a pas mis dans le cas d'accorder ou de refuser. Shakspeare n'était point en cause. On n'en est
plus à la demi-justice du siècle dernier sur son compte.
Tout le monde accorde que c'était un fort grand génie,
très différent de ce qu'il eût été chez nous un siècle plus
tard, ou de ce qu'il serait aujourd'hui chez les Anglais
eux-mêmes. Il ne saurait y avoir aucune solidarité entre
lui et les élégants professeurs de rudesse antique qui lui
font l'honneur de le regarder comme digne d'avoir vécu
de leur temps et d'être un des leurs. Il est très possible
que ceux qui travaillent sérieusement, avec M. Alfred
de Vigny, à nous donner une nouvelle langue française,
à refaire l'instrument, comme ils disent, soient assurés
d'avoir, quand ils voudront, la profondeur et le pathétique de Shakspeare; mais c'était là ce qu'il fallait
montrer d'abord. En attendant que le nouveau génie
dramatique se soit manifesté, nous sommes réduits à
ne diriger nos observations que sur la belle langue qui
paraît destinée à faire vivre les futurs chefs-d'œuvre de
nos Dante en chapeau rond, de nos Shakspeare en frac
et en cravate empesée.

L'*Othello* traduit oppose Shakspeare à notre ancien
système tragique, et le style de l'école à laquelle appartient M. Alfred de Vigny à celui dont Racine a été,
de son temps, le modèle le plus achevé. Nous voulons
accorder le triomphe complet de Shakspeare, et la défaite non moins complète des trois unités, qui, en vérité,
ne nous importent guère. Reste à savoir si la langue
dans laquelle ont été écrits les rôles de Junie, de Nar-
cisse, d'Oreste, d'OEdipe, de Cinna, de Nicomède, de

Tartufe et du Misanthrope, est ou n'est pas propre à
faire parler toutes sortes de personnages ou tragiques
ou comiques. On nous propose un nouveau système de
composition dramatique qui consiste à mêler deux
genres tenus séparés jusqu'ici, et à laisser de côté quelques règles fort gênantes imposées à l'un et à l'autre ;
on ajoute que, pour ce système mixte, il faut une langue
entièrement neuve. Réunissez les genres si vous voulez ;
faites paraître Joad et Petit-Jean dans la même scène ;
trouvez moyen de les faire converser ensemble, cela
pourra être fort habile et fort amusant ; mais il y a
une langue faite pour tous les deux ; Joad parle on ne
peut plus convenablement dans Racine, et Petit-Jean
avec un naturel qu'il est impossible de surpasser. Pourquoi auriez-vous une nouvelle langue à inventer? Celle
d'*Athalie* est assez digne ; celle des *Plaideurs* est assez
souple ; mais on convient généralement que l'une et
l'autre ne se manient pas avec cette facilité qui permet
de faire beaucoup et vite.

Ah ! nous dit-on, il est vrai, Racine est admirable
dans les *Plaideurs*. Il n'enjambe pas le vers tout à fait
comme nous ; il est encore timide à se passer de césure ;
il ne soupçonne pas l'exquise gentillesse du repos marqué à la seconde ou à l'avant-dernière syllabe de
l'alexandrin ; il ne sait pas les mystérieuses propriétés
de la rime, que nous comparons, nous, à une beauté
capricieuse : il la traite encore en esclave, suivant le
dur précepte de Boileau ; mais on voit tout ce qu'il eût
été capable de faire avec un peu plus de liberté de talent. Molière aussi est un génie bien indépendant ; il a des
hiatus et des rimes perdues ; il ne respecte l'hémistiche

que quand cela ne le gêne pas trop; s'il eût fait quelques pas de plus, nous emploierions volontiers sa langue dans quelques-uns de nos rôles comiques. Mais, pour le tragique, voulez-vous que nous continuions éternellement à dire, de par Racine : hymen pour mariage ; immoler au lieu d'assassiner ; mortel pour homme ; et puis un coursier, un fer, un char, au lieu des mots usuels cheval, épée, carrosse? Enfin, croiriez-vous que, jusqu'à cette traduction d'*Othello*, on n'avait pu faire entrer le mot mouchoir dans un vers tragique?

C'est le 8 octobre 1829 que le mot mouchoir, tel que le public l'entend et l'emploie, a fait son entrée sur notre scène tragique. Roxane, Zaïre, Hédelmone, s'étaient passées de mouchoir plutôt que de prononcer un si vilain mot. Voltaire, dès l'année 1732, en avait tenté l'introduction ; mais, à demi courageux, il n'avait point réussi. Nous faudra-t-il toujours, s'écrie à ce propos M. de Vigny, un siècle par mot vrai introduit sur la scène? Enfin, ce progrès a été fait, et M. de Vigny en a l'honneur. Mais il faut avoir assisté à une représentation pour mesurer toute l'étendue du service qu'il a rendu à la scène française; il faut avoir entendu M. Joanny, tout plein encore de son Manlius, redemander à Desdemona, avec les inflexions du fameux *Qu'en dis-tu?* ce mouchoir qu'en la quittant il lui donna naguère ; mouchoir qu'il tient d'une magicienne

Si profonde en savoir, que sa plume eût écrit
Tous les pensers secrets qui naissent dans l'esprit ;

mouchoir précieux, on ne peut plus précieux, doué de magiques pouvoirs glissés dans son tissu, et brodé par

une prêtresse surannée, laquelle prêtresse avait vu deux
cents fois naître et mourir l'année ; il faut avoir été témoin de l'espèce de honte avec laquelle mademoiselle
Mars emploie ses grâces infinies à dissimuler sur la
perte de ce mouchoir, qu'elle croit avoir encore, dit-
elle, mais qu'elle sait n'avoir plus et que tout le monde
a vu tombé à terre il n'y a qu'un instant, et ramassé
par Yago, dans la plus infernale intention. En général,
telles inventions, tel langage. Si le mot dont M. Alfred
de Vigny a enrichi notre langue tragique ne se rencontre point dans la poésie de Racine, c'est que Racine
n'avait pas deviné qu'un mouchoir de poche pût fournir une si belle intrigue tragique ; c'est que probablement il eût rougi de montrer à un siècle poli un héros,
un chef d'armée victorieux, étranglant, de ses propres
mains, sa femme, jeune, belle, chaste, parce qu'elle a
perdu son mouchoir. Mais Molière avait su dire, sans dégoûter les honnêtes gens, sans révolter tous les sens des
spectateurs :

> Avant que de parler, prenez-moi ce mouchoir,
> . . . . Couvrez ce sein que je ne saurais voir.

Le mot usuel est ici à sa place. Il s'agit, dans la comédie, d'usages qui vivent, de mœurs que nous connaissons. On ne dira point que la tragédie ne nous montre
que des choses usuelles : l'empoisonnement, le meurtre,
le parricide, l'inceste, sont dans l'humanité, mais point
dans les mœurs. Pour les faire supporter à la scène, il
faut non-seulement tout l'artifice de la composition,
mais les plus ingénieux déguisements du style. La vérité
absolue conduirait à l'argot des bagnes.

Mais il y a autre chose dans Shakspeare que ces ab-
surdités dont on veut faire sa gloire principale, et qui
ne peuvent appartenir qu'à l'art dans son enfance. Et,
dans cet *Othello*, que de choses pouvaient tenter un véritable poëte qui se réduisait à n'être que traducteur !
Shakspeare avait rêvé une catastrophe inouïe : un
époux, le plus passionné des amants, le plus violent et
le plus soupçonneux des hommes, le plus terrible des
jaloux, poussé par une déplorable erreur à tuer de
sa main une ravissante créature qui lui a tout sacrifié dans le monde, qu'il adore encore quand il la croit
infidèle, et qui, prête à encourir une vengeance qu'elle
n'a point méritée, et livrée à d'involontaires pressentiments de mort, ne pense point qu'il puisse exister des
femmes telles que son mari la dit être. Pour réaliser sa donnée, Shakspeare n'a point recours à cette
fatalité d'invention grecque, bien usée aujourd'hui sans
doute, mais qui rend presque noble la catastrophe
en la faisant le crime des dieux et non des hommes.
Shakspeare, à défaut de la fatalité des anciens, a besoin
d'un agent quelconque, mais d'un agent non moins irrésistible dans ses suggestions que l'invisible fatalité
elle-même. Il tire de son génie le rôle puissant d'Yago,
et, depuis la première jusqu'à la dernière scène, le
soutient avec une vigueur et une suite de conceptions
admirables. Mais Yago n'est ni un dieu ni un diable :
c'est un homme ; on l'entend parler, on le voit agir ;
on juge les moyens qu'il emploie pour perdre à la fois
Othello et Desdemona. Or la pauvreté de ces moyens
est telle fort souvent, qu'Othello, se préparant à donner
la mort à Desdemona, dans la crainte qu'elle ne tra-

hisse un autre que lui, et sur la seule preuve qu'elle
n'a plus un mouchoir qui fut son premier gage d'amour,
Othello, disons-nous, n'est plus qu'un imbécile abo-
minable, digne d'être étouffé entre deux matelas, comme
un homme mordu par une bête enragée. Tout cela est
à merveille si Shakspeare n'a voulu par là que rendre
Desdemona plus intéressante; et tel n'est pas évidemment son dessein.

Mais de belles parties, celles qui font de Shakspeare
un génie digne d'être admiré dans tous les temps et
dans tous les lieux, c'est Othello donnant, par le récit
de sa vie, cette explication si naïve et si passionnée des
maléfices dont on l'accuse; c'est Desdemona avouant,
avec une expression de pudeur si exquise, en présence
de ses juges, comment elle a aimé le More; c'est cet
amant de sang africain se débattant dans les premiers
soupçons de sa jalousie sous la main victorieuse d'Yago,
et disant adieu à tout ce qui dans le monde séduisit son
âme guerrière; c'est cet amour de la vie si déchirant
dans une femme toute jeune, ange de beauté et de
bonté, et qui dit si bien qu'il est affreux de mourir pour
avoir trop aimé. Ces belles choses, Shakspeare les a
admirablement écrites, au jugement de tous ceux qui
peuvent le lire dans sa langue. Il fallait les traduire avec
la poésie de Racine et de Corneille, et non dans un plat
jargon qui n'est ni du siècle d'Élisabeth ni du siècle de
Louis XIV. Ainsi, quand Othello comparaît devant le
sénat pour répondre sur les sortiléges dont l'accuse le
père de Desdemona, M. de Vigny lui fait dire :

Moi, que j'aie enlevé la fille du vieillard,
C'est vrai. — Je vous dis là mon offense sans fard,

Sans voile. — Il est aussi très vrai qu'elle est ma femme ;
Voilà tout. — Je suis rude, et je n'ai pas dans l'âme
Des paroles de paix.....

Est-ce un caporal de vétérans qui parle ainsi, ou bien le brillant, le noble Othello ? Othello, dans Shakspeare, n'est point disert, mais il a cette éloquence naturelle d'un homme qui a fait de grandes choses, et qui trouve toujours de bons termes pour parler de lui et de ses actions. Non-seulement Othello n'est point simple dans son langage : il est plutôt emphatique, mais de cette emphase du Cid qui est bien d'un cœur intrépide, et non d'une jactance gasconne. Othello ne dit point : « C'est vrai, — voilà tout ; — je vous dis là mon offense » sans fard. » Il sait ce qu'il doit au sénat, et ne lui parle point de cette manière saccadée qui sent le commandement ou le mépris. Il dit, comme peut faire un homme qui a vu souvent des bataillons rangés :

The very head and front of my offending
Hath this extent, no more.

C'est une image difficile à traduire, peut-être, mais certes ce n'est point un propos de corps-de-garde. Un peu plus loin, M. Alfred de Vigny fait dire à Othello :

..... Dans l'univers, n'ayant qu'un intérêt,
J'aurais bien peu de chose à dire, qui n'eût trait
A des combats, des faits de bravoure à la guerre.

Othello ne sait point ce que c'est que d'avoir ou de n'avoir point un intérêt dans ce monde. Cela ne se disait point et ne se pensait point du temps de Shakspeare. Othello dit, avec une poésie d'expression qui va bien à un homme qui a couru des aventures dans le

monde entier : « Je ne saurais vous raconter des choses
de ce grand univers que ce qui est des actions de guerre,
des siéges, des batailles, etc. » (*And little of this great
world can I speak*, etc.) Il nous semble que le langage
du beau récit du Cid :

> Cette obscure clarté qui tombe des étoiles,
> Enfin avec le flux nous fait voir trente voiles ;
> L'onde s'enfle dessous, et d'un commun effort
> . Les Maures et la mer montent jusques au port.
> On les laisse passer ; tout leur paraît tranquille ;
> Point de soldats au port, point aux murs de la ville, etc.,

n'eût point été déplacé ici ; mais comment oserait-on
estimer ce que les enfants savent par cœur ?

Quand Desdemona, appelée à témoigner devant le
sénat par Othello, éprouve l'embarras si touchant de
se trouver en face de son amant et de son père, M. de
Vigny la fait parler ainsi :

> Je vois ici, mon père, une double puissance.
> Mon éducation et ma vie ont été
> Votre bien jusqu'ici ; mais, à la vérité,
> Je n'avais d'autre nom encor que votre fille ;
> Je suis femme à présent, et dans votre famille
> J'amène mon mari ; vous le voyez. Autant
> Ma mère vous montra jadis de dévouement,
> Autant j'en dois au More, à mon seigneur et maître.

Desdemona, dans Shakspeare, parle un peu plus
respectueusement aux sénateurs et à son père ; elle a
trop de pudeur pour oser dire : « Je suis femme à présent, et dans votre famille j'amène mon mari ; » elle ne
dit point sèchement : « Autant ma mère vous montra
de dévouement, autant j'en dois au More. » Voici le
passage exactement traduit :

« Mon noble père, je me vois partagée entre deux devoirs. Je tiens de vous l'éducation et la vie ; ma vie et mon éducation me disent combien je dois vous respecter. Jusqu'ici, vous avez été mon seul maître, et moi seulement votre fille. Mais voilà mon mari ; et le même dévouement que ma mère vous montra en quittant son père pour vous suivre, je demande qu'il me soit permis de m'y croire obligée envers le More. » (*I challenge that I may profess due to the Moor.*)

A de tels vers, mis dans la bouche d'une femme telle que Desdemona, qui ne se souviendra du langage ravissant de grâce et de simplicité dans lequel Racine a su faire répondre sa Junie, quand Néron l'accuse d'aimer Britannicus :

> . . . . Il a su me toucher,
> Seigneur, et je n'ai point prétendu m'en cacher.
> Cette sincérité, sans doute, est peu discrète ;
> Mais toujours de mon cœur ma bouche est l'interprète.
> J'aime Britannicus, je lui fus destinée
> Quand l'empire devait suivre son hyménée ;
> Mais ces mêmes malheurs qui l'en ont écarté,
> Ses honneurs abolis, son palais déserté,
> La fuite d'une cour qne sa chute a bannie,
> Sont autant de liens qui retiennent Junie.

Si l'espace ne nous manquait pour pousser plus loin cette comparaison, nous prouverions que toute la langue qu'il faut, pour traduire Shakspeare, est dans Corneille, Racine et Molière. Une Desdemona traduite par Racine et jouée par mademoiselle Mars, que serait-ce, puisque celle de M. de Vigny est encore si attachante à la scène ! Mais que d'inconvenances sauvées par l'habileté de la grande actrice ! Que de belles coupes de vers dissimulées! que de bizarres combinaisons de syllabes refondues dans cette diction inimitable, produit d'un tact si délié et si sûr ! Quelle autre que mademoiselle Mars, par exemple, eût fait passer ces deux vers qui suivent le dernier adieu de Desdemona à Émilie :

> Tous les jours de ma vie inspire-moi, grand Dieu,
> Le mépris que je sens pour ces propos infâmes.

Émilie n'a point tenu de propos infâmes, et Desdemona ne sait ce que c'est que de pareils propos. Shakspeare lui fait dire : « Puisse le ciel m'accorder que je ne trouve jamais dans le mal un motif pour faire le mal, mais au contraire une raison pour faire le bien ! » M. de Vigny a cru que la hardiesse des propos infâmes serait d'un bien plus bel effet que ces simples paroles. Il y a beaucoup de grossièretés dans Shakspeare ; il y en a plus d'une dans *Othello ;* mais ce ne sont pas des hardiesses, c'est au contraire un tribut payé aux mœurs du temps ; et du moins Desdemona est tout à fait pure de ces prétendus traits de naturel. Il n'y a rien d'aussi idéal dans notre théâtre que les rôles d'Ophélia et de Desdemona ; les choisir pour faire des essais de vérité crue, c'est en user bien librement avec Shakspeare.

(National, 22 février. 1830.)

[Au fort de la querelle entre les romantiques et les classiques, la première représentation de *Hernani* de Victor Hugo fut un événement littéraire. Une jeunesse passionnée s'enflamma pour l'œuvre tragique du poëte qui déjà s'était acquis un si beau renom par ses odes. Pourtant cette œuvre n'entraîna pas tous les esprits ; et, aujourd'hui que la poussière du combat est tombée, il est reconnu que ce fut plutôt une grande téntative qu'un grand succès.]

Premier article.

Hernani sera très incessamment publié ; tous les journaux l'annoncent ; il y aura sans doute une préface de M. Hugo ; nous saurons par elle si c'est décidément tragédie d'imagination qu'on appelle ce nouveau genre. Nous aurons enfin l'œuvre elle-même sous les yeux ; nous ne serons plus réduits à l'injustice involontaire de citer en mauvaise prose les choses exprimées par l'auteur en vers inimitables, qui tous portent son cachet, et qui, pour étonner assez l'oreille, ne se retiennent pas encore aussi facilement qn'on pourrait croire : attendons. Mais, s'il est bon de ne vouloir donner son avis que pièces en main sur le style, les idées et le fond même du drame nouveau, on peut, sans grande témérité, hasarder dès à présent un jugement sur ce qu'il y a de plus neuf, de plus surprenant peut-être dans cette triomphante apparition d'*Hernani :* nous voulons parler de la manière dont la pièce a été jouée jusqu'ici. Il est impossible de se faire une idée de cela quand on a vu Talma, et qu'on n'a été témoin que des classiques transports excités par *Œdipe, Cinna, Britannicus.*

M. Hugo aurait pour lui un public fort nombreux,

si l'on en jugeait aux quatre premières représentations ;
car une majorité d'admirateurs très prononcée soute-
nait, à la quatrième comme à la première, les beautés
de son drame avec une énergie faite pour intimider
quiconque eût voulu laisser percer le moindre sentiment de désapprobation. Dans le temps des succès
classiques, ou prétendus tels, on n'eût pas manqué de
dire que c'était une cabale montée par l'administration,
et qu'il était indigne que l'ignoble populace des claqueurs fît ainsi violence au goût des honnêtes gens qui
payaient leur place. Mais ici il n'y a rien de semblable :
c'est du plus pur zèle d'amitié ; c'est l'admiration,
comme on dit doctrinairement, la plus sentie ; c'est de
la religion pour M. Hugo, pour la tragédie d'imagination, pour l'art en révolte contre ce qui constitue l'art,
pour une prétendue puissance de génie affranchie des
règles, et qui se passe des longues études, de la connaissance des hommes, de la pratique de la vie, toutes
choses qui se devineront à l'avenir, et qu'on n'aura
plus la peine d'apprendre. Il y a là un égarement d'esprit très réel, très certain, partagé par beaucoup plus
de monde qu'on n'aurait cru peut-être, et nous ne nous
amuserons pas à le déplorer ; l'esprit humain n'a jamais
marché autrement : aujourd'hui sensé, demain fou, il
arrive au but, cependant ; il trouve le vrai ; mais c'est
après avoir été tour à tour admirable et ridicule. Presque tous les arts sont en fausse direction depuis dix ans ;
mais, dans le spectacle des siècles, c'est un quart d'heure
de folie.

Ce qui se passe maintenant au théâtre de la rue de
Richelieu n'est donc pas le fait de cette administration

qui se mourait en faisant claquer dans la solitude son
vieux répertoire et ses vieux acteurs : c'est l'explosion
désordonnée d'une pensée qui veut renouveler l'art sous
toutes ses formes, et qui, juste au fond, s'exaspère
contre les obstacles, et veut tout à fait rompre avec un
passé que plus tard elle se verra forcée de continuer et
de modifier seulement : car il faut que ce qui était déjà
bien se retrouve dans ce que l'on veut donner comme
mieux ; les progrès humains ne sont qu'à cette condition : notre civilisation actuelle n'est que le produit de
ces additions lentes. La pensée dont nous parlons, que
tout le monde a déjà reconnue sans doute, et, faute
d'autre nom, appelée le romantisme, a dû se précipiter
avec toutes ses forces du côté où elle était plus assurée
d'entrer en communication immédiate avec le public ;
elle a voulu être jugée, acceptée tout entière sous sa
forme dramatique ; elle a fait de M. Hugo, pour quelques jours, son représentant unique ; elle l'a suivi au
combat, destinée à vaincre ou à succomber avec lui.
Mais, comme le Théâtre-Français n'a pas tout à fait
l'immensité des cirques du peuple-roi, M. Hugo et ses
amis ne se sont guère trouvés qu'en présence d'eux-
mêmes ; la chose s'est à peu près passée en famille, et
le grand procès, qui semble jugé, n'a pas même encore
été appelé.

Ainsi, à ces quatre premières représentations, un
spectateur, étonné de la violence et du peu de sens des
acclamations, eût vainement cherché ces hommes à
huileuse et sinistre figure, à grandes mains et à man-
ches écourtées, qui peuplent ordinairement la région
claire-obscure sur laquelle le lustre de l'antique Comé-

die-Française projette sa grande ombre; tout le parterre, comme les stalles de l'orchestre, était plein de
gens qui jouissaient sincèrement, qui se mouraient
d'aise, qui témoignaient leur ravissement de toute la
puissance de leur âme, et non pas seulement du plat
de leurs mains. Un observateur tant soit peu répandu
dans Paris pouvait çà et là reconnaître, tantôt un de ces
artistes, qui, dans la frayeur d'être académiques comme
David, ne peignent plus, sous l'habit de toutes les époques, qu'une nature d'hôpital, des os pointus, des
membres démusclés, des chairs vertes, des mines allon-
gées, des yeux hagards; tantôt un de ces poëtes char-
mants qui, une fois par an, se laissent mourir, dans un
joli volume, d'amour trompé, de désenchantement
d'imagination, de langueur indéfinissable. Chacun de
ces *jeunes hommes*, qui tous reconnaissent M. Hugo pour
leur maître, pour le pape de leur église, et qui s'inspirent de lui, ne jurent que par lui, était l'oracle près
duquel un groupe respectueux et plus jeune venait,
dans les entr'actes, chercher les raisons de son enthousiasme. On entendait fort distinctement quelques-unes de ces chaudes prédications, et, d'acte en
acte, on voyait croître leur effet sur cette jeunesse
fashionable qui ne passe pas vingt-deux ans, et qui porte
petite barbe sous le menton, gilet ouvert jusqu'au
ventre, cravate renouvelée des incroyables du directoire,
et chapeau à la duc de Guise.

Assurément un tel public n'est pas à mettre en comparaison, comme autorité, avec les applaudisseurs de
métier. Les hommes qui comprennent M. Hugo sont
bien plus exigeants que ne le seraient les claqueurs. Il

faut absolument trépigner, pleurer, rugir d'admiration
comme eux ; malheur à l'homme froid qui se trouverait
par hasard au milieu d'eux, et dont le visage montre-
rait quelque étonnement des signes de ravissement donnés à la fois par tant de monde ! Quant à du mécconten-
tement, si rarement et si peu qu'on en éprouve, il y
aurait à le manifester un véritable danger.

Certes, nous ne réclamons pas le vieux privilége de
siffler qu'on a cru jusqu'ici acheter à la porte ; et, s'il
y avait une circonstance où l'on dût renoncer à cette
grossière façon d'exprimer son avis, c'était à ces premières représentations d'*Hernani,* où un public fatigué
de voir les chefs-d'œuvre de notre théâtre indignement
représentés et platement imités, était convié à venir
jouir de plaisirs nouveaux, plaisirs promis depuis dix ans
par l'école qui s'est séparée avec éclat des grands maîtres
en tous genres. On devait de la faveur à qui venait s'offrir
pour soutenir de ses épaules la voûte d'un vieux temple
que l'abandon général condamnait à périr ; et, si l'effort
était démontré vain, d'encourageants égards attendaient
encore une présomption vaincue, mais fondée sur d'assez beaux succès, et soutenue avec des parties de talent
incontestables, une rare et forte persévérance, et l'ambition, toujours louable, d'obtenir de la gloire en se
rendant utile. En France, l'imagination et l'esprit es-
pèrent toujours de qui cherche des routes nouvelles ; et
le désappointement qui succède assez souvent à une
attention complaisante sait toujours s'exprimer avec
des formes généreuses. M. Hugo et ses amis pouvaient
compter sur ces dispositions bienveillantes de la part
d'un public qui n'a point de routine, point d'idées fixes ;

mais, au contraire, une curiosité, une mobilité extrêmes, et qui, sûr appréciateur des bonnes choses, sait, quand les convenances le demandent, paraître un instant dupe des mauvaises. Quant à nous, du moins, nous aurions vu de l'injustice et du mauvais goût à accueillir par des sifflets une tentative aussi intéressante que celle d'*Hernani ;* mais il devait y avoir place aussi pour cette opposition de bonne compagnie qui se manifeste par des observations de voisin à voisin, le sourire, et parfois d'involontaires exclamations de surprise. Les admirateurs de M. Hugo, en ne permettant pas même ces légères marques d'improbation, en ont provoqué de beaucoup plus sévères. Une telle exaltation est, par sa nature même, incapable de se soutenir. Le temps des rieurs viendra, et peut-être *Hernani* sera beaucoup moins ménagé qu'il ne l'eût été sans l'étouffante assistance d'une amitié qui n'a su garder ni mesure ni décence.

En effet, les cris : *A la porte! Taisez-vous! A bas les perruques! les rococo, les imbéciles, les faiseurs de pétitions!* n'ont cessé d'être adressés par la majorité qui avait le bonheur de jouir d'*Hernani* d'un bout à l'autre, à la minorité qui n'avait point d'attaques de nerfs, et n'était point maîtresse de garder son sérieux. Messieurs les connaisseurs du lustre n'auraient pas su trouver, pour qualifier des dissidents, classiques ou non classiques, ce choix remarquable d'épithètes ; et le ton qu'ils y auraient pu mettre n'eût pas valu l'accent véritablement délirant avec lequel s'élançaient quelques-unes de ces injonctions de respect, si ce n'est d'admiration, pour le nouveau chef-d'œuvre.

Cependant c'étaient des jeunes gens à figure douce, et généralement de très jeunes gens, qui proféraient ces exclamations furibondes. Est-ce que vraïment la contemplation passionnée des mœurs bien ou mal connues du moyen âge endurcirait insensiblement les nôtres, et nous ferait devenir sauvages et brutaux, de polis et à peu près civilisés que nous commencions à être ? Non, car de ces imaginations qui prennent feu à la vue d'hommes terribles dialoguant l'épée au poing ou l'arquebuse allumée, et de femmes charmantes défendant leur vertu par le poignard et avalant le poison avec une grâce perdue de nos jours ; de ces imaginations, disous-nous, il n'en est pas une peut-être qui ait jamais rêvé le mal de personne. On ne parle pas des nobles dames enlevées, des rivaux poignardés, des haines de famille implacablement poursuivies par ces sublimes reproducteurs des habitudes du moyen âge. Des hommes qui entrent dans le monde, des jeunes gens qui connaissent à peine la vie telle qu'elle est de notre temps, veulent nous faire voir comment on se jouait du meurtre il y a trois siècles ; et leurs amis, qui n'en savent pas plus qu'eux, nous jurent, à la vue d'une scène sur laquelle on grimace, on crie, on se roule, on se fait moribond, agonisant, cadavre, que c'est là la nature, la belle nature, la nature prise sur le fait. Regardez-la d'un peu près, la nature, dans ce qu'elle a de vraiment horrible ; allez vivre quinze jours avec des hommes qui aient vieilli dans le sang, comme on faisait au moyen âge ; allez chercher en Corse ou dans les Calabres un véritable brigand, et vous verrez si la stupidité la plus dégoûtante n'est pas compagne de cette férocité de mœurs que vous

trouvez si attrayante, si dramatique, et que vous ma-
riez si bien aux sentiments, aux idées, à l'esprit de
notre époque, dans de beaux vers faits sans peine et
purgés de césures. Dans toute l'Europe moderne, sans
en excepter l'Italie, qui a eu sa civilisation à part, plus
prompte et moins perfectible, les beaux discours ne
nt venus qu'après les admirables coups de poignard.
Du temps que l'on se défaisait si lestement de soi ou de
ceux qui vous gênaient, on parlait peu, mal, et dans
un langage aussi incomplet qu'obscur : on se tuait, faute
de savoir disputer. C'est à peine si les échantillons
qui nous restent des idées et du langage du temps four-
nissent à l'histoire des textes suffisants et assez intelli-
gibles. Le brillant François Ier, au moins aussi cultivé
que Charles-Quint, et protecteur des arts tant célébré,
écrivait :

« Tout à steure ynsi que je me vouloys mettre o lit
» est arryvé Laval lequel m'a aporté la certaineté du
» levement du siege, etc. »

Jugez de ce que devait être alors, dans la partie la
plus sauvage de l'Espagne, la politesse et le bien-dire
du seigneur brigand Hernani et de sa très fidèle maîtresse la noble dona Sol ! Nous examinerons cela d'un
peu près quand viendra la pièce imprimée. Aujourd'hui
nous voulions signaler l'attitude et les dispositions extraordinaires du public qui a presque exclusivement
assisté aux premières représentations d'*Hernani*. Il
était temps, car probablement cet autre public, qui
n'est ni romantique ni classique, mais simplement dans
son bon sens, aura bientôt accès à son tour ; et, au moment où nous écrivons, on nous assure que déjà un

commencement de réaction s'opère. Nous aurions
voulu parler aussi du jeu et de la déclamation des
acteurs : autre révolution, mais celle-là vraiment digne
de compassion, car il est incroyable comment les pou-
mons et les nerfs de MM. les sociétaires y peuvent tenir.
L'espace nous manque; mais cela durera bien encore
quelque temps; nous y reviendrons : l'art des Molé, des
Talma, des Fleury, vaut bien la peine qu'on ne le laisse
pas sacrifier à une manière de vociférer et de secouer
les membres, qui nous rend, sur notre première scène,
le spectacle des convulsionnaires témoignant de la sainteté du diacre Paris.

(National, 8 mars 1830.)

Deuxième article.

On a trouvé sévère ce que les premières représentations d'Hernani nous ont fait dire de cette pièce. Nous
avons cru devoir peu ménager un succès que le fanatisme d'école, presque aussi intraitable que celui de
secte, imposait violemment contre le goût et la liberté
d'opinion d'une portion du public très considérable, et
probablement la plus considérable. On nous a dit que
cette intempérante admiration n'avait pas reçu le mot
d'ordre de l'auteur d'Hernani; qu'autant que nous,
peut-être, il la blâmait; que, voué solitairement à la
poursuite d'une révolution littéraire rêvée dans un petit
cercle d'amis, jeune encore, malgré sa réputation, et
n'ayant guère vécu jusqu'ici qu'avec ses propres impressions, il avait très sincèrement désiré qu'on l'écou-

ât, et non pas qu'on le fît réussir ; qu'il était trop sage,
enfin, pour n'avoir pas senti qu'en ôtant la liberté aux
oppositions, on leur ôterait le calme, et que plus tard
elles éclateraient bien plus vives, bien plus difficiles à
ramener.

Là-dessus, nous voudrions pouvoir nous en rapporter
tout à fait à quelques amis du poëte, romantiques pleins
de douceur dans leur foi, qui ne veulent pas qu'on batte
personne au parterre pour n'être pas de leur avis, et
qui n'ont pas attendu que les sifflets se declarassent en
nombre pour trouver que chacun devait être libre d'aimer ou de ne pas aimer la tragédie d'imagination.
Assez heureux, quant à nous, pour avoir condamné les
représailles avant qu'elles vinssent, et lorsque l'inconve-
nance et la brutalité étaient encore tout du côté des admirateurs, nous avions su aussi ne pas confondre ce
qui, dans nos jugements, devait être séparé, le poëte
et l'école, la pièce et le succès. Sur l'école et le succès,
il y avait à dire quelques vérités un peu rudes, et nous
les avons dites ; au poëte, nous n'avons attribué, dans
cet étrange succès, que sa part de poëte, c'est-à-dire
sa pièce ; sur l'œuvre, enfin, nous n'avions hasardé
qu'une première impression, aimant mieux, disions-
nous, nous en rapporter à la lecture. Nous avons lu,
très attentivement lu, et nous venons tenir parole.

Les amis d'un poëte sont fort bons à entendre quand
il s'agit de son caractère et de ses qualités privées, de
ses habitudes d'artiste, de ses sentiments d'homme,
enfin de l'indifférence plus ou moins grande avec laquelle il peut abandonner à leur sort ses compositions
à peine achevées ; mais, pour éclairer la critique sur

une production telle qu'*Hernani*, ces intéressantes par-
ticularités ne valent pas, à beaucoup près, une courte
et modeste préface d'auteur. C'est bien peu que cinq
ou six pages, sans titre d'avertissement ni de préface,
placées en tête d'un drame nouveau. On s'attendait à
une poétique tout entière, plutôt qu'à un bulletin de la
grande victoire romantique ; mais, si peu que ce soit,
M. Hugo est là tout à fait lui, tel qu'il lui convient de
se donner au grand nombre, à la postérité, peut-être,
et non pas à tels ou tels de ses adversaires ; il est là
forcément l'homme de son système, le poëte dont les
sublimités ont mis tout hors d'elle-même la nouvelle
école, et qui manquerait à cette école s'il n'acceptait pas
sa maladive admiration comme celle du public même.
Toute notre malveillance pour M. Victor Hugo se bor-
nera à le laisser parler en courant, comme il fait de lui,
de ses amis, des croyances, des idées, des raisons sur
lesquelles se fonde la prétendue nécessité d'une révolution littéraire. Entre beaucoup d'assertions extrêmement curieuses, non pas démontrées, ni même développées, mais posées simplement, et, selon toute apparence,
sans le moindre soupçon qu'il puisse se présenter personne pour les contredire, nous prenons presque au
hasard celles qui suivent :

« Le romantisme, tant de fois mal défini, n'est que
le libéralisme en littérature.

» Bientôt le libéralisme littéraire ne sera pas moins
populaire que le libéralisme politique. La liberté dans
l'art, la liberté dans la société, voilà le double but auquel tendent d'un même pas tous les esprits conséquents
et logiques.....

» La liberté littéraire est fille de la liberté politique. Ce principe est celui du siècle et prévaudra. Ces ultras de tout genre, classiques ou monarchiques, auront beau se prêter secours pour refaire l'ancien régime de toutes pièces, société et littérature; sortis de la vieille forme sociale, comment ne sortirions-nous pas de la vieille forme littéraire? A peuple nouveau, art nouveau.....

» Elle saura bien avoir sa littérature propre, et personnelle et nationale, cette France actuelle, cette France du XIXe siècle, à qui Mirabeau a fait sa liberté et Napoléon sa puissance.....

» Le principe de la liberté, en littérature, vient de faire un pas..... Un progrès vient de s'accomplir, non dans l'art, mais dans le public..... Cette voix haute et puissante du peuple, qui ressemble à celle de Dieu, veut que désormais la poésie ait la même devise que la politique : tolérance et liberté.

» Maintenant vienne le poëte! il y a un public. »

Vienne le poëte! Quoi! serions-nous encore en attente; et l'orageuse apparition d'*Hernani* ne serait-elle qu'un prélude? Vienne le poëte, dit M. Hugo; vienne l'homme qui inscrira son nom sur la colonne de la révolution après ceux de Mirabeau et de Napoléon! Les amis de M. Victor Hugo assurent que ce poëte est venu, que ce troisième astre de gloire et de liberté a lui sur la patrie. N'ont-ils pas tressé les couronnes? N'ont-ils pas cherché partout, dans les loges, dans les couloirs, dans les escaliers, ce glorieux rénovateur qu'ils voulaient emporter sur leurs épaules, et qui s'enfuyait pour n'être pas étouffé dans son triomphe! M. Hugo ne s'en souvient plus. Il rend grâces à cette *jeunesse puissante* qui a porté aide et faveur à l'ouvrage d'un jeune homme sincère et indépendant comme elle. Mais il a l'air de croire qu'elle s'est méprise dans son enthousiasme, et que le véritable régénérateur de l'art n'est pas venu. Ainsi, ce n'est pas lui encore qui peut accomplir cette révolution tant promise; ce n'est pas non plus l'élégant traducteur d'*Othello*, ni le désolé Joseph Delorme (1), ni l'admirable M. Musset, qui voit la lune au bout d'un clocher comme un point sur un i (2); ce ne sera pas non plus l'infortuné Dovalle, qui vient de mourir tout exprès pour tromper les grandes espérances qu'on fondait sur lui : un poëte s'élèvera, plus étonnant que tout cela ; M. Hugo ne dit pas quand.

Mais revenons à cette heureuse et indissoluble fraternité du libéralisme et du romantisme dont nous ne nous doutions pas, et qui nous est révélée par l'auteur d'*Hernani*. Si cela n'était imaginé par un solitaire étranger aux choses du monde politique, on pourrait bien crier à la perfidie ! Quel facile et beau succès ne serait-ce pas, en effet, pour la tragédie d'imagination, si l'on persuadait à tout ce qui veut la liberté en France, à trente-deux millions de Français, comme on dit tous les jours, qu'ils sont romantiques? Et quelle bonne vengeance ne serait-ce pas tirer aussi des hommes qui veulent conserver l'hémistiche, l'expression vraie, la rime riche, le vers sans chevilles, le substantif sans plats adjectifs, si, en les assimilant aux ultras, on pouvait faire qu'ils fussent méprisés, haïs, repoussés de partout

(1) M. Sainte-Beuve.

(2) M. Alfred de Musset a depuis charmé la France par de merveilleuses beautés.

comme ultras? Mal nous prendrait, à nous qui croyons
aimer la liberté politique autant que personne, de nous
souvenir de Voltaire, de Bossuet, de Pascal, de Racine,
quand on nous dit qu'il faut sortir des formes littéraires
du régime despotique, et apprendre comme parlent et
sentent les hommes libres; il nous faudrait bientôt
céder au torrent du romantisme populaire, ou bien
aller tendre à M. Dudon (1) une main fraternelle. A ce
compte, qui voudrait s'avouer classique?

Une si ridicule confusion de choses, faite à dessein,
et pour aller seulement aux grosses intelligences, pourrait se concevoir; mais, débitée avec l'air, le ton de la
conviction, et par un homme d'esprit, vraiment c'est
incroyable. Notez que, si la politique et l'histoire pouvaient avoir affaire le moins du monde dans une simple
question d'art et de goût, le romantisme se trouverait
être cousin germain de l'émigration, et non pas fils de
la révolution, comme il se dit être. En effet, la révolution n'a laissé après elle rien de ce qu'elle a dû renouveler; elle a essayé toutes les réformes à la fois, et n'a
manqué aucune de celles qui étaient désirées par la raison; elle a poussé jusqu'à ses derniers termes la liberté
absolue du langage et de l'art; elle en a usé un instant
comme de toutes les autres libertés; les feuilles d'Hébert, les procès-verbaux de certaines assemblées, et le
catalogue des monstruosités qui se débitaient alors sur
le théâtre, en font foi. Mais, de toutes les folies auxquelles la révolution a été entraînée, il n'en est point
dont elle soit revenue et dont elle ait rougi plutôt que
de celle-ci. La langue, telle que Montesquieu, la Fon-

(1) M. Dudon était un membre influent et célèbre du parti de la droite.

taine, Fénelon, Rousseau, l'avaient écrite; l'art, tel que
Voltaire, Corneille, Racine, Despréaux, Beaumarchais,
l'avaient compris, eurent retrouvé bientôt leur empire.
Au contraire, le goût des littératures étrangères et les
premières velléités du romantisme naissaient, dans le
même temps, parmi ceux qui avaient fui le sol français. Il
n'y a pas plus de quatre ou cinq ans que le romantisme
a perdu le caractère un peu ennemi de la révolution
qu'il devait à cette origine. La première feuille qui s'est
déclarée pour lui, feuille distinguée et assurément très
libérale (1), ne s'est rattachée à lui que par des théories,
et ce qu'il a produit de plus remarquable, il l'a dû aux
inspirations monarchiques et religieuses; pour tout dire,
enfin, ce n'est guère qu'après avoir servi la cour et
s'être un peu brouillé avec elle, qu'il s'est avisé de venir
réclamer *la voix puissante du peuple*. Mais, en chan-
geant de camp, le romantisme changeait nécessairement d'amis : il perdait d'un côté et gagnait de l'autre ;
les hommes des deux écoles se sont mêlés, et la physionomie politique primitivement propre à chacune d'elles
a disparu : aujourd'hui, il n'y a plus en présence que
des gens concevant l'art de telle façon ou de telle autre.
Nous ne voudrions donc pas, imitant l'exemple qui nous
est donné, mêler à une querelle, après tout peu sérieuse, des haines malheureusement trop profondes,
trop graves, trop justes, pour qu'il soit permis de les
transporter là où elles ne sont point; nous n'appelle-
rons pas le bon droit politique au secours du bon goût
littéraire; nous ne renverrons point à M. Hugo et aux

(1) Le *Globe*, feuille qui exerçait alors sur la jeunesse une très grande
influence.

poëtes de son école l'épithète d'ultras; cela ne serait ni courageux ni vrai. Les hommes les plus opposés en politique se rencontrent tous les jours dans les mêmes préférences littéraires; nous voyons la liberté, les droits du pays, les lumières du siècle, défendus avec les formes de l'ancienne scolastique, et le despotisme, la servitude, l'ignorance vantés et recommandés dans la langue de Voltaire.

Puisqu'on veut que nous nous intéressions à la liberté dans l'art, comme à la liberté dans la société, on ferait bien de nous dire en quoi cette liberté de l'art peut importer à ceux qui, ne faisant ni poëme ni pièces de théâtre, n'ont jamais éprouvé la tyrannie des règles en vigueur sous l'ancien régime. On assure que *la voix puissante du peuple* a demandé l'abolition de la césure; qu'elle s'est élevée contre les unités d'Aristote, comme autrefois contre les gabelles et les droits de mainmorte. Ce peuple est vraiment bien étonnant. Que tout le monde se soit ému, il y a quarante ans, pour obtenir des libertés qui devaient être à l'usage de tout le monde, à la bonne heure; et il n'est personne, du moins aujourd'hui, qui, pour sa part, n'ait gagné à ce qu'il n'y ait plus de dîmes, de corvées, de droits féodaux, de Châtelet, de Bastille, de lettres de cachet, de lit de justice. Chacun va, vient, à peu près comme bon lui semble; écrit, lit, pense, croit ou ne croit pas, selon qu'il lui plaît, et rien de tout cela ne se pouvait sous l'ancien régime. Mais qu'est-ce que la liberté dans l'art, la révolution dans les formes littéraires, ajouteront à la liberté et au bien-être de chacun? Sera-ce que, la composition devenant chose beaucoup plus facile, plus de gens pourront arriver sans étude à la poésie, et vivre honnêtement du libre exercice de leur génie? Mais les lettres ne sont point formées en corporation; écrit qui veut, se fait lire qui peut; toute la tyrannie est dans la saine et majeure partie du public, qui approuve ou n'approuve pas, achète ou n'achète pas. Nous ne voyons pas comment réformer cela. Et puis, s'il faut absolument que l'art soit mis chez nous en harmonie avec les institutions, et que nous ayons une poésie, un théâtre, peut-être même une peinture selon la charte, pourquoi donc le romantique Shakspeare ne serait-il pas venu, en Angleterre, sous le beau règne de George III, dans le temps où florissaient les Burke, les Pitt, les Fox, les Sheridan? Pourquoi ce Sheridan, homme passionné, grand esprit, beau génie, n'a-t-il fait qu'une comédie de second ordre, tandis que Shakspeare a pu inventer et faire mouvoir à lui seul tout un monde dramatique, dans le temps qu'Élisabeth la superbe faisait mettre à genoux les communes, tuait Marie Stuart, tuait ses amants, tuait les puritains, les papistes, tout ce qui était un peu plus ou un peu moins protestant que son glorieux père Henri VIII? C'est qu'entre l'art et la liberté il n'y a pas le moindre engagement; c'est que la liberté appelle, distingue, occupe le génie; la tyrannie le laisse à lui-même, et c'est alors qu'il est artiste. On fera bien longtemps appel à la voix redoutable du peuple, avant qu'elle vienne détruire ce fait si simple et nous faire une révolution romantico-libérale.

Et la censure dramatique, nous dit M. Hugo, la censure exercée par M. Briffaut, n'est-ce pas là une véri-

table oppression? Oui, sans doute, c'en est une ; mais
elle ne donnera pas encore le peuple à l'école nouvelle.
Le peuple va chercher ses plaisirs à la Gaîté, à l'Am-
bigu, au Cirque, à la Porte-Saint-Martin ; on lui montre
de francs militaires, des épouses chastes et délaissées,
des époux dérangés et tyrans, des jeunes gens qui s'aiment et dont on retarde le bonheur, des scélérats bien
élevés, timides dans le crime, repentants après, et
d'autres qui n'ont ni principes ni remords. Le peuple
ne sait pas si la censure dramatique le prive de quelques-unes de ces émotions qu'on peut lui procurer avec
ces moyens. Chez lui terreur et pitié s'obtiennent facilement, et il trouve qu'on l'épouvante et l'attendrit
assez comme cela ; il n'en veut pas à M. Briffaut. Quant
au public des Variétés, du Gymnase, des Nouveautés,
du Théâtre-Français, du Vaudeville, il rirait peut-être
de plus d'un trait malicieux que la censure fait disparaître, par égard pour les puissances ; mais l'art y perd-
il beaucoup ? C'est une question. Pour ce qui est des
anciennes formes littéraires et des nouvelles que l'on
propose, la censure ne craint guère moins les unes
que les autres ; et, si *Tartufe*, *OEdipe*, *Mahomet*, *Figaro*,
et quelques parties d'*Athalie*, étaient encore à faire, on
verrait quelle est sa tendresse pour le classicisme. Ce
n'est point au nom de Boileau, mais de M. Mangin (1),
que se rend cette secrète justice des ciseaux, et l'examen d'*Hernani* nous prouvera que l'estimable M. Briffaut ne fait point sérieusement la guerre aux hardiesses
de composition et de style qui distinguent l'école nouvelle. Il n'a pas empêché M. Hugo d'avoir un cinquième

(1) Le **préfet** de police d'alors.

acte de supplément et un drame sans drame; il lui a laissé latitude complète de lieu, de temps, d'intérêt; il lui a même permis des tirades contre la tyrannie, des sentences politiques, énergiques, philosophiques, toutes choses que le classicisme semblait avoir usées de façon qu'on n'y revînt jamais. Avec tant de libertés de toutes les sortes, qu'a fait M. Hugo? Nous le verrons. Sa préface nous a occupé jusqu'ici; ce n'est pas trop nous y être arrêté, car tout ce que nous avons dit à l'occasion d'*Hernani* s'appliquera à beaucoup de productions du même genre, et nous n'aurons plus à revenir sur la question principale : la liberté dans l'art réclamée au même titre que la liberté dans la société. Tout le mal est dans cette confusion, et M. Hugo est la preuve de toutes les extravagances auxquelles un homme capable de faire de belles choses peut être entraîné par elle. (*National*, 24 mars.)

Troisième article.

Nous ne pouvons nous livrer à l'examen littéraire d'*Hernani* sans revenir un peu sur le compte que nous avons rendu de cette pièce lors de la première représentation. Comme c'est aux situations à déterminer le caractère du style, pour juger le style il faut rappeler les situations. La pièce, au reste, a déjà été tant jouée, tant parodiée, tant critiquée, tant vantée, que nous pourrons nous borner à de rapides esquisses, certain que la plupart des lecteurs connaissent déjà ce dont nous parlons. On sait donc assez généralement qu'Hernani est le fils proscrit d'un père assassiné par sentence

du roi d'Espagne, père de Charles-Quint. Ce roi est
mort, mais Hernani tout jeune a fait serment de venger
sur le fils la tyrannie du père. Il a grandi caché dans
les parties les plus âpres de l'Espagne; il y a pris les
mœurs, la vie, l'habit d'un brigand des montagnes; il
est devenu chef de bande, et rassemble quand il veut,
au son d'un petit cor qui ne le quitte jamais,

> . . . . Ses rudes compagnons,
> Proscrits dont le bourreau sait d'avance les noms,
> Gens dont jamais le fer ni le cœur ne s'émousse,
> Ayant tous à venger quelque sang qui les pousse.

Ainsi, bandit par choix, ayant son torrent, son bois,
sa montagne, qu'il affectionne particulièrement, aimant
aussi la faim, la soif, le froid, la dure, la liberté, la
misère, et jouissant à souhait de toutes ces choses

> Dans des rocs où l'on n'est que de l'aigle aperçu,

Hernani ne forme que deux désirs au monde : 1° tuer
de sa main, quand il pourra le rencontrer, le jeune roi
Carlos ; 2° s'emparer d'une jeune dame espagnole dont
il a fait connaissance on ne sait comment. C'est dona
Sol, nièce et pupille de don Ruy de Sylva,

> Riche homme d'Aragon, comte et grand de Castille.
> . . . . Un bon seigneur caduc,
> Vénérable et jaloux. . . . .

Ce don Ruy de Sylva, comme tous les tuteurs passés,
présents et futurs, veut épouser sa pupille, et sa raison,
à lui, c'est que

> . . . . Le monde trouve beau,
> Lorsqu'un homme s'éteint, et lambeau par lambeau
> S'en va, lorsqu'il trébuche au marbre de la tombe,

> Qu'une femme, ange pur, innocente colombe,
> Veille sur lui, l'abrite, et daigne encore souffrir
> L'inutile vieillard qui n'est bon qu'à mourir.

Mais dona Sol est comme toutes les jeunes filles; quoi qu'en puisse penser le monde, elle aime mieux

> . . . . Un jeune oiseau,
> A l'aile vive et peinte, au langoureux ramage,
> Qu'un vieux dont l'âge éteint la voix et les couleurs.

Elle aime donc Hernani; elle ne le connaît que pour un brigand montagnard *vaillant et généreux;* c'est égal, la plus heureuse conformité de goûts les a préparés l'un pour l'autre : ces choses-là ne s'expliquent pas. Son penchant lui dit qu'elle serait très bien avec Hernani,

> . . . . . Errante, en dehors du monde et de la loi,
> Ayant faim, ayant soif, fuyant toute l'année,
> Partageant jour à jour sa pauvre destinée,
> Abandon, guerre, exil, deuil, misère et terreur.

Voilà déjà trois des personnages principaux, Hernani, dona Sol, don Ruy de Sylva, et l'on voit ce qu'ils sont l'un à l'autre.

Maintenant, puisque Hernani veut absolument tuer le jeune roi Carlos ou Charles, pourquoi celui-ci ne viendrait-il pas s'offrir de lui-même au coup qui le menace? Il y a une raison, et même une raison historique, pour que cela arrive. Le roi Charles, dans sa jeunesse, était un libertin effréné, s'en prenant à toutes les femmes, ne s'arrêtant à aucune, et les enlevant de force quand elles voulaient demeurer fidèles à leurs amants ou à leurs maris. Comment une aussi jolie personne que dona Sol n'aurait-elle pas son tour avec un prince aussi amoureux de changement et aussi en-

treprenant que don Carlos? C'est ce qui se voit au lever
du rideau. Voilà donc, entre Hernani et le jeune roi
Carlos, deux haines pour une ; voilà deux rivaux pour
un au vieux Ruy de Sylva ; voilà dona Sol poursuivie
par trois hommes également ardents, et dont le plus
vieux, capable encore, malgré *son âge de soixante ans*,
de *ressayer son harnais de bataille*, dit fièrement aux
plus jeunes :

> . . . . Sinon le bras, j'ai l'âme.
> Aux rouilles du fourreau ne jugez pas la lame !

Dona Sol, cependant, à qui don Carlos, toute nièce
qu'il la sait être d'un grand d'Espagne, adresse l'étrange
compliment

> . . . . Qu'on voit dans sa belle âme
> Tant d'amour, de bonté, de nobles sentiments,
> Qu'à coup sûr elle en peut avoir pour deux amants ;

Dona Sol, disons-nous, est incapable de se partager,
et tient à Hernani au moins autant que chacun des trois
prétendants tient à elle. Évidemment, cela ne peut finir
sans qu'il arrive malheur à quelqu'un.

Autre chose maintenant. Il est question d'élire un
empereur, et le jeune roi Carlos a les prétentions les
plus fondées. Tandis qu'Hernani a deux intérêts, un
amour et une vengeance, don Carlos en a deux aussi,
un de débauche et un d'ambition, et il est homme à
les mener de front et à trouver du temps pour tout.

Si nous ne nous trompons, il y a trois données bien
distinctes, trois intérêts, et nous ne nous en plaindrons
pas si la pièce est trois fois amusante comme une pièce
ordinaire :

1° Trois galants : un bandit que l'échafaud réclame
Puis un duc, puis un roi, d'un même cœur de femme
Font le siége à la fois. L'assaut donné, qui l'a ?

2° Hernani, qui s'est fait brigand par piété filiale, immolera-t-il ou n'immolera-t-il pas le roi Charles aux mânes paternels?

3° Don Carlos, qui touche à l'empire et le trouve à son gré, l'aura-t-il, ne l'aura-t-il pas? Le verra-t-on

Seul debout, au plus haut de la spirale immense,
D'une foule d'États l'un sur l'autre étagés
Formant la clef de voûte, ayant sous lui rangés
Les rois, et sur leur tête essuyant ses sandales?

Assurément, ce n'est pas la matière dramatique qui manque ici. Sous l'ancien régime littéraire, où de timides génies avaient pour précepte : « Peu de matière et beaucoup d'art, » on se serait effrayé d'avoir tant de choses à développer en cinq actes. Alors on faisait cinq actes de tragédie sur cette simple donnée : « L'enfant Joas, caché et nourri dans le lieu saint, en sortira-t-il pour monter au trône de David, son héritage?» On faisait cinq actes de comédie non moins pleins sur cette autre donnée : « Monsieur Tartufe, qui s'est impatronisé dans une famille où tout le monde est édifié de lui, poussera-t-il la sainteté jusqu'à s'emparer de la femme, de la fille et des biens de son hôte? » On trouvait moyen d'écrire cela dans un langage admirable, constamment soutenu au ton voulu par la nature même des intérêts mis en action; imposant le recueillement, le respect, l'affliction comme les vicissitudes mêmes du peuple de Dieu; familier, vif, dégagé, franc, comme le mouvement de la vie privée, mais pas plus bas qu'elle. Sans mêler le comique et le tragique, sans plaquer à tort et à travers des bouts de pastorale, d'idylle, d'épître philosophique, des tirades descriptives ou des strophes lyriques, on parvenait à entretenir l'attention, la curiosité, la sympathie des spectateurs, et les personnages ne disaient rien absolument que ce qu'ils devaient dire dans leur situation. La *tragédie d'imagination*, digne on ne peut plus de son titre, avec trois données, arrive à peine à compléter quatre actes. Ainsi, à la fin du quatrième acte, la rivalité dont dona Sol était l'objet est terminée par la victoire de l'un des prétendants ; et celui-ci, qui visait à l'empire en même temps qu'aux faveurs de dona Sol, ayant obtenu l'empire, s'était dit noblement :

> Tes amours, désormais, tes maîtresses, hélas !
> C'est l'Allemagne, c'est la Flandre, c'est l'Espagne.

Alors le sujet était épuisé, le drame accompli, et, si le public n'est prévenu, il va s'en aller, pensant avoir tout vu, tout entendu, laissant tous les personnages de la pièce heureux, à l'exception du vieux tuteur ; et celui-ci se résignera, sans doute, comme tous les tuteurs dont l'amour est immolé, berné, sifflé journellement sur les théâtres.

Mais la nouvelle école connaît bien mieux le cœur humain. Et d'abord, tout intérêt pour deux jeunes amants cessera-t-il du moment où les obstacles qui les empêchaient de s'unir n'existeront plus ? Est-ce qu'on ne s'est pas surpris mille fois à se demander, quand la toile se baisse sur un de ces heureux couples, pour ne se plus relever, si cette suprême félicité durera toujours; si elle durera seulement quelques années, quelques mois? Eh bien ! c'est ce doute qu'il faut exploiter; il promet des surprises, des retours à déchirer les âmes les plus dures. Par exemple, si dona Sol et Hernani ne doivent pas être heureux en ménage, pourquoi ne pas montrer cela dans un cinquième acte? Bien plus, si, renchérissant encore, on peut faire que ces jeunes époux n'arrivent pas seulement jusqu'au lit nuptial, quel ne sera pas le désespoir des spectateurs, tout-à-l'heure si enchantés de les voir s'appartenir l'un à l'autre, et non plus comme de misérables proscrits, mais nobles, brillants, magnifiques et comblés des faveurs du plus grand prince de la terre? Il faut donc faire un cinquième acte: On a dit que c'était un défaut, et beaucoup de personnes, même en admirant *Hernani*, l'ont pensé. C'est, au contraire, un effet profondément calculé, une beauté jusqu'ici inconnue, une découverte dramatique. Si Beaumarchais, qui, dit-on, a fait entrer l'imagination dans la comédie, comme M. Hugo dans le drame tragique, s'en fût douté, il n'eût pas manqué de faire de sa *Mère coupable* le cinquième acte du *Barbier de Séville*. Mais l'art ne marche qu'à pas lents; Beaumarchais avait encore un pied dans l'ancien régime !

Admirez maintenant la catastrophe imprévue de ce cinquième acte. Voilà qu'entre la signature et le coucher de la mariée, à l'instant où les feux du bal de noces commencent à s'éteindre, à l'instant même où les deux époux ont cherché le frais et l'écart, et où la pudeur de dona Sol ne sait plus opposer à l'impatience d'Hernani qu'un *tout à l'heure* trois fois répété et fort expressif, voilà, disons-nous, que survient l'oncle, à qui Hernani voulut bien promettre de mourir à première sommation quand dona Sol serait retrouvée. Pas un spectateur, peut-être, n'avait prêté attention à cet incroyable pacte, et Hernani l'avait oublié lui-même. Un horrible dialogue, mais horrible d'absurdité, s'engage, dans lequel le vieux frénétique exige, sans délai, sans remise, qu'on lui livre une vie dont il se dit propriétaire, tandis que le jeune homme, sans oser nier la dette, se perd à chercher des raisons de mauvais payeur pour gagner du temps, un temps qu'il emploiera on n'ose dire comment, tant la seule idée de ces voluptés goûtées sur la tombe entr'ouverte est révoltante pour les sens. Enfin les deux jeunes gens se décident à avaler ensemble le poison, après avoir essayé vainement de fléchir l'atroce imbécile qui les veut voir expirer pour être bien sûr qu'on lui tient parole. Ils meurent donc, ces deux fiancés, en passant par des convulsions, par des déchirements d'entrailles, des crampes moribondes, dont Firmin et mademoiselle Mars se sont étudiés à graduer l'horreur. Des tortures, des cris qui feraient trop mal à voir et à entendre dans une salle d'hôpital, on s'en repaît sur notre premier théâtre, et la toile, qui s'était levée, à ce dernier acte, sur les féeries d'un bal d'opéra, s'abaisse sur un spectacle digne de la Morgue. C'est là précisément le beau, nous dira-t-on ; c'est ce contraste qui est sublime ; c'est à ménager de pareils effets qu'il y a du génie. Et puis, voilà l'honneur castillan ; voilà comme en Espagne, du temps de Charles-Quint, on savait mourir, plutôt que de trahir un engagement sacré..... Eh bien, amusez-vous !

Nous ne pouvons pas nier que, dans une autre planète que la nôtre, dans Saturne ou dans Jupiter, l'honneur ne fasse faire de telles choses ; mais, sur notre globe, pour le peu que nous le connaissons, il nous semble que rien de semblable ne peut se voir. Tout au plus l'admettrions-nous des plus insensés habitants de Bedlam ou de Charenton, si, par prudence, on ne les gardait à vue. C'est trop que de payer par une telle méconnaissance du vrai, du probable, du possible, la liberté de l'art, la latitude illimitée de l'invention. Et ici nous citerons l'opinion d'un homme qui paraît avoir trouvé, en faveur de ses défauts, grâce et crédit auprès de la nouvelle école, celle du vieux Corneille. Il n'était que trop porté, pour sa part, à tomber dans l'oubli des vraisemblances ; mais, après y avoir bien réfléchi, après avoir beaucoup inventé pour le théâtre, il disait : « Les » grands sujets qui remuent fortement les passions et » en opposent l'impétuosité aux lois du devoir ou aux » tendresses du sang, peuvent aller au delà du vraisem- » blable ; mais ils ne trouveraient aucune croyance » parmi les auditeurs, s'ils n'étaient soutenus, ou par » l'autorité de l'histoire, qui persuade avec empire, ou » par la préoccupation de l'opinion commune, qui » nous donne ces mêmes auditeurs déjà tout persuadés. » Il n'est pas vraisemblable que Médée tue ses propres » enfants, que Clytemnestre assassine son mari, qu'Oreste » poignarde sa mère ; mais l'histoire le dit, et la repré- » sentation de ces grands crimes ne trouve point d'in- » crédules. Il n'est ni vrai ni vraisemblable qu'Andro- » mède, exposée à un monstre marin, ait été garantie de » ce péril par un cavalier volant qui avait des ailes aux » pieds ; mais c'est une fiction que l'antiquité a reçue,

» et, comme elle l'a transmise jusqu'à nous, personne
» ne s'en offense quand on la voit sur le théâtre. Il ne
» serait pas permis, toutefois, d'inventer sur ces exem-
» ples. Les sujets viennent de la fortune qui fait arriver
» les choses, et non de l'art qui les imagine. La fortune
» est maîtresse des événements, et le choix qu'elle nous
» donne de ceux qu'elle a faits enveloppe une secrète
» défense d'entreprendre sur elle et d'en produire sur
» la scène qui ne soient pas de sa façon. Aussi les an-
» ciennes tragédies se sont arrêtées autour de peu de
» familles, parce qu'il était arrivé à peu de familles des
» choses dignes de la tragédie. »

Voilà ce que le vieux Corneille, avec son expérience
et son sens profond, était arrivé à reconnaître, et il ne
craignait pas, après cela, de condamner celles de ses
pièces où il s'était écarté de ces saines notions. Nous ne
demandons pas qu'on en revienne aux éternels Atrides,
et que, par respect pour l'antiquité, on s'en tienne là
sans oser rien inventer après elle; mais la difficulté
d'inventer est extrême ; elle est aujourd'hui plus grande
que jamais. Nous voudrions qu'on se persuadât de
cela ; que l'on ne se prît pas pour un homme de
génie parce qu'on s'abandonne à la faculté d'imaginer, faculté égale chez presque tous les hommes, et
qui, comme toute autre faculté, n'est puissante qu'autant qu'elle est réservée et réglée. Un pacte tel que
celui du troisième acte d'*Hernani*, un dénouement tel
que celui du cinquième acte, sont choses trop incroyables pour qu'on puisse se permettre de les présenter à
des spectateurs dans leur bon sens comme le type des
catastrophes auxquelles pouvait donner lieu, il y a trois
siècles, le sentiment exagéré de l'honneur castillan.

Mais, nous dit-on, cette fable n'est point de pure invention ; elle a un fond vrai, et M. Hugo l'a déclaré lui-même dans les journaux. Et quand il serait vrai qu'on pût lire dans quelque vieux et poudreux almanach l'histoire d'un homme qui aurait promis de s'empoisonner quand son ennemi ferait entendre un signal convenu, cet obscur récit de ce qui a pu se passer entre deux aliénés, on ne sait ni quand ni où, a-t-il le degré d'authenticité que recommandait tout à l'heure, par de si bonnes raisons, notre vieux Corneille? Peut-on tirer de là une peinture de mœurs qui appartienne d'une manière assez générale à un pays, à une époque quelconque ? Peut-on dire que ce soit là l'honneur castillan ? Nous mettrions volontiers M. Hugo au défi de publier l'anecdote dont il s'est inspiré; et, si jamais il y a eu, en Espagne ou ailleurs, un sentiment général, une frénésie d'honneur qui puisse autoriser le cinquième acte d'*Hernani*, nous dirons que c'est une belle chose que cette catastrophe. En attendant, il nous sera permis de trouver que M. Hugo n'a peint que des insensés, et, malheureusement pour lui, des insensés conséquents avec eux-mêmes d'un bout de la pièce à l'autre. Chaque rôle mérite bien une étude à part; nous la ferons (1). On ne peut attaquer par trop d'endroits à la fois une production pareille, quand on voit, par la préface des *Consolations* (2), la déplorable émulation qu'elle peut inspirer à un esprit délicat et naturellement juste.

(National, 29 mars.)

(1) Carrel ne fit pas cette étude.

(2) De M. Sainte-Beuve.

Manuscrit de mil huit cent quatorze, par le baron FAIN.

[Carrel admire beaucoup la campagne de 1814 ; c'était l'opinion commune alors. Quelques faits d'armes brillants,
agrandis par les illusions patriotiques et par les fumées des
passions politiques, faisaient oublier d'autres combats qui
n'avaient été ni bien conduits ni heureux, et surtout le résultat final, c'est-à-dire le succès des alliés et la défaite de
l'empereur Napoléon. Aujourd'hui que les récits contradic-
toires ont paru, il est facile de voir que cette campagne n'est
que l'application des mêmes erreurs qui avaient perdu
l'armée française dans l'année 1812 en Russie, dans l'année
1813 en Allemagne, et qui la perdirent dans l'année 1815 en
Belgique ; c'est-à-dire que, durant ces quatre années, Napoléon manqua constamment de la première qualité du général, de celle qui apprécie exactement les ressources dispo-
nibles et le but à atteindre. Durant ces quatre malheureuses
années, le but et les ressources furent complétement séparés
l'un de l'autre, et des malheurs aussi grands que les fautes
furent la conséquence de cette constante aberration. Un général qui n'aurait pas ainsi perdu de vue la première condition du succès, Turenne, Moreau ou Wellington, aurait sauvé
Paris en 1814, et obtenu des alliés une paix honorable.]

De toutes les guerres que la France a soutenues depuis le temps de Charles VII pour la défense de son territoire, il n'y en a point eu de si malheureuse que celle
de 1814; et pourtant le sentiment national, d'accord
avec l'opinion des militaires, la place à côté des plus
brillantes campagnes de Napoléon. Il en est de la guerre
comme de tout autre art, comme de tout ce qui exerce
et fait paraître le génie. Une chose vraiment belle n'est
pas seulement proclamée telle par les gens du métier,

elle l'est avec une égale sûreté par tout le monde ; les uns admirent parce qu'ils connaissent et comparent, les autres parce qu'ils sont émus. Dans une belle opération de guerre, il y a une partie de savoir et de calcul qui n'est pénétrée que par quelques esprits ; mais il y en a une autre qui produit dans toutes les imaginations l'émotion du beau, et qui est toute en spectacle. C'est cette rapidité d'exécution, cette puissance, et, pour ainsi dire, cette inspiration de mouvement qui partent de l'instinct supérieur à l'art et presque divin qu'on appelle génie. L'impression de cela est difficile à définir peut-être, mais c'est par elle que les merveilles du plus imposant et du plus désastreux des arts arrachent l'admiration du monde jusque dans les souffrances que la guerre cause.

C'est par ce côté visible de son génie que Bonaparte, en tout ce qu'il a fait, s'est donné le peuple même pour juge. Il n'était pas besoin de savoir entrer, la carte à la main, dans les profondes raisons qui le déterminaient ; il suffisait de compter les jours et d'entendre nommer les lieux pour pouvoir s'écrier : Celui-là est un grand capitaine ! Ce n'était pas, comme on put longtemps le croire, le succès que l'on considérait en lui, mais l'audace, la décision, la sûreté de coup d'œil avec lesquels il savait marcher. Aussi cessera-t-il d'être heureux sans cesser d'être égal à lui-même. L'étonnement qu'il avait produit dans sa jeunesse, quand, à la descente des Apennins, on le vit, de son premier coup d'épée, faire une Italie piémontaise et une Italie autrichienne, se placer entre deux feux, donner quartier à l'une, en la laissant derrière lui, puis se retourner contre l'autre

et la pousser devant lui, de fleuve en fleuve, jusqu'à
l'extrémité opposée des Alpes ; ce même étonnement,
on l'éprouva, lorsque, vieux avant le temps, appesanti
par le travail, battu depuis deux ans par la fortune, on
le vit, avec cinquante mille hommes, vouloir en renfermer cinq cent mille au cœur de la France, et y réussir
presque en les environnant de son mouvement, en trouvant moyen d'être toujours en personne sur leur passage, soit qu'ils entreprissent de marcher par l'un ou
par l'autre de leurs flancs, soit qu'ils voulussent aller en
avant ou se porter en arrière. Vainqueur ou vaincu,
c'était toujours le même homme, c'était la même
guerre ; les temps seuls avaient changé.

Bonaparte n'a point écrit sa campagne de 1814 ; mais,
si quelque chose peut tenir lieu d'un récit de Bonaparte,
c'est un journal simple et circonstancié tel que le *Ma-*
nuscrit de 1814. M. Fain a fait là, sans y prétendre
peut-être, un des meilleurs livres d'histoire qui aient été
produits de ce temps. Ce lieutenant de César qui, voulant continuer les *Commentaires*, a cherché à continuer
l'élégance et le grand esprit de César, nous plairait
bien plus aujourd'hui si, au lieu de se mettre à la
place d'un tel maître, il nous l'eût montré, jour par
jour, agissant et donnant ses ordres. Cette forme n'est
pas la plus capable de faire briller un écrivain, mais
elle a un caractère d'exactitude et d'authenticité qui
est le premier mérite à atteindre quand on veut parler
d'événements si difficiles à juger, d'hommes qu'il est si
peu permis d'interpréter. Le livre de M. Fain est maintenant une autorité tout à fait établie sur les grands et
tristes événements militaires de 1814, précisément parce

que M. Fain a eu le bon esprit de ne vouloir offrir que
son travail de secrétaire ; et, en général, on est très
porté à prendre confiance en quiconque sait mettre
son œuvre d'accord avec son métier. Il eût été si facile
à M. Fain de se faire un personnage dans le récit des
choses qu'il a si bien vues ; de dire, à chaque page :
« J'étais là..... l'empereur me dit telle chose..... ; c'est
moi qui fus chargé par lui d'écrire ceci ou cela..... » Ou
bien : « L'empereur me demanda mon avis, et je pris
la liberté de dire à l'empereur..... » Combien n'avons-
nous pas été fatigués de ces sortes de fatuités! M. Fain
n'a pas attendu que le public en fût révolté pour se
tenir, lui, quant à ce qui le concerne, dans une sagesse
pleine de réserve et de bon goût. Il est tout entier aux
événements et à l'homme qui seul doit occuper la scène.
Nous croyons que c'est un grand avantage pour lui de
n'avoir point pris part à cette campagne comme militaire. Ce n'est pas sa brigade, sa division, son corps
d'armée qui a tout fait ; ce ne sont point les corps auxquels il n'appartenait pas, ou les généraux, ses émules,
qui ont tout perdu. Il a vu l'ensemble des combattants
comme le général en chef les put voir. Il a connu la
satisfaction ou le mécontentement de Bonaparte sur les
opérations de chacun de ses lieutenants; il les rapporte ; et, depuis sept ans que ces témoignages sont
connus, aucune réclamation ne s'est élevée contre
eux.

En suivant avec attention sur une carte l'itinéraire
du quartier général, tel que l'a tracé M. Fain, on croit
à une chose que Bonaparte a souvent répétée à Sainte-
Hélène : c'est que l'occupation momentanée de Paris

par les alliés entrait non-seulement dans ses prévisions, mais dans ses calculs ; c'est que c'était seulement aux portes de Paris, et sur la rive gauche de la Seine, qu'une bataille pouvait être assez générale pour être décisive ; c'est, enfin, que, si les alliés eussent accepté cette bataille, ayant derrière eux Paris occupé par une partie de leurs troupes, mais dévoué à l'empire, ils l'eussent perdue. Il faut admettre tout à fait ce calcul dans Bonaparte, calcul qui ne s'est trouvé faux que par l'erreur où il était sur les dispositions de l'opinion à son égard, pour apprécier complétement sa conduite dans cette campagne mémorable. Ce serait encore assez pour sa gloire que, désespérant du succès, il eût voulu, tant qu'un pouce de fer serait dans sa main, défendre pied à pied les approches de la capitale et les couvrir de cadavres ennemis ; mais il y aurait là du Charles XII se faisant assiéger dans sa maison, avec vingt domestiques, par dix mille hommes, et Bonaparte avait une de ces âmes qui, pouvant tout sacrifier au succès, ont besoin aussi de croire au succès pour jouir de tous leurs ressorts. On le vit bien après Waterloo, après Moscou, après les malheurs de 1813.

Bonaparte, revenant à Paris pour la seconde fois sans armée, à la fin de 1813, avait donc renoncé tout à fait à l'Europe, mais point à la France. Il dit au sénat : « Toute l'Europe, qui était avec nous, est maintenant » contre nous. » Ainsi il se prépara, pour 1814, non plus à une guerre de conquête, mais à une simple guerre défensive. Il eût pu rallier des forces suffisantes sur la rive gauche du Rhin, s'arrêter de sa personne sur cette frontière, et y appeler la France entière comme en 93. Les alliés ne le pressaient pas trop. Il aima mieux les attendre au cœur de la France, dans le pays plat qui s'étend entre les Ardennes, les Vosges, les montagnes de Langres, de la Côte-d'Or, du Morvan : c'était un théâtre comme celui de Lombardie.

L'ennemi entra au commencement de janvier. Il se présenta par la Suisse, dont la neutralité fut violée, par la haute Alsace et par la Belgique. Ces points étaient fort éloignés l'un de l'autre ; mais les trois armées envahissantes étaient obligées de venir chercher les grandes routes qui conduisent à la capitale et qui longent la Seine, la Marne, l'Oise et l'Aisne ; or le pays compris entre ces rivières était celui que Bonaparte avait destiné à des manœuvres capables de le faire vaincre un contre dix. Il est remarquable qu'il ne commença à agir que lorsque deux des grandes armées étaient tout à fait engagées dans ce plat pays, ayant désormais derrière elles le désavantage de pays montagneux dans lesquels, en cas de revers, elles devaient être détruites par la population.

Aucune des rivières sur lesquelles Bonaparte opéra ne couvre Paris du côté de l'est, le côté le plus menacé. Au nord, l'Oise seule décrit avec l'Aisne un grand demi-cercle qui passe par Compiègne, Soissons, Rethel, Vouziers ; mais, entre l'Aisne, la Marne et l'Aube, entre l'Aube et la Seine, les passages sont ouverts. Ces rivières, dans leur direction si peu favorable à la défense de Paris, se croisent quelquefois avec les grandes routes qui conduisent à cette capitale, mais non de manière à ce que les villes situées aux points de rencontre puissent faire sérieusement obstacle ; toutes sont plus ou moins faciles à tourner. La seule ville de Soissons peut passer pour être la clef du pays entre Paris et l'Aisne; encore n'est-ce une défense que du côté du nord. Il fallut donc que Bonaparte, avec ses quarante mille infatigables marcheurs, trouvât moyen de barrer, pour ainsi dire, les larges passages à l'ennemi, et cela en allant et venant sans cesse d'un fleuve à l'autre. Dans cette défensive d'une singulière audace, bien loin d'avoir à disputer le passage des rivières, il fallait qu'il le forçât lui-même, qu'il jetât des ponts, qu'il en emportât de vive force, pour aller atteindre au plus vite tantôt les Prussiens, tantôt les Russes qui débordaient à la droite ou au centre, pendant qu'il battait les Autrichiens à la gauche. C'est ce qui lui arriva à Montereau, où il renouvela l'exploit d'Arcole, et à Soissons, où il lui fallut jeter un pont pour courir après Blücher, qui fuyait honteusement après s'être avancé en fanfaron jusqu'à Meaux. Souvent on eût dit que c'était Bonaparte qui envahissait le pays, et que les autres ne faisaient que le couvrir. Plusieurs fois il se trouva sur les derrières de l'ennemi, tandis que celui-ci, le croyant, au contraire, entre lui et Paris, rétrogradait en toute hâte; et l'on sait que ce fut en s'apercevant de leur plus grave méprise de ce genre que les souverains alliés se jetèrent tout à coup dans l'espace vide qui se trouvait devant eux, et gagnèrent Paris en quelques heures de marche.

Bonaparte n'eût été qu'un imprudent si, connaissant l'esprit de sa capitale, il se fût exposé à n'arriver que quelques heures trop tard, comme on le lui a reproché; mais il avait positivement prévenu les Parisiens qu'à tout événement, il comptait sur une résistance

d'au moins trois jours, et à la fin du premier jour il
arriva. Toute sa conduite jusque-là montre qu'il s'était
promis d'anéantir à trente lieues de Paris l'armée prussienne, et de retenir l'armée russe au delà de l'Aisne,
comme cela fût arrivé sans la destruction du pont de
Soissons, mais qu'il ne comptait en finir avec l'armée
commandée par Schwartzenberg, et dans laquelle étaient
les trois souverains alliés, qu'entre Fontainebleau et
Paris. C'est à cet effet qu'il s'était ménagé un prompt
retour par la rive gauche de la Seine. Dans cette dernière partie de son plan, Paris pouvait ne pas être à lui,
mais il comptait toujours sur Paris fidèle. Les trois
routes qu'avaient suivies les trois armées venaient se
réunir là : il était donc impossible qu'une affaire n'y
fût pas générale, et que Bonaparte ne fût pas maître
de la rendre décisive. Tout déserté et trahi qu'il était à
Fontainebleau, il y songea encore, mais il n'était plus
temps. On peut dire, au reste, que sa campagne avait
eu une conclusion politique, mais non le dénouement
militaire auquel elle tendait naturellement, et qui ne
pouvait sortir que d'une bataille. Deux maréchaux
avaient été vaincus et avaient rendu Paris ; mais les
maréchaux avaient toujours été battus sans Bonaparte,
et Bonaparte avait toujours été victorieux où il avait
paru. Était-il possible qu'il le fût une dernière fois
avec les débris de toutes ses forces contre la colossale
réunion de celles des alliés ? Ce ne fut pas l'opinion de
Paris ; ce ne fut pas celle des lieutenants de Bonaparte,
mais ce sera le doute de l'histoire, doute auquel se
complaira longtemps une nation pour qui la reddition

prématurée de Paris a été suivie de tant de pillages, de
malheurs et d'humiliations.

Toujours est-il que la campagne de 1814 n'a point
été achevée, que tout ce qu'il avait été donné à Bonaparte d'en exécuter jusque-là conduisait démonstrative-
ment à une dernière bataille sous les murs de Paris. Un
homme aussi habitué que Bonaparte à mépriser les
chances de la guerre avait dû penser que les plaines de
Paris en valaient bien d'autres pour faire un champ
de bataille ; mais une population telle que celle de Paris
avait dû trembler seulement à l'idée du bruit qu'eût
fait la plus belle victoire du monde remportée dans son
voisinage. Il en sera ainsi de Paris dans toute guerre
d'invasion qui trouvera cette grande cité ouverte comme
elle l'est aujourd'hui. Entre le Rhin et ses faubourgs de
la rive droite, Paris n'est défendu par rien. On passe
derrière la Meuse, derrière la Moselle ; on passe entre
l'Aisne et la Marne, entre la Marne et la Seine, entre
celle-ci et la Loire. On arrive à Paris du côté de l'est,
c'est-à-dire de la seule frontière vraiment menacée,
sans avoir eu à franchir une seule rivière de front. Il
faut, à l'avenir, dans nos démêlés avec l'Europe, ou la
guerre de l'autre côté du Rhin, ou Paris fortifié et
inexpugnable. Bonaparte n'avait peut-être pas assez réfléchi à cela quand il confia sa femme et son fils à la
population parisienne. S'il eût pu s'attendre à l'accueil
fait aux alliés, deux mois après, par cette même population, il eût probablement porté sa guerre défensive
loin de ce vieux foyer de toutes les passions et de toutes
les peurs depuis trente ans ; il l'eût faite moins natio-

nale et plus personnelle, et probablement il n'eût été abandonné comme empereur qu'après avoir succombé comme général. Or il a fallu, pour qu'il renonçât à son rôle politique, qu'il succombât militairement. L'espoir de vaincre, qui lui était resté en 1814, a fait les cent-jours. Ce n'est qu'après Waterloo qu'il s'est condamné lui-même à n'être plus rien pour la France qu'un magnifique et immortel souvenir.

(*National*, 25 avril.)

[Un jeune homme, gérant du *National*, appelé par sa position et par son caractère à un brillant avenir, se brûla la cervelle pour des motifs de désespoir qui sont restés un secret. Carrel raconta ses obsèques; cet article figure ici surtout comme servant de préambule à celui qui suit, et qui est intitulé *Une mort volontaire*.]

Aujourd'hui à neuf heures du matin, les restes mortels de notre malheureux ami M. Sautelet ont été rendus à la terre.

Le deuil était conduit par M. Chignard, ancien avocat de la ville de Paris, beau-frère du défunt. Plus de trois cents personnes, parmi lesquelles on distinguait des députés, des hommes de lettres, des artistes, et entre autres MM. Béranger, Cousin, Dubois, Isambert, Delécluse, Manuel jeune, Scheffer, Jouffroy, de Rémusat, Lebrun, Bérard, Georges La Fayette, Mérimée, Vitet, Cauchois-Lemaire, Dunoyer, Comte, Ballanche, Armand Bertin, Tissot, etc., etc., suivaient à pied le convoi, et un grand nombre de voitures de deuil marchaient à la file. On s'étonnait, à la vue de ce nombreux concours, qu'un si jeune homme eût déjà pu devenir l'objet d'une considération si générale. La position politique qu'il avait prise depuis six mois comme représentant d'une feuille quotidienne, n'était pour rien dans les devoirs qu'on venait rendre à sa mémoire. L'étrange et déplorable nature de sa mort n'avait point non plus grossi le cortége en y amenant de simples curieux. La seule amitié, et l'amitié la plus affligée, avait fait les frais de la triste cérémonie et lui donnait un degré de pompe qui se voit rarement, même à la suite des hommes qui ont assez vécu pour jouer quelque rôle dans le monde. M. Sautelet était le compagnon d'études d'une foule d'hommes qui commencent à marquer aujourd'hui dans toutes les carrières, et, dans cette multitude de directions différentes, pas un ne s'était séparé de lui. Répandu de bonne heure dans le monde, il avait inspiré partout, sans efforts, la bienveillance à la fois douce et vive que lui-même portait dans toute sa personne. Depuis six ans, enfin, qu'il s'était fait libraire, il n'avait presque pas eu une relation d'affaires qui ne fût devenue bientôt une relation d'amitié. C'était l'un des jeunes gens de Paris les plus connus, les plus recherchés, les plus aimés. Il atteignait à peine trente ans.

Le convoi s'est rendu directement de la rue Neuve-Saint-Marc au cimetière Montmartre. Le cercueil, descendu dans la fosse, a été aussitôt recouvert, et un gémissement de tous les assistants a été le seul adieu fait à ces restes infortunés. On s'était, suivant la coutume, formé en cercle autour de la tombe, et l'on attendait, comme si la douleur commune eût voulu quelque chose

de plus que le lugubre bruit de la pelle des fossoyeurs.
Tous les yeux s'étaient tournés vers M. Cousin, et peut-
être l'éloquent professeur allait-il céder à cette muette
et unanime invitation ; mais, en ce moment, il s'est
souvenu que Sautelet avait été l'un de ses élèves les
plus distingués, on peut même dire un de ses disciples
chéris, et ce souvenir et l'idée de cette mort cruelle
ont étouffé la parole prête à sortir de sa bouche. Personne après lui ne s'est senti le courage de venir demander à l'ombre d'un malheureux jeune homme
pourquoi la vie lui fut si amère, et quelle fatalité lui a
fait fuir si tôt les consolations d'une amitié qui n'eût
demandé que de savoir ses chagrins. On s'est dispersé,
emportant une douleur au-dessous de laquelle seraient
restés peut-être tous les discours.

La génération à laquelle appartenait notre malheureux ami n'a point connu les douleurs ni l'éclat de ces
grandes convulsions politiques dont le souvenir fournit
tous les jours, sur la tombe des hommes d'une autre
époque, de si faciles lieux communs oratoires. Mais, à
la suite de ces orages, qui ne peuvent se rencontrer que
de loin en loin, notre génération a été plus qu'une
autre en butte aux difficultés de la vie individuelle, aux
troubles et aux catastrophes domestiques, circonstances
faites pour intéresser partout ailleurs que sur le bord
d'une tombe.

Peut-être l'ami que nous regrettons a-t-il été de très
bonne heure l'une des plus touchantes et des plus pitoyables victimes de ces obscures tribulations qui peuvent accabler une destinée à peine formée ; on n'a que
trop lieu de le croire. Mais il faut laisser étendu sur sa

tombe un voile qu'il n'a pas voulu déchirer. Ce que
l'on peut rapporter de sa courte vie, c'est ce que tant
de personnes qui le pleurent aujourd'hui en ont connu.
Combien de nous, hommes de son âge, se souviennent
de l'avoir vu, jeune encore, abandonné à lui-même,
au sortir de la vie d'étudiant, qu'il avait menée tristement, entrer dans le monde avec une figure charmante, le goût de toutes les choses élevées, la facilité de mœurs la plus heureuse, l'esprit le plus ouvert,
avec des manières réservées qui sentaient la défiance de soi, un laisser-aller naturel qui exprimait la
confiance et qui l'inspirait à la première vue! Accueilli
comme très peu de jeunes gens l'étaient, tout lui souriait alors, et pourtant il avait déjà l'invincible pressentiment d'une mort funeste. Ce pressentiment devint,
à la longue, une disposition habituelle d'esprit qu'il ne
craignait plus de montrer, et que chaque contrariété
nouvelle fortifiait malheureusement en lui.

Depuis plusieurs années, il avait fondé un commerce
qu'il avait su rendre brillant en n'y consacrant qu'une
très petite partie de son temps. On avait pu croire
qu'il avait donné enfin à sa vie un intérêt capable de
la lui faire aimer. Il avait montré une capacité peu
commune en affaires, la sagacité et la décision d'esprit
d'un véritable spéculateur; il avait su se placer au-dessus de sa besogne, et pourtant n'en mépriser aucun détail, rester homme du monde en faisant son état, travailler en marchand et ne pas descendre d'une certaine
hauteur intellectuelle à laquelle ses excellentes études
et la portée naturelle de son esprit l'avaient placé. Il
était dans cette situation lorsqu'il se joignit à nous, et

nos lecteurs n'ont point oublié avec quelle fermeté pleine de mesure et quel sentiment parfait de ses convenances personnelles il s'était dernièrement présenté pour soutenir devant les tribunaux celles de nos opinions qui lui avaient valu une condamnation qu'il était au moment de subir.

Voilà l'homme que nous avons perdu. Faut-il dire qu'il a conduit son dessein avec une résolution, une présence d'esprit, un calme désespérant ; que c'est après avoir employé une nuit entière à mettre ordre à ses affaires et à écrire à ses amis qu'il s'est frappé ; qu'enfin, par la plus déplorable des fatalités, il a échappé, le soir même de la catastrophe, à une conversation cherchée par celui de ses amis qui avait le plus d'inrêt à l'observer, conversation qui devait infailliblement l'amener à une confidence et sauver ses jours? Tous il nous a fallu nous rappeler de ces cruels indices qui n'acquièrent de valeur que quand il n'est plus temps... Que se sera-t-il passé dans cette âme formée aux leçons de Cousin, et qui croyait à sa propre immortalité, qui tous les jours avec nous se consolait à y croire? Entre la dernière lettre, écrite à cinq heures et demie du matin, et le coup fatal, quelques minutes se sont passées encore. Qui nous dira les terribles délibérations auxquelles ce peu de minutes a été employé? Du moins l'infortuné n'a point eu à essuyer de convulsions physiques : sa mort a été aussi prompte que la fatale explosion. *(National,* 15 mai.)

[L'article précédent expose ce qu'était M. Sautelet ; et l'on voit
à quel propos Carrel écrivit le morceau sur une mort volontaire. « Dans ces pages, dit M. Sainte-Beuve, il a passé
» comme un frisson d'épouvante. C'est un bel article,
» sombre, fier, tendre sans faiblesse, moral sans déclama-
» tion, et comme avait seul le droit de l'écrire un homme
» qui avait sondé la vie et vu plus d'une fois la mort en-
» face. » Dans cette peinture sombre et fière, en effet, on
remarquera un trait de caractère : Carrel avait un vif sentiment de mâle élégance qu'il portait en tout ; là, dans cette
chambre ensanglantée, parmi les impressions douloureuses
qui l'assaillent, il ne peut s'empêcher de sentir et de montrer comme une aggravation du malheur, cette mutilation
affreuse d'une belle tête. Mourir ainsi lui aurait été plus pénible que de mourir d'une blessure qui ne lui aurait pas fra-
cassé le front. Et quand, après le duel où il fut blessé d'un
coup d'épée, il prévoyait qu'il serait peut-être entraîné encore à quelque rencontre, il disait qu'il prendrait le pistolet,
ne voulant plus être déchiré par le tranchant du fer.]

Une mort volontaire.

Virgile a réservé dans ses enfers une place à ces
morts infortunés que nous appelons *suicides*, meurtriers
d'eux-mêmes. Il les montre séparés des autres ombres,
tristes et livrés à l'éternel et inutile regret d'une vie
dont ils eurent le malheur de vouloir se délivrer : c'est
là leur supplice.....

> . . . . . Quàm vellent æthere in alto
> Nunc et pauperiem et duros perferre labores !
> Fata obstant. . . . .

On voit dans cette triste et touchante image le sentiment judicieux de l'antiquité sur la mort volontaire.

L'homme qui avait mis fin à ses jours semblait être allé
chercher en échange de la vie quelque chose de plus
dur à supporter que la vie, ou de plus triste au moins
à se figurer. On le plaignait d'avoir fait un mauvais choix. Cela n'empêchait point que Caton, Brutus,
Cassius, Aria, Pœtus, se dérobant par la mort à la servitude ou à l'infamie, ne fussent admirés; mais il y
avait un privilége pour certaines situations et pour certaines âmes. On distinguait entre ne pouvoir survivre
à la liberté de sa patrie et succomber à ses propres
disgrâces. On concevait une hauteur de vertu plus
qu'humaine qui se devait de ne jamais habiter avec la
tyrannie; passé cela, il n'y avait plus qu'une seule cause
à la mort volontaire, la cause que la triste humanité
portera toujours avec elle, le désespoir résultant des
malheurs privés. On n'avait que de la compassion pour
cette sorte de suicide.

Au temps où nous vivons, il n'y a et ne peut y avoir
d'autre mort volontaire que celle-là, et nous avons aussi
de la pitié, une vive pitié pour elle. Une philosophie,
une religion, presque également exigeantes, la condamnent; nos mœurs la conçoivent, la comportent à
peu près comme le duel, et sans en souffrir davantage.
C'est un mal dépendant de mille maux et correctif de
quelques-uns dans un état de société dont il est sage de
se contenter, comme du moins mauvais qui puisse
être.

A quoi bon discuter si la vie est ou n'est pas à nous,
et s'il nous est permis de nous en défaire quand il ne
nous plaît plus de la conserver? Il n'y a point d'orgueil
humain dans le suicide, pas la moindre pensée de ré-

volte contre le ciel. C'est l'acte d'un découragement
incurable; l'évasion tristement délibérée d'un malheureux homme qui a senti faillir son courage ou ses forces;
c'est l'issue d'une lutte presque toujours bien longue
entre une destinée souffrante et le plus puissant de tous
les instincts, celui qui attache à la vie. Quand une dernière goutte a fait déborder cette coupe de douleur qui
s'était insensiblement remplie pendant des années et
que la catastrophe arrive, les vrais sages ne demandent
point si la victime a bien ou mal décidé en principe,
mais si elle était tombée en effet dans une situation à
ne plus rien pouvoir tirer de la vie, ni consolations ni
ressources.

Laissons le droit, quel qu'il soit, dans une matière
où aucune justice humaine ne saurait le faire respecter.
C'est un fait qu'il dépend de nous de quitter la vie et
de descendre chez les morts.

> Mille chemins ouverts y conduisent toujours,

a dit le poëte.

Chose étrange que le favori de la création soit le seul
être qui se tue; que seul il ait la conscience de son
existence, et seul aussi la faculté d'en sortir quand elle
lui est à charge! L'homme, pas plus que le dernier des
animaux, ne saurait rien changer au mécanisme de ses
organes. Il ne commande point à la circulation, à la
respiration, à la nutrition, de s'arrêter en lui ou de se
reprendre à son bon plaisir. Tout cela s'accomplit sans
lui. Il ne lui a point été donné de pouvoir conduire ou
refaire à son gré les diverses lois en vertu desquelles il
existe physiquement; son intelligence, toute supérieure

qu'elle puisse être à d'aveugles fonctions vitales, n'en est qu'usufruitière et non pas modératrice; mais il est arbitre de la durée de ce bel ensemble. Il peut en finir quand il lui plaît avec la cause supérieure et inconnue qui préside en lui à ce fait merveilleux qu'on appelle la vie; il ne saurait faire tomber avant le temps marqué par sa constitution particulière un poil de sa chevelure ou de sa barbe, et il sera tout entier tombé en pourriture et mangé aux vers dans six semaines s'il est pris aujourd'hui d'un besoin de destruction de soi, dont peut-être le moindre incident heureux et inattendu le ferait revenir demain. Ceux qui voient arriver cela tous les jours trouvent tout simple qu'on puisse se tuer et qu'on ne puisse changer à volonté son embonpoint en maigreur et sa maigreur en embonpoint : mais cela n'en est pas moins un sujet infini d'étonnement et de méditation.

Tout homme a donc, sauf le jugement d'en haut, la triste faculté de se tuer, et trouvera toujours qu'il en a le droit quand la vie lui fera plus de peur que la mort. L'abus, il est rarement à craindre. L'instinct qui attache à la terre tous les êtres répandus à sa surface suffit bien pour empêcher les destructions trop promptes ou sans causes suffisantes. Il n'y a point de croyance morale ou religieuse qui luttât contre le désespoir et la nécessité de finir aussi énergiquement que cet amour de la vie avec lequel nous sommes tous nés. Celui qui se tue sans éprouver ce combat est malade, insensé ou maniaque; mais nul homme en jouissance de santé et de raison ne prend, à proprement parler, la vie en haine et ne trouve la mort plus riante que parce qu'il a perdu les moyens de vivre heureux ou le courage de travailler à le devenir. On flotte pendant des mois, des années, entre l'espoir d'un meilleur sort et la difficulté de vaincre l'horreur qu'inspire la destruction de soi. A la moindre lueur de succès. à la plus faible espérance d'un retour de fortune, on se reprend à la vie avec une énergie qu'on dirait invincible. L'expédient le plus misérable, s'il promet d'écarter d'un jour la détermination fatale, est saisi avec une imprévoyance et une joie d'enfant. Ce n'est que quand l'esprit s'est épuisé à chercher inutilement de nouvelles diversions, à inventer des moyens de salut, et que l'espérance, toujours trompée, ne sait plus à quelles illusions s'abuser encore, que l'irrévocable, l'irrémissible nécessité de subir son sort arrive enfin. Alors un peu de dignité se retrouve. Cet homme abandonné, qui n'avait plus ni force ni raison à opposer à ses chagrins ou à ses penchants pernicieux, seul avec lui, à cette heure suprême, s'examine en juge inexorable, se condamne à mort, et, sans désemparer, s'exécute. Certes, cela n'est point méprisable.... L'âme la plus commune a là quelques instants d'un sublime et effrayant empire sur elle-même; car tout homme a vécu, a aimé, a connu quelque bien sur la terre, et tout au moins a joui d'un beau ciel, a eu des sens, des passions qui lui laissent à regretter... Qu'est-ce donc quand c'est un homme élevé qui se donne la mort! quand cet homme a le sentiment de son rang dans l'univers comme créature ; quand il est jeune encore, qu'il a connu tout le prix de la vie, qu'il en peut mesurer la perte et que ses croyances lui montrent plus encore à compromettre ?

Peut-être une situation si cruelle vaut la peine qu'on

essaye de se la représenter. — Qui de nous n'a pas
songé une fois à l'instant inappréciable qui marquera
pour lui, un peu plus tôt, un peu plus tard, le passage
du connu à l'inconnu, de la réalité quelquefois triste à
un état dont il n'aura plus conscience et qui sera le vide,
le rien, cette chose déconcertante pour la raison, qu'on
appelle d'un mot confus le néant? J'ai pu conduire par
la pensée ma vie jusqu'à cet instant rapide comme
l'éclair où la vue des objets, le mouvement, la voix, le
sentiment m'échapperont, et où les dernières forces de
mon esprit se réuniront pour former l'idée : je meurs ;
mais la minute, la seconde qui suivra immédiatement,
j'ai toujours eu pour elle une indéfinissable horreur ;
mon imagination s'est toujours refusée à en deviner
quelque chose. Les profondeurs de l'enfer sont mille
fois moins effrayantes à mesurer que cette universelle
incertitude :

. . . . . To die, — to sleep. . . . .
To sleep! perchance to dream.

J'ai vu chez tous les hommes, quelle que fût la force
de leur caractère ou de leurs croyances, cette même
impossibilité d'aller au delà de leur dernière impression
terrestre, et la tête s'y perdre, comme si, en arrivant à
ce terme, on était suspendu au-dessus d'un précipice
de dix mille pieds. On chasse cette effrayante vue pour
aller se battre en duel, livrer l'assaut à une redoute, ou
affronter une mer orageuse ; on semble même faire fi
de la vie ; on se trouve un visage assuré, content, se-
rein ; mais c'est que l'imagination montre le succès
plutôt que la mort, c'est que l'esprit s'exerce bien moins

sur le danger que sur les moyens d'en sortir. Ce n'est que dans la mort volontaire [qu'on est vraiment face à face avec l'impression anticipée de sa propre destruction. Rien ici qui voile l'abîme ; nul moyen de détourner les yeux. Le passage n'est point facilité par l'affaiblissement des organes, comme le plus souvent dans la mort naturelle ; ni par l'exaltation de quelque passion ou l'abrutissement, comme dans les autres morts violentes. Loin de là, il faut que l'esprit soit présent et fasse lui-même l'office d'exécuteur. L'infortuné plein de vie et de raison qui, le pistolet appliqué contre la tête, pense encore, veut encore, sait qu'il ne va plus ni penser ni vouloir aussitôt que du doigt il aura touché la détente fatale. Il appelle toute sa résolution au secours de ce faible et suprême effort qui ne suffirait pas à écraser le moindre insecte. Sans doute il tremble, il s'y reprend à plusieurs fois ; enfin le mouvement échappe..... il s'est élancé dans l'incompréhensible infini, et l'on ne trouvera plus de lui que le cadavre d'un supplicié.

Voilà pourtant comme meurent tous les jours des hommes que nous avons aimés, avec lesquels nous avons vécu, et de qui l'on entend dire légèrement : « Il s'est brûlé la cervelle, » comme s'il en coûtait si peu de se décharger une arme à feu dans la tête ! Eh bien ! il n'est certainement point de supplice humain comparable à la violence qu'ont eu à se faire à eux-mêmes ces fugitifs infortunés... Parmi les catastrophes de ce genre qu'on a pu citer depuis trois mois, et qui malheureusement se sont trouvées nombreuses, il y en a eu une si généralement sentie, si vivement déplorée, et qui a atteint un homme d'une nature et d'une situation si particulières, que non-seulement le silence n'est point commandé sur elle comme il l'est ordinairement par l'intérêt des familles, mais que c'est plutôt un devoir à remplir que d'en consigner quelque part les détails. Cette mort, c'est celle de l'infortuné Sautelet. Quiconque s'est mêlé de littérature depuis six ans a connu cet excellent jeune homme. Tous ceux qui ont vécu dans son intimité, avec lesquels il s'est entretenu de ses chagrins, de ses projets, de ses idées, et le nombre en est grand, car il avait le cœur aussi mobile, aussi désireux de nouveaux liens, que bon, attaché et aimant, aussi facile à découvrir ses plus secrètes impressions, qu'empressé et habile à se faire confier celles des autres; tous ceux-là, dis-je, imagineront facilement si aucune des tortures morales qui peuvent accompagner la mort volontaire lui a été épargnée. Il aimait la vie, il en savait le prix ; il avait reçu de la nature une de ces organisations distinguées qui semblent appelées à jouir de tout avec un je ne sais quoi d'exquis qui n'est pas fait pour le commun des hommes. Les habitudes de sa personne donnaient à qui ne connaissait pas ses chagrins intérieurs l'idée d'une existence douce, molle, aisée, méditative à la fois et sensuelle. Jeune, il s'était enfoncé avec passion dans les études philosophiques, et s'y était fort distingué. Au bout de quelques années, les formes avaient paru le fatiguer de la science ; il s'était mis à chercher le monde, et ce qui l'avait dominé depuis lors, c'était le besoin de faire l'expérience de tout dans la vie, une inconcevable curiosité pour toutes sortes d'esprits et de caractères, un goût singulier à montrer en lui l'homme intérieur,

et à fouiller chez les autres pour le trouver. Toute conversation avec lui tournait vite en épanchement, et
quelquefois dès la première ou la seconde vue. Doué au
plus haut degré de la faculté d'analyser promptement
et finement tout ce qu'il éprouvait, il se divulguait on
ne peut plus volontiers. Il aimait à parler de ce qu'il y
avait de bon et de mauvais en lui, à s'avouer faible,
indolent, capricieux, dépourvu de suite, incapable de
s'attacher à une besogne. Toute sa prétention était qu'on
lui accordât quelque chose d'élevé, de sensible, de fin,
d'intelligent, qui n'était pas à sa place dans la situation
où le sort l'avait mis, et qui l'eût rendu singulièrement
propre à manier les hommes quels qu'ils fussent, et à les
attirer à lui sans effort. On cédait à la bonhomie charmante avec laquelle il s'exposait ainsi, et l'on se laissait
aller avec lui à des assauts de liberté d'esprit au bout
desquels on s'étonnait d'avoir à lui demander le secret
sur des aveux d'amour-propre ou de conscience, sur
des peines de cœur, des soucis de position qu'on avait
soigneusement enfermés en soi et cachés à tout le monde.
Il était ainsi sur le pied de l'intimité avec nombre de personnes qui n'avaient d'intime ami que lui, et dont il avait
surpris le secret en les payant du sien, qu'il semblait
toujours laisser échapper pour la première fois. Il savait l'histoire cachée, le roman de chacun. Il se tenait
soigneusement au courant des incidents, des progrès,
des retours, ne revoyant souvent les gens qu'à de longs
intervalles et lorsqu'il pouvait y avoir du nouveau de
son côté ou du leur. Il fallait absolument qu'il dît toutes
ses impressions et qu'il recueillît celles des autres. Il
était parvenu, dans cette singulière façon d'occuper sa

vie, à être un homme très affairé, pliant sous le poids
des relations confidentielles, négociant au besoin pour
l'un, intriguant, s'il le fallait, pour l'autre ; sortant de
chez lui le matin et rentrant tard, étonné de n'avoir fait
autre chose que causer. Il mettait, à soutenir ce rôle si
facile à user et à discréditer, un art de paraître toujours neuf, toujours ingénu, toujours attrayant et digne
de confiance, qui, appliqué d'une manière plus sérieuse,
eût montré en lui l'homme véritablement supérieur.

Ce ne sont pas là encore, bien s'en faut, tous les traits
d'un des caractères les plus singuliers de ce temps,
et qui certes a mérité de laisser une trace après lui ;
je ne m'arrête qu'à ceux qui contrastent d'une manière
plus cruelle avec cette tragique mort à laquelle on ne
voulait pas croire quand de bien loin encore l'infortuné
l'annonçait. Tous les amis de Sautelet savaient que sa
jeunesse avait été extrêmement malheureuse. Il en racontait des choses qui le rendaient croyable quand il
disait avoir plus d'une fois songé au suicide avant sa
dix-huitième année ; il assurait y avoir rêvé depuis encore à chacune de ses traverses ; enfin il jurait que son
pressentiment invincible avait toujours été qu'il finirait
ainsi. On le plaisantait presque sur ces présages ; on lui
disait qu'il aimait trop la vie pour avoir de ces pensées
funestes ; que surtout il manquait de l'énergie nécessaire pour accomplir un projet de mort volontaire, en
supposant qu'il le conçût jamais. Il se rendait de bonne
grâce à l'opinion qu'on avait de lui, et consentait même
à rire de ce qu'il y avait d'un peu étrange à voir venir
une telle proposition d'un visage comme le sien. Cependant, depuis dix-huit mois environ, ses traits, d'une

beauté régulière et douce, s'étaient chargés d'une teinte de mélancolie toujours plus sombre. Depuis six mois peut-être, il lui arrivait beaucoup moins de mêler à ses entretiens ces idées de suicide sur lesquelles on l'avait toujours trouvé trop léger, trop glissant pour en être sérieusement frappé. Sans doute sa résolution était déjà fort avancée; il évitait ce qui eût pu la trahir, et travaillait en même temps à s'y soustraire; mais, hélas! trop tard et quand ses efforts ne pouvaient plus qu'être inutiles..... On ne le savait pas.

Le jour qui précéda la nuit fatale, il avait vu tous ceux de ses amis auxquels il croyait devoir un adieu particulier. Il était parfois abattu et préoccupé; ce jour-là il le parut peut-être moins qu'à l'ordinaire.

La nécessité l'avait endurci à un point dont on ne l'eût pas cru capable. Il ne fléchit un instant qu'à la vue d'un tout jeune enfant qui lui tenait de près, et qu'il aimait tendrement. Il ne put caresser pour la dernière fois l'innocente créature à peine entrée dans la vie, sans que le cœur lui manquât, lui qui aussi touchait aux portes de la vie, mais condamné à en sortir dans la nuit même. Une domestique fut le seul témoin des sanglots qui vinrent le suffoquer; mais il se déroba, et le lendemain il était trop tard quand la scène fut rapportée. Rentré chez lui, il ne manifesta aucun trouble, sa présence d'esprit était parfaite. Il s'occupa de minutieux détails de composition et d'impression pour le numéro du *National* qui devait paraître le lendemain, et que déjà il n'était plus destiné à lire (1). Vers une heure il

(1) La catastrophe dont il est parlé ici eut lieu dans la nuit du 12 au

s'enferma, et là commencèrent les longues agonies de
son âme. Il avait des dernières volontés à prescrire,
des instructions à laisser, des adieux à faire, et malheureusement plus d'un pardon à accorder et à demander
pour lui-même. Il écrivit quinze lettres; la dernière à
cinq heures du matin. Celle-ci, adressée à une famille
qui n'était pas la sienne, mais qui lui en avait tenu lieu
pendant les malheurs d'une jeunesse quelquefois pauvre
et abandonnée, commençait par ces mots, qu'on ne
saurait lire sans attendrissement : « La nuit est bien
avancée, et je n'ai plus guère de présence d'esprit pour
vous entretenir de la résolution que j'ai prise. Si ma
nature faible, indolente, avait pu être changée, elle
l'aurait été par vous tous..... J'ai été incorrigible..... »
Hélas! il n'y avait rien que de très réparable dans ce
mal, qui lui avait paru ne pouvoir être effacé que par
la mort; mais le courage lui avait manqué pour user
de toutes ses ressources. Il ne se sentait pas capable des
efforts de constance et de travail qui l'eussent infailliblement rendu à la sécurité, au bonheur; et c'était là
ce qu'il appelait être incorrigible..... Suivant toute apparence, il ne vécut pas longtemps après cette cruelle

13 mai 1830. Le dernier numéro du *National*, signé A. SAUTELET, propriétaire gérant (le 131ᵉ de la première année; on sait que le premier
numéro parut le 3 janvier 1830), porte la date du 13 mai. Le lendemain,
14 mai, le *National* était signé : A. THIERS, rédacteur en chef, signant provisoirement le journal, en remplacement de M. Sautelet, décédé. » Le
National ne parlait point dans ce numéro du suicide de son gérant; on y
lisait seulement : « On a appelé aujourd'hui à la sixième chambre, jugeant
correctionnellement, l'affaire du *National*; mais, le gérant, M. Sautelet,
étant mort hier, la cause a été renvoyée à huitaine, pour produire l'acte
de décès. »

et trop irrévocable condamnation de l'emploi de sa vie.
On n'entendit point l'arme à feu. Le théâtre de la catastrophe était une petite chambre située à l'extrémité
la plus reculée d'un appartement très vaste. Ce ne fut
qu'à l'heure où l'on entrait habituellement chez lui,
dans la matinée, qu'on le trouva baigné dans son sang
et déjà refroidi.

Si l'homme qui a résolu sa propre destruction pouvait savoir quel spectacle il laissera après lui, je ne dis
pas à ses amis, mais à des curieux, à des allants et
venants, à des hommes de police ; s'il savait les conversations qui se tiendront, pendant une douzaine d'heures,
auprès de lui roide, étendu, souillé, méconnaissable,
peut-être il reculerait d'horreur, ou du moins sa dernière prière serait qu'on voilât ses restes à tous les re-
gards, surtout à ceux qui aimèrent en lui une créature
élevée et faite pour passer de la vie à la mort sans déchirements de ses traits, sans dispersion de ses plus
nobles parties. Je ne manquerai point ici à un pieux
devoir envers un homme si digne d'égards et de regrets, bien que l'impression que m'a laissée le suicide
consommé pût servir à d'autres si j'essayais de la reproduire. J'ose dire qu'après cette vue, un homme qui aurait
eu quelquefois de funestes pensées contre lui-même ne se
tuerait point et croirait que c'est toujours un devoir de
vivre, un opprobre d'aller à la terre dans cet état épouvantable. Il n'est donné qu'à la main hideuse du bourreau de flétrir ainsi la création dans son œuvre la plus
parfaite.

Et pourtant il y a dans le suicide d'un homme qu'on
aimait quelque chose dont la pensée est plus insuppor-

table que la vue même d'un cadavre privé de la noble
empreinte de l'humanité. C'est une image bien affreuse
que celle qui a frappé plusieurs des amis du malheureux Sautelet, au moment où ils entraient chez lui, ne
s'attendant à rien de tel; mais l'idée de ce qu'il a pu
souffrir dans les préparatifs de sa mort est encore plus
affreuse. Quand on a bien connu cet excellent et faible
jeune homme, on se le figure hésitant jusqu'à sa dernière
minute, demandant grâce encore à sa destinée, même
après avoir écrit quinze fois qu'il s'est condamné et
qu'il ne peut plus vivre. Sans doute il a pleuré amèrement et longtemps sur le bord de ce lit où il s'est frappé.
Peut-être il s'est agenouillé pour prier Dieu, car il y
croyait; il disait que la création serait une absurdité
sans la vie future. Ses mains auront chargé les armes,
sans qu'il leur commandât presque, et, pendant ce
temps, il appelait ses amis, sa mère, quelque objet
d'affection plus cher encore au secours de son âme dé-
faillante. Il était là, s'asseyant, se levant avec anxiété,
prêtant l'oreille au moindre bruit qui eût pu suspendre
sa résolution ou la précipiter. Une fenêtre légèrement
entr'ouverte près de son lit a montré qu'après avoir
éteint sa lumière et s'être plongé dans l'obscurité, il
avait fait effort pour apercevoir un peu du jour qui
naissait et qui ne devait plus éclairer que son cadavre...
Enfin il a senti qu'il était seul, bien seul, abandonné de
tout sur la terre; qu'il n'y avait plus autour de lui que
les fantômes créés par ses derniers souvenirs. Il a cherché un reste de force et d'attention pour ne se pas
manquer, et sa main a été sûre....

Mais ce n'est pas encore tout que les souffrances mo-

rales de la lutte décisive ; on sera plus épouvanté encore si l'on remonte de phase en phase cette incurable
maladie de désespoir à laquelle il fallait que notre infortuné Sautelet succombât si jeune. Il y a donc eu un
jour, trois mois, six mois (qui sait ?), avant la catastrophe, où s'est révélé à lui tout le péril de sa situation,
et où pour la première fois, à tort ou à raison, il a songé
à la mort, comme moyen..... Il y a eu successivement
d'autres moments solennels où il a vu échouer une première combinaison de salut, puis une seconde, une
troisième, une quatrième..... Il y a eu un jour où il a
fallu qu'il se déclarât à lui-même que tout espoir était
perdu ; qu'il n'avait plus devant lui qu'une, deux, trois
semaines de vie ; et peut-être, accablé, fatigué d'assauts,
il s'est reposé sur ces trois semaines comme sur un
siècle. Mais enfin est venu un moment où, sans toucher
précisément au terme, il a fallu qu'il désignât à peu
près irrévocablement le jour et l'heure fixes où il finirait. Peut-être s'est-il manqué de parole à lui-même
une fois, deux fois sur cette détermination terrible.....
et pendant ces jours, ces semaines, ces mois, qu'il était
toujours tournant autour de la tombe entr'ouverte, il
lui fallait vivre comme nous ! Il semblait prendre à nos
espérances politiques, à nos discussions littéraires, le
même intérêt que nous ! Il s'asseyait encore avec un air
de plaisir à un bon repas ; il se parait pour aller à une
réunion, à un spectacle ! Il se rencontrait dans nos entretiens mille choses qui devaient déchirer l'âme d'un
mourant ; et il ne laissait point échapper l'affreux secret !

Voilà donc ce que c'est que le suicide ! Y a-t-il une

mort plus misérable? Et c'est là ce que des sophistes appellent déserter un poste, violer un dépôt confié par le ciel..... Hélas ! on n'a pas cessé d'aimer la vie quand on la quitte; mais on est à bout de moyens pour y trouver encore bonheur et considération.

(*Revue de Paris*, juin.)

George IV.

[Le roi d'Angleterre George IV étant mort le 26 juin 1830, Carrel en écrivit l'histoire, au point de vue constitutionnel.]

Premier article.

Le dernier roi d'Angleterre, George IV, fils aîné de George III, naquit à Londres le 12 août 1762. Il eut à sa naissance le titre de duc de Cornouailles ; celui de prince de Galles ne lui fut conféré que cinq jours après, et par lettres patentes. Il était à peine âgé de quatre ans lorsque l'attention de toute l'Angleterre fut portée sur lui par la maladie qui faillit emporter George III, vers la cinquième année de son règne. Cette maladie n'était pas sans rapport avec celle qui, vingt ans après, commença l'affliction de la longue vieillesse de George III, et elle effraya beaucoup plus alors parce qu'il y aurait eu une minorité de quatorze ans au lieu d'une régence exercée par l'héritier de la couronne. C'était aussi l'époque si difficile qui vit éclater la rupture entre l'Angleterre et ses colonies. George III se rétablit, mais en demeurant sujet à des accidents qui tenaient sur lui dans une crainte continuelle, et qui faisaient qu'on ne perdait point de

vue le jeune prince de Galles. Sans doute aucun biographe de George IV n'oubliera de dire qu'à quatre ans
il fut reçu chevalier de la Jarretière, et prouva, par sa
contenance, qu'il sentait toute l'importance de sa dignité nouvelle. On lit partout aussi qu'à trois ans il
reçut de la société des Vieux-Bretons, dont il était protecteur comme prince de Galles, une députation à laquelle il sut faire de lui-même une réponse charmante.
Les recueils fashionables connus sous le nom de *Public
Characters* sont pleins de jolies anecdotes sur l'enfance
de George IV. Nous couperons court à cette matière en
disant qu'il y a peu de princes dont la précocité ait été
autant vantée, et que probablement il ne l'a pas moins
mérité qu'un autre.

L'éducation de George III avait été fort négligée ; il
en souffrait, ce qui fit qu'il déploya dans celle de son
premier fils une sévérité excessive et peu éclairée. Le
jeune prince fut d'assez bonne heure condamné à une
réclusion presque monastique. Plusieurs hommes de la
première noblesse d'Angleterre se succédèrent près de
lui dans la haute charge de gouverneur, sans pouvoir
y tenir, parce que la surintendance que voulait conserver le roi les réduisait au rôle d'instituteurs subalternes.
Le docteur Markham, en qualité de sous-gouverneur,
fut la personne qui eut dans l'éducation du prince la
part la plus directe et la plus constante, toutefois à la
condition de se conformer aux idées peu larges du roi
en tout ce qui était religion et morale. Le docteur ne
fut guère libre de choisir qu'entre telle ou telle méthode
d'enseignement littéraire; mais on assure qu'à cet
égard sa capacité était au-dessus de tout contrôle, et

que son royal élève lui dut une de ces fortes instructions classiques que la noblesse anglaise aime tant à déployer en citations dans ses luttes parlementaires. A dix ans, le prince était fort avancé dans les études; les littératures grecque et latine lui étaient très familières; il avait des connaissances géographiques assez étendues; son goût pour les arts était extrêmement vif, mais il ne lui était pas permis de s'y livrer autant qu'il l'eût voulu. Déjà, dit-on, il était fort difficile à contenir dans les habitudes claustrales auxquelles le condamnaient les préjugés de son père. Il était impatient des contrariétés dont on entourait sa jeunesse, et savait en montrer son ressentiment d'une manière quelquefois très vive. On en cite un trait assez curieux et qui semble d'un autre caractère que celui qu'il a montré toute sa vie. Les injures publiées par le fameux Wilkes, dans le journal le *North-Briton*, contre George III, étaient encore dans toute leur nouveauté, lorsqu'un jour le prince, ayant essuyé quelque désagrément par les ordres de son père, alla écrire sur la porte du cabinet du roi : *Wilkes and North-Briton for ever !* On n'eut pas de peine à découvrir l'auteur de cette audacieuse inscription; le bon George, après s'être montré d'abord fort piqué, finit par rire de l'invention et la pardonna.

Le temps vint où il ne fut plus possible de tenir le prince éloigné d'un monde où la hardiesse naturelle et les grâces de son esprit, un corps superbe, le visage d'homme le plus noble, et une singulière élégance répandue dans toute sa personne, l'appelaient à produire une sensation égale à celle de sa haute naissance. En 1783, il atteignait sa majorité, c'est-à-dire sa vingt-

et-unième année ; il avait droit à un apanage ; il allait
venir prendre siége à la Chambre haute ; rien au monde
ne pouvait plus l'empêcher de se lancer au milieu des
séductions d'un monde empressé de lui faire fête et de
se parer pour le recevoir. Il devenait aussi un personnage
et le maître de former les liaisons politiques qui lui offraient le plus d'attrait. En ce moment, qu'il avait cru
ne voir jamais venir pour son fils, George III put reconnaître que le souvenir de ses leçons ne tiendrait guère,
et que la contrainte imposée jusqu'au dernier jour n'aurait fait que rendre l'explosion plus terrible. Du moins
il espéra conjurer le mal en faisant en sorte que le
prince eût le moins possible les moyens de s'y livrer.
La Chambre allait, suivant la coutume, assigner un
revenu à l'héritier de la couronne, devenu majeur. Le
roi fit dire par le chancelier de l'Échiquier (c'était
William Pitt, alors à peine entrant au ministère) qu'il
ne voulait point que l'établissement de son fils imposât
de nouvelles charges à la nation, et qu'il y saurait
pourvoir en détachant annuellement de sa liste civile
cinquante mille livres. La proposition de George fut
accueillie par la majorité du parlement comme d'un bon
roi et d'un bon père ; mais l'opposition, conduite alors
par la fameuse coalition de Fox et de North, et qui devait saisir l'occasion d'attirer à elle l'héritier de la couronne, fit valoir que cinquante mille livres ne pouvaient
suffire au prince pour maintenir la dignité de son rang.
L'opposition avait raison, et George III lui-même avait
joui, comme prince de Galles, de cent mille livres, au
lieu de cinquante. Mais il était fort difficile de persuader à la majorité du parlement qu'elle dût obliger le roi

à consentir à une augmentation de sa liste civile, qu'il ne voulait pas. La puérile combinaison de George III réussit donc. Le prince lui-même, voyant la discussion s'échauffer à son sujet entre l'opposition et les serviteurs de son père, déclara qu'il voulait se contenter du revenu que le roi jugeait devoir lui suffire.

La Chambre haute ne reconnaît pas formellement la dignité de prince de Galles : ce fut sous son titre de duc de Cornouailles que le fils, désormais affranchi, de George III, vint siéger parmi les pairs du royaume. Il ne tarda pas à trouver l'occasion de parler. Il fut court, comme toutes les fois qu'il lui est arrivé depuis d'exprimer une opinion dans la noble enceinte ; mais on admira beaucoup en lui une facilité, une grâce et une propriété d'expressions fort rares ; un débit peu capable de s'élever jusqu'aux mouvements de l'éloquence, mais d'une aisance, d'une simplicité pleine de bon goût, avec un accent qui savait prendre au besoin de la majesté, et un son de voix qui flattait singulièrement à entendre. On sait les liaisons fameuses qui s'établirent entre le prince, à son entrée dans le monde, et les premiers hommes politiques de ce temps, Fox, Sheridan, Burke ; l'intérêt seul ne les forma point, l'esprit y eut la plus grande part. Le prince se trouva être un homme aussi distingué en son genre, comblé d'autant de dons naturels, et aussi digne d'être recherché que chacun de ses illustres amis. Nul d'eux, peut-être, ne le jugea inférieur à ce que lui-même croyait être ; mais ce fut le secret d'un petit cercle d'hommes. Le public, à portée seulement de voir l'extérieur des choses, put croire que le prince ne ressemblait à ses amis que par les vices mêlés aux grandes facultés de quelques-uns d'eux.

Pendant les deux ou trois premières années qui suivirent la majorité du prince, on n'entendit parler que de ses énormes dépenses en équipages, en chevaux, en parties de plaisir, en constructions de luxe. La vie retirée et toute domestique de George III avait habitué l'Angleterre, depuis vingt-cinq ans, à des mœurs royales si réglées, si simples, que les désordres du prince semblaient quelque chose d'inouï et presque de monstrueux. Il était exclu de quelques-unes des résidences royales, et vivait en fils de famille dérangé, partageant son temps et ses plaisirs entre des sociétés de natures fort différentes, choisies dans ce qu'il y avait de plus haut, comme dans ce qu'il y avait de plus bas, et cela presque indifféremment. Tantôt il était avec ses grands amis de l'opposition; il les quittait pour de jeunes extravagants à débauches élégantes et à noms tarés, quelquefois pour des femmes plus que galantes, ou pour des professeurs de pugilat, des boxeurs. La puissance de sa constitution lui commandait tous les exercices et lui permettait tous les excès. Il lui arrivait souvent de se trouver incognito ou dans des lieux publics, ou chez de simples artisans. Un jour, on le reconnut dans une taverne, où il était assis parmi une multitude de personnes, et le lendemain la taverne avait ces mots pour enseigne : « Un tel, brasseur de Son Altesse Royale le prince de Galles. » Un carrossier de Londres fit sa fortune, parce qu'on sut que le prince y allait familièrement commander ses équipages et faire faire sous ses yeux les choses telles qu'il les voulait. Tous ceux qui se piquaient de suivre la mode voulurent être fournis par cet homme, et, à l'exemple du prince de Galles, présider à la confection des harnais de leurs chevaux. L'intime ami de Fox était en même temps le modèle des dandys de Londres et l'excuse de tous les jeunes gens perdus d'inconduite et de dettes.

Vers l'année 1786, un engagement sérieux apporta, sinon une fin, au moins un grand changement aux habitudes dissipatrices du prince. Il était alors âgé de vingt-quatre ans; on assura qu'il venait d'épouser secrètement mistriss Fitz-Herbert, jeune Irlandaise d'une naissance distinguée, d'une beauté fort remarquable, et qui était née dans la religion catholique. Le prince n'avait eu jusque-là qu'un seul attachement de quelque durée; il aimait passionnément mistress Robinson, auteur de la *Sylphide*, et c'est ce passager amour qui a fourni le roman connu en Angleterre sous le nom de *Lettres et Aventures de Florizel et Perdita*. Mistress Robinson avait été abandonnée pour des femmes qui, dit-on, ne la valaient point; mais mistress Fitz-Herbert parut avoir tout à fait captivé le prince. Les nouveaux goûts que lui inspira cette union et l'accumulation effrayante de ses dettes l'ayant fait songer sérieusement à mettre ordre à ses affaires, il essaya de se rapprocher du roi et de le toucher sur sa situation. Le roi fut inflexible, et le prince se vit obligé de prendre avec ses créanciers des arrangements fort gênants. Sur son revenu de cinquante mille livres, il convint de leur en abandonner quarante chaque année, et, avec les dix mille livres restant, il entreprit de vivre dans la retraite; il congédia toute sa maison,

vendit ses équipages, ses bijoux, sa vaisselle, et s'enferma, continuant seulement à voir ses amis politiques.

Mais cette belle résolution ne dura qu'un an. Au bout
de ce temps, le mécontentement du roi n'était pas désarmé, comme avait pu l'espérer le prince, et M. Pitt
apprit que l'opposition se proposait de faire au parlement une motion sur l'état des affaires de l'héritier
présomptif. Il y eut à ce sujet, entre le ministre et plusieurs membres des deux chambres, des conférences
fort animées. La question de savoir si le prince avait en
effet contracté une union secrète avec mistress Fitz-
Herbert, y fut chaudement débattue. Le prince, n'ayant
pas encore vingt-cinq ans, n'avait pu se marier sans le
consentement du roi son père, ou, à son défaut, sans
l'autorisation du parlement ; de plus, si mistress Fitz-
Herbert était catholique, le prince n'avait pu l'épouser
sans violer l'acte qui avait installé la maison protes-
tante de Brunswick sur le trône d'Angleterre. Pitt menaçait de dénoncer tout ce mystère aux chambres, si
l'on persistait à vouloir s'adresser à elles pour rétablir
les affaires du prince. Fox et ses amis, de leur côté, ju-
raient sur leur honneur que le prince n'était point marié,
et que personne plus que lui ne désirait une enquête
sur les bruits odieux qui avaient couru. Malgré ces vives
assurances, Pitt soutint ce qui était sa conviction, et proposa seulement, par égard pour le prince, de se charger
d'arranger les choses à l'amiable, si l'on voulait s'en
remettre à lui seul. On le prit au mot, et en effet il fit
voter, par le parlement, un revenu de cent mille livres
pour le prince, et une somme à part pour le payement
de ses dettes les plus pressantes. Le roi consentit à tout.

Ce fut peu après ce rétablissement des affaires du prince de Galles que George III fut, pour la première fois, atteint de la maladie mentale qui donna lieu à la mémorable affaire du bill de régence. Il y a trop à apprendre pour nous dans ces discussions pour que nous n'en fassions pas l'objet d'un article spécial. C'est moins de la personne de George IV que nous voulons occuper nos lecteurs, que des grandes questions constitutionnelles qui se sont agitées autour de lui, dans la situation extraordinaire où le mit, pendant vingt ans, le triste sort d'un père qui ne pouvait ni mourir ni régner. L'espoir d'être instructif nous a fait passer par-dessus la crainte d'être long.

(*National*, 30 juin).

Deuxième article.

Au mois d'octobre de l'année 1788, George III donna des signes d'aliénation incontestable. Le parlement était prorogé au 20 novembre suivant; cette époque arriva sans qu'il se fût opéré aucun changement dans l'état du roi. Le premier ministre, M. Pitt, fit écrire aux pairs et aux membres des communes que le roi était tombé dans une situation à ne pouvoir ni ouvrir une session, ni proroger de nouveau le parlement, et qu'il paraissait convenable que les chambres, sans attendre la formalité ordinaire de la convocation royale, puisqu'elle était devenue impossible, se réunissent pour aviser à ce qui était à faire. On se rendit à l'invitation de M. Pitt. Le premier ministre notifia lui-même à la chambre des

communes l'état de la santé du roi; la même communication fut faite à la chambre haute par le lord chancelier. M. Pitt avait déjà un plan de conduite arrêté :
il s'agissait pour lui de faire adopter une combinaison
telle que le pouvoir lui restât, quelque durée qu'eût
l'incapacité du roi; mais il ne se dissimulait pas l'extrême difficulté du succès. La situation était nouvelle
dans les fastes constitutionnels de l'Angleterre, et l'opposition, ayant à sa tête le prince de Galles, dont elle
allait tout naturellement faire valoir les prétentions à
l'exercice temporaire du pouvoir exécutif, avait de
grandes chances pour revenir aux affaires. Fox, qui depuis deux sessions était moins assidu à la chambre, ac-
courait en toute hâte d'Italie, appelé par ses amis. Lord
North dirigeait une nouvelle coalition, qui voulait porter
immédiatement et sans condition le prince de Galles à
la régence, et dans laquelle le prince de Galles eût fait
choix de nouveaux ministres. Tout annonçait une lutte
terrible, comme il n'y en avait pas eu depuis la mémorable année 1784.

L'intérêt de M. Pitt était de gagner du temps. Les
médecins assuraient que le roi devait recouvrer la raison; ils ne précisaient aucune époque, mais cela pouvait arriver, disaient-ils, à tout instant. M. Pitt proposa
aux chambres de s'ajourner, puisqu'il était impossible
que la session fût ouverte régulièrement, et qu'un court
délai pouvait amener le rétablissement du roi. Les
chambres se séparèrent. Quinze jours après, elles se
réunirent de nouveau; l'état du roi n'était pas changé.
M. Pitt présenta un rapport du conseil privé, constatant
cette situation malheureuse, et dit que, par respect pour

l'auguste malade, il lui paraissait que les chambres devaient s'en tenir à la déclaration du conseil, et ne pas exiger des éclaircissements sur lesquels il serait impossible de s'étendre sans manquer à de hautes convenances. Fox, Burke et leurs amis répondirent que la déclaration du conseil n'était point pour le parlement une information suffisante quand il s'agissait d'un événement aussi grave, et qu'il fallait qu'au moins des commissions choisies entendissent le témoignage des médecins. M. Pitt ne demandait pas mieux que de passer par des formalités qui pouvaient le tirer d'embarras, en donnant du temps à la maladie du roi ; un comité de vingt et une personnes par chaque chambre conféra avec les médecins ; l'opposition était entrée pour un tiers environ dans la composition de ces comités ; leur rapport fut conforme à celui du conseil privé.

Le fait étant maintenant bien constaté, M. Pitt, à son tour, demanda la formation d'un comité pour compulser les journaux du parlement et y chercher des précédents. « Il n'y a point de précédents, dit M. Fox, qui puissent s'appliquer à la situation actuelle, et tout le monde le sait bien ; il est donc inutile de perdre le temps en recherches. L'incapacité actuelle du roi est malheureusement un fait aussi certain qu'il est nouveau dans l'histoire. Nous avons à créer nous-mêmes un précédent. Or, dans le cas où nous sommes, il existe une personne qui fait une différence totale avec tout ce qui se présente dans notre histoire, et qui, par analogie avec le droit qu'elle a de succéder un jour à Sa Majesté, me paraît avoir seule le droit d'exercer le pouvoir exécutif quand Sa Majesté n'est pas en état d'en remplir les devoirs : j'ai nommé le prince de Galles. »

A ces mots, M. Pitt se leva comme indigné, mais parfaitement maître de lui. Il dit que l'opinion qui venait d'être émise était pour lui un nouveau motif de demander qu'un comité fût chargé d'examiner les précédents; que le travail de ce comité prouverait pour le moins qu'affirmer le droit du prince de Galles, comme cela venait d'être fait, c'est-à-dire comme un droit de naissance inhérent à lui et indépendant de la volonté des deux chambres du parlement, ce n'était rien moins qu'une trahison envers la constitution ; que, pour lui, son opinion était qu'en cas d'interruption dans l'exercice personnel de l'autorité royale, il n'appartenait qu'aux deux autres branches de la législature de pourvoir comme elles l'entendraient, et au nom de la nation qu'elles représentaient, à l'exercice temporaire de l'autorité royale; que l'héritier présomptif pouvait bien être choisi par les chambres, mais qu'à moins de cela il n'avait pas plus de droit à gouverner que tout autre sujet anglais. Il ajouta que de la question en discussion on venait d'en faire naître une plus importante, et que, pour tout Anglais qui entendrait parler de la séance de ce jour, il s'agissait de savoir si l'on ressusciterait, en faveur du prince de Galles, ces vieilles idées de droit divin et de pouvoir infaillible des princes, si justement tombées dans le mépris depuis un siècle.

Fox et ses amis ne virent pas sans un grand dépit leur formidable adversaire leur enlever, dans cette circonstance, l'honneur d'exprimer l'opinion la plus con-

forme aux sentiments anglais et à l'esprit de la constitution. Fox essaya de rétablir sa proposition dans des
termes moins absolus et plus respectueux pour l'autorité du parlement. Il tâcha de concilier le droit que le
prince tenait, suivant lui, de sa naissance, avec le droit
d'intervention que pouvaient avoir les deux chambres.
Il présenta la doctrine mixte que c'était bien au parlement d'établir un régent, mais que ce régent ne pouvait être que l'héritier présomptif. Pitt le battit facilement en lui objectant que c'était un droit illusoire que
celui de choisir, quand le choix ne pouvait tomber que
sur une personne, et il demeura, quant à lui, inébran-
lable dans sa proposition, que les deux chambres pouvaient choisir qui elles voulaient, et que le prince
n'avait pas plus que tout autre le droit d'être choisi.
« Mais s'il en est ainsi, lui dit Burke, si vous niez le
droit que le prince tient de sa naissance, tout le monde
peut être régent; et vous, par exemple, vous vous por-
teriez comme compétiteur du prince? » — « A l'époque
où notre constitution fut établie sur ses fondements actuels, répondit M. Pitt, il y a cent ans, lorsque M. Somers et d'autres grands hommes déclarèrent que personne ne pouvait tirer son droit à la couronne que du
consentement des deux chambres du parlement, quelqu'un demanda-t-il si M. Somers était compétiteur
du prince d'Orange? »

La chambre, ramenée par ce mot aux glorieux principes de la révolution de 1688, vota, à une grande
majorité, qu'il y aurait un comité pour examiner les
précédents. Un semblable comité fut nommé dans la
chambre haute. Le ministre, en réduisant la question à

des termes abstraits et en forçant les partisans du droit
du prince de Galles à se déclarer contre le droit en
vertu duquel le parlement avait transféré la couronne
de Jacques II à Guillaume et Marie, s'était donné un si
grand avantage, que le prince de Galles et les autres
membres de la famille royale se crurent dans la nécessité de désavouer presque les orateurs de l'opposition,
pour ne pas s'exposer à l'impopularité que ceux-ci
avaient encourue dans la discussion. Le duc d'York déclara à la chambre haute que le prince de Galles n'avait
nullement élevé les prétentions devenues l'objet d'un
si vif débat; que son frère avait été, dans sa jeunesse,
trop imbu des principes sacrés en vertu desquels la
maison de Brunswick occupait le trône de l'Angleterre,
pour désirer jamais l'exercice d'un pouvoir qu'il ne
tiendrait pas de la volonté du peuple, exprimée par ses
représentants. Le duc de Glocester parla dans le même
sens.

Le jour où les travaux des nouveaux comités durent
être soumis au parlement, M. Pitt, qui avait présidé le
comité de la chambre basse, proposa trois résolutions :

La première, « qu'il y avait interruption de l'autorité royale. » Elle passa sans discussion.

La seconde, « que c'était le droit des deux chambres
du parlement de pourvoir aux moyens de suppléer au
défaut d'exercice personnel de l'autorité royale pendant la maladie du roi. » Ici l'opposition éclata. Fox
demanda ce que c'était que cette théorie nouvelle qui
distinguait entre la couronne et la puissance exécutive,
qui déclarait l'une héréditaire et l'autre élective. Pitt
répondit que c'était la théorie même du gouvernement

anglais, non pas tracée par lui, mais par les hommes
qui avaient présidé à la révolution, et qui, les premiers,
avaient eu à pourvoir à l'incapacité momentanée de la
troisième branche de la législature ; que c'était là le véritable précédent à invoquer, et que les deux chambres
demeuraient seules dépositaires de l'autorité, par l'affliction du roi, comme elles l'avaient été cent ans auparavant par la fuite d'un prince catholique. Il ajouta
que c'était là l'inappréciable avantage de la constitution
anglaise ; que, dans tout autre pays, un malheur semblable eût brisé tous les liens du corps politique ; qu'en
Angleterre ce n'était qu'une occasion d'appliquer le
principe qui attribue la souveraineté aux deux premières branches de la législature, quand la troisième
vient à manquer. Ces raisons entraînèrent la majorité ;
la seconde résolution passa.

La troisième résolution n'était plus que la conséquence des deux premières ; elle était ainsi conçue :
« Il est nécessaire que le lord chancelier soit revêtu,
par les deux chambres, du pouvoir nécessaire pour apposer le sceau royal à l'acte qui convoquera le parlement dans la forme ordinaire, et au bill qui doit limiter
l'autorité du futur régent. »

Cette troisième résolution passa à la même majorité ;
mais ici l'opposition se releva un peu. Elle eut à faire
valoir que, tout en paraissant vouloir l'application rigoureuse des principes de la constitution, on pouvait se
ménager des moyens cachés d'agir contre la liberté
constitutionnelle ; qu'il était dangereux que la faculté
de consentir au nom du roi, et d'apposer le grand
sceau, comme par ordre du roi, fût conférée à une per-

sonne, quelle qu'elle fût ; que, d'ailleurs, cette faculté
de consentir n'emportant point la faculté de refuser,
n'était qu'une ridicule fiction. Mais il y a des circonstances où l'on fait bien quand on fait comme on peut,
et mieux valait un parlement légalisé par l'apposition
matérielle du sceau royal lui-même, que la suspension
du gouvernement par la volonté d'un prince qui n'eût
été que roi temporaire.

M. Pitt, ayant réussi dans tout ce qu'il avait proposé
au parlement, crut devoir écrire au prince de Galles
pour lui annoncer que, l'intention des chambres étant
de lui conférer la régence, il était résolu à proposer
les restrictions suivantes : « Que la maison du roi serait
placée dans la dépendance immédiate de la reine ; —
que le prince ne pourrait ni engager ni abandonner la
propriété personnelle du roi ; — qu'il ne pourrait accorder ni pensions, ni charges, ni nommer personne à
aucun office quelconque, jusqu'à ce que le bon plaisir
du roi pût être connu ; enfin, qu'il ne nommerait point
de nouveaux pairs. »

La réponse du prince exprimait la plus grande soumission quant aux décisions prises par le parlement,
mais un blâme assez amer des vues dans lesquelles ces
décisions avaient été sollicitées par M. Pitt. « Le prince,
disait-elle, s'abstient de faire aucune remarque sur
l'aperçu du plan qui lui est soumis ; il suppose qu'il a
été combiné avec assez de soin pour ne pas être exposé
à la possibilité d'un argument capable de changer les
dispositions de ceux qui l'ont fait. » Pour tout ce qui
était encore à discuter, le prince s'en remettait à la
justice et aux intentions loyales du parlement à son

égard ; il finissait en se déclarant déterminé, par son dévouement au roi et aux intérêts nationaux, à accepter la régence, quelques restrictions qu'on y apportât ; mais il avait cru aussi de son devoir de montrer qu'il n'approuvait point ces restrictions.

Muni de cette promesse du consentement du prince, M. Pitt présenta aux chambres le bill des restrictions. Ce bill, combattu avec la dernière énergie, surtout dans la chambre haute, où il fut l'objet d'une protestation signée de tous les princes du sang et d'une quarantaine de lords, venait à peine de passer, quand on apprit le rétablissement inespéré du roi ; et ainsi se termina l'une des plus mémorables luttes parlementaires dont les annales constitutionnelles de l'Angleterre fassent mention. Assurément, Pitt avait eu son intérêt de ministre, d'homme habitué au pouvoir et qui voulait rester maître, à soutenir qu'en cas d'incapacité de la personne royale, il appartenait aux deux chambres de disposer du pouvoir exécutif ; mais ici son intérêt était d'accord avec son grand esprit. L'opposition avait eu aussi ses intérêts d'ambition à soutenir une doctrine plus favorable au droit héréditaire des princes ; il y avait eu renversement des habitudes politiques des deux partis. Mais peu importe de quel côté et de quelles considérations particulières le bien peut venir ! Pitt avait fait triompher les vrais principes, et c'est pour cela que l'Angleterre lui a gardé un pieux souvenir.

Quant au prince de Galles, sa conduite dans cette mémorable affaire est ce que nous la verrons pendant toute sa vie : sacrifice de ses sentiments personnels à la nécessité de faire ce qui, à tort ou à raison, était voulu

par le pays, c'est-à-dire par la majorité des chambres.
C'est cette résignation, non point basse ni lâche, mais
raisonnée et intelligente, cet art de céder noblement et
à temps à tout ce qui lui a paru le vœu national, qui
a fait de lui le modèle des rois constitutionnels. C'est
à ce point de vue que nous aurons à le montrer dans
un dernier article.

(*National*, 2 juillet.)

Troisième article.

Rendu, par le rétablissement du roi, à la vie privée
et aux inextricables difficultés dont il l'avait semée par
ses désordres, le prince de Galles continua à offrir un
point de ralliement aux ennemis de l'administration de
Pitt. Mais la révolution française arriva. L'immense
question soulevée par elle en Europe amena dans l'opposition anglaise une sorte de schisme. Avant même
que Pitt eût ouvertement déclaré la guerre aux principes français, Burke, Windham et quelques-uns des
principaux membres de la minorité dans la chambre
haute, se séparèrent avec éclat de Fox, de Sheridan,
de lord Grey, illustres et constants amis de notre révolution. Cette scission avait lieu en 1792. Le prince de
Galles parut d'abord un peu embarrassé d'opter entre
les deux fractions du parti whig. D'une part étaient Fox,
Sheridan, les hommes qu'il aimait le mieux; mais les
convenances de sa haute position l'attiraient du côté
des whigs dissidents. Le renvoi de notre ambassadeur
leva son hésitation; il crut devoir désormais l'influence

de son rang et de sa personne à un système que l'Angleterre embrassait avec la chaleur de ses passions nationales, et qui paraissait être de nécessité celui des monarchies libres comme celui des monarchies absolues.
Ses relations avec M. Fox cessèrent; il ne vit plus aucune personne de ce parti, si ce n'est peut-être de loin
en loin Sheridan, mais pour des objets étrangers aux
affaires publiques.

Deux ans après, en 1795, lorsque le prince fut obligé
par l'état, plus que jamais embarrassé, de ses affaires, à
consentir à son funeste mariage avec la princesse Caro-
line de Brunswick, les whigs lui rendirent abandon pour
abandon. On lui avait promis, s'il se résignait à cette
union, qui contrariait toutes ses habitudes, et surtout
ses engagements avec mistress Fitz-Herbert, d'obtenir
que le parlement payât ses dettes et lui assignât une
augmentation de revenu. Cette fois, ce fut le roi qui
sollicita le parlement, et Pitt qui pallia les prodigalités
du prince. C'était, dit le ministre, la dernière fois
qu'on faisait à la chambre une demande de ce genre en
faveur de l'héritier présomptif, et son mariage était la
garantie certaine des réformes auxquelles il s'était déterminé lui-même. Il ne s'agissait pas de moins que
d'un revenu de cent vingt-cinq mille livres, et d'un
fonds à part qui devait être employé, sous la direction
de commissaires nommés par le parlement, à l'extinction graduelle des dettes du prince. On ne fut pas peu
étonné d'entendre M. Grey s'élever contre l'appropria-
tion de ces fonds, même à des conditions si peu flatteuses pour le prince, et dire que le refus de le tirer de
la gêne pécuniaire où il était serait sans doute une mor-

tification pour lui, mais aussi une leçon de prudence
pour l'avenir. M. Fox ne fut pas si dur dans l'expression ; mais il rappela qu'en 1787 on avait déjà promis,
au nom du prince, qu'il ne se trouverait plus en pareille nécessité. Le seul Sheridan, fidèle au souvenir
d'une amitié qui avait été confidente et témoin de bien
des écarts, Sheridan, destiné à mourir dans la plus
cruelle détresse, fit entendre des paroles d'indulgence
et intercéda pour le royal dissipateur avec une généro-
sité qu'on interpréta mal dans son parti et qui lui fit
tort. On doit à la vérité d'ajouter que les whigs, en se
montrant incrédules à la conversion du prince, malgré
son mariage et ses trente-trois ans, n'avaient pas été
précisément injustes envers lui ; car, de 1795 à 1810,
il fallut deux fois encore payer ses dettes.

Au commencement de 1801, George III eut un retour de sa maladie et se rétablit en vingt-huit jours. Il
retomba de nouveau en 1804, et l'avis des médecins
fut encore qu'il n'y avait pas lieu à déclarer la suspension de l'autorité royale. Cependant, le sceau fut apposé
par commission à plusieurs bills qui avaient passé déjà
dans les deux chambres. Si, dans ces deux circonstances, on se remua pour le prince comme on l'avait
pu faire en 1788, il ne témoigna, lui, nulle impatience
d'échanger sa situation d'héritier présomptif exclu des
affaires contre celle de régent ; et c'est justice à lui
rendre, qu'en aucun temps, même au plus fort de ses
démêlés avec le roi son père, il n'a paru envier une
autorité toujours sévère et quelquefois injuste à son
égard. Les princes ses frères étaient incontestablement
traités avec plus de faveur et de considération que

lui ; il ne lui arriva qu'une seule fois de s'en plaindre.

C'était après la rupture de la paix d'Amiens, en 1803. L'Angleterre se croyait menacée d'une invasion par Bonaparte, et toutes les classes de la nation, exaspérées au dernier point, se préparaient à la bien recevoir. Le prince de Galles écrivit au roi pour lui demander un commandement, ou du moins un emploi actif dans l'armée. « Ce sont, lui dit-il, les branches cadettes de votre famille qui, jusqu'ici, ont été appelées à l'honneur de servir l'Angleterre dans ses dangers..... moi seul j'ai été oublié. Si je me soumettais en silence à cette exception humiliante, je croirais l'avoir méritée. » Le roi répondit qu'il ne pouvait blâmer une plainte partie de motifs honorables ; qu'il avait eu plus d'une occasion de s'expliquer avec d'autres personnes sur les raisons qui le faisaient agir ainsi, et qu'il avait espéré n'avoir plus à y revenir ; qu'il ne croyait pas qu'on pût l'accuser d'injustice envers aucun de ses enfants ; que, si l'implacable ennemi de l'Angleterre osait se présenter sur ses côtes, tout Anglais, à commencer par le roi, serait soldat, et que le prince, à la tête de son régiment, pourrait payer sa dette à son pays..... » Tout le monde sait comment Bonaparte fut détourné de l'invasion qu'il méditait : ainsi les occasions de gloire furent refusées au prince. On a lieu de croire qu'il s'en consola, bien qu'il fût homme à faire son devoir comme un autre au jour du danger.

On sait qu'en 1802, à la paix générale, Pitt avait quitté le ministère, sous prétexte du refus du roi de consentir à l'émancipation de l'Irlande, et qu'en 1804, après la rupture de cette même paix, il avait été chargé

par George III de composer un nouveau ministère dans
le système qui lui conviendrait, pourvu que la question
catholique et M. Fox en fussent exclus. Pitt ne fit que
reparaître; il mourut en 1805. Après lui, l'impossibilité de composer, pendant la guerre contre la France,
un ministère capable de subsister avec M. Fox pour
adversaire, décida George III à donner commission à
M. Grenville de former un ministère dont M. Fox ferait
partie. Fox fut naturellement l'homme principal, le véritable chef de ce ministère. Il y avait vingt-deux ans
qu'il était sorti des affaires.

Burke était mort depuis longtemps, et la question
quant à la révolution française ne se trouvait plus dans
les doctrines qui avaient pu effrayer certains whigs,
mais dans la puissance et le génie entreprenant de
Bonaparte. Les deux fractions de l'ancien parti whig
s'étaient donc rapprochées, et la présence de M. Fox dans
un ministère était une victoire pour tout ce qui restait
de la fameuse opposition de 1783. Aucune démarche
publique du prince de Galles ne prouva qu'il considérât
l'existence d'un ministère whig comme étant pour lui
personnellement une satisfaction; cependant on ne le
crut pas indifférent aux succès politiques de ses anciens
amis. D'ailleurs, s'il avait dû, comme prince, ne pas
courir avec eux les chances de l'impopularité dans une
question de politique extérieure, il avait toujours montré les mêmes sentiments qu'eux sur les objets qui pouvaient intéresser la liberté intérieure du pays. Les
mêmes exclusions qui avaient pesé sur eux avaient pesé
sur lui. Aux yeux de la nation, il n'avait pas cessé
d'être whig, et le ministère Grenville était un minis-

tère dans le sens du prince de Galles. Mais le succès du prince, si c'en fut un pour lui que l'élévation des whigs, dura peu ; Fox fut enlevé presque aussi rapidement que Pitt, et George III, imperturbable dans son parti pris de donner le pouvoir au système qui restait le plus fort, rappela les amis et les élèves de Pitt, Perceval, Castlereagh, Canning, lord Hawkesbury. Après Fox, c'étaient les premiers hommes de l'Angleterre.

Ce nouveau ministère, formé en 1807, modifié fréquemment depuis, mais toujours conduit par M. Perceval et dans le système Pitt, gouvernait encore en 1811, lorsque se termina pour le prince de Galles l'exclusion à laquelle, depuis son entrée dans le monde, il avait été condamné par les défiances de son royal père. Il avait quarante-neuf ans. George III, tombé dans l'état profond de démence dont il ne sortit que par la mort, fut incapable d'ouvrir la session de 1811 ; c'était la cinquantième depuis le commencement de son règne. On attendit sans effet quinze jours. Le parlement s'assembla de lui-même, comme en 1788. Les résolutions que Pitt avait obtenues alors furent autant de précédents pour la situation actuelle. M. Perceval suivit à peu près la marche tracée par son illustre maître et devancier. Il écrivit aussi au prince de Galles pour lui donner connaissance des restrictions qu'il se proposait de faire entrer dans le bill de régence. Elles étaient moins rigoureuses, et surtout n'enlevaient pas au prince la faculté de modifier à son gré l'administration. Le prince répondit en se référant à la lettre qu'il avait écrite autrefois à M. Pitt. Les membres de la famille royale firent comme ils avaient fait en 1788, ils protestèrent contre les restrictions. Le bill était fondé sur la même fiction qu'en 1788, *sur le consentement présumé du roi vivant, mais incapable d'agir ou de décider par lui-même.* Les restrictions ne devaient durer que jusqu'à l'année 1812; six semaines après la convocation du parlement, elles cessaient de droit, à moins qu'un nouvel acte ne les prolongeât.

On s'attendait à un grand changement dans l'administration; on désignait les lords Grey et Grenville comme chargés de ramener les whigs au ministère. Il n'en fut rien. Le régent écrivit à M. Perceval pour l'assurer que son système serait maintenu; qu'il le regardait comme l'expression de la volonté du roi, et que, dans l'espoir continuel où il était du rétablissement de son père, il lui devait cette marque de respect, de ne toucher en rien à ce qui était son ouvrage. Il est certain qu'on ne désespérait pas, cette première année, de la guérison du roi, et qu'il eût été impolitique au régent d'essayer des changements qu'il n'eût pas été en état de maintenir. Il se serait trouvé peu d'hommes aussi parmi les whigs qui voulussent s'exposer aux chances de ces soudains retours de la raison du roi, auxquels on était fait depuis vingt ans.

L'année suivante, les circonstances n'étaient plus les mêmes. L'état du roi paraissait ne plus pouvoir éprouver aucun changement. A l'expiration des restrictions portées par le bill de régence, restrictions qui furent remplacées par d'autres plus douces, le prince adressa au duc d'York, son frère, une lettre dans laquelle il témoignait sa satisfaction de la conduite du ministère, et exprimait le désir que des hommes tels que les lords

Grey et Grenville voulussent faire partie de l'administration. Les anciens partis de Pitt et de Fox eussent été
ainsi fondus ensemble. Lord Grey déclara qu'il lui était
impossible de se rapprocher d'une administration dont
les opinions différaient des siennes en plusieurs points
très essentiels, et qu'il spécifia. Lord Grenville fit connaître aussi les raisons qui l'empêchaient de se rendre
au vœu du prince régent. La combinaison fut abandonnée.

Cependant le ministère Perceval était lui-même livré
à des divisions profondes. Le marquis de Wellesley
voulait rivaliser d'influence avec M. Perceval, et chacun de ces deux hommes d'État avait un parti dans
l'administration. Le prince de Galles se décida pour
M. Perceval; le marquis de Wellesley dut se retirer et
céder à lord Castlereagh le portefeuille des affaires
étrangères. On eut un ministère plus que jamais déterminé à continuer, à l'égard de la France et du continent, la politique de Pitt. Il n'y eut plus d'accès possible pour les whigs.

C'est ici que prennent place les reproches si amèrement adressés au prince sur l'abandon prétendu de ses
anciens amis et des principes qu'il avait jusque-là pro-
fessés. Nous, écrivains français, nous ne pouvons point
assurément nous rappeler sans peine que ce fut cette
alliance étroite entre le régent d'Angleterre et les
hommes auxquels Pitt avait légué sa haine contre Bonaparte, représentant couronné de la révolution française,
qui précipita nos derniers malheurs, nous arracha le
Portugal et l'Espagne, nous provoqua à la guerre de
Russie, et puis acharna toute l'Europe après les débris

de nos malheureuses armées en 1813 et 1814. Mais il
faut être de son pays. Il fallait qu'un prince anglais, si .
porté qu'il fût par la droiture naturelle de son esprit à
approuver les principes de notre révolution, fût Anglais.
Le prince de Galles avait trouvé, en 1811, l'Angleterre
engagée dans une lutte de laquelle il fallait absolument
qu'elle sortît victorieuse, ou c'en était fait d'elle. Les
décrets de Berlin avaient détruit son commerce. L'honneur de ses armes était compromis dans la Péninsule ;
ses trésors avaient été versés dans tous les cabinets de
l'Europe pour alimenter la guerre. La paix sans la victoire eût entraîné sa ruine, et les whigs avaient le tort
ou le malheur de vouloir la paix. Ils l'avaient voulue
inutilement en 1795 ; ils l'avaient arrachée à Pitt en
1802 ; ils avaient travaillé à la maintenir contre le vœu
de toute l'Angleterre en 1804. Sous le court ministère
de Fox, ils s'étaient mis dans la triste nécessité de protester contre le succès des armes anglaises en Espagne
et par toutes les mers. Aujourd'hui ils parlaient paix
encore ; ils faisaient de la paix l'une des principales
conditions de leur entrée au pouvoir. Peut-être eussent-
ils admirablement fait les affaires de la civilisation et du
genre humain, si la France et l'Angleterre, ces grandes
et éternelles rivales, eussent pu n'être pas jalouses l'une
de l'autre ; mais, tant qu'elles se haïssaient, les whigs
ne pouvaient présider aux destinées de leur pays. Au
contraire, les hommes de l'école de Pitt, car ce n'étaient
pas les torys, avaient fait de la guerre contre la France
leur affaire personnelle ; ils la poursuivaient avec une
énergie, une passion, une indifférence sur le choix des
moyens, dont nous n'avons pas, nous, à leur savoir gré,

mais qui convenaient aux intérêts, aux préjugés, aux ressentiments de l'Angleterre. Ils avaient eu, depuis quelques années, de beaux succès ; c'était à eux de continuer la lutte, et le prince de Galles fut de cette opinion comme Anglais. Il les a laissés maîtres jusqu'au moment où l'Europe ne s'est plus sentie de l'ébranlement causé par la révolution française, et où chaque nation a pu détourner ses yeux de ce grand événement et les reporter sur elle-même.

La conduite que George IV a tenue depuis, comme régent et comme roi, dans les affaires intérieures de l'Angleterre, est toujours partie du même principe : obéissance à l'intérêt anglais. De tous les ministères qui se sont succédé depuis celui de Castlereagh, le dernier des cabinets héritiers nécessaires de la politique de Pitt, il n'y en a pas eu un qui ait été composé suivant les affections personnelles de George IV. Ce n'est pas qu'il n'ait point su s'élever à la hauteur de ses royales prérogatives ; mais il en a réduit l'exercice à ce qu'il doit être dans les monarchies limitées : juger de la force relative des partis ; voir clairement le rapport existant entre chacun d'eux, et le sentiment du pays ; comparer les capacités placées à la tête des uns et des autres ; opter pour celles qui peuvent faire les affaires du pays dans une situation donnée, et qui n'est pas toujours la même. C'est ainsi que lord Liverpool a succédé à lord Castlereagh, M. Canning à lord Liverpool, et lord Wellington à M. Canning. George IV n'aimait pas M. Canning, qui dans le procès de la reine s'était prononcé contre lui avec très peu de ménagement. Il en voulait à lord Wellington des embarras suscités par lui au gouvernement de M. Canning. Cependant il prit, en 1825, M. Canning, parce que cet homme d'État était véritablement alors à la tête du gouvernement anglais. Il prit, en 1827, lord Wellington, parce que c'était alors le seul homme capable de continuer les affaires entamées par M. Canning, et d'obtenir pour elles le consentement d'une aristocratie rebelle à Canning.

Il nous resterait beaucoup à ajouter si nous voulions présenter une biographie complète de George IV ; mais tel n'a point été notre objet. Nous avons cru qu'il pourrait être utile d'exposer quelques-unes des transactions politiques du règne qui vient de se terminer en Angleterre, comme faites pour intéresser dans un pays où tous les problèmes du gouvernement représentatif n'ont pas été posés, où les vrais principes sont connus, mais livrés encore aux tâtonnements de la pratique. Tout le reste était d'un intérêt plus ou moins étranger à notre pays, et peut-être nous sommes-nous trop étendu sur une matière qui déjà appartient plus aux études de l'historien qu'aux considérations journalières de la politique.   (*National*, 5 juillet.)

[Les attaques contre M. de Bourmont, qui avait abandonné
l'armée française peu avant Waterloo, qui, devenu ministre
de la guerre, commandait l'armée française en Afrique, et
qui prenait part à tous les projets du ministère Polignac,
étaient violentes. Pourtant, quand en Afrique un de ses fils
fut blessé mortellement, Carrel parla dignement de cette
mort. Comparez ce qu'il a dit de la mort de Zumalacarreguy, tome IV, page 287.]

Le jeune Amédée de Bourmont est mort de sa blessure. Tous ceux qui ont compris dans quelle espérance
M. de Bourmont s'entoura de ses fils pour aller commander l'armée d'Afrique le plaindront d'avoir payé si
cher le triste avantage d'intéresser la France. On ne
souhaitait point à ses ambitieux projets cette leçon
cruelle; on n'avait pas besoin qu'un de ses fils fût atteint par la balle des Bédouins pour croire que sa race
est brave. Ce sang sera reçu par la France comme versé
pour elle. Mais les mérites sont comme les fautes, ils
sont personnels.

Le jeune Amédée de Bourmont était sorti de l'école
militaire de Saint-Cyr en 1821; il servait depuis neuf
ans, et était âgé d'environ vingt-sept. Son ancienneté
l'avait porté au grade de lieutenant dans un régiment
d'infanterie. Les occasions d'avancer et de se distinguer
lui avaient manqué, comme à tous les jeunes officiers
de la même époque; mais il était aimé de ses camarades d'école militaire et de service. Dans les rangs
de l'armée, on agite peu les questions politiques qui,
ailleurs, divisent si profondément les hommes; le devoir
et les habitudes s'y opposent. Le jeune Amédée de

Bourmont, placé par son nom dans une situation particulière, avait su se concilier, par sa modestie, sa bonté,
sa modération naturelles, l'estime et l'amitié de tous
ceux qui le connaissaient, quels que fussent leurs sentiments à l'égard de son père. Il était d'une jolie figure
et d'une tournure gracieuse; il promettait la valeur
brillante qu'il a montrée. C'est là tout ce qu'il y a à
dire de sa courte vie. Tout le monde eût désiré qu'elle
fût plus longue; et, pour répéter les paroles mêmes de
M. de Bourmont sur ce fils si déplorablement moissonné
dans sa fleur, *la France eût pu compter sur un brave*
officier.

(National, 21 juillet.)

Vandamme.

Vandamme servait déjà aux îles, dans un régiment
colonial, lorsque la révolution éclata. Il voulut défendre
son pays et forma une compagnie franche dont il se fit
le chef, et qui fut connue sur la frontière de Belgique
sous le nom de *chasseurs du Mont-Cassel.* Vandamme
était alors âgé de vingt-deux ans. Il était né dans les
lieux mêmes où pour la première fois il éprouva contre
les ennemis de la révolution son audace et ses rares facultés guerrières. Sa compagnie franche portait le nom
d'une petite ville du département du Nord, dans laquelle son père a longtemps exercé la profession de chirurgien apothicaire.

L'avancement de Vandamme fut très rapide; il était

chaud patriote, brave, infatigable, entreprenant jusqu'à ne douter de rien, et, avec cela, d'un caractère
qui ne savait pas reculer, même dans un mauvais pas
et après une témérité ; tel enfin qu'il fallait être pour
avoir le droit de commander aux autres dans un temps
où l'expérience de la guerre manquait encore, où la
tactique avait émigré sur les pas des officiers nobles, et
où le plus habile était celui qui tenait de la nature le
plus de hardiesse et de décision. Vandamme était général de brigade après deux campagnes ; c'est en cette
qualité qu'il s'emparait de Furnes et bloquait Nieuport,
en 1793.

Vandamme fut attaché successivement, comme général de division, aux armées du Rhin, du Nord, de
Sambre-et-Meuse. Il est impossible de s'arrêter à toutes
les affaires de détail qui, sans réussir à le porter au
commandement en chef, lui valurent une réputation
égale à celle de la plupart des généraux d'armée. Mais
c'était une de ces réputations à part qui ont l'inconvénient d'élever un militaire fort haut dans l'opinion et
de le condamner aux seconds rôles. Ainsi on ne mettait personne au-dessus de Vandamme pour commander une avant-garde, exécuter un coup de main ou
quelque mouvement décisif et périlleux sur les flancs
d'un ennemi. Toutefois, quelque succès qu'il eût dans
ces entreprises, il semblait à tout le monde qu'il dût
rester général de division, précisément parce qu'il était
excellent général de division, et qu'il y avait telle opération secondaire, telle saillie d'audace où lui seul était
capable de réussir. Médiocre général de division, avec
des airs de prudence et des prétentions à entendre la

grande guerre, on en eût fait peut-être un commandant d'armée.

On a souvent mis dans la bouche de Napoléon ce mot sur Vandamme : « Si j'avais deux Vandamme, j'en ferais fusiller un. » Certes, Napoléon n'a jamais dit ni pensé cela; il savait trop combien sont rares et précieux dans une armée les véritables hommes d'exécution. Mais ce prétendu dicton, inventé par les soldats, exprime assez bien quelle était leur opinion sur le général Vandamme. Il y a toujours eu, dans la manière dont il faisait la guerre, aussi bien sous la république que sous l'empire, du chef de compagnie franche. Ce n'était ni un barbare, ni un pillard, ni un homme sanguinaire, comme l'ont tant dit ceux qui ne peuvent pardonner à la révolution d'avoir exterminé dix coalitions ; mais, dans cette cruelle guerre où tant de passions basses s'acharnaient à la destruction de notre liberté, sa devise était un peu trop peut-être le *væ victis*. Il était terrible aux populations qui prenaient parti contre nos armées. D'autres généraux avaient reçu le don si heureux et si rare d'attirer les cœurs et de faire tomber les armes à leur approche ; son moyen, à lui, c'était la rigueur, rigueur extrême quelquefois, mais presque toujours excusée par les circonstances. Il est vrai, par exemple, que ce fut un des derniers généraux à suspendre l'exécution des lois contre les émigrés pris les armes à la main ; mais l'exemple de la miséricorde était alors donné par Pichegru, qui vendait son armée ; par Moreau, qui devait aller mourir dans les rangs étrangers ; et ce qu'ont écrit depuis Fauche-Borel, Montgaillard, et tout récemment le baron Crossard, a

trop prouvé que la haine et les complots de l'émigration contre nos armes, au lieu de se ralentir, ne firent
que redoubler par l'effet de cette pitié, qui, dans beaucoup d'âmes généreuses, avait bientôt succédé à la
colère.

Le général Vandamme a commencé tard à servir
sous les ordres de Bonaparte. On peut dire que, dans
les armées du Rhin, du Nord et de Sambre-et-Meuse,
il ne s'était jamais trouvé un général capable de tirer
parti de l'activité et de l'audace pleine d'intelligence
qui le distinguaient. Quand Vandamme est entré dans
les armées impériales, les places étaient prises; les
habitudes de Bonaparte étaient faites; il ne renonçait
pas facilement aux lieutenants qu'il avait formés, et
associait peu volontiers à leur faveur les généraux qui
s'étaient fait connaître loin de lui. Mais une division commandée par Vandamme dans les campagnes
d'Italie et d'Égypte, lorsque Bonaparte, ne se servant encore que de petites armées, pouvait tout voir,
tout suivre, tout inspirer, eût été formidable et eût certainement valu à son chef, aussitôt qu'à Lannes et à
Masséna, le bâton de maréchal.

En 1813, après avoir tant perdu de ses premiers et
fidèles compagnons, Bonaparte voulut faire Vandamme
maréchal, et ce fut pour lui fournir l'occasion de mériter avec éclat cette suprême distinction qu'il le chargea
de la trop fameuse entreprise qui compromit le succès
de la journée de Dresde. Les alliés, vaincus devant
cette ville, et ne pouvant plus se reformer en présence
de l'armée victorieuse, allaient chercher un refuge
dans l'enceinte des montagnes de la Bohême. Ils avaient

donné rendez-vous à Tœplitz à leurs corps dispersés.
Vandamme fut poussé vers Tœplitz afin de devancer,
dans les défilés des montagnes, les troupes que notre
armée devait continuer à mener battant devant elle.
Une indisposition subite de l'empereur vint malheureusement arrêter cette poursuite, sur laquelle Vandamme
comptait, et qu'il supposait devoir être poussée à outrance, comme faisait toujours Bonaparte après une
victoire. Mais l'absence de Bonaparte avait donné du
temps à l'ennemi, et Vandamme, qui s'était trop, peut-
être, abandonné à son ardeur, dans l'espoir de couper
toute retraite aux fuyards, se trouva lui-même, avec
dix-huit mille hommes, au milieu de l'armée ennemie
tout entière, encore en confusion, mais capable de
l'écraser par le nombre. Vandamme vit bien qu'il était
perdu ; mais, audacieux jusqu'au bout, il livra bataille
avec sa division à une armée entière. De dix-huit mille
hommes, six à huit mille restèrent sur la place après
une demi-journée de carnage. Cinq à six mille se firent
jour et regagnèrent, par des sentiers divers, l'armée
française. Vandamme fut au nombre des prisonniers.

Au quartier général des alliés, Vandamme fut insulté
et traité avec la dernière rigueur. L'empereur Alexandre oublia même, en lui parlant, la modération et la
haute décence qui lui étaient naturelles. Vandamme
s'entendit traiter de scélérat par le czar de toutes les
Russies. Il murmura, dit-on, une réponse tout à fait
dans son caractère et qui fit trembler pour lui : c'était
une allusion aux circonstances de la mort de Paul Ier.
Sa captivité fut cruelle ; aussi revint-il, en 1814, plus
rempli que jamais de la haine de l'étranger. Bona-

parte ne l'avait jamais accusé du désastre de Culm ;
il lui donna un corps d'armée en marchant sur la
Sambre. Vandamme eut en partie la gloire de la
journée de Fleurus ; il fut moins favorisé le 18 juin ;
son corps d'armée partagea, avec celui de Gérard, le
malheur d'être absent du champ de bataille ; et nous
pouvons affirmer que son opinion sur les causes et sur la
faute de cette déplorable absence était absolument la
même que celle de l'honorable général qui siége aujour-
d'hui à la chambre des députés.

Rentré dans la vie privée, où il est demeuré jusqu'à
sa mort, Vandamme a été estimé et aimé des hommes
qui l'ont connu. Sa bienfaisance s'est étendue autour
de lui ; sa ville natale lui doit un hospice de vieillards.
Ceux qui se sont plu à faire de tous nos généraux de la
révolution des sabreurs entendront dire, peut-être avec
étonnement, que Vandamme était un homme de beaucoup d'esprit, tant naturel qu'acquis. Sa conversation
était pleine de mouvement et d'idées, son langage très
pur et même quelquefois recherché. Sa diction eût été
fort remarquée dans une assemblée, si l'étonnante volu-
bilité avec laquelle il parlait n'eût rendu quelquefois
difficile de le suivre. L'activité rare dont il était doué
se reconnaissait à ses discours comme à sa conduite.
Incapable d'une rigueur réfléchie, c'est toujours emporté par la chaleur de son tempérament qu'il a manqué
de pitié. L'énergie extraordinaire de son sang a été
même la cause de sa mort : sa constitution lui promettait encore de longues années. Il est descendu dans la
tombe fidèle à la cause qu'il défendit toute sa vie.

(National, 23 juillet.)

[Huskisson, ministre anglais, qui entrait avec énergie et habileté dans les réformes économiques, périt écrasé misérablement lors de l'inauguration d'un chemin de fer.]

M. Huskisson.

Ce n'est pas seulement l'Angleterre qui perd à l'affreux accident qui vient d'enlever M. Huskisson. Toutes les nations qui marchent avec l'Angleterre dans les voies de la civilisation et de la prospérité industrielle étaient intéressées à ce que cet homme d'État vécût assez pour faire triompher en Angleterre le grand principe de la liberté du commerce des oppositions qu'il rencontre encore dans les préjugés mêmes d'une partie des classes commerçantes. Il n'en est point des systèmes économiques comme des systèmes politiques. Les derniers ne s'imitent pas, ne s'empruntent pas, ne se transportent pas d'un pays à l'autre sans grandes secousses. C'est par la guerre, c'est par les révolutions que s'obtiennent les réformes politiques, parce qu'ici l'obstacle est dans le gouvernement même, et que le gouvernement, disposant de la force organisée et de toutes les ressources publiques, ne se rend point sans combat aux vérités morales qui condamnent sa puissance ou tendent à la limiter. Plus favorisées, les vérités économiques ne rencontrent guère devant elles que la routine, les idées fausses, l'ignorance des individus et les difficultés ordinaires des choses. Or tous ces obstacles peuvent céder à la démonstration, à l'évidence. Lorsqu'une vérité économique se démontre par quelque expérience har-

die, la découverte ne profite pas exclusivement au pays
qui en a fait les frais, elle est aux pays moins avancés
qui voudront s'en emparer et l'appliquer chez eux.
C'est dans ce sens que la mort de M. Huskisson n'est
pas moins une perte pour nous que pour l'Angleterre.

Nous attendions avec émulation, avec espoir, le moment où M. Huskisson, rentrant dans le cabinet, pourrait reprendre les réformes tentées par lui il y a six
ans. Il laisse après lui une besogne entamée que nul ne
sera en état de continuer avec cet heureux mélange
d'idées spéculatives et de convictions pratiques qui,
avant lui, ne s'étaient rencontrées au même degré chez
aucun homme d'État anglais, si l'on en excepte William Pitt.

M. Huskisson, né en 1769, était fils d'un apothicaire
de Londres, et neveu du docteur Gerard, attaché comme
médecin à l'ambassade anglaise à Paris. Le jeune Huskisson fut envoyé par son père dans cette dernière ville
pour y étudier la médecine auprès de son oncle; mais,
ayant eu occasion de se faire remarquer par l'ambassadeur anglais, il abandonna ses études pour s'attacher à
l'ambassade. C'était pendant les premières années de
la révolution française : le jeune Huskisson se sentit
électrisé par les événements qui se passaient sous ses
yeux, et se mit à faire de la politique comme il est permis d'en faire à vingt ans, c'est-à-dire qu'il brigua
l'honneur d'être distingué dans les clubs français par la
chaleur de ses motions, et il y réussit, en effet, plus
d'une fois. Il a dit depuis qu'il ne s'était ainsi lancé
dans nos sociétés populaires que pour s'exercer à parler
en public la langue française : mensonge innocent d'un

homme sérieux qui n'aime pas à se rappeler son quart d'heure de folie.

Le jeune Huskisson quitta la France avec l'ambassadeur, lord Levison Gower, en 1793, et, à son retour en Angleterre, il entra à la trésorerie, par le crédit de son oncle, comme employé secondaire. Trois ou quatre ans après, Pitt eut lieu de remarquer un jeune homme expéditif au travail, grand chercheur d'instruction, qui apprenait et retenait tout avec une merveilleuse facilité, et dont l'intelligence était fort au-dessus de sa besogne. Le jeune Huskisson reçut pour première preuve de la considération du grand ministre l'ordre très pressant de se présenter au bourg de Morpeth comme candidat de la cour, pour une élection qui devait avoir lieu à la fin de 1796. Huskisson obéit avec joie, et entra au par-·lement.

Depuis lors jusqu'en 1802, M. Huskisson eut la confiance particulière de Pitt. Il y avait, dit-on, beaucoup de charmes dans les mœurs privées de ce ministre absolu, si hautain à la tribune, et qui ne se montrait jamais qu'avec un front assombri par le travail et le combat intérieur des passions. Pitt aima M. Huskisson comme il avait aimé M. Dundas ; mais il trouva dans l'esprit de M. Huskisson un terrain plus propre à recevoir en germe ses grandes idées sur le commerce, la navigation, les colonies, les douanes, les céréales, idées chères à son esprit, et que son inflexible résolution de tout sacrifier à l'abaissement de Bonaparte et de la révolution française le forçait à renvoyer à un avenir indéfini, et sur lequel il ne comptait pas pour lui-même. M. Huskisson fut en quelque sorte choisi par

Pitt comme l'esprit par lequel il voulait se survivre
dans le gouvernement de son pays. On ne peut dire
jusqu'à quel point ce vœu de Pitt a été réalisé; mais
le sentiment général a toujours considéré M. Huskisson
comme l'héritier des systèmes économiques de Pitt;
et, dans l'opinion des Anglais, pouvoir continuer Pitt
en quelque chose, ce n'est pas un petit mérite.

Lorsqu'en 1802 Pitt sortit du ministère et y fut remplacé par M. Addington, il parut que M. Huskisson était
le seul homme que Pitt eût mis dans la confidence de
ses projets de retour au pouvoir. Quelques historiens se
sont trompés à la conduite de Pitt en cette circonstance,
et ont admiré que, désapprouvant le principe même
sur lequel avait été formé le ministère d'Addington, il
se fût abstenu de toute attaque contre lui, et même
l'eût appuyé dans des difficultés qui ne pouvaient passer
pour un héritage de sa propre administration. Mais
M. Huskisson avait le secret de Pitt, et, tandis que son
maître se tenait politiquement sur la réserve, il attaquait impitoyablement toutes les mesures de M. Addington. C'est même de cette époque que date la grande
réputation de M. Huskisson. Il eut occasion de déployer
et d'augmenter ses forces dans cette vive opposition
dont le silence de Pitt lui faisait porter seul tout le
poids.

A la rupture de la paix d'Amiens, Pitt reprit le gouvernement, qu'il avait abandonné plutôt que de sous-
crire à ce qu'il regardait comme la honte de l'Angleterre, et M. Huskisson entra aux affaires avec lui. Sous
le ministère de M. Addington, il y avait eu dissolution
du parlement, et M. Huskisson avait échoué dans sa

réélection. Appuyé une seconde fois par Pitt, il reparut
à la chambre, mais pour voir bientôt mourir son illustre
ami et protecteur, et se retrouver en face d'une administration opposée aux principes de Pitt. Ce fut alors
que s'engagea, entre lui et les économistes de l'école
écossaise, dont le ministère de Fox suivait les doctrines,
une lutte fameuse dans laquelle les théoriciens écossais
succombèrent. M. Huskisson détruisit les arguments de
ses adversaires avec une supériorité de raison si grande,
que les systèmes économiques des whigs ne se sont jamais relevés depuis. On a généralement considéré ces
systèmes comme incompatibles avec la pratique, et les
hommes qui les professaient comme n'ayant aucune
idée exacte de ce qui constitue la richesse nationale.

Malgré son importance parlementaire, M. Huskisson, à l'époque de la session de 1822, n'avait encore
jamais été admis dans le cabinet. Les intérêts de grande
propriété et de haute aristocratie s'étaient réunis pour
repousser un homme qui se faisait gloire d'être l'avocat
des intérêts commerciaux, et qui, dans un temps où
Windham pouvait s'écrier impunément : *Périsse le
commerce plutôt que l'honneur anglais!* ne craignait pas
de dire qu'il n'y avait point de grande puissance politique sans une puissance commerciale plus grande encore; que l'État ne vivait que des revenus du commerce; qu'il fallait renoncer aux prélèvements onéreux
exercés par les droits, et ne pas détruire en germe le
grain qui promettait une abondante moisson. Ces idées
flatteuses pour les classes moyennes en Angleterre
n'avaient pas prévalu encore dans le gouvernement de
Georges IV, lorsque M. Huskisson accepta, en 1822,

la présidence du bureau de commerce, et fut appelé à faire partie du conseil.

Dès 1823, M. Huskisson présenta un bill pour l'abolition des droits différentiels (*discriminating duties*), bill dont l'Angleterre n'a pas encore éprouvé tout le bien, mais qui pourtant, à cause de la supériorité de sa marine, lui promet de grands avantages dans les traités de réciprocité qu'elle a conclus avec diverses nations.

En 1825, M. Huskisson a fait cesser la législation exceptionnelle à laquelle les colonies étaient soumises, et aujourd'hui les mêmes lois de commerce et de navigation sont communes aux colonies et à la mère patrie. La même année, M. Huskisson a proposé et déterminé une refonte générale des droits de douanes. Ces lois étaient fondées sur le principe de la prohibition, et à ce principe a été substitué celui de la simple protection, mais limitée. Les produits étrangers, à l'exception des grains, ont été admis à concourir avec les produits indigènes, à la charge de payer des droits d'entrée égaux aux droits imposés à la fabrication nationale. L'Angleterre, après un moment de secousse et de première surprise, a senti le bienfait de cette innovation. Entre autres articles, les soieries anglaises, si inférieures aux nôtres jusque-là, ont rivalisé de perfection avec celles de Lyon, et soutiennent la concurrence sur tous les marchés de l'Europe.

Les bornes d'une notice ne nous permettent pas de nous étendre sur toutes les réformes plus ou moins heureusement entreprises par M. Huskisson. On sait qu'il avait été interrompu par la mort de M. Canning, son ami, au milieu de ses travaux, en 1827, et que,

d'abord entré dans le ministère du duc de Wellington,
il s'en était assez promptement séparé. On assure qu'au
moment où il a été victime d'un affreux accident, lui
et quelques personnages unis de vues sur les principales
questions de politique intérieure et extérieure, allaient
se rapprocher du duc de Wellington. Ces personnages,
parmi lesquels on cite MM. Grant et Palmerston, per-
sistent, dit-on, dans leur résolution; mais M. Huskisson
manquera à la régénération du cabinet anglais; personne n'y tiendra sa place. Plus d'une fois, sans doute,
une nation s'est trompée en regrettant l'homme qui
mourait emportant avec lui son système; mais la mort
d'un homme sur lequel, à tort ou à raison, un pays a
mis ses espérances, n'en est pas moins un malheur
public.

(National, 23 septembre.)

[Mort de Benjamin Constant, publiciste célèbre.]

Nous eûmes la douleur d'annoncer, il y a deux
jours, la mort de Benjamin Constant. Demain, les
restes de l'illustre et excellent citoyen seront portés au
lieu désigné par sa veuve, jusqu'à ce que le Panthéon
les reçoive. Nous voudrions hasarder quelque chose
qui répondît au sentiment public sur un homme en
possession plus que jamais de toutes les sortes de popularité au moment où il s'est éteint. Il nous faudrait
pour cela pouvoir nous recueillir sur cette belle carrière

et méditer à loisir tant d'écrits distingués, tant de savantes et lumineuses opinions, qui ont instruit la France et l'ont faite ce qu'elle est. Le temps nous manque : les plus légitimes sujets de distraction nous détournent de ce qui serait, dans d'autres circonstances, un devoir aussi sacré que facile à remplir. Un grand défenseur de la liberté succombe à l'âge, à la maladie, aux travaux; le même jour, une révolution éclate à trois cents lieues de nous (1); un glorieux peuple qui partagea notre fortune et nos revers, brise ses fers et nous appelle à lui; une autre révolution s'agite à nos portes, et nous entrons avec elle dans une sphère d'activité nouvelle; nous luttons, nous, pour les résultats trop contestés d'une victoire dont la promptitude fut trompeuse. On est pressé comme sur un champ de bataille; on est dans la mêlée, et c'est à peine si l'on peut donner en passant un regard ou une larme au noble combattant qui expire. Un immense théâtre s'est ouvert où il n'y a presque plus de rôles pour les individus, et sur lequel viennent se produire des peuples géants. La sainte cause de la liberté, persiflée quinze ans par d'insolentes aristocraties, quand elle n'était défendue que par la raison, le génie, l'éloquence, se plaide à coups de révolutions; ceux qu'on ne pouvait convaincre, on les renverse, on les foule aux pieds, on les écrase. Les événements se multiplient, se fortifient, s'entraînent les uns les autres avec une rapidité qui étourdit. On manque à des obligations chères, et, ne voyant que le but, tout occupés du succès et redoublant d'efforts pour l'at-

(1) La révolution de Pologne.

teindre, on renvoie à des temps calmes et à l'histoire le
soin de parer la tombe des morts.

(*National*, 12 décembre.)

L'*Album* de *Charlet*.

Les amateurs du talent de Charlet attendent chaque
année avec une sorte d'impatience la publication de son
Album. On est toujours sûr d'y rencontrer des mots
heureux traduits avec plus de bonheur encore par des
physionomies qui ne sont qu'à lui. C'est lui qui a inventé ces frais et malicieux enfants à l'œil si pénétrant,
sous des têtes blondes et candides, et qui se moquent
si bien de leurs pères en jouant, à l'étourdie, toutes
les scènes de la vie auxquelles nous nous dévouons avec
tant de gravité; c'est lui dont le crayon a pour ainsi
dire recueilli les mémoires des soldats de notre vieille
armée, mémoires tour à tour profonds, touchants, élevés, d'une verve de cœur et de bouffonnerie intaris-
sable, vrais avant tout, et de cette vérité qui n'est ni
convenue, ni servilement copiée sur la nature, mais qui
est dans l'artiste comme un secret caché, inexplicable
pour lui-même.

Il y a quelques années, Charlet crut avoir épuisé
toutes les scènes de la vie du soldat de l'empire, et il
s'était mis à fouiller les temps de la république. Avec
quel bonheur n'a-t-il pas deviné les armées de la convention, les bivouacs de la levée en masse, le mélange

à la fois trivial et noble d'habitudes bourgeoises et sol-
datesques, le républicanisme ingénu et l'entraînement
un peu cohue des carabiniers et des hussards citoyens
de Custine et de Marceau! Il a saisi tout cela par cet
endroit de vérité comique que le tact apprécie, qui fait
rire d'abord, et en qui le beau, le grand paraissent ensuite comme par réflexion. Il y a, dans l'*Album* publié
par Charlet cette année, encore de jolis enfants et d'inimitables grognards des deux régimes, une scène des
barricades, la seule chose poétique qui ait été produite
depuis les journées de juillet sur les journées de juillet,
parmi ces innombrables dessins qui bordent les quais
et les boulevards ; enfin quelques esquisses populaires,
car je ne veux pas oublier Charlet comme moraliste,
comme le peintre du peuple. Il n'y a que lui qui n'ait
pas peur de l'habit rapiécé, et qui sache faire sentir
sous les haillons ce qui y est : l'homme étouffé plutôt
que dégradé, le pauvre diable à peu près résigné à son
sort, et qui n'en pense pas moins, comme dit l'autre.
Charlet ne serait pas un talent si original et si profond,
s'il n'avait quelque grain de philosophie dans l'âme.

Mais ce qui sera surtout remarqué dans le nouvel
Album par ceux qui depuis dix ans suivent dans ses
progrès ou plutôt dans ses excursions, dans ses développements, le talent de Charlet, ce sont de fort petits
dessins représentant des batailles, des marches d'armées, des revues. Cette manière de concevoir et d'exprimer l'espace, l'étendue, l'immensité, les multitudes,
les masses d'hommes et de chevaux, est encore un don
de Charlet, un don jusqu'à lui inconnu. Quelques essais
de ce genre avaient été déjà remarqués dans ses précé-

dentes collections ; mais cela n'approchait point des deux dessins qui ont pour titre, l'un *l'Action*, l'autre *le Défilé*. Il y a tant de choses dans ces petits cadres de trois pouces de hauteur sur cinq tout au plus de largeur, qu'il semble qu'on n'en puisse parler qu'en entrant dans une grande description, comme s'il s'agissait d'une toile de trente pieds. Par quel secret tous ces petits traits noirs heurtés de blanc, qu'on dirait jetés là confusément et par hasard, font-ils voir des milliers d'hommes, de chevaux, des centaines de caissons et de voitures passant par cette infinité d'accidents de lumière et d'ombre, qui, dans la réalité, permettent à l'œil d'évaluer des multitudes ? Comment se fait-il qu'on croie voir penser et jouer sa partie sur l'échiquier ce Bonaparte à cheval, haut d'un quart de pouce, et au milieu d'un état-major où se comptent les généraux par douzaine, et qui tiendraient aisément sur la facette d'un dé à jouer ? Ce n'est pas exagérer que de dire qu'on peut passer une demi-heure à s'extasier sur une infinité de détails répandus dans ces petits chefs-d'œuvre, détails quelquefois imperceptibles, qu'un seul trait indique ou fait soupçonner, et que l'imagination se plaît à agrandir, à achever, avec une singulière complaisance pour l'intention de l'artiste.

Notez que le paysage, tout accessoire qu'il est, n'est pas moins surprenant que l'effet de ces fourmilières d'hommes qui vivent, marchent et s'entretuent sur un espace grand comme la page d'un in-18. Des horizons à perte de vue, une profondeur sans fin, un rapport toujours rigoureux entre l'homme et l'espace, chose à laquelle pensent très peu de peintres, en tout un sentiment de vérité incomparable, donnent à ces charmantes compositions un mérite qu'on est presque honteux d'avoir loué quand on songe que ces petites merveilles se vendent quinze ou vingt sous pièce, et qu'il y en a pour tout le monde.

(*National*, 5 février.)

Restauration de la chanson.

L'opposition des quinze ans a perdu, après la révolution de juillet, dans la bataille des portefeuilles, ses orateurs, ses historiens, ses tribuns, ses publicistes ; elle a semé çà et là, autour de l'escabeau de la monarchie parvenue, tout ce libéralisme comédien, toute cette rouerie du second ordre qui s'étaient précipités à l'assaut de la légitimité pour se partager ses dépouilles ; elle a vu tomber dans la boue de la prostitution ce patriotisme de métier qui, après avoir tenu boutique d'injures contre les aînés, n'a pu se faire avouer des cadets qu'en qualité d'ami clandestin ou de souteneur effronté. Le vieux parti de la liberté et de l'honneur national, déserté après la victoire par l'intrigue de haut et bas étage qu'il avait trop encouragée de ses applaudissements, a du moins conservé ses notabilités les plus vénérables et les plus éclatantes ; il a pu se consoler des culbutes de tels ou tels casse-cous politiques aujourd'hui méprisés de ceux qui les emploient, en gardant à sa tête la Fayette et Dupont (de l'Eure) ; il oubliera les dépor-

tements des muses polluées et l'infatigable mensonge
des plumes vendues, en entendant encore une fois re-
tentir les profonds et populaires accents du premier de
ses poëtes. On nous devine : c'est un nouveau recueil
de poésies de Béranger que nous annonçons. Ni lui non
plus, il n'a pas donné sa démission, le poëte du peuple.
Il a pu se taire quelque temps; et, comme tout bonnement il s'en explique, il l'aura plus tôt dit en vers éton-
nants de jeunesse, de vivacité, de charme, que nous en
vile prose :

> Je croyais qu'on allait faire
>   Du grand et du neuf,
> Même étendre un peu la sphère
>   De quatre-vingt-neuf;
> Mais point ; on rebadigeonne
>   Un trône noirci !
> Chanson, reprends ta couronne.
>   — Messieurs, grand merci !
>
> La planète doctrinaire,
>   Qui sur Gand brillait,
> Veut servir de luminaire
>   Aux gens de juillet.
> Fi d'un froid soleil d'automne
>   De brume obscurci !
> Chanson, reprends ta couronne.
>   — Messieurs, grand merci !
>
> Te voilà donc restaurée,
>   Chanson, mes amours !
> Tricolore et sans livrée
>   Montre-toi toujours.
> Ne crains plus qu'on t'emprisonne,
>   Du moins à Poissy.
> Chanson, reprends ta couronne.
>   — Messieurs, grand merci !

Il nous suffirait d'indiquer par leur titre les cinquante-cinq petits chefs-d'œuvre qui composent ce nouveau recueil, pour mettre toutes les imaginations en éveil. Et, en effet, ce fut une puissance si redoutable à la restauration que cette sublime et malicieuse verve du chansonnier! Jusqu'à ce qu'on ait dévoré le précieux petit volume qui vient de naître, combien ne va-t-on pas se demander si Béranger n'a pas rabattu, en faveur de la quasi-légitimité, quelque peu de la cruelle moquerie dont il poursuivit quinze ans la triste branche aînée; s'il boude simplement ou s'il est vraiment en colère; s'il en veut à *ce qui est* comme à ce qui a été; s'il est du *mouvement* décent, avec messieurs tels et tels; s'il vient simplement venger le fameux programme de l'Hôtel de ville, ou si, faisant bon marché de tous les programmes, il en appelle hardiment à l'avenir, à l'avenir, vous m'entendez, à ce quelque chose d'inconnu, à ce principe qu'on n'aperçoit point, ou plutôt qui commence à poindre à l'horizon, comme une timide étoile du matin destinée à devenir un soleil gigantesque; en un mot, s'il est républicain, saint-simonien, phalanstérien, ami du peuple, anarchiste? Tout cela, en effet, n'est-il pas synonyme dans les discours de messieurs les gens de la royauté parvenue? Dès demain on aura voulu s'assurer de cela par soi-même. Nous voulons laisser aux curieux le plaisir de la découverte, et, en attendant, nous ferons seulement notre profit de quelques couplets assez sérieux, et que Béranger a mis sur le compte du grand physicien Nostradamus. Ce n'est pas toute la chanson, mais ce n'en est pas la partie la moins piquante, ni surtout la moins instructive :

Nostradamus, qui vit naître Henri quatre,
Grand astrologue, a prédit dans ses vers
Qu'en l'an deux mil, date qu'on peut débattre,
De la médaille on verrait le revers.
Alors, dit-il, Paris, dans l'allégresse,
Au pied du Louvre ouïra cette voix :
« Heureux Français, soulagez ma détresse;
» Faites l'aumône au dernier de vos rois ! »

Or cette voix sera celle d'un homme
Pauvre, à scrofule, en haillons, sans souliers,
Qui, né proscrit, vieux, arrivant de Rome,
Fera spectacle aux petits écoliers.
Un sénateur criera : « L'homme à besace !
» Les mendiants sont bannis par nos lois.
» — Hélas! monsieur, je suis seul de ma race !
» Faites l'aumône au dernier de vos rois !

» — Es-tu vraiment de la race royale?
» — Oui, répondra cet homme fier encor;
» J'ai vu dans Rome, alors ville papale,
» A mon aïeul couronne et sceptre d'or.
» Il les vendit pour nourrir le courage
» De faux agents, d'écrivains maladroits;
» Moi, j'ai pour sceptre un bâton de voyage;
» Faites l'aumône au dernier de vos rois!

» Mon père, âgé, mort en prison pour dettes,
» D'un bon métier n'osa point me pourvoir :
» Je tends la main. Riches, partout vous êtes
» Bien durs au pauvre, et Dieu me l'a fait voir!
» Je foule enfin cette plage féconde
» Qui repoussa mes aïeux tant de fois.
» Ah! par pitié pour les grandeurs du monde,
» Faites l'aumône au dernier de vos rois! »

Le sénateur dira : « Viens, je t'emmène
» Dans mon palais : vis heureux parmi nous.
» Contre les rois nous n'avons plus de haine;
» Ce qu'il en reste embrasse nos genoux.

» En attendant que le sénat décide
» A ses bienfaits si ton sort a des droits,
» Moi qui suis né d'un vieux sang régicide,
» Je dois l'aumône au dernier de nos rois! »

Nostradamus ajoute, en son vieux style :
La république au prince accordera
Cent louis de rente, et, citoyen utile,
Pour maire un jour Saint-Cloud le choisira.
Sur l'an deux mil, on dira dans l'histoire
Qu'assise au trône et des arts et des lois,
La France en paix, reposant sous sa gloire,
A fait l'aumône au dernier de ses rois!

C'est ici une prédiction pour l'an *deux mil ;* ainsi nous ne verrons pas cela, nous autres barbons. Mais il faut remarquer que *le dernier roi,* si plaisamment protégé par un arrière petit-fils de régicide, est déjà fils *d'un père âgé, mort en prison pour dettes,* et petit-fils *d'un aïeul en exil à Rome,* lequel n'est peut-être encore que le fils d'un autre prince chassé en personne du royaume qu'il aurait possédé à titre d'hérédité ou de consentement du peuple, c'est-à-dire de quasi-hérédité. De compte fait, cela donne trois et presque quatre générations de rois fugitifs. Nostradamus et la prédiction n'en disent pas plus, ainsi il faut s'arrêter là ; mais les très jeunes gens de notre temps peuvent prendre patience sur la foi du chansonnier, et s'attendre à voir de grandes choses.

Ce nouveau recueil est précédé d'une préface que Béranger livre au public comme une sorte d'adieu, adieu que le public n'acceptera pas. Béranger, pour la première fois, s'abandonne dans un livre à quelques digressions sur la politique, sur la littérature, sur l'état

de la société, sur son art enfin, ce qu'il appelle modes-
tement son art de chansonnier. Tous ceux qui ont joui
de l'intimité de Béranger savent avec quelle supériorité
il traite, dans la conversation, de toutes ces matières.
Si Béranger n'était pas l'écrivain le plus populaire de
l'époque, ce serait certainement l'un des plus ingénieux,
des plus instruits, des plus attachants causeurs que l'on
puisse rencontrer dans cette société qui l'a beaucoup
recherché et qu'il a beaucoup fuie, lui préférant tantôt
la retraite, tantôt l'amitié de quelques jeunes gens bons
et généreux, enfants de ce peuple dont il est le peintre
fidèle et le poëte aimé. Cette soi-disant haute société qui
n'a pu captiver Béranger et qui sait à combien de sujets
élevés s'étendent ses lumières, lui reproche amèrement
de n'avoir pas fait comme elle, de n'avoir pas voulu
passer avec elle de la nation des exploités à celle des
exploitants ; en un mot, de n'avoir pas voulu clore sa
vie de chansonnier par quelques années de bouffissure
d'homme en place. Béranger a consacré quelques pages
délicieuses à dire pourquoi il a mieux aimé son ermi-
tage de Passy qu'un hôtel, chauffé, blanchi et servi
aux frais de l'État, c'est-à-dire du peuple; et, à cette
occasion, il a payé à la mémoire de Manuel un souvenir éloquent, touchant, digne de notre grand tribun.

(*National*, 30 janvier.)

Merlin de Thionville.

Il n'est pas possible de parler d'un homme de la convention sans dire quel fut son rôle dans la crise du
9 thermidor. Merlin y figura comme adversaire de
Saint-Just et de Robespierre, comme ancien ami de
Danton et du parti des hommes d'action qui avaient
joué le principal rôle dans la journée du 10 août. Nous
ne dirons pas, pour légitimer la conduite de Merlin
dans cette circonstance, qu'en sa qualité d'homme
humain et généreux il se devait de contribuer au renversement du triumvirat dont Robespierre était le chef,
parce qu'on sait assez que Collot-d'Herbois, Billaud-
Varennes et quelques autres thermidoriens étaient des
hommes d'une cruauté plus impitoyable que celle de
Robespierre, et moins rachetée par la sincérité des
passions révolutionnaires. Merlin de Thionville était
demeuré étranger à toutes les contestations qui avaient
décimé la Convention depuis la mise en jugement de
Louis XVI jusqu'à la chute de Danton et des Cordeliers. Dans ses diverses missions en Vendée et sur le
Rhin, il avait été, comme tous les hommes qui vivaient
hors de la discussion et s'étaient consacrés exclusivement à l'action, fortement impressionné par le danger
que ces luttes intestines faisaient courir à la république.
Il avait vu, dans Camille Desmoulins, Danton et les plus
fameux d'entre les Cordeliers, les véritables auteurs de
la révolution qui avait précipité Louis XVI et fondé la
république; il s'était cru frappé en eux.

Quand il revint de sa première mission en Vendée, c'était peu après le supplice de Danton, et quelques jours avant la fameuse et inconcevable fête à l'Être suprême. Alors commençait le terrible dissentiment entre les hommes attachés au système terroriste par conviction et les corrompus qui s'y étaient plongés par lâcheté. Merlin, nourri des idées de Danton, des Cordeliers, des Girondins, des réformateurs de 89 et des philosophes du xviii° siècle, sentit, comme les corrompus de la Montagne, le commencement de restauration religieuse imaginée par Robespierre. Ce fut une des causes de rapprochement entre Merlin de Thionville et ceux des terroristes corrompus qui se signalèrent comme thermidoriens. On rapporte que Merlin de Thionville, placé au premier rang de la Convention, et à une douzaine de pas de Robespierre, qui marchait seul à la fête de l'Être suprême, fit pâlir plusieurs fois le triumvir dans son rôle de grand prêtre par l'audace de ses sarcasmes. S'il est vrai que la conspiration des terroristes thermidoriens contre Robespierre date de cette journée singulière, Merlin de Thionville ne fut pas du secret ; il dut prendre soudainement son parti dans les sourds préliminaires de rupture qui eurent lieu dans la Convention, quelques jours avant le 9 thermidor. Placé entre deux fractions du même parti, l'une cruelle parce qu'elle y était condamnée par son système, l'autre féroce par cupidité, par imitation, par obéissance, il jugea, comme l'immense majorité de la population de Paris, comme la majorité de la Convention, qu'il fallait se servir un moment des corrompus pour abattre les systématiques, ceux de qui émanait le mot d'ordre de la terreur, et

qui avaient le plus à détruire entre tant de destructeurs, pour résoudre violemment et sans discussion
leur problème de réorganisation religieuse et sociale.

Ce fut Merlin de Thionville, arrêté par Henriot et
traîné par lui le pistolet sur la poitrine au corps de
garde du Palais-Royal, qui, en soulevant la population
par la véhémence de ses discours, décida peut-être du
sort de la journée. Il fit arrêter Henriot par ses propres
soldats, et désorganisa ainsi la force armée dont celui-ci
était le commandant, et qui voulait agir pour Robespierre contre la majorité de la Convention. Ce furent
Merlin et Legendre, autre ami de Danton et des Cordeliers, qui fermèrent la salle des Jacobins et portèrent le
coup de mort à cette société fameuse, qui perdait dans
Robespierre son orateur et son chef de doctrine. Merlin
de Thionville a été accusé par les victimes de la réaction de thermidor d'avoir poussé aux vengeances contre
le parti vaincu. Il est plus juste de dire que Merlin de
Thionville, après avoir prêté son courage aux thermidoriens, ne put pas leur inspirer les sentiments généreux et désintéressés dont il était animé lui-même. Aussi
ne vit-on pas Merlin de Thionville chercher à se faire une
part d'ambition dans la dépouille des terroristes vaincus ;
il retourna bientôt à l'armée du Rhin, au poste d'activité, de gloire et de danger qui était selon ses goûts.

On sait que c'est au tact supérieur dont Merlin était
doué pour distinguer les hommes, que la France a dû
de pouvoir admirer les vertus militaires de Kléber, de
Davout et de l'infortuné maréchal Ney. Saint-Just aussi
avait, dans sa précoce maturité, ce coup d'œil qui sait
faire sortir les grands hommes de la foule ; mais, après

avoir deviné Hoche, il l'avait sacrifié à la dénonciation de quelques brouillons stupides. Hoche, jeté dans les cachots de Strasbourg, eût péri si Saint-Just et ses amis n'eussent pas succombé au 9 thermidor. Les grands généraux tirés de la poussière par Merlin furent protégés avec plus de discernement et de vrai courage contre l'envie basse et incapable. C'est un des grands mérites du représentant Merlin de ne jamais avoir cédé qu'au mouvement de sa propre passion, et de ne s'être jamais fait l'instrument des passions des autres. Les hommes doués de cette grande et rare énergie ont le beau privilége d'être impunément ce qu'ils sont, et rien de plus.

C'est ainsi que Merlin de Thionville put soutenir à la tribune le droit qu'avaient les assemblées primaires de se faire royalistes si bon leur semblait, et aux armées d'user du plus beau privilége de la victoire, celui d'épargner l'ennemi vaincu. On sait qu'en prenant possession, au nom de la république, de la forteresse de Luxembourg, Merlin osa donner au brave Marceau l'ordre magnanime, l'ordre si digne de tous deux, de laisser passer sans examen les premiers fourgons qui sortiraient de la place. Ces fourgons étaient pleins d'émigrés qui s'étaient battus contre nous dans Luxembourg.

Après la dissolution de la Convention, Merlin de Thionville fut porté aux Cinq-Cents par la confiance de plusieurs départements de l'Est. Ici le rôle d'homme d'action de Merlin commence à s'effacer, parce que le temps et les occasions heureusement n'y sont plus. Le chaos révolutionnaire s'est insensiblement débrouillé.

La division du travail s'est établie dans cette grande
œuvre d'organisation intérieure et de résistance contre
l'Europe. Les conseils législatifs ne concentrent plus,
comme la Convention, tous les pouvoirs dans leur sein ;
il ne leur est plus donné d'effrayer le monde par de
simples coups de majorité. Le pouvoir exécutif n'est
plus dans les assemblées ni dans les clubs. Les généraux sont affranchis de la tutelle longtemps indispensable des représentants du peuple. Le moment est venu
où les hommes de tête et d'action, de conseil et d'exécution, ces hommes de passage qu'une révolution trouve
animés d'un génie propre à toutes choses, doivent se
plier enfin à la règle, se donner exclusivement et tout
entiers, soit à la législation, soit au gouvernement, soit
à la guerre, devenir enfin ce qu'on appelle, dans les
temps calmes, des hommes spéciaux. Il n'était pas dans
la nature de Merlin de Thionville de se transformer
ainsi. Il se connut lui-même et ne consentit pas à laisser taxer par un gouvernement d'intrigue ses facultés,
que l'extrême danger avait toujours mises à leur place,
et une activité qui ne trouvait plus à se satisfaire du
moment que la tâche était devenue plus facile et plus
divisée.

A partir de la journée du 18 fructidor, qu'il n'approuva point, mais qui ne l'atteignit pas, Merlin de
Thionville cesse de marquer jusqu'à l'époque du consulat, où il avait la direction des postes ; mais, ayant
voté contre l'usurpation, qui se présenta déguisée sous
la demande du consulat à vie, Merlin donna sa démission et se retira tout à fait des affaires. Il entra dès lors
dans une sage et profonde retraite dont il ne voulut

sortir qu'en 1814, lorsqu'il vit reparaître les soldats de ces rois qu'avait repoussés son énergique jeunesse. A sa voix, quelques bataillons de volontaires se formèrent, et il marchait à leur tête sur les flancs de l'ennemi, lorsque les événements de Fontainebleau lui apprirent que la guerre était terminée, et que le gouvernement à l'élévation duquel il avait refusé sa voix avait perdu la cause de la révolution.

Merlin de Thionville, n'ayant pas compté parmi les juges de Louis XVI, a passé fort paisibles les quinze années de la restauration ; mais son vigoureux caractère et ses opinions ne se sont jamais démentis, et l'on peut croire qu'il salua avec joie la reconnaissance du principe républicain, que son œil perçant et son expérience découvrirent sans peine sous les barricades de 1830. Sous le gouvernement du 7 août, Merlin de Thionville jouissait d'une pension de 900 francs, le seul prix de ses anciens services : aucun intérêt ne le liait à ce gouvernement plutôt qu'aux deux précédents régimes monarchiques. La vie retirée et très studieuse qu'il avait adoptée depuis longtemps ne le séparait pas tellement de nous, hommes de 1830, que nous pussions ignorer les vœux ardents qu'il formait pour le succès de nos opinions. Il avait encore une partie de la vigueur et de l'activité physique qui l'avaient distingué dans sa jeunesse, et il n'avait pas désespéré de voir le moment où son vieux nom et sa tête respectée par les orages de la Convention et les balles de l'émigration et de la Vendée pourraient retrouver quelque puissance. Il croyait à la nécessité de profiter du temps qui nous est donné par l'impuissance égale de tous les partis et par le besoin

général de rapprochement qui les désarme pour faire
faire de grands pas à la discussion, et prendre les
devants sur une catastrophe certaine, dans laquelle les
luttes matérielles usurperaient encore la place de la
discussion si nous étions pris au dépourvu, marchant à
l'aveugle et sans savoir où nous allons.

Nous considérions, en un mot, l'illustre vieillard
comme un des nôtres. Il était pour nous le type le plus
pur de la noble passion dont s'éprit, pour la défense du
sol et le triomphe extérieur de la révolution, la grande
assemblée dont il fut membre. C'était de nos jours la
plus énergique et la plus vivante personnification de
l'immortelle levée en masse de 1793. Les méditations,
les études de la vie retirée avaient ajouté à cet excellent fonds de sentiment national et révolutionnaire les
plus saines notions de gouvernement libre, éclairé, progressif. La théorie de gouvernement représentatif et de
souveraineté nationale, que nous défendons aujour-
d'hui, est tout entière résumée dans l'opinion de Merlin
de Thionville à la Convention sur le serment politique.
Nous aimions à nous en rapporter à l'instinct droit, au
tact si sûr et si exercé de Merlin de Thionville dans nos
impressions sur les hommes et sur les choses ; nous
trouvions en lui cette foi réconfortante et invincible
dont il suffit de s'approcher pour avoir toujours une
raison de ne pas désespérer de l'avenir. Merlin de
Thionville approuvait et nos efforts et notre marche ;
son approbation était un de nos encouragements. Nous
n'avons donc pas seulement, comme amis de la révolution et comme Français, fait une perte en lui, mais
comme hommes privés, nous dirions presque comme

disciples, tant nous nous sentons imbus du sentiment à la fois révolutionnaire et libéral que respiraient toutes ses conversations.

(*National*, 18 septembre.)

William Cobbett.

William Cobbett, dont les journaux annonçaient hier la mort, était né en 1766 à Farnham, dans le comté de Surrey. Il était fils d'un fermier et fut agriculteur lui-même jusqu'à l'âge de vingt ans, époque à laquelle il se jeta dans les aventures. Il fut soldat, sergent, sergent-major, et, au bout de huit ans, se retira sans avoir eu occasion de faire la guerre. Il visita la France en 1792, et, revenu dans sa patrie, il passa bientôt aux États-Unis d'Amérique, et alla se fixer à Philadelphie, où il publia, sous le nom de *Pierre le Porc-Épic*, un journal très violent contre le parti démocratique, alors fort ennemi des Anglais et très ami des révolutionnaires français. Le jeune Cobbett avait fait son éducation au service, et il avait été signalé au ministère anglais comme un homme que son activité et son intelligence rendaient propre à certaines missions. On croit même qu'il avait dû à la protection de Pitt les moyens de faire ses voyages de France et des États-Unis. Un procès en diffamation, dirigé contre lui par les hommes du parti français, obligea Cobbett, en 1802, à abandonner l'Amérique, où il avait provoqué par sa feuille la haine

du parti populaire, et il retourna en Angleterre. Il est
à remarquer que le système de Pitt et des tories anglais,
ennemis de la révolution française, avait été momenta-
nément frappé de suspension en Angleterre par les négociations entamées pour la paix avec le gouvernement
du premier consul. La carrière de Cobbett était désormais tracée : agriculteur, soldat, aventurier politique,
journaliste, il avait consacré toute son activité et les diverses aptitudes dont il était doué à agir sur les hommes
par la presse, et, à peine rendu à sa patrie, il reprit la
publication du journal qu'il avait rédigé huit ans en
Amérique avec une grande variété de connaissances et
un talent toujours croissant. Cobbett fut, dans son journal transplanté, l'un des plus vifs adversaires de la
paix et de ce parti ennemi de Pitt, qui ne craignait pas
d'avouer sa sympathie pour les révolutionnaires français. Soit haine, soit force du préjugé national contre la
France, soit dépendance du grand ministre qu'on disait
avoir été son protecteur, il est certain que William
Cobbett était, à cette époque, le plus fougueux apolo-
giste de la politique des tories anglais. Il avait mis si
peu de modération dans cette lutte qu'à la paix
d'Amiens il fut exposé aux fureurs du peuple de
Londres, qui brisa ses vitres et voulut démolir sa
maison.

A cette époque, Cobbett fonda sérieusement sa réputation de publiciste sur une entreprise plus importante : il créa le *Political Register*, qui, dans ces dernières années, n'avait rien perdu encore de son immense
vogue. Ce recueil a été, pendant près de trente ans,
soutenu par le talent et l'activité de Cobbett. Cette fon-

dation marqua pour William Cobbett une ère politique
et littéraire toute différente de ses premiers travaux. Le
séjour des États-Unis d'Amérique avait fortement pénétré Cobbett, sans qu'il s'en doutât, des mœurs et des
pratiques du gouvernement démocratique ; et, chassé
des États-Unis par le ressentiment des démocrates américains, rappelé en Angleterre par la faveur des tories, il
était revenu sur la terre natale travaillé par un secret
penchant pour les sentiments qu'il avait combattus, et par
une involontaire aversion pour les intérêts auxquels il
avait jusqu'alors prêté sa plume. De la conversion de
Cobbett date sa véritable réputation politique. En 1810,
il était condamné à deux ans de prison et 1,000 livres
sterling d'amende pour insultes à l'administration des
tories, et son amende était acquittée par une souscription nationale. Sorti de prison en 1812, à l'époque où
commencèrent les malheurs de Napoléon, il fut, jusqu'à
la chute de cet aventurier extraordinaire, l'organe des
sympathies qui existaient généralement dans la population inférieure de l'Angleterre pour l'empereur de la
démocratie française, et, à la paix contre-révolution-
naire de 1815, il se trouvait dans une position absolument inverse de celle dans laquelle il avait été mis,
douze ans auparavant, par la paix révolutionnaire de
1802. En 1802, il avait fui la persécution des démocrates américains, et était venu chercher en Angleterre
les applaudissements et peut-être l'argent des tories
anglais ; en 1815, il fuyait l'Angleterre livrée aux conséquences de la journée de Waterloo, victoire funeste
aux libertés de l'Angleterre, et il allait porter aux Américains sa puissante fougue qui avait changé d'objet,

son talent mûri par d'immenses études, sa passion pour toutes les réformes qui pouvaient contribuer au perfectionnement matériel et moral de l'humanité.

William Cobbett reçut l'hospitalité américaine en homme qui pouvait généreusement la payer. On ne vit plus en lui l'ancien ennemi, mais le radical vigoureux que l'expérience, l'étude et peut-être les hasards de la lutte avaient rendu à ses premiers instincts, aux tendances démocratiques de son éducation, et dont le talent avait été fécondé par les persécutions de l'aristocratie anglaise. Établi à Long-Island, dans l'État de New-York, Cobbett appliquait son activité aux travaux les plus divers, et les suivait tous avec une égale énergie. Sa fortune particulière avait subi depuis dix ans beaucoup de vicissitudes; il s'était plusieurs fois enrichi et ruiné. Américain par circonstance, il refaisait pour la dernière fois, à l'âge de cinquante ans, sa fortune. Il était alors journaliste, historien, maître de langue, agronome; il continuait la publication de son *Political Register*, et envoyait de New-York à Londres les matériaux qui devaient le composer; il terminait sa vaste et savante compilation historique publiée sous ce titre : *Histoire parlementaire de l'Angleterre depuis la conquête des Normands jusqu'en* 1806, livre qui jouit en Angleterre d'une très grande estime et qui n'est pas assez connu en France; il rédigeait son petit traité de grammaire anglaise si connu sous ce nom : le *Maître d'anglais ;* enfin il mettait au jour son *Jardinier américain,* ouvrage auquel la reconnaissance des citoyens de l'Union attribue les grands progrès que l'agriculture a faits depuis quinze ans dans les États du Nord et de l'Est, et par lequel Cobbett semblait avoir voulu payer sa dette à l'Amérique hospitalière.

Les circonstances ayant rendu encore une fois William Cobbett à sa patrie, enrichi et désormais en mesure de soutenir les dépenses d'une lutte électorale, il prétendit à un siége au parlement. Il a échoué plus d'une fois devant l'aristocratie, et sa popularité, continuellement accrue par un apostolat infatigable, ne s'est fait jour dans la représentation de l'Angleterre qu'à la faveur de la pacifique révolution introduite dans le régime de l'Angleterre par le *reform bill*. Membre du parlement anglais, William Cobbett est resté peut-être au-dessous de sa réputation d'écrivain, ou plutôt il ne lui a pas été donné de s'emparer d'un rôle que nul homme vivant n'a pu disputer à O'Connell, celui d'orateur de la démocratie des trois royaumes, démocratie dont les intérêts se confondent, à beaucoup d'égards, avec ceux du peuple d'Irlande, et dont les souffrances tiennent aux mêmes causes, la domination de l'aristocratie et de la haute Église. William Cobbett, l'O'Connell de la presse anglaise, n'en a pas moins été, dans les communes, un orateur très distingué ; mais, enchaîné aux habitudes de la parole écrite, il a manqué de cet art puissant qui tire de la discussion orale des effets presque toujours perdus à la froide lecture ; il n'a pas eu ce don de communiquer à des raisons communes et à des mouvements hasardés cette force éblouissante et instantanée qui trouble le jugement de l'auditeur plutôt qu'il ne le persuade, et que possèdent, de bien loin après O'Connell, beaucoup d'hommes qui sont, par cela même, de mauvais écrivains.

William Cobbett a immensément produit, et, par conséquent, ses écrits ne portent pas tous le cachet de méditation et de force réfléchie qui, seules, promettent aux productions de l'esprit un ascendant durable. Il est très rare et très difficile d'écrire à la fois pour ses contemporains et pour la postérité; et l'écrivain politique, le journaliste, le publiciste au mois, à l'année, à la circonstance, est nécessairement l'esclave des passions et des idées au milieu desquelles il se met et qui se sont saisies de lui pour en faire leur instrument. Cependant, lorsqu'on cherchera l'histoire du progrès des idées radicales en Angleterre, il sera fait beaucoup mention de William Cobbett, non pas, peut-être, comme de Swift et d'Addison, mais comme de Wilkes, dont la pyramide s'élève encore aujourd'hui dans le quartier le plus populeux de Londres, comme de Junius, dont le nom inconnu n'a de monument que dans le respect des Anglais; il sera question de William Cobbett comme, parmi nous, de Camille Desmoulins, de Prudhon, et, soit dit sans comparaison offensante pour aucune mémoire, comme du trop fameux rédacteur de l'*Ami du peuple ;* car, si tout ne vit pas, tout ne meurt pas non plus dans le journalisme.

On se souviendra donc de Cobbett, mais non pas seulement à cause des idées révolutionnaires qu'il a propagées, car Cobbett a été un très habile et très élégant écrivain. Aucune plume contemporaine n'a porté à un aussi haut degré que lui, dans la polémique quotidienne et dans les écrits de circonstance, le respect de la langue, le souvenir des bonnes études, le reflet des solides lectures, qualités qui contrastaient bizarrement en lui avec le mépris affecté des convenances du monde et des politesses de la discussion. Cobbett a, toute sa vie, lu, appris et écrit; son talent est allé en se développant sans cesse; il avait fait seul son éducation, et, comme tous les hommes qui se créent eux-mêmes, il n'a jamais cru son ouvrage achevé ; toute sa vie il a étudié et grandi aussi, malgré les distractions et les allées et venues de sa jeunesse. Laboureur jusqu'à vingt ans, soldat jusqu'à trente, il est mort avec la couronne du premier écrivain politique de l'Angleterre.

(National, 22 juin.)

[Après l'attentat de Fieschi, Carrel fut arrêté ; on fit une perquisition chez lui, et l'on saisit ses papiers. Ceci dit, lui-même explique cet écrit et pourquoi il le publie.]

Extrait du dossier d'un prévenu de complicité morale dans l'attentat du 28 juillet.

Parmi les papiers saisis chez moi le 29 juillet dernier, et qui ont été portés à la commission d'instruction de la cour des pairs, comme pouvant fournir des lumières sur l'attentat du 28, se trouvait le travail inédit que je livre ici à la publicité.

Voici, en deux mots, à quelle occasion ce travail a été fait.

Il existait, il y a deux ans, à Paris et dans toute la France, des associations dont l'objet avoué était de réunir des souscriptions pour soutenir la presse républicaine, fonder de nouveaux journaux sur les points

importants où il n'en existait pas, et acquitter les
amendes auxquelles les feuilles engagées dans la lutte
auraient été condamnées.

Les associations de commune défense de la liberté de
la presse étaient représentées à Paris par un comité
central qui encaissait les souscriptions, en répartissait
le produit, et correspondait avec tous les journaux de
département voués à la discussion républicaine.

La loi contre le principe des associations n'était pas
rendue : ainsi l'existence du comité parisien de défense
de la liberté de la presse était un fait connu de l'autorité ; les réunions du comité étaient presque publiques.
Il tenait registre de ses délibérations, et, le plus souvent
même, les rendait publiques au moyen d'un bulletin
imprimé envoyé sous bande, par la poste, à toutes les
associations correspondantes.

L'Association de commune défense de la liberté de la
presse, anéantie comme toutes les autres par la loi de
1834, est une de celles que l'acte d'accusation du procès
d'avril a incriminées dans les *faits généraux* comme ayant
provoqué aux insurrections de Paris, de Lyon et de
Saint-Étienne. Cependant la Société de défense commune de la liberté de la presse ne conspirait pas, elle se
bornait à la discussion et aux mesures nécessaires pour
soutenir la presse contre la guerre systématique que le
gouvernement lui avait déclarée.

Dans les derniers mois de l'année 1833, parut un
exposé très étendu des principes de la Société des droits
de l'homme, écrit remarquable et hardi qui ne conte-
nait probablement pas toutes les pensées coupables qu'on
y a vues depuis, car il ne fut pas poursuivi devant le

jury, et il n'a été incriminé que plus d'un an après sa
publication, dans cet immense acte d'accusation du
procès d'avril, qui a été dirigé contre l'esprit et les résultats de la révolution de juillet bien plus que contre
les insurrections républicaines.

Le comité qui représentait l'Association des droits de
l'homme, et qui a joui aussi d'une existence légale jusqu'à la promulgation des lois contre-révolutionnaires
de 1834, adressa, dans le mois de novembre 1833, son
exposé de principes au comité central de l'Association
pour la commune défense de la liberté de la presse, en
le priant d'y adhérer par une déclaration publique.

Je ne prenais que fort rarement part aux réunions et
aux travaux du comité de défense de la liberté de la
presse. J'acceptai cependant la tâche assez difficile d'exprimer, dans un rapport sur la déclaration de principes
de la Société des droits de l'homme, les sentiments
qu'avait fait naître en moi cette publication, et que
j'avais lieu de croire partagés par le plus grand nombre
des membres du comité.

Le travail que je fis à cet effet, et qui est resté depuis dans mes papiers, parce que je ne crus pas devoir
le publier alors, est précisément une des pièces qui ont
été saisies chez moi le 29 juillet dernier; dois-je penser
que c'est après l'avoir lue qu'on m'a retenu huit jours
en état d'arrestation, et interrogé deux fois *sur la par-
ticipation morale* que j'aurais eue à l'attentat du
28 juillet?

Comme il est bon qu'on sache sur quelles garanties
repose parmi nous la liberté individuelle, et sur quels
prétextes nos aventuriers de cabinet peuvent essayer de

faire disparaître, dans les moments de trouble, les hommes qui ont eu le malheur de les humilier, je vais donner ici la liste très exacte des papiers qui ont été enlevés de mon domicile, et qui devaient établir ma complicité dans l'attentat du boulevard du Temple.

Le dossier qui m'a été restitué il y a peu de jours, après un examen qui n'a pas duré moins d'une quinzaine, se composait des pièces suivantes :

Plusieurs lettres d'invitation à dîner, billets et compliments d'amis;

Une lettre écrite de Londres par M. A. Thibeaudeau, et destinée à être publiée le lendemain dans le *National* ;

Un feuilleton sur l'Académie des sciences;

Un travail sur l'histoire du jury anglais comme juge des délits de presse;

Des nouvelles du Portugal;

Cinquante notes sur les traités passés entre la Porte et toutes les puissances de l'Europe pour les permis de navigation dans la mer Noire;

Une notice sur M. Garat;

Un article vieux de six ans sur le charlatanisme philanthropique;

Un extrait des Mémoires de Napoléon sur l'organisation des armées permanentes en temps de paix;

Une lettre récente de M. Romiguières, procureur général près la cour royale de Toulouse, mon défenseur en 1824 devant les conseils de guerre de la restauration;

Un fragment de l'Histoire des Pays-Bas sous la domination autrichienne;

Un article sur l'Histoire pittoresque de la convention,
de M. Léonard Gallois ;

Une invitation à aller prendre des bains de Vals ;

Un travail sur l'état du paupérisme et de la mendi-
cité en Angleterre ;

Plusieurs articles de M. Trélat sur le régime des prisons en France (j'ai bien peur que la découverte, dans
mes papiers, de ces articles de M. Trélat, destinés à être
publiés dans le *National*, n'ait déterminé la translation
à Clairvaux de ce courageux citoyen) ;

Divers travaux sur des questions d'organisation sociale, indiqués comme devant être rendus à leurs
auteurs ;

Un article sur le tableau des *Pécheurs* de Léopold
Robert, écrit par une dame ;

Des notes pour une biographie d'Alphonse Rabbe,
mort en 1830 ;

Différents mémoires envoyés par des avocats de département sur l'incompétence de la cour des pairs dans
le procès d'avril ;

Enfin, le rapport présenté par moi, en décembre
1833, à l'Association de la commune défense de la
liberté de la presse.

Voilà tout ce qu'avait produit une recherche faite
dans mes papiers le 29 juillet, depuis trois heures du
matin jusqu'à sept heures, tant à mon domicile particulier que dans les bureaux du *National*. Supposerai-je
qu'on ait seulement parcouru ces papiers en prononçant que je devais être retenu en prison sur de si graves
indices ? Non, je ne le crois pas, bien qu'un grand mi-

nistre (1), qui m'a jadis honoré d'un peu de protection, ait eu le bon goût de se faire présenter mon dossier et d'y chercher de sa main amie la trace de mes relations avec Fieschi. Pendant ce temps, les journaux des départements, payés par ce même ministre, imprimaient qu'on se hâtait beaucoup de protester contre mon arrestation, et qu'il fallait voir si les papiers saisis chez moi ne la justifieraient pas.

Je ne saurais, pour le moment, tirer meilleure vengeance de ces honnêtes procédés qu'en publiant la pièce dont j'ai fait connaître l'origine.

Mon motif n'est cependant pas tout personnel.

Le mot d'ordre est aujourd'hui d'attribuer à l'usage qui a été fait du droit de discussion, depuis cinq ans, l'état d'anarchie dans lequel nous sommes tombés. La presse a, dit-on, poussé les insurgés de novembre, d'avril et de juin ; elle a fini par armer le bras des assassins.

La pièce que je me détermine à publier, après quelques hésitations dont je dirai tout à l'heure les motifs, répond à ces accusations par lesquelles les hommes du système réacteur croient pouvoir se dispenser de tout devoir de fidélité à leurs anciens engagements politiques. Il est si commode de renvoyer le tort de son abjuration à des adversaires qui auraient compromis la liberté en s'en servant mal, et le droit de discussion en le rendant le plus grand ennemi du repos des sociétés !

Le rapport présenté à la Société de défense de la liberté de la presse sur l'exposé des principes de la

---

(1) M. Thiers. Carrel avait été profondément blessé de ce qu'on eût pu le croire en une complicité quelconque avec Fieschi.

Société des Droits de l'homme est, suivant moi. un
document de quelque importance. Je l'adresse aux
hommes qui vont voter des lois contre le droit de discussion en se persuadant, sur la parole des ministres
de la réaction, que la presse quotidienne n'a encore
exprimé que la moindre partie des pensées coupables
et subversives qui vivent dans l'âme de ses écrivains, et
qu'il n'y a jamais eu ni bonne foi, ni désir conscien-
cieux de s'éclairer dans l'usage qui a été fait de la discussion par les adversaires du principe monarchique.

Je n'appartiens à aucun corps politique, à aucune
académie; mais je doute que, parmi toutes les réunions ou associations officielles qui font partie de l'organisation monarchique établie en France, il en soit
une qui m'inspirât le respect que supposent l'étendue,
et, j'ose le dire, le ton du morceau que je composai, il
y a deux ans, pour acquitter envers la Société de défense de la liberté de la presse ma dette de sociétaire.
On jugera si c'est ainsi que s'entretiennent entre eux
des anarchistes, des hommes préoccupés uniquement de leurs projets d'ambition, et toujours disposés
à précipiter dans les révolutions la civilisation et le
repos de leur pays.

Si quelque chose étonne les adversaires de bonne
foi, qui chercheront dans cet écrit les arrière-pensées
de la presse républicaine, les grands secrets qu'on devait ne se communiquer qu'à huis clos et en fuyant l'œil
de l'autorité, ce sera peut-être la différence qui existe
entre la vivacité de notre polémique journalière et le
calme de nos discussions intérieures. Dans nos journaux
nous discutons rarement, nous disputons toujours;

nous luttons malgré nous contre des hommes qui veulent nous détruire, que nous n'espérons pas persuader et qui ne peuvent nous rendre aucune justice sans se nuire à eux-mêmes, sans compromettre les positions qu'ils occupent ; tandis que, dans les réunions recueillies, dans les conversations fraternelles qu'on s'est complu à peindre au public comme des conciliabules terroristes, nous ne disputions pas, nous discutions ; c'est-à-dire que nous nous soumettions les uns aux autres nos doutes ; que nous nous rapprochions avec l'espoir de nous éclairer mutuellement, et de rassurer nos consciences sur la responsabilité morale qui nous appartenait dans ces luttes où nous figurions comme combattants, et dont il était impossible de prévoir l'issue.

Si le travail que je me décide à publier est demeuré jusqu'à présent inédit, ce n'est pas qu'il ne fût l'expression générale des sentiments qui existaient dans l'Association pour la commune défense de la liberté de la presse, c'est que je ne l'avais pas destiné à la publicité, c'est que je ne voulais pas qu'il devînt pour la presse ministérielle un texte à opposer à telle autre publication républicaine dont il aurait paru la réfutation ; c'est aussi, je l'avouerai, que je sentais parfaitement la faiblesse de cet écrit, qui témoigne plutôt des hésitations consciencieuses de son auteur sur les points les plus importants de notre passé et de notre avenir révolutionnaire que de cette fixité de vues et de projets qu'on est, en général, porté à nous demander. Le public est très exigeant envers ceux qu'on lui donne pour hommes de parti. Il veut des affirmations et non pas des doutes ; des solutions hardies, des systèmes décidés, et non pas l'aveu des fluctuations du jugement et de la conscience.

Ce dernier caractère est celui de l'écrit que je viens de relire au bout de deux ans, non sans quelque satisfaction, puisque j'y retrouve mes intentions, toujours les mêmes malgré les violences de gouvernement qui sont intervenues depuis, et qui ne m'ont pas épargné plus qu'un autre.

Les scrupules qui, il y a deux ans, m'empêchèrent de consentir à ce que ce rapport fût publié sous mon nom, suivant le désir de mes co-associés et des auteurs mêmes du manifeste de la Société des Droits de l'homme, ont fait place à un sentiment très différent. Je ne crains plus, pour l'ensemble de l'opinion républicaine, qu'on s'empare de cet écrit afin d'opposer dans les feuilles ministérielles école à école; car, probablement, en nous interdisant la discussion républicaine, on s'interdira aussi les provocations à notre égard; je ne me demande plus s'il ne sera pas fâcheux pour les hommes qui partagent entièrement nos opinions, et pour moi en particulier, que le public connaisse les tâtonnements de nos esprits et voie sur quelques points nos doutes, je dirai hardiment notre ignorance.

Qu'on donne à ces tâtonnements le nom que l'on voudra, on ne leur ôtera pas leur caractère sérieux, probe et véridique. Tout homme juste qui lira cet écrit conviendra que les opinions auxquelles il a été adressé ne faisaient pas abus du droit de discussion; qu'elles n'étaient pas de si sauvages ennemies de la civilisation et de l'ordre social; qu'elles cherchaient sincèrement la vérité, et qu'elles avaient peut-être un peu de ce qu'il faut pour y arriver, si l'on ne se fût pas étudié à les aigrir, à les précipiter dans les voies extrêmes par des calomnies et des persécutions atroces.

Il est une question que peut-être je dois prévoir.

On demandera si cet écrit a été présenté à l'Association pour la défense de la liberté de la presse absolument tel que je l'imprime.

Les circonstances, très différentes aujourd'hui de ce qu'elles étaient à l'époque où cet écrit fut composé, suffiraient sans doute pour m'autoriser à être un peu moins hardi qu'il y a deux ans : j'indiquerais alors toutes les suppressions devenues nécessaires ; mais j'ai été assez heureux pour n'en avoir pas à faire. Je ne me serais pas cru permis, en honneur, bien que ce travail soit ma propriété, d'en modifier l'esprit, sur les points mêmes où mes opinions auraient pu être changées par le temps, l'étude et la réflexion.

Rapport sur le manifeste de la Société des droits de l'homme,

Lu à la Société de défense commune de la liberté de la presse, le 8 décembre 1833.

Messieurs,

Le comité central de la Société des Droits de l'homme et du citoyen vous a adressé une déclaration de principes, dont il a été beaucoup et très diversement parlé depuis deux mois. Cette pièce était accompagnée d'une lettre par laquelle vous étiez invités à adhérer à l'ensemble des doctrines de la Société des Droits de l'homme.

L'objet de votre association ne vous permettait pas d'accorder cette adhésion. Vous n'êtes pas les représentants de tel ou tel système républicain, mais seulement les défenseurs du droit qu'ont toutes les opinions républicaines de se produire par la discussion.

Votre première pensée, en vous réunissant et en appelant les patriotes des départements à joindre leurs efforts aux vôtres, fut de vous constituer les appuis de ce principe à jamais sacré parmi nous : que tout homme a le droit de publier ses opinions, quelles qu'elles soient ; d'attaquer par la discussion les systèmes accrédités et les institutions établies ; de proposer toutes les innovations et réformes que sa conscience lui indique comme devant tourner au bien de ses concitoyens.

Si, récemment, vous avez changé ce titre qui vous désignait si bien comme défenseurs de toutes les opinions démocratiques, et si vous vous êtes proclamés *Association républicaine pour la liberté de la presse*, ce n'est pas que vous distinguiez entre la liberté de vos opinions et celle des opinions qui en diffèrent ; c'est que vous avez vu que, hors de l'opinion républicaine, il y avait malheureusement tiédeur pour des libertés dont on craint de se servir ; c'est que vous vous devez tout entiers à votre opinion quand on la persécute par privilége. Désormais donc, vous portez exclusivement secours aux doctrines progressives qui cherchent le bien du pays en dehors des conditions de la monarchie.

À ce titre, le Manifeste de la Société des Droits de l'homme devenait un lien entre cette société et vous. Si le comité central des Droits de l'homme a pensé qu'un écrit destiné à provoquer la discussion le mettait naturellement en rapport avec vous, vous ne pouviez manquer, de votre côté, de prendre un haut intérêt à une publication dont tous les partis se sont émus, qui pose de grandes questions, représente une masse considérable d'opinions démocratiques, et invite à des discussions fraternelles d'autres opinions républicaines plus rapprochées des principes regardés à tort ou à raison comme conservateurs des intérêts actuels des classes moyennes. Vous avez voulu, messieurs, répondre à l'appel de la Société des Droits de l'homme, et remplir votre propre mission en nous demandant un rapport sur la déclaration qui vous avait été adressée.

Toutes les opinions républicaines partent du même principe, usent de la même logique, et sont solidaires entre elles, quelque éloignées que soient les unes des autres les conséquences auxquelles chacune d'elles s'arrête. Ainsi, le Manifeste obtiendra, comme œuvre de discussion, droit de cité parmi nous, bien qu'il pousse les idées de réforme au delà de tout ce qui a été exprimé dans le sein de notre association. L'anathème lancé contre ces doctrines par des gens qui permettent les appels quotidiens à la légitimité et à l'étranger ne vous intimidera pas. Hommes de discussion et de publicité, vous ne connaissez point de théories qu'on puisse repousser *à priori* comme indignes. Cette déclaration de principes aurait même d'autant plus de droits à votre examen, qu'elle a soulevé plus de passions intolérantes.

« Laissez-vous emprisonner, laissez-vous pendre, a dit

notre maître Paul-Louis Courier, mais publiez votre
pensée. Ce n'est pas un droit, c'est un devoir. La vérité
est toute à tous. Ce que vous connaissez utile, bon à
savoir pour un chacun, vous ne le pouvez taire en conscience ; et comme il n'y a point d'homme qui ne croie
ses idées utiles, il n'y en a point qui ne soit tenu de les
communiquer et de les répandre par tous les moyens à
lui possibles. Parler est bien, écrire est mieux, imprimer
est excellente chose, et la meilleure qui se puisse faire ;
car si votre pensée est bonne, on en profite ; mauvaise,
on la corrige et l'on profite encore. Mais l'abus !.....
Sottise que ce mot. Ceux qui l'ont inventé, ce sont ceux
qui vraiment abusent de la presse, en trompant, ca-
lomniant et empêchant de répondre. » Ces vigou-
reuses paroles de Paul-Louis Courier sont le programme
d'une société telle que la vôtre. Vous ne repoussez donc
aucune doctrine progressive ; loin de là, vous les encou-
ragez toutes.

Ceux qui aiment les tâches toutes faites auraient
voulu peut-être qu'on n'ajoutât pas aux difficultés de
la réforme politique, en jetant dans la discussion des
théories de réforme sociale. Mais la liberté appelle
chacun à apporter le tribut de ses lumières et de ses
inspirations, dût cette sainte concurrence susciter quelquefois au progrès lui-même des difficultés inattendues.
Si réellement une révolution dans l'ordre politique ne
pouvait être heureuse et assurée qu'en s'appuyant sur
de profondes réformes sociales, ne serait-ce pas nous
rendre service que de nous indiquer jusqu'où peuvent
être poussées certaines exigences ? Ce n'est pas nous re-
tarder, quoi qu'en puissent dire quelques-uns de nos

amis; c'est nous éclairer; c'est nous forcer à mesurer l'étendue de notre responsabilité. Nous ne voulons pas la république en passant, mais la république définitive. Nous avons donc besoin de connaître d'avance les intérêts, les tendances, les passions même et les ressentiments de toutes les parties qui composent la majorité démocratique. Si l'on nous révèle des besoins et des prétentions que nous ne connaissions pas et avec lesquels il faudrait compter tôt ou tard, humilions notre orgueil; nous nous étions crus sans doute, avant le temps, maîtres d'une besogne qui passait encore notre science et nos forces.

Pour des esprits habitués depuis dix-huit ans à retourner dans tous les sens un très petit nombre d'idées progressives, et à les ajuster tant bien que mal aux préjugés et aux intérêts stationnaires de cent ou cent cinquante mille privilégiés, il est un peu nouveau, nous l'avouons, de s'entendre demander la représentation universelle du pays, l'égalité absolue des droits politiques, la subsistance de tous les membres du corps social assurée aux dépens de ceux qui ont le superflu, la dispense de toute contribution en faveur de ceux qui n'ont que le nécessaire, la limitation du droit de propriété à une certaine portion garantie par la loi, la destruction de toute industrie qui préjudicie à l'existence du pauvre, la progression et non plus la proportion de l'impôt. Il est surtout quelque peu effrayant de s'entendre renvoyer, pour le développement de ces propositions, à l'autorité du représentant Robespierre; car on se souvient beaucoup moins aujourd'hui de Robespierre théoricien, que de Robespierre chef de ce triumvirat de terreur qui fut vaincu au 9 thermidor.

Une phrase du manifeste nous apprend que ce ne sont pas les membres du comité actuel qui ont eu la pensée d'invoquer la déclaration des droits de Maximilien Robespierre, comme résumant les prétentions de la démocratie de 1833. Cette phrase est ainsi conçue :

« Dès son origine, et avant la formation du comité central actuel, la Société des Droits de l'homme adopta, comme expression de ses principes, la déclaration présentée à la convention nationale par Maximilien Robespierre. »

Bien que, dans le paragraphe suivant, le comité actuel ajoute qu'il s'associe de nouveau à cette déclaration, « non comme à la meilleure possible, mais comme à la meilleure connue, » nous ne considérerons pas l'invocation de l'autorité et du nom du représentant Robespierre comme le fait du comité qui a contre-signé le Manifeste. Nous insistons sur cette circonstance, parce qu'elle nous servira à expliquer un emprunt qui a donné matière à tant de déclamations monarchiques contre l'ensemble du parti républicain.

L'Association des Droits de l'homme est incontestablement une image et un produit naturel de cette démocratie parisienne qui ne jouit pas de la représentation politique et qui vit de son travail journalier; population au-dessous de laquelle il existe encore aujourd'hui, d'après un état officiel tout récent, cent quatrevingt-dix mille habitants de tout âge et de tout sexe, réduits aux soulagements de la charité publique. Cette partie laborieuse et agissante de la population de Paris, classée entre l'aisance et la misère, est nécessairement traitée avec dureté par un gouvernement qui la redoute ; elle est froissée par un système d'impôts dirigé contre elle et qui semble combiné de façon à la contenir en l'appauvrissant. Pour se rendre compte des sentiments qu'a pu développer dans cette population de travailleurs intelligents le spectacle de la déception contre laquelle nous luttons depuis trois ans, il est bon de se rappeler la succession de passions et d'idées par laquelle la démocratie française a déjà passé de 1789 à 1815 ; histoire un peu longue, mais nécessaire, et qui, nous l'espérons, ne vous paraîtra pas déplacée. Nous établirons, par elle, quelles sont les traditions révolutionnaires qui peuvent vivre aujourd'hui dans la partie politiquement active de la population de Paris. Nous verrons jusqu'à quel point il peut être concevable que les projets de réforme sociale dont Robespierre entretint la convention quelque temps avant le 9 thermidor aient trouvé crédit parmi nos prolétaires de 1833, affiliés dans la Société des Droits de l'homme.

En étudiant l'histoire de la révolution depuis l'appel fait à la nation par la royauté de 1789 jusqu'à l'attentat du 18 brumaire, on est frappé de deux faits principaux : le premier, c'est que la révolution contre l'ancien régime ne pouvait pas s'accomplir sans le secours de la démocratie ; le second, c'est qu'il y avait malentendu entre la bourgeoisie et le peuple sur la portée révolutionnaire des principes invoqués contre la royauté absolue.

Lorsque les états-généraux s'assemblèrent, la nation

était distribuée officiellement en trois ordres : clergé,
noblesse, tiers-état. Mais cette distribution n'était plus
en harmonie avec les faits. La nation se divisait réellement en privilégiés de naissance ou nobles ; en privilégiés parvenus, élevés par voie de concurrence, c'étaient
les bourgeois; et enfin en prolétaires ou manouvriers
des villes et des campagnes, c'était l'immense majorité
nationale.

L'abbé Sieyes eut parfaitement raison quand il écrivit : « Le tiers-état est tout ; les deux premiers ordres
ne sont rien. » En effet, le clergé n'était plus une force,
du moment qu'il ne trouvait plus dans les préjugés nationaux le moyen de défendre ses grands biens contre
la cour, la noblesse, la bourgeoisie, le peuple, qui voulaient et pouvaient s'en emparer.

La noblesse était déchue ; depuis un siècle et demi,
elle ne croyait plus à elle-même : elle était si persuadée
du ridicule de son propre rôle, qu'elle abdiqua d'enthousiasme, dans la nuit du 4 août, toutes ses distinc-
tions. En voyant la noblesse venir se fondre dans le
tiers-état et s'en faire une gloire aux yeux de la philosophie, on pouvait prononcer hardiment que, depuis
bien longtemps, cette noblesse n'était plus que nomi-
nale.

Le pouvoir royal absolu, le pouvoir d'un seul homme
sur les biens et la vie de vingt-cinq millions d'hommes ;
le pouvoir des prêtres sur les consciences, la supériorité des nobles sur les Français non titrés, tout cela
était mort dans les idées avant 1789. Bien que le dix-
huitième siècle eût remué sans les approfondir, et surtout sans les résoudre, toutes les idées de réforme so-

ciale qui nous occupent aujourd'hui, cependant le travail révolutionnaire médité par la constituante était
dirigé uniquement contre le pouvoir absolu et les dis-
tinctions cléricales et aristocratiques, qui semblaient
résumer tous les abus du même régime.

Comme le tiers-état était tout, ainsi que l'avait proclamé l'abbé Sieyes, c'était dans le sein même du tiers-
état que la véritable révolution était à faire. Le tiers-
état ne le soupçonnait pas. Le bourgeois et le prolétaire avaient proclamé ensemble, à la vue de la Bastille
dominant leurs têtes, que tous les hommes naissent
libres; ils avaient dit, en haine d'une noblesse frivole
et infatuée, que tous les hommes sont égaux en vertu
d'un droit naturel.

En apprenant que la couronne voulait, par la force,
empêcher les députés du tiers-état de se réunir, ils
s'étaient écriés en commun que la nation était souveraine; qu'il n'appartenait qu'à elle de faire la loi; que
le roi ne pouvait être que l'exécuteur de la volonté de
tous, le premier magistrat, le premier serviteur du
peuple.

En entendant révéler le déficit par M. Necker, le
bourgeois et le prolétaire avaient proclamé qu'il n'appartenait qu'aux représentants de la nation d'administrer la fortune publique; d'asseoir, de classer, de voter
l'impôt et d'en surveiller l'emploi. En se voyant opposer
les baïonnettes des Suisses et les sabres des cavaliers
étrangers à la solde de la cour, le bourgeois et le prolétaire avaient senti le besoin d'exiger que l'armée fût
nationale; que sa partie active ne servît que contre
l'ennemi du dehors; que sa partie non mobile fût, sous

le nom de garde civique, exclusivement chargée du maintien de l'ordre public.

En rencontrant sur leur chemin les procédures du Châtelet et des chambres étoilées de la monarchie, le bourgeois et le prolétaire avaient publié la nécessité d'un pouvoir judiciaire national et indépendant : le principe du jugement des citoyens par leurs pairs avait pris ainsi naissance dans les esprits.

En luttant enfin, sur toute la surface de la France, contre les déprédations des intendants, commissaires et commandants militaires pour le roi, le bourgeois et le prolétaire avaient désiré se réserver, en dehors du contrôle exercé par les représentants généraux de la nation, un contrôle local remis à des magistrats électifs et révocables.

Voilà toute la révolution de 1789, telle qu'on la trouve dans la constitution publiée en 1791. Dans tout cela le bourgeois avait parlé et le prolétaire applaudi. On était nécessairement d'accord tant que l'égalité n'était proclamée que du bourgeois au noble, et non du prolétaire au bourgeois; tant que les droits politiques servaient à détruire l'aristocratie de naissance, et non à constituer et à défendre l'aristocratie de fortune contre le prolétaire. On devait s'apercevoir bientôt du malentendu.

A l'ancien état de choses, aux inégalités, aux disparates de l'ancien système aristocratique, se substituait donc une manière d'être uniforme, dans laquelle se retrouvaient :

La royauté, à l'état de pouvoir exécutif inviolable et salarié ;

L'ancien ordre du clergé, avec une mission toute spirituelle, protégée et rétribuée par l'État;

L'ordre noble, à titre de grand propriétaire, destitué d'anciens priviléges réprouvés par l'opinion, mais admissible, concurremment avec le prêtre salarié et le bourgeois émancipé, à la représentation du pays et à toutes les fonctions du gouvernement, tant général que local, au choix du pays comme au choix du pouvoir exécutif.

On peut dire que, dans cette transformation, le clergé, la royauté, la noblesse, avaient plus gagné que perdu. En échange de priviléges insoutenables, ils avaient acquis des garanties politiques. C'étaient des vaincus qui, en paraissant se fondre dans les cadres de l'armée victorieuse, avaient conservé tous les moyens d'en saisir le commandement. Ceux qui, en qualité de privilégiés, n'eussent pas été supportés, retrouvaient, à titre d'égaux de leurs anciens subordonnés, un moment leurs vainqueurs, la faculté de prétendre aux bénéfices du nouvel ordre politique. Dans tout cela, il n'y avait rien qui ne fût conforme à l'esprit de la révolution de 1789.

Il s'agit de savoir si cet état de choses qui suffisait à la bourgeoisie faisait le compte de l'insurrection démocratique, sans laquelle le pouvoir royal et les ordres privilégiés n'eussent jamais été vaincus.

Les conditions de liberté, d'égalité, de concurrence universelle, établies par la constitution de 91, pouvaient satisfaire la bourgeoisie, mais non pas la démocratie. C'est pourquoi la constitution de 91 était déjà impopulaire quand elle fut publiée. Toutes les discussions qui

avaient précédé la rédaction de ce premier acte constitutionnel avaient irrité violemment la masse des prolétaires français, et il n'avait pas manqué d'orateurs
et d'écrivains improvisés pour expliquer au peuple qu'il
avait fait un marché de dupes ; qu'il s'était battu, qu'il
avait versé son sang et pris la Bastille pour donner à
ses ennemis des droits politiques au moyen desquels
ceux-ci l'enchaînaient de nouveau, le réduisaient, suivant le langage même de la constitution, à l'état de
nature passive ; que s'appeler pauvres sous ce nouveau
gouvernement, c'était absolument la même chose que
s'appeler roturiers, vilains et vassaux sous l'ancien ;
qu'il fallait fonder l'égalité positive, l'égalité dans la
société ; que l'égalité politique était une nouveauté au
profit exclusif des riches bourgeois ; que ceux-là seulement trouvaient, dans leur éducation, leur notabilité
et leur crédit, les moyens de soutenir la concurrence
contre les anciens privilégiés, transformés en *citoyens
actifs*, en électeurs et en éligibles.

La démocratie avait gagné certainement par la destruction des jurandes, des corporations, des maîtrises ;
par l'abolition des institutions féodales qui concentraient
la propriété dans un petit nombre de mains. Mais la
démocratie ne pouvait pas goûter ces biens dans un
temps de révolution qui avait détruit les existences de
cour, les habitudes de luxe, frappé de mort un grand
nombre d'industries et suspendu le travail dans la plupart de celles qui n'avaient pas pour objet de fournir à
la révolution les moyens de lutter contre l'Europe. Il y
avait donc quelque chose de très fondé dans le langage
qu'on tenait au prolétaire et dans la réaction qui s'opé-

rait en lui contre les changements qu'il avait embrassés avec passion en 1789.

Nécessairement aussi, quand le tiers-état s'était levé en masse contre les ordres privilégiés, et que les mots de liberté, d'égalité, de bonheur commun, avaient été prononcés pour la première fois, on s'était bien gardé d'entrer en explication avec le peuple sur la signification et l'étendue de ces mots. Chacun avait pu les interpréter avec les arrière-pensées de sa situation.

Le noble, en abdiquant ses priviléges et recevant en échange les droits de citoyen, avait pu se dire : « Si mon voisin, homme de robe ou marchand enrichi, se met sur les rangs pour me disputer un poste électif, mon château vaudra bien sa terre, ma capacité vaudra bien la sienne, et j'aurai de plus que lui la connaissance des intérêts de la haute politique : c'est encore moi qui commanderai les armées, qui serai ambassadeur et premier ministre. » Ce n'étaient pas un Lafayette, un Larochefoucauld-Liancourt, un d'Argenson, qui avaient eu de ces arrière-pensées; mais il y avait à côté d'eux, parmi les notabilités révolutionnaires de l'époque, des Talleyrand, des Montmorency, des Vaublanc, des Lameth, des Pastoret, nous dirions un Mirabeau, si Mirabeau avait pu vendre à la monarchie autre chose que ses passions, et si son génie n'était pas resté une gloire nationale.

Le bourgeois, avec de l'éducation, et même sans fortune, avait pensé peut-être : « Je soutiendrai la concurrence politique du noble et du gros rentier. Je n'ai pas d'avances, mais je trouverai du crédit, des gens qui me prêteront sur mon intelligence et mes chances d'avancement. Je reprocherai au noble son ancienne insolence, au gros rentier l'usure qui l'a enrichi ; j'aurai les suffrages du peuple, parce que je suis du peuple et que seul je puis lui parler le langage qu'il aime. » Ce n'étaient pas les bourgeois de l'espèce de Bailly, de Pétion, de Roland qui faisaient de ces calculs ; mais que de noms tristes à rappeler, que de noms fameux à la constituante, à la législative, à la convention, nous montreraient la part de l'égoïsme bourgeois et de l'esprit d'intrigue dans les événements de cette première époque !

Quant au prolétaire, flétri par la constitution du nom de *citoyen inactif*, n'ayant ni crédit qui pût lui permettre d'emprunter pour s'établir, ou pour jouir au delà de son gain journalier, ni éducation pour rivaliser avec le bourgeois et le noble, ni chance prochaine d'inspirer au corps législatif des lois qui ménageassent le pauvre et chargeassent le riche, il devait porter ses espérances hors des principes et des données de la constitution de 1791 ; il devait sourire à l'idée d'un gouvernement qui ôterait aux classes déjà riches la faculté de le devenir davantage ; il devait désirer un ordre de choses qui donnât gratuitement l'éducation à ses enfants et les fît intellectuellement les égaux du noble et du bourgeois sortis des mains du précepteur.

Ainsi, en 1789, le tiers-état tout entier demandait la liberté religieuse contre le clergé, la liberté civile contre la royauté et la noblesse, la liberté de la presse et le gouvernement représentatif contre le pouvoir absolu, l'égalité politique et civile contre tous les privilégiés du vieil ordre politique et social. Mais, en 1791, à l'époque où la constitution, rédigée sur ces principes, fut proclamée, il n'y avait plus que la bourgeoisie qui tînt pour les principes de 89 et qui y trouvât son compte. Le peuple était déçu dans ses espérances, et ne voyait plus dans toutes les théories des hommes à constitution et à équilibre de pouvoirs qu'un mensonge ; et voici comment il raisonnait :

« Que nous importe, disait-il, la liberté de la presse ? Les anciens privilégiés s'en serviront du même droit que nous, avec plus de succès que nous. Que nous importe la représentation nationale, puisque les aristocrates, en se déguisant, y arrivent, et que nous en sommes exclus ? Que nous sert d'être la nation souveraine, puisque nous sommes en même temps la nation passive, la nation qui paye, travaille, souffre et obéit ? Il y a autant de pauvres qu'avant la révolution, et il n'y a pas moins de riches. Pour goûter les avantages de toutes ces libertés qu'on prétend nous avoir données, il faut être riche ; c'est une représentation contre nous et non pas pour nous. »

Tel était le langage du pauvre sous la constituante et même sous la convention. Aussi la majorité de la convention n'était-elle pas plus populaire en 1793 que la majorité de la constituante en 1791 ; car la convention, quoi qu'on en dise, représentait, en majorité, des intérêts bourgeois, et se ralliait, comme on le vit en l'an III, aux mêmes principes de liberté civile, politique, religieuse, aux mêmes conditions d'égalité et de concurrence sociale que la constituante. Les idées et les intérêts de la démocratie n'avaient encore trouvé d'organes et de représentants que dans la presse, les clubs et la commune de Paris, lorsque Robespierre et Saint-Just présentèrent à la convention leurs doctrines d'égalité absolue et leurs accusations mal dissimulées contre les principes de liberté de 1789.

Robespierre et Saint-Just ont été depuis expliqués et sans doute exagérés par l'école de Babeuf. Cette école repoussait le système de liberté qui eût permis à tout homme de se procurer, par le libre développement de ses facultés, des jouissances refusées à ses concitoyens, *à ses frères*, lorsqu'ils étaient moins habiles, moins accrédités, moins chanceux que lui. L'école de Babeuf ne voyait pas dans la société une collection d'individus libres de travailler chacun à son bonheur particulier comme il pouvait l'entendre, mais une famille composée de frères, et dans laquelle tous devaient travailler à l'entretien et au bonheur de tous, de manière qu'il en résultât pour chacun une part égale de jouissances, quelles que fussent les différences de capacité, d'activité et de disposition au travail. L'école de Babeuf appelait notre système de liberté, qui permet à chacun de s'élever en proportion de ses facultés et de ses efforts, un système d'égoïsme ; et son système à elle c'était la fraternité, c'était le renoncement à toute liberté, à tout sentiment individuel au profit d'une individualité sociale plus jalouse et plus exigeante qu'aucun despotisme connu. Ainsi se traduisait, dans un temps où la violence était le moyen de tous les partis, la légitime et vague prétention populaire de 89, le désir naturel à tous d'obtenir les jouissances d'une civilisation que tous avaient contribué à former depuis des siècles, les uns en s'épuisant à produire, les autres en remplissant leur rôle de consommateurs insatiables.

Mais pouvait-on procurer à la démocratie, par les voies de liberté ouvertes en 1789, un état de choses qui l'associât réellement à toutes les jouissances de la civilisation qu'elle voyait se déployer sous ses yeux au profit des seuls riches ? Les termes de la question révolutionnaire étaient ainsi changés. La guerre contre un certain ordre de privilégiés était finie ; il n'y avait plus à contester que le titre du riche, son privilége de jouir seul en présence du grand nombre qui travaille et souffre. Il faut considérer qu'en 1793, à l'époque où Robespierre présenta sa déclaration des droits, la démocratie tout entière était sous les armes à la frontière et dans Paris ; que nul ne devinait l'issue de la lutte engagée entre la levée en masse et la coalition. Il était permis peut-être aux hommes entrés les derniers dans la lutte, et qui portaient non-seulement leur propre fardeau, mais celui de tous leurs prédécesseurs vaincus, morts ou fugitifs, de se demander si la civilsation, telle que nous l'avait léguée une monarchie corrompue, si l'état de société qui avait vu se déployer ces horribles luttes n'étaient pas seuls coupables de tant de crimes et de malheurs, auxquels les générations de la fin du dix-huitième siècle avaient été dévouées.

La réponse trouvée à cette redoutable question par Saint-Just et Robespierre fut, sincèrement, nous le croyons, que la civilisation des siècles précédents était fausse et dépravante ; que l'état de société, sous des dehors brillants, était barbare et imperfectible ; que la liberté laissée à chaque individu, dans un tel état de société et de civilisation, de tout innover, de tout entreprendre pour augmenter la somme de ses jouissances privées, était une conquête funeste, un fatal véhicule donné à toutes les passions qui jetaient l'humanité hors de la vertu, sa loi de nature.

Ces idées n'étaient que celles de la sombre philosophie de Rousseau, appliquées au milieu de la plus terrible convulsion qu'une société eût jamais éprouvée. Aujourd'hui que cette société a fait voir, par quarante ans d'épreuves, qu'elle est susceptible de progrès indéfinis, non-seulement dans l'ordre matériel, mais dans l'ordre moral; aujourd'hui qu'on ne connaît plus que de nom tant de vices que les hommes de 93 avaient vus s'ébattre dans les saturnales de l'ancienne monarchie, nous avons peine à concevoir ce mélange de passions terroristes et de sentiments évangéliques dans les mêmes âmes ; à deux jours de distance, dans le même homme, la paraphrase du vicaire savoyard, et le préambule de la loi des suspects; tout cela cependant n'est pas hors de la nature de l'homme, puisque tout cela s'est vu. Il peut être bien de s'en indigner ; mieux vaut le comprendre, cela rassure pour l'avenir. Robespierre, donc, en voulait à la société, qu'il avait vue en disciple de Rousseau, à une civilisation dont il n'était peut-être pas capable de goûter les jouissances, et qui ne l'avait pas distingué du vulgaire des déclamateurs; il en voulait à cette liberté qu'il avait contribué à conquérir sur les privilégiés de l'ancienne monarchie, et qui, à ses yeux, ne pouvait plus que faire obstacle à l'établissement démocratique. Voilà dans quelles idées fut conçue la déclaration de principes dont la Société des Droits de l'homme s'est emparée.

Il semble naturel que ce système se soit présenté à l'esprit d'hommes qui portaient la responsabilité du supplice des Girondins, des Cordeliers, des Hébertistes, et qui, en se substituant à tous leurs rivaux, s'étaient donné l'effrayante tâche de sauver et de clore l'œuvre commune. Il n'y avait alors que trois manières d'envisager la fin de cette grande convulsion sociale : ou bien la levée en masse serait battue à la frontière, la France serait envahie, l'ancien gouvernement serait rétabli avec toutes ses impuretés, tous ses abus, et en même temps ses conditions d'ordre ; ou bien la levée en masse serait victorieuse à la frontière, et l'on satisferait à l'intérieur toutes ses exigences ; ou bien, enfin, après avoir vaincu l'Europe par la levée en masse, on essayerait de licencier cette démocratie en armes, on l'obligerait à rentrer dans ses ateliers, et à y attendre, du progrès naturel des choses, l'amélioration de son sort.

Que ce soit un éloge ou un blâme pour la convention et les comités de gouvernement, il est certain que leur majorité ne songea jamais sérieusement, même en face de Robespierre et de Saint-Just, à procurer une satisfaction immédiate à la démocratie. La majorité de la convention et des comités représentait non la démocratie parisienne, mais la nation tout entière. L'instinct de la majorité de la convention était de préserver la société et la civilisation, en sacrifiant même, s'il le fallait, les intérêts de la démocratie urbaine, représentée,

depuis trois ans, par les sections armées et les faubourgs
de Paris. On a vu, après le 9 thermidor, la convention
et les comités réagir en ce sens, chasser le peuple des
sections, y ramener la bourgeoisie, et pousser la jeunesse dorée, revêtue des insignes de la chouannerie,
contre les faubourgs de Paris. Il semblait qu'il fallût
détruire à tout prix ces foyers de passions démocratiques, pour rendre à la civilisation révolutionnaire la
direction qui lui avait été donnée en 1789.

Qu'on ne se fasse donc pas illusion sur le caractère de
la déclaration des droits rappelée par le Manifeste de la
Société des Droits de l'homme. Cette déclaration était
dirigée contre la société, contre la civilisation, contre
le principe de liberté conquis en 1789, et cela était
conséquent avec l'effrayante responsabilité qu'avaient
acceptée Robespierre et Saint-Just. Pouvaient-ils, en
effet, assurer au prolétaire émancipé les jouissances
que l'ancien état de civilisation, combiné avec la dévo-
rante activité du principe de liberté de 89, procurait à
tout homme qui, par génie ou par corruption, savait
devenir riche? Pouvait-on, pour nous servir d'images
un peu vulgaires, promettre à tout le monde un carrosse, un château, une maison de ville et une loge à
l'Opéra? Non, sans doute. Il fallait donc déterminer
une moyenne de jouissance qu'il ne fût permis à personne de dépasser, et à laquelle tout le monde pût atteindre; il fallait combler les vallées et raser les montagnes, faire disparaître à la fois l'opulence et la misère;
tout cela ne se pouvait ni du jour au lendemain, ni par
la société, ni par la civilisation, ni par la liberté, telles
qu'elles existaient.

Pour réaliser immédiatement ces vœux philanthropiques, vœux émis dans les deux siècles précédents par
Fénelon, Rousseau et Mably, on eût vainement demandé à la France une nouvelle assemblée extraordinaire; car, dans l'état d'infériorité intellectuelle où
était la démocratie, cette assemblée n'eût pas été certainement plus radicale que la convention. Or la convention a montré, dans ses déclarations de droits de
1793 et de l'an III, qu'elle n'entendait pas sacrifier à
un but de fraternité encore mal défini les biens positifs
que l'état de société, de civilisation et de liberté, fondé
sur le principe de libre concurrence, malgré tous ses
abus, assurait à la France. Il appartient aux progrès
mêmes de la civilisation et de la liberté d'amener entre
les hommes cette mutualité d'affection et d'assistance
si justement désirée par les philosophes du dix-septième
et du dix-huitième siècle, et si perversement interpré-
tée par les hommes que dénonça Robespierre lui-même
comme voulant perdre la révolution en l'exagérant. Le
sentiment de mutuelle affection appelé fraternité, ce
sentiment qui n'est que le principe même de civilisation et de sociabilité élevé à sa plus haute puissance,
n'existait certainement pas à une époque où l'on s'en-
tretuait révolutionnairement. La morale ne veut sans
doute pas qu'on laisse mourir son frère de faim et de
maladie, en se livrant au plaisir et faisant bonne chère;
mais la même morale défend premièrement à un frère
de tuer son frère sur une différence d'intérêt ou d'opinion. Établir la fraternité par la proscription de quiconque aura été signalé comme égoïste; poursuivre par
l'extermination un but d'humanité, c'est un contre-

sens moral qui peut être expliqué dans Robespierre
et Saint-Just par une position inouïe ; mais toute chose
qui s'explique n'est pas pour cela supportable.

Robespierre et Saint-Just, seuls organes, à la convention, de cette école républicaine dite de la fraternité qui
a trouvé plus tard dans Babeuf et ses amis des inter-
prètes plus audacieux et moins habiles, ne pouvaient
pas espérer que la France de 1793 leur donnât, par
quelque système d'élection que ce fût, une assemblée
plus révolutionnaire que la convention, et ils avaient
jugé eux-mêmes que la constitution toute démocratique de 93, réussît-on à l'appliquer, laisserait encore
aux inégalités sociales des chances trop certaines de
reprendre le dessus et de mettre la démocratie hors
des affaires. Pour Robespierre et Saint-Just, il s'agissait donc d'établir dictatorialement, sous la protection
de la levée en masse et de la démocratie parisienne encore en armes, et avec l'appui d'une minorité conven-
tionnelle, des résultats que le jeu naturel de la liberté
leur paraissait ne devoir jamais amener. On eût, suivant l'expression de l'un d'eux, décrété les vertus aussi
facilement que le maximum.

Ainsi, on aurait dit avec Robespierre : « Nous voulons substituer dans notre pays la morale à l'égoïsme,
la probité à l'honneur, les principes aux usages, les
devoirs aux bienséances, l'empire de la raison à la tyrannie de la mode, le mépris du vice au mépris du
malheur, la fierté à l'insolence, la grandeur d'âme à la
vanité, l'amour de la gloire à l'amour de l'argent, les
bonnes gens à la bonne compagnie, le mérite à l'intrigue, le génie au bel esprit, la vérité à l'éclat, la

grandeur de l'homme à la petitesse des grands, un peuple magnanime, puissant, heureux, à un peuple aimable, frivole et misérable. »

Ce ne sont pas là des antithèses de rhéteur ; c'est le programme aussi heureusement que nettement esquissé de la régénération morale de la société, telle que la concevait Robespierre en méditant son maître Rousseau. Les progrès que, depuis trente-huit ans, ont faits nos mœurs publiques, en dépit de l'usurpation militaire et de la contre-révolution, nous apprennent comment on arrivera à substituer toutes ces vertus sociales d'un peuple libre aux qualités frivoles d'un peuple esclave. Une partie de ces changements s'est déjà opérée par un progrès inaperçu. Mais comment pouvaient-ils se réaliser, en 1793, du jour au lendemain et par voie de dictature ?

Deux hommes ont parlé après Robespierre.

« L'opulence, a dit Saint-Just, est dans les mains d'un assez grand nombre d'ennemis de la Révolution. Les besoins mettent le peuple qui travaille dans la dépendance de ses ennemis. *Concevez-vous qu'un empire puisse exister, si les rapports civils aboutissent à ceux qui sont contraires à la forme du gouvernement ?* Si vous donnez des terres à tous les malheureux, si vous les ôtez à tous les scélérats, je reconnais que vous avez fait une révolution. »

Babeuf s'est manifesté plus clairement encore dans son projet d'insurrection de 1796. On y lit :

« Art. 2. — Le but de l'insurrection est l'établissement de l'égalité et du bonheur commun.

» Art. 17. — Tous les biens des émigrés, des conspirateurs et des ennemis du peuple seront distribués, sans délai, aux défenseurs de la patrie et aux malheureux.

» Art 19. — Le soin de terminer la révolution sera confié à une assemblée nationale composée d'un démocrate par département. »

Nous sommes loin de prétendre que la violence inintelligente des moyens conseillés par Saint-Just et par Babeuf puisse être considérée comme traduisant la pensée de Robespierre. Lui concevait vaguement une dictature plus éclairée que ne l'était le commun de la démocratie, et décrétant révolutionnairement le système administratif et financier indiqué par sa déclaration des droits, système inverse de celui sous lequel nous vivons, qui eût fait de la pauvreté un privilége et de la richesse une cause d'indignité politique. Le jeu de l'impôt, dit progressif, aurait traité la richesse comme une sorte de vol fait à la propriété commune. Cet impôt eût atteint la richesse en la frappant d'une sorte de peine pécuniaire, de plus en plus rigoureuse à mesure que le vol commis sur la communauté eût paru plus considérable ou plus effronté. Robespierre espérait sans doute qu'ainsi, et assez rapidement, les riches, obligés à renoncer à toutes les jouissances du luxe, à toutes les dépenses immodérées, se feraient vertu de la nécessité, contracteraient des habitudes modestes et des mœurs en harmonie avec l'égalité positive ; que, d'un autre côté, le peuple, jouissant, dans sa carrière laborieuse, des dispenses consacrées par l'impôt, assisté par le gouvernement, qui lui donnerait l'éducation et la commandite du travail, renoncerait à la grossièreté et aux

vices qui naissent de la misère. Ainsi le peuple serait
amené assez rapidement à soutenir le voisinage de
l'ancien riche et à apprécier à son tour toutes les jouissances d'une civilisation plus compatible avec les bonnes
mœurs.

Nous ne croyons pas à la méchanceté gratuite des
hommes; et, après avoir étudié les derniers discours de
Robespierre avec l'attention qu'ils méritent de quiconque veut parler de la révolution en connaissance
de cause, nous demeurons persuadé que Robespierre
s'était cru la puissance personnelle nécessaire pour réaliser dictatorialement le système indiqué par sa déclaration des droits; qu'il espérait purifier la terreur
même en la faisant aboutir à la régénération morale du
riche et du pauvre. C'était un rêve philanthropique,
dira-t-on, bien difficile à concevoir dans un tel homme;
mais Robespierre n'est pas mort cependant sans avoir
donné à la postérité des gages de la terrible sincérité
de son rôle. Il faut convenir qu'il avait fait contre les
corrompus de la Montagne, contre les anarchistes de la
commune, contre les furieux d'athéisme, un essai fort
audacieux de ses forces; en un mot, qu'il avait toujours
été à la tête et non à la suite de son parti. Celui qui
avait entraîné tout Paris, le Paris à bout de déraison,
de profanation et de cynisme, à la fête de l'Être suprême et à la restauration du dogme de l'immortalité
de l'âme, pouvait se croire capable d'obtenir bien d'autres retours des esprits sur eux-mêmes. Peu d'hommes
ont eu, dans leur orgueil, de pareilles excuses. Le révolutionnaire qui s'était trouvé assez irréprochable dans
sa vie privée pour demeurer populaire en étouffant le

dévergondage du sans-culotisme, pouvait être de bonne foi en se croyant, sur son effrayante époque, l'ascendant nécessaire pour amener dictatorialement la régénération morale du riche et du pauvre. Mais, pour un pareil but, quels moyens !

Hâtons-nous de le dire, ce but de la régénération morale du riche et du pauvre est celui auquel tend aujourd'hui la société par les voies de la liberté, quelque contrariée qu'elle soit dans son développement par la résistance du principe monarchique ; nous en attestons le haut intérêt, l'évidente sympathie avec laquelle tous les organes de la publicité, ceux mêmes qui représentent des débris d'idées aristocratiques, se livrent à la discussion de toutes ces vues économiques qui tendent à effacer entre la richesse et la pauvreté, entre la propriété et la non – propriété, l'inégalité de fait, consacrée par le monopole politique. A cet égard, les idées sont d'un demi-siècle en avant du gouvernement. Il serait très difficile de trouver des gens qui osassent nier la nécessité de changer la répartition actuelle des charges publiques, et d'associer l'ouvrier au bienfait du crédit, bienfait dont jouissent les autres classes de la société, et dont la privation constitue, pour le travailleur à la journée, l'impossibilité d'améliorer sa situation par les moyens qui appartiennent au travail non journalier.

Qu'aujourd'hui, dans cette France célèbre, qui a brisé dix coalitions par la valeur et l'intelligence de sa démocratie, le travailleur à la journée rencontre pour tout établissement de crédit le Mont-de-Piété, pour toute retraite l'hôpital, pour toute chance de fortune la

loterie, pour tout encouragement à sa moralité la
caisse d'épargne, c'est une honte à la nation éclairée
qui le souffre. Il n'y a plus d'inégalité aujourd'hui entre
tous les hommes qui travaillent, que par l'aptitude ou
l'inaptitude à jouir du crédit. C'est cette différence qui
doit disparaître. Les esprits éclairés, les âmes généreuses, les amis de la liberté, qui croient que la liberté
n'eût jamais existé en France sans le dévouement des
classes populaires, se portent de toutes parts à la découverte du meilleur mode de commandite pour le travailleur à la journée. C'est là la traduction positive du
principe d'égalité de 89, et les choses ont pris d'elles-
mêmes cette voie comme les esprits. Qui peut douter,
en effet, que, depuis 89, la moyenne d'aisance ne se
soit considérablement augmentée, et que les extrémités
d'opulence et de pauvreté n'aient été réduites dans la
même proportion ?

Ce travail d'une société condamnée par Saint-Just et
Robespierre, et attaquée de vive force par Babeuf et
son école, ce travail invisible et constant de la société,
doit trouver, dans le système administratif et représentatif du pays, des conditions qui le favorisent au lieu de
le combattre. C'est là, sans doute, la révolution que
demandent les républicains du Manifeste, révolution
juste et à laquelle tend la démocratie de 1833, avec un
sentiment encore un peu confus de son droit et une
assez grande incertitude sur le choix des moyens qui le
feront prévaloir. Or on le tromperait, ce peuple si digne
d'entendre la vérité et d'être conduit par elle, si on lui
donnait à croire que la déclaration des droits de Maximilien Robespierre a résolu le problème. Cette décla-

ration n'avoue qu'à moitié son moyen, et ce moyen, dans les circonstances où la déclaration fut présentée, ne pouvait être autre chose que l'usurpation de la souveraineté nationale et la substitution, à cette souveraineté, d'une dictature propriétaire du sol français, dictature de minorité, arbitre de la liberté, de la vie, des biens et des facultés de tous les Français. A la majorité de la convention, qui ne voulait pas pousser plus loin la réforme sociale ; à la France qui n'eût pas donné, à cette époque, une assemblée plus radicale ou plus éclairée que la convention, Robespierre ne pouvait substituer que le parti qui l'a soutenu jusqu'au 9 therdor et regretté après cette journée. Ce parti était minorité dans la convention comme dans la nation; il le serait aujourd'hui encore s'il se présentait avec les mêmes moyens, et, certes, on ne veut pas plus, dans le sein de la Société des Droits de l'homme que parmi nous, une dictature de minorité.

Il faut donc se rattacher à notre principe de liberté et de représentation nationale de 89, comme à un point de départ à jamais consacré et inattaquable. Les vœux généraux de bonheur commun empruntés à la déclaration des droits de Maximilien Robespierre sont légitimes; mais la réalisation de ces vœux ne peut être atteinte que par les légitimes voies qu'une représentation réelle du pays, débattant contradictoirement les intérêts de tous, est seule en possession de fournir. Il faut que notre démocratie de 1833 s'avoue à elle-même qu'elle n'est plus la démocratie de 89, qu'elle a grandi en intelligence, en courage, en connaissance des choses et en aptitudes de toute espèce. La différence de sa con-

duite dans les deux révolutions de 1789 et de 1830 est
la mesure du progrès qui s'est opéré en elle. La lutte,
qu'elle ne pouvait pas soutenir, il y a quarante ans,
contre la supériorité intellectuelle du riche, elle est en
état de l'accepter aujourd'hui ; et ce n'est plus pour elle
que le suffrage universel serait un leurre. Disons donc
que, si les hommes qui ont trouvé dans leur dévouement
le droit de se constituer, par l'association, les représentants du peuple parisien, disons que, si la Société des
Droits de l'homme a tiré de l'oubli la déclaration de
Maximilien Robespierre, c'est qu'elle n'a trouvé que là,
parmi toutes les déclarations de principes de la même
époque, l'indication du but auquel doivent tendre les
progrès de la France de 1830 ; c'est que cette déclaration est la seule qui expose une combinaison de
moyens administratifs et financiers qui ait pu lui paraître propre à atteindre ce but révolutionnaire.

Expliquer comment les fondateurs de la Société des
Droits de l'homme ont été conduits à s'emparer d'une
théorie méditée et formulée par Robespierre, c'est répondre à cette calomnie monarchique qui montre les
républicains de 1833 évoquant à plaisir une renommée
de sang pour la tourner en menace contre les adversaires actuels ou à venir du mouvement révolutionnaire.
Nous sommes peu touchés des déclamations contre les
emportements de 1793, quand ces déclamations partent des mêmes bouches qui ont appelé l'ennemi en
1814 et 1815, ou qui ont salué de leurs cris la légitimité deux fois restaurée sur des cadavres français. Mais
il serait déplorable qu'on se familiarisât avec l'idée du

retour de ces emportements : il faut se prouver à soi-
même qu'ils ne reviendront pas. Si jamais la généreuse
démocratie des barricades avait à lutter contre l'Europe
et à se défendre en même temps contre des ennemis intérieurs, elle vaincrait ces derniers, comme en vendémiaire, comme en juillet, les armes à la main ; elle
accorderait à tous les mécontents le droit de conspirer
dans leur chambre et ne les extermiuerait que quand
ils oseraient descendre en place publique ; car tout
homme blessé dans ses intérêts et ses opinions par une
révolution se fait difficilement au régime qu'elle crée.
Ce n'est pas une raison pour tuer préventivement tous
ceux qui sont dans ce cas; c'est, au contraire, une raison pour ne les frapper que répressivement, par la
guerre, à coup sûr et en masse, quand ils sont assez
imprudents pour passer de la répugnance à l'insurrection. La mitraille de vendémiaire a sauvé la révolution
en 1795, et ne lui sera jamais imputée à crime. L'échafaud dressé pour prévenir les complots en 1793 a frappé
au hasard et érigé en martyrs de la liberté tous ceux
des ennemis de la révolution envers lesquels il a été
dérogé aux saintes formes de la justice.

Ces exemples sont compris aujourd'hui, et il nous est
démontré, malgré toutes les accusations contraires, que
l'Association des Droits de l'homme n'a voulu inter-
roger dans Robespierre que le législateur. Si l'on eût
voulu des provocations toutes faites à une nouvelle terreur, ce n'était pas le cas de citer une déclaration de
droits purement spéculative ; on eût réimprimé les
feuilles d'Hébert et de Marat ; là du moins on eût trouvé
d'assez fameux appels à l'effusion du sang. Mais notre

peuple aujourd'hui est trop loin des mœurs brutales qu'il avait reçues de la monarchie des quatorze siècles pour qu'on essaye jamais de lui persuader; ce qu'on fit en 1789, que deux cent mille têtes coupées, celles, par exemple, de tous les électeurs du monopole, changeraient du tout au tout sa situation. Le peuple comprend que ce n'est pas aux électeurs, mais à la loi du monopole, qu'il faut couper la tête, et que ces électeurs rentreront dans la masse nationale et s'y confondront du moment que la loi ne consacrera plus en leur faveur une représentation privilégiée.

La déclaration des droits de Maximilien Robespierre est si peu identifiée avec le système de terreur qui rallia la majorité de la convention, depuis le mois de mars 1793 jusqu'au mois de juillet 1794, qu'elle a été repoussée par la majorité de la convention, non-seulement comme une vaine dispute d'école, mais COMME DANGEREUSE, qui le croirait? EN CE QU'ELLE SEMBLAIT CONSACRER, AU PROFIT DE LA CONTRE-RÉVOLUTION, LE PRINCIPE DE LA RÉSISTANCE A L'ARBITRAIRE. La terreur n'a jamais été au service des idées de réforme sociale énoncées dans la déclaration des droits de Maximilien Robespierre. La terreur n'a défendu que des intérêts de nationalité contre des menaces d'invasion et de partage, des intérêts de classe moyenne contre des intérêts d'aristocratie et d'émigration, des intérêts de propriété fondés sur l'acquisition des biens nationaux contre d'autres intérêts de propriété spoliés par la constituante et la législative, avant qu'il fût question de la convention. La terreur a défendu le principe du gouvernement représentatif sans roi, contre celui d'une royauté sans

gouvernement représentatif. Voilà les dieux dont les
autels ont été ensanglantés en 1793 et 1794. Le principe républicain ou anti-héréditaire, l'intérêt bourgeois
ou anti-nobiliaire, l'intérêt agioteur ou anti-émigrant,
engagé dans les biens nationaux, enfin l'intérêt de la
grande universalité française, menacé par les coalitions
étrangères ; tout cela a été préservé, bien ou mal, par
le gouvernement terroriste, et tout cela a vécu dans la
constitution de l'an III, testament de la majorité con-
ventionnelle.

Quant à la réforme sociale continuée contre la bourgeoisie au nom des classes inférieures, Robespierre et
Saint-Just n'ont fait que l'annoncer dans leurs discours
et leurs écrits ; elle n'a jamais eu de commencement
d'exécution ; elle est pure des excès de 93, puisqu'ils ne
furent pas commis pour elle ; elle fut hors de cause
dans toutes les luttes de la révolution. Robespierre et
Saint-Just, incontestablement plus moraux que ceux de
leurs collègues du comité de salut public avec lesquels
ils se trouvèrent en lutte au 9 thermidor, mêlèrent ces
idées d'avenir à la part, d'ailleurs si grande, qu'ils prirent aux mesures de défense contre l'étranger ; mais les
mesures de terreur elles-mêmes ne défendaient pas les
principes de 89, combattus par l'Europe, compromis
par les fautes de tous les partis modérés ou exagérés, et trahis pendant le combat par tous ceux qui,
dans le principe, avaient voulu une révolution sans la
payer. La réforme sociale indiquée dans les derniers
discours de Robespierre était moins une complication
de la terreur qu'une issue bien ou mal imaginée pour
sortir de cet affreux régime. C'est une cause qui, depuis

le 9 thermidor jusqu'à nos jours, a pu compter beaucoup de martyrs, mais qui n'a pas fait une victime. On
pourrait lui reprocher la tentative de Babeuf, si cette
tentative vraiment insensée n'eût été si cruellement
expiée et si elle eût coûté la vie à d'autres qu'à ses
auteurs.

Ne nous chargeons donc pas volontairement de la
responsabilité d'excès qui appartiennent à d'autres intérêts, à d'autres hommes, à d'autres passions; mais ral-
lions-nous consciencieusement au grand but de fraternité que proclama la révolution française, chose triste à
dire ! au milieu de cette vaste effusion de sang à laquelle
toute la génération contemporaine de 1793 s'était habituée et comme acclimatée ! Tienne qui voudra au nom
de Robespierre, pour notre compte nous n'y tenons
pas ; mais ce nom ne saurait faire tort à la vérité pour
s'être rencontré avec elle ; et, si quelques hommes éprouvaient la crainte de penser une fois en leur vie comme
a pu penser Robespierre, nous leur dirions qu'une si
bonne et si belle cause, qu'un principe d'humanité si
juste et si fécond ne peuvent pas s'être exclusivement
personnifiés dans un tel homme ; que, de même que la
croyance à un Être suprême et à l'immortalité de l'âme
n'a rien perdu à être restaurée par Robespierre dans
notre morale publique, de même aussi un principe de
pure philanthropie n'a pu être souillé de sang par une
simple date; nous leur dirions qu'avant Robespierre des
âmes élevées, de nobles intelligences, un Lafayette, un
Bailly, un Condorcet, un Turgot, un Malesherbes,
avaient proclamé aussi la nécessité d'une réforme qui
tirât le prolétariat de son abaissement et de ses dou-

leurs. Mais, l'action ayant dévoré ou dispersé ces hommes dans la première période révolutionnaire, il ne leur fut pas donné, comme à ceux de la seconde époque, d'aborder la question dans cette opportunité effrayante qu'elle tira de la crise même de 93, et que trente-huit ans de progrès sans convulsions lui ont restituée sous de meilleurs auspices.

Ainsi donc, qu'on parte de Turgot, de Necker, de Malesherbes, de Lafayette, de Condorcet ou de Robespierre, on est sûr de marcher au même but, l'amélioration du sort des classes inférieures; mais avec Robespierre on court risque d'être accusé de vouloir amener le bien par le mal, c'est-à-dire par la dictature d'une minorité; avec Condorcet, Turgot et Lafayette, on montre qu'on veut arriver au bien par la justice, c'est-à-dire par la liberté, par les procédés du gouvernement représentatif vrai, par la majorité nationale provoquée à la discussion et persuadée. Nous savons que la restauration et le gouvernement doctrinaire, par leur représentation de mensonge, ont jeté du discrédit sur ce qu'on nomme les idées de constitutionnalisme. Le gouvernement doctrinaire, en particulier, a compromis jusqu'au langage de la liberté en le faisant servir à ses déceptions; mais le gouvernement doctrinaire a compromis aussi, comme emblème d'émancipation européenne, le drapeau tricolore; il eût fait des aigles impériales un symbole d'avilissement national s'il lui eût été donné de les attacher à ses drapeaux. Et cependant, qui doute qu'avec d'autres hommes le drapeau tricolore et l'aigle de Wagram ne renouvelassent tous leurs miracles? Il en est de même de la liberté : ce n'est pas aux tristes opérations des assemblées du monopole qu'il faut demander la mesure de ce que ferait une représentation républicaine pour changer le sort du prolétaire.

Dans une représentation véritable du pays, il n'est pas d'intérêt qui puisse être exclu ; il n'est pas de système qui ne puisse être produit, et le système conçu par le comité d'Association des Droits de l'homme subirait, comme tout autre, dans une représentation ainsi organisée, l'épreuve d'un examen décisif. Nous ne doutons pas que les partisans de ce système ne le soutinssent par de très bonnes raisons; mais, parmi les hommes aussi dévoués qu'eux aux intérêts des classes populaires, ils rencontreraient certainement des contradicteurs nombreux. On leur dirait qu'en voulant détruire l'inégalité constituée au profit du riche, il faut craindre de fonder l'inégalité au profit du pauvre. Or, nous pensons que si l'homme placé au-dessous de la ligne qui séparerait le riche du pauvre (démarcation fort difficile à établir) était dispensé de contribuer aux charges publiques; que si son mobilier, son coin de terre, son humble demeure, étaient francs de contribution, tandis que ces choses seraient taxées chez le riche; que si, de plus, le riche, en payant la part du pauvre, était obligé de lui assurer la pension alimentaire pour le faire arriver à la moyenne de bien-être déterminée par la loi ; que si enfin, après avoir payé la part de contribution du pauvre et la sienne, après avoir donné de son superflu pour compléter le nécessaire du pauvre, le riche se voyait condamné, pour tout ce qu'il posséderait de surplus, à une amende de plus en plus

rigoureuse, suivant que cet excédant serait plus considérable ; il nous semble, disons-nous, que le riche
serait dévoué à un véritable régime d'avanies. Dès le
troisième ou quatrième retour d'un pareil impôt, il n'y
aurait plus de riches avoués, et l'on aurait dépravé le
pauvre en l'habituant à faire état de son indigence.
Tout le monde aurait intérêt à être pauvre ou à le paraître, à dénaturer sa fortune, à la soustraire à l'inquisition des répartiteurs, et c'est par là surtout qu'on
reconnaîtrait bientôt que l'injuste est fort souvent l'impraticable.

L'impôt qui atteint le pauvre dans le nécessaire et
tarit la source de ses facultés productives est sans doute
ce qu'il y a de plus inhumain. Il n'est pas défendu
par cette triste allégation qu'il est impossible de faire
autrement ; car on peut faire autrement tant qu'il existe
des classes assez ménagées par les faveurs d'un régime
de prohibition, de primes et de monopole agricole ou
industriel, pour jouir du superflu jusqu'à la fatigue et à
l'ennui d'elles-mêmes. Voilà ce qui suggérait naturellement la pensée de l'impôt progressif ; mais cet impôt,
combiné comme il l'est par la déclaration des droits de
Robespierre avec diverses exceptions en faveur du
pauvre, attaque le riche, non comme le favori du monopole, mais comme riche, dans la pensée non avouée
de le détruire, quelle que soit l'origine de sa richesse.
Cette vue est fausse : on semble considérer la richesse
générale du pays comme la provision de vivres d'un
navire en mer, provision qui, une fois embarquée, ne
s'augmenterait plus, et le pauvre paraîtrait, dans ce
me, n'être réduit à la moitié ou au tiers de sa

ration que parce que le riche mangerait deux ou trois fois plus que la sienne.

De là l'idée toute populaire de vouloir réduire le riche à la simple ration, c'est-à-dire de faire qu'il ne soit plus riche. Or on est riche fripon, mais on est aussi riche honnête homme ; on est riche oisif, mais on est aussi riche laborieux ; on est riche par héritage, mais on l'est aussi parce qu'on a su exploiter une grande découverte dans les arts, un perfectionnement dans l'industrie ; on devient riche parce qu'on est très habile chirurgien, ou grand jurisconsulte, ou artiste du premier ordre ; on est riche parce qu'on a rendu à son pays de grands services dans le gouvernement et dans les armées. La richesse personnelle n'est donc pas un tort nécessaire fait à l'humanité, et souvent elle est le prix des services qu'on lui a rendus. L'impôt progressif, impôt de jalousie et non d'équité, ne distinguerait pas entre la richesse héritée et la richesse péniblement et honorablement acquise, entre la richesse oisive et la richesse laborieuse. L'impôt progressif punirait toute richesse sans distinction, et cela dans la fausse donnée que tout riche dévore la substance d'un certain nombre de pauvres. Cela est vrai de certains riches, de tous ceux, par exemple, dont la fortune est produite par le jeu combiné des primes de sortie accordées à leurs produits et des prohibitions dirigées contre tous les produits étrangers de même nature. Les primes qui engraissent ces privilégiés sont directement prélevées sur le nécessaire du pauvre par les droits de consommation ; les prohibitions qui les aident à vendre cinq et six fois au-dessus de leur valeur réelle les objets que la

concurrence étrangère mettrait à la portée de tous,
sont une interdiction jetée sur les besoins, souvent les
plus impérieux, du pauvre ; car l'homme ne vit pas seulement de pain, mais de ce qui constitue le bon vête-
ment et la salubrité du gîte. Cette classe de riches, qui
ne serait pas riche sans le monopole, il n'y a qu'un
moyen de l'atteindre avec efficacité : ce n'est pas la
pompe aspirante de l'impôt progressif, c'est la destruction des primes et prohibitions. Avec le privilége dispa-
raîtra le privilégié, et la richesse légitime subsistera
comme la récompense due à quiconque contribue par
son travail, ses qualités d'ordre, son talent, ses facultés
en tout genre, à ajouter à la gloire de sa patrie et à
tirer du sol national de nouveaux moyens de sustenter
la population qui s'y multiplie sans cesse.

Entre ce système et celui qui consisterait à déclarer
l'État seul riche, seul propriétaire, seul producteur,
seul consommateur, seul régulateur de l'activité nationale, seul inventeur, seul créateur dans les arts, dans
l'industrie, dans le mouvement général de la civilisation ; entre ces deux systèmes, disons-nous, l'impôt
progressif ne tiendrait qu'un milieu hypocrite : il aurait
pour objet de détruire toute espèce de richesse en dis-
simulant le but. Pourquoi n'avouerait-on pas ce but si
on l'avait conçu? C'est un système comme un autre,
mais il le faut complet et conséquent. Si vous ne voulez
plus la richesse individuelle, vous êtes forcé de vouloir
la richesse unique et exclusive de l'État. Alors c'est
l'État qui perçoit et qui donne, qui produit et qui con-
somme, qui possède et qui distribue. Vous n'ignorez
pas que ces doctrines d'absolue communauté sont déjà

celles d'une école républicaine, qui, tout récemment aussi, a lancé son manifeste, manifeste beaucoup moins remarqué que celui de la Société des Droits de l'homme, parce qu'il s'est placé dans un avenir bien plus éloigné encore du véritable état des choses. L'école dont il est ici question ne déguise point son objet, qui est d'abolir la richesse individuelle. Aussi a-t-elle laissé de côté l'impôt progressif, parce qu'en détruisant la richesse là où elle est, il n'indique pas où elle doit être et à qui il appartient d'être exclusivement riche dans l'intérêt de tous (1).

L'impôt progressif sur les riches entra en l'an Ier dans les voies et moyens du budget de la convention. Le gouvernement voulut faire rentrer un milliard d'assignats pris sur les riches, qu'on regardait en masse comme plus ou moins ennemis de la révolution. On avait évalué à 1000 francs par an le revenu nécessaire de chaque individu. Une famille de cinq personnes, qui avait 5000 livres de revenu, était dans les limites du nécessaire. Si cette famille avait 15 000 livres de revenu, elle était réputée jouir de 10 000 livres de superflu. Les 10 000 étaient taxées à raison de 10 p. 100, ce qui réduisait le revenu total à 14 000 livres, au lieu de 15 000. Tout ce qui était au delà de ces 15 000 livres, réduites à 14 000, était enlevé par l'impôt. Ainsi 20 000 livres de revenu pour cinq personnes donnaient à l'impôt 20 moins 14, ou 6000 livres; 40 000 livres donnaient 40 moins 14, ou 26. Une famille de cinq

---

(1) Il s'agit ici d'un projet de constitution qui venait d'être lancé par des disciples de la réforme de Babeuf.

personnes pouvait vivre certainement avec un revenu
de 20 000 ou de 40 000 livres réduit à 14 000 ; mais,
si ce revenu eût été grevé d'engagements pour moitié,
comme cela n'est pas rare, un prétendu riche à 40 000
livres, après avoir donné 26 000 livres à l'impôt, et en
avoir consacré 14 000 à son arriéré, aurait manqué de
6 000 livres à ses engagements, et aurait dû s'endetter
de 14 000 livres pour vivre cette année, lui et les siens.
Toutefois, cet essai d'impôt progressif rapporta, en
1793, à peu près ce qu'on en avait attendu, et c'est
probablement là ce qui persuada qu'on pouvait l'employer habituellement. Mais on voit que les mêmes fortunes n'auraient pas pu se prêter deux ans de suite au
même effort ; et d'ailleurs on ne parvint alors à recouvrer cet impôt, ou plutôt cet emprunt forcé, qu'en im-
primant la terreur à quiconque tromperait les répartiteurs ou se déroberait à leurs estimations : cette
manière d'assurer la perception d'un impôt ne serait
aujourd'hui du goût de personne. Le peuple faisait
alors gratuitement l'office d'une armée de collecteurs,
ce qui, dans des circonstances aussi malheureuses que
celles de l'an II, pouvait être une triste nécessité ; mais
un pareil mode de répartition et de recouvrement ne
se concilierait guère avec le principe d'un gouvernement normal fondé sur le consentement de la majorité.
Or ce n'est pas un gouvernement révolutionnaire, indéfiniment révolutionnaire et de transition, c'est un gouvernement normal et définitif que veut avec nous le
comité de la Société des Droits de l'homme.

Nous venons de citer un exemple de l'application de
l'impôt progressif dans un temps fort difficile ; mais il

est bon qu'on sache que la convention, ou plutôt les hommes compétents qui lui inspiraient confiance dans ces matières, n'ont jamais admis la possibilité d'appliquer l'impôt progressif dans une situation régulière. Lorsque le préambule de la constitution de 93 fut discuté à la convention, c'était à l'époque même où Robespierre présenta sa déclaration des droits ; un membre proposa de décréter que l'impôt serait progressif, et que les citoyens reconnus au-dessous du nécessaire seraient exempts de toute contribution. La motion fut écartée par la même majorité qui avait fait rejeter la déclaration des droits de Robespierre : on se rendit à cette observation de Cambon, la grande autorité financière de l'époque, qu'il ne fallait pas lier le corps législatif en administration et en finance par des principes absolus et des théories le plus souvent impraticables. Il ajouta quelques mots sur l'inconvénient de dispenser de l'impôt de prétendus nécessiteux, et d'autres membres soutinrent après lui que le plus noble attribut d'un citoyen, quelle que fût sa situation, c'était de contribuer pour sa part, et dans la proportion de ses ressources, aux charges publiques. On sera étonné peut-être des paroles que fit entendre Robespierre à cette occasion. Elles prouvent ou que Robespierre ne possédait que des idées fort peu arrêtées sur les matières d'administration et de revenu public, ou que l'ensemble de ses opinions n'aurait pas été assez complétement étudié par ceux qui ont cru les trouver résumées dans la déclaration des droits de 1793.

« J'ai partagé un moment, dit Robespierre, l'erreur qu'on vient d'émettre ; je crois même l'avoir écrite

quelque part : mais j'en reviens aux principes, et je
suis éclairé par le bon sens du peuple, qui sent que
l'espèce de faveur qu'on lui présente est une injure. En
effet, si vous décrétez constitutionnellement que la misère excepte de l'honorable obligation de contribuer
aux besoins de la patrie, vous décrétez l'avilissement de
la partie la plus pure de la nation, vous décrétez l'aristocratie des richesses, et bientôt il s'établirait une classe
d'ilotes, et l'égalité et la liberté périraient pour jamais.
N'ôtez point aux citoyens ce qui leur est, le plus nécessaire, la satisfaction de présenter à la république le
denier de la veuve. » Il y a loin de ce langage de Robespierre à quelques–unes des théories qui pourraient
prendre leur point de départ dans la déclaration invo-
quée par la Société des Droits de l'homme. Nous n'abu-
serons pas de la citation ; nous en tirerons seulement la
preuve qu'on s'est réglé beaucoup, en 1793, sur la nécessité, et peu sur les théories absolues.

Les essais financiers qu'on a tentés sous la convention ne pourraient donc tout au plus faire autorité que
pour des circonstances entièrement semblables. C'étaient
des expédients de détresse, et non des règles de conduite et d'équité pour une situation ordinaire. Le gouvernement alors opérait sur une nation ruinée, ou du
moins chez laquelle la plupart des objets que l'impôt
atteint dans notre système actuel de finances ne pro-
duisaient plus ou avaient été affranchis par l'état de
révolution. Ainsi tous les impôts de consommation
étaient écartés comme ne pouvant être supportés par
un peuple affamé, ou qui se battait en masse, sans habits
et sans pain, à la frontière. Des trois grands impôts di-

rects, établis par la constituante, le foncier, le mobilier et l'impôt des patentes, le premier avait été converti en emprunt forcé et progressif sur les riches, le second et le troisième étaient abandonnés par l'impossibilité d'appliquer des méthodes de recensement et de perception encore très vicieuses.

C'est depuis lors seulement, il faut noter cette époque, que des données certaines ont commencé à être obtenues sur les forces contributives de la propriété foncière, mobilière et industrielle ; c'est depuis lors que la France a été cadastrée et que le perfectionnement de toutes les méthodes descriptives a fait connaître avec exactitude, par année, par trimestre, par mois, tous les mouvements et mutations qui surviennent dans la distribution des trois branches principales de la propriété individuelle ; c'est depuis lors aussi que la centralisation financière s'est établie ; que l'État s'est substitué comme fermier général de l'impôt, ayant seul le bénéfice du mouvement des fonds, à ces compagnies et entreprises financières qui livraient encore en l'an VII à la spéculation privée le produit des diverses contributions, et laissaient souvent le Trésor à sec quand les caisses de l'agiotage étaient combles ; c'est depuis lors enfin qu'a été mis en action le mode expéditif et peu coûteux qui préside aujourd'hui à la comptabilité de nos recettes et dépenses. Vous savez que ce système soumet les deux grandes fonctions des finances publiques, le recouvrement des deniers et le payement des services, à une surveillance et à des garanties tellement rigoureuses, qu'il est toujours possible de constater, jour par jour, sur la surface entière de l'empire, la si-

tuation de chaque contribuable par rapport au percep-
teur, et celle de chaque receveur par rapport à l'État.

La convention ne possédait pas tous ces moyens d'administration, et cependant, condamnée qu'elle était à
opposer la terreur au mauvais vouloir des redevables et
à la conjuration effrontée de l'agiotage, c'est elle qui a
posé les premières bases de ce grand système de vérification financière qu'on nous envie en Europe, que tous
les gouvernements successifs ont contribué à perfectionner depuis trente ans, et qui a fourni tant de ressources
à ces gouvernements contre la liberté elle-même. Pourquoi la liberté ne profiterait-elle pas à son tour de
toutes ces créations, qu'elle a rendues possibles en faisant table rase là où régnaient tous les désordres du
vieux système provincial et monarchique? Ce sont les
hommes de la révolution qui ont posé les premiers en
principe le despotisme de l'unité, et qui ont doté la
France de ces rigoureuses et savantes méthodes dont
l'application à la comptabilité des finances a donné, au
bout de trente ans, la régularité et la simplicité qu'on
remarque aujourd'hui dans cette branche de l'économie publique. Ne répudions pas ces avantages pour
aller nous reporter à l'enfance des essais administratifs
et à la difficile époque de la convention. L'état actuel
des choses est l'œuvre des hommes de la révolution;
ils ont poursuivi cette œuvre sans relâche, tantôt en
administrant eux-mêmes, comme sous le consulat et
l'empire, tantôt en faisant au gouvernement, comme
sous la restauration, une guerre de publicité et de surveillance, et l'obligeant à trouver dans une économie
et une simplification administrative de plus en plus

stricte les moyens de désarmer le contrôle parlementaire. La France ne se retrouvera donc jamais dans les
embarras financiers de 1793, car on ne lui ôtera pas ce
qu'elle sait, ce qu'elle a appris à ses dépens. Son expérience est la plus légitime de ses conquêtes, et aucune
situation ne peut l'empêcher de la mettre à profit.

On aurait donc tort de se prendre à l'avance de désespoir, de se voir partout et toujours poursuivi par les
nécessités de 93, de se croire héréditairement dévoué
aux extrémités de cette cruelle époque, ou de pâlir sur
elle en lui demandant des exemples et des conseils pour
des épreuves qu'on n'est pas destiné à subir ; et ici se
présentent des considérations d'un autre ordre.

Les discussions financières auxquelles nous avons
assisté depuis trois ans nous ont appris que le gouvernement de la minorité représentée employait le tiers de
son budget à se défendre contre les non représentés.
Supprimez le monopole, et vous gagnez sur lui tout ce
qu'il emploie à payer sa royauté héréditaire, sa police,
ses corruptions de toute nature, ses quatre cent mille
hommes inutiles à la gloire du pays. Un autre gouvernement de monopole qui naîtrait au profit de telle ou
telle prétention, élevée par une fraction de la démocratie, serait certainement condamné à se défendre par
les moyens qu'emploie le privilége monarchique ; et
probablement aussi, en détournant une partie de la fortune publique pour des services de pure tyrannie, il se
verrait dans l'impossibilité de servir la masse nationale.
Mais le système de majorité républicaine auquel nous
tendons serait plus riche de tout ce qu'il rendrait à la
liberté des opinions et à la représentation sincère des

intérêts même les plus opposés. La liberté, la représentation générale du pays, voilà la mine d'or de la révolution de 1830.

Si nous n'avons pas dit un mot des dangers dont la propriété territoriale pouvait être menacée par le système de la Société des Droits de l'homme, c'est que nous ne croyons pas plus à la loi agraire que Robespierre n'y croyait lui-même en présentant à la convention sa déclaration des droits. Robespierre ne proposait pas de détruire la propriété, mais de l'équilibrer, d'en changer la distribution par un système d'impôts qui limiterait chez le riche la faculté d'acquérir, et favoriserait chez le pauvre la tendance à devenir propriétaire. Babeuf lui-même, si insensés que fussent ses projets, n'imaginait pas de saisir un beau matin le sol français et la propriété bâtie, et de distribuer le tout en vingt-cinq millions de parts égales. Or n'est-ce pas là ce qu'on entend par la loi agraire? Babeuf promettait au faubourg Saint-Marceau les hôtels des faubourgs Saint-Germain et Saint-Honoré; c'était une sorte de transfusion de population d'un quartier de Paris dans un autre, le tout sous l'invocation de la constitution de 93, laquelle consacrait formellement le principe que nul ne peut, sans indemnité préalable, être dépossédé pour cause d'utilité publique. Le programme de révolution *pour le bien commun*, lancé par Babeuf contre le directoire était la tentative désespérée d'hommes qui voulaient faire une fin de martyrs. Cette conjuration éclata, en effet, au moment où retentissaient les prodiges d'Arcole et de Mantoue. Jamais il n'y avait eu moins de chances pour emporter d'assaut les garanties civiles de la propriété.

Aussi l'éternel *qui vive* monarchique contre la loi agraire, qui arrive et va faire invasion, n'est-il, comme Robespierre lui-même l'a dit, qu'une calomnie de fripons pour épouvanter les imbéciles, calomnie qu'un des ministres de la royauté du 7 août, le chef même de l'école doctrinaire, a livrée au mépris qu'elle mérite, lorsqu'il a dit à la tribune : « La propriété est, de tous les principes de l'ordre social, celui qui a le moins besoin d'être défendu. Je n'ai pas peur pour elle ; je crois que la propriété est bonne pour se défendre, et qu'elle n'a rien à craindre des plus hardis arguments de la logique. »

Et, en effet, si toutes les constitutions portent des garanties en faveur de la propriété, remarquons que ces garanties ne sont pas stipulées en faveur du principe de propriété individuelle contre les doctrines de communauté des biens, mais en faveur de cette nature de propriété contre les confiscations de détail auxquelles les gouvernements pourraient se livrer. Ouvrez les écrits qui ont préparé la révolution, vous y verrez demander unanimement des garanties en faveur de la propriété ; mais contre quel ennemi ? Tantôt contre l'absolutisme royal, tantôt contre l'avidité des grandes familles aristocratiques, jamais contre les idées de communauté de biens, ou, si l'on veut de loi agraire, qui cependant remplissaient les écrits des philosophes de l'école de Mably. C'est qu'en effet la propriété individuelle n'avait rien à redouter de la théorie. Les disciples de Mably n'effrayaient personne en disant des

choses que l'on pourrait répéter aujourd'hui sans aucun
danger pour la propriété, et, par exemple, que le progrès de la sociabilité en France doit amener un état de
choses où les terres et la propriété bâtie appartiendront
à tout le monde et ne seront plus à personne. Permis
aux générations à venir de fonder cette parfaite communauté de toutes choses, si elles le jugent convenable;
mais, en attendant la réalisation d'un tel progrès, possible ou non, on ne veut pas qu'un gouvernement puisse
vous chercher querelle pour avoir un prétexte de con-
fisquer vos biens. Les écoles philosophiques les plus
hardies n'ont pas à leur disposition les moyens d'exproprier dix millions de propriétaires fonciers, et tout
gouvernement disposerait de la force matérielle nécessaire pour dépouiller tantôt un citoyen, tantôt une
classe d'ennemis politiques, si les garanties légales ne
l'arrêtaient.

La propriété générale, la propriété représentée par
les cotes de dix millions de propriétaires, grands,
moyens, petits et même indigents, est donc au-dessus
de toute atteinte. C'est un fait plus fort que tout gouvernement, même militaire et despotique; c'est un fait
que la république elle-même, fondée sur l'universalité
du suffrage, ne saurait détruire que du consentement
de dix millions de citoyens payant la contribution foncière; et il y a d'autres classes de propriétaires, comme
il y a diverses espèces de propriété après celle du sol.
Ainsi donc, les discussions sur le droit originel de propriété, et sur la question de savoir si la propriété individuelle dérive du droit de nature ou du droit social,
pourraient bien inquiéter quelques propriétaires privi-

légiés, tels que les membres des familles royales, comme
elles menaçaient, il y a quarante ans, la propriété clé-
ricale et aristocratique ; mais la propriété générale n'a
rien à en craindre : la propriété générale est un fait
garanti contre les atteintes des gouvernements et des
partis, par la puissance et le nombre des intérêts liés à
sa conservation.

Non-seulement la propriété générale n'est pas plus
menacée aujourd'hui qu'il y a quarante ans, mais on
pourrait dire qu'elle l'est moins, parce que la révolution a doublé le nombre des propriétaires, en même
temps que le progrès agricole et industriel triplait le
revenu de la surface entière du sol. La vraie tendance
de l'époque actuelle, c'est la division de plus en plus
grande de la propriété ; c'est la suppression de tous les
monopoles qui créent, au profit d'une minorité privilégiée, une richesse prélevée sur le bien-être de tous.
Plus nous irons en nous abandonnant au mouvement
naturel des choses, plus le monopole se restreindra,
plus la propriété générale se fortifiera en descendant
vers la classe inférieure, plus l'universalité des propriétaires français, grands et petits, sera assurée que les
écoles philosophiques et les partis niveleurs ne peuvent
rien contre elle que de son consentement. Si donc la
propriété devenait jamais commune en France, de particulière qu'elle est, c'est qu'on aurait persuadé, démontré à la majorité propriétaire qu'elle a intérêt à
s'abdiquer dans un ordre de choses où la propriété ne
serait plus individuelle, mais commune.

S'il est vrai de dire que la propriété générale, telle
que la majorité des esprits la conçoit en France, n'a

rien à redouter de l'irruption et des victoires passagères
des partis, il est nécessaire d'ajouter aussi que la nation,
réellement et dûment représentée, ne saurait être combattue dans son développement par telle ou telle définition du principe de propriété qu'il plairait aux législateurs contemporains d'introduire dans leurs codes. La
nation fait les définitions dans un temps, et les change
dans un autre quand elles se trouvent fausses en présence de faits nouveaux et imprévus. C'est ainsi que la
constituante faisait dériver, en 1789, la propriété individuelle d'un droit supérieur à toute volonté de gouvernement, et que, dans l'année suivante, elle déclarait la
nation française propriétaire souveraine du sol, libre
en cette qualité de reprendre ou de laisser au clergé et
aux corps religieux les biens qu'ils tenaient de la crédu-
lité publique et privée. Dans le premier cas, la constituante n'avait en vue que de prévenir les usurpations
du pouvoir royal sur la propriété ; dans le second, elle
se proposait d'atteindre la propriété aristocratique, la
propriété de droit féodal, qui n'était qu'une usurpation
sur la liberté, les personnes et la propriété des non-privilégiés.

Le principe proclamé alors par la constituante fut le
même qui servit à punir l'émigration armée contre le
sol ; c'est celui qu'on retrouve, en proportion réduite,
dans la dernière loi d'expropriation pour cause d'utilité
publique. Mais la justice, qui a d'éternelles lois, ne
veut pas que la nation dans sa souveraineté, même la
plus illimitée, puisse commettre un acte injuste, et ce
serait un acte injuste que d'exproprier un citoyen, hors
le cas d'émigration armée, sans indemnité préalable.

La nation, dûment représentée, a un droit illimité de propriété sur toute l'étendue du sol; mais ce droit est soumis à une condition préalable, l'indemnité due au propriétaire dépossédé de la propriété. Voilà les bases actuelles de la propriété constituée, bases trop larges pour ne pas suffire à la plus vaste carrière de progrès social, bases trop équitables pour pouvoir alarmer aucun intérêt légitime.

Tout ce que nous venons de dire de la propriété viagère s'applique à la propriété héréditaire. Il n'est pas d'école réformatrice qui ne doive être satisfaite de la précise définition du droit héréditaire de propriété, telle qu'on la trouve dans l'immortel testament de Mirabeau, le discours *sur l'égalité des partages dans les successions*, lu après sa mort à la constituante, par l'évêque d'Autun. Et, comme le principe de Mirabeau, savoir, *que l'État seul peut donner l'investiture à l'héritier et attacher des conditions à cette investiture*, est passé dans notre Code civil, à cet égard encore nous ne voyons pas ce qui arrêterait une représentation véritable du pays dans la fixation des conditions de l'investiture, suivant le progrès des temps et le succès des doctrines réformatrices dans les esprits.

Au reste, si la propriété s'est trouvée mêlée, depuis trois ans, à nos contestations politiques, ce n'est pas par les attaques des républicains de 1830, mais bien par l'effet du système qui a été suivi depuis ce que l'on est convenu d'appeler le rétablissement de l'ordre, c'est-à-dire depuis l'usurpation du 18 brumaire. C'est alors, en effet, qu'on a irrévocablement renoncé à égaliser les charges publiques entre toutes les classes de citoyens, pour accepter comme un fait, comme une nécessité indestructible, les inégalités existantes, et asseoir l'impôt en conséquence. Les idées de réforme et de perfectionnement social ayant fait place alors à l'esprit soidisant pratique et gouvernemental, on a cru voir les choses telles qu'elles étaient en consacrant le partage de la nation en classes destinées à jouir des avantages de la civilisation et en classes dévouées à n'en connaître que les misères. On a dit : Les gens riches et aisés sont avec nous, et doivent être ménagés par l'impôt ; les classes qui vivent du travail à la journée sont contre nous, et doivent être impitoyablement atteintes dans le nécessaire pour être arrachées à l'activité et au goût de la vie publique. Dans le même temps on songeait à refaire des dynasties, des princes, des aristocraties : il fallait rendre à tout cela l'entourage d'un peuple grossier et misérable, d'un peuple serf, non plus de la glèbe, mais des droits réunis, et il est digne de remarque que cette création des droits réunis et l'établissement impérial sont deux inventions de la même année, conçues dans le même esprit : cela va sans dire.

C'est ici la séparàtion définitive de l'impôt en deux branches : l'une directe, atteignant modérément la richesse et l'aisance ; l'autre indirecte et destinée à pressurer ce que l'on n'appelle plus le peuple, mais la multitude. La constituante était partie du principe opposé : faire porter à la richesse et à l'aisance la plus grande part possible de la charge commune, et ménager le nécessaire du travailleur à la journée. Mais, depuis 1804 jusqu'en 1815, l'impôt établi dans la donnée aristocratique n'admet de dégrèvement qu'en faveur de la

propriété, de la richesse mobilière et de l'industrie pa-
tentée. Tout ce qui est travail à la journée est, au contraire, accablé de plus en plus par l'impôt de consommation. Les financiers de l'empire ont admis en principe
que la puissance contributive du pays est dans les
sueurs de la masse ouvrière, comme la force militaire
est dans le sang du peuple conscrit, prodigué sur les
champs de bataille pour des intérêts trop souvent dynas-
tiques. L'homme qui transporte d'un bout de l'Europe
à l'autre des armées de cinq cent mille hommes, en
disant que la victoire est aux gros bataillons, justifie à
ses propres yeux l'extension continuelle de l'impôt de
consommation, en disant que la richesse de l'empire est
dans le travail forcé du grand nombre, et non point
dans l'aisance de la minorité ; que c'est pure niaiserie
de vouloir donner à ce peuple des idées qui lui feraient
trouver sa condition plus dure, et qu'après tout, les
rangs de l'armée sont une carrière ouverte à l'élite de
la démocratie. Vous savez combien de haines ce système
inhumain avait soulevées contre l'empire, et combien
la restauration profita de la popularité de ce cri :
« Plus de droits réunis ! »

Sous la restauration, nous avons vu cependant se
continuer et se perfectionner la même politique, parce
que la société était représentée aristocratiquement. Au-
dessus d'une certaine ligne qui sépare l'état de gêne de
l'aisance, on voyait les contribuables armés de droits
politiques et disputant au gouvernement l'influence
législative. Au-dessous de cette ligne, on ne voyait plus
des hommes ni des citoyens, mais un je ne sais quoi de
brut, d'agissant et d'insensible, appelé la matière con-

tributive, matière première sur laquelle le génie de
l'agiotage opère ses miracles. Aussi, qu'ont produit
toutes les investigations financières de 1815 à 1830,
tant dans les chambres que dans les conseils généraux ?
Les divers impôts directs ont été étudiés dans tous leurs
rapports avec la population riche, aisée, moyenne et
représentée, qu'ils atteignent, et d'année en année des
dégrèvements constants ont rendu ces impôts plus sup-
portables à la classe moyenne. On a constamment réduit l'impôt foncier, et les riches seuls ont profité de
cette réduction, car cet impôt n'est pas proportionnel :
il est arbitrairement réparti, et, sur les dix millions de
propriétaires fonciers, il y en a neuf et demi qui n'ont
jamais eu voix dans les petites représentations appelées
à répartir les charges et les dégrèvements. Quant aux
diverses branches de l'impôt indirect, on les a étudiées
aussi ; mais, comme la *matière contributive* atteinte par
l'impôt indirect n'était pas représentée dans le corps
législatif, toutes les études ont eu pour effet, non
d'adoucir la rigueur de l'impôt de consommation pour
ceux qui l'acquittent par un prélèvement fait sur l'ap-
pétit, la soif et le repos de chaque jour, mais de rendre,
au contraire, la mine plus productive.

Et voyez l'admirable raisonnement ! Si le progrès de
la population amenait, chaque année, une plus-value de
l'impôt indirect, cette plus-value ne signifiait pas pour
les financiers de la restauration qu'un plus grand
nombre de malheureux fussent nés et eussent subi la
capitation ; cela voulait dire que le peuple s'était enrichi, puisqu'il avait payé au delà des prévisions de
l'année. Or ce surplus, qu'en faisait-on ? On l'appliquait.

comme une sorte d'offrande volontaire de la démocratie,
au dégrèvement des impôts de la classe moyenne. Quelque profitable que ce système ait été à la classe moyenne,
nous ne le lui reprochons pas ; elle était représentée,
elle a usé de ses droits politiques pour améliorer sa
propre position ; elle ne s'est pas crue la tutrice obligée
des classes moins éclairées qu'elle ; elle a accepté un
bien-être fondé sur la misère du plus grand nombre :
cela n'est malheureusement que trop naturel ; mais c'est
pour que la classe inférieure puisse aussi faire elle-même
ses propres affaires que nous demandons pour elle des
droits politiques. Ainsi donc, ce n'est pas le peuple qui,
jusqu'en 1830, a profité du perfectionnement des méthodes d'administration, de perception, de comptabilité ;
ce n'est pas pour lui qu'on a étudié les effets de l'impôt
bien ou mal assis. La cause seule du contribuable repré-
senté a été plaidée, et sa situation seule est aujourd'hui
bien connue. L'homme du peuple n'a jamais été considéré, depuis 1814, comme individualité contributive,
mais comme partie insensible d'un grand tout appelé
la multitude, et qui doit périr, s'il le faut, pour réaliser
certaines combinaisons du génie financier, comme la
multitude, dans une armée, doit se faire tuer pour accomplir les conceptions du génie de la guerre.

Ne semble-t-il pas enfin que, depuis dix-huit ans,
on ait fait une loi au parti révolutionnaire d'attaquer la
propriété dans plusieurs de ses conditions, quand on a
voulu se défendre par la propriété contre le progrès
bien inoffensif assurément des idées libérales ? N'a-t-on
pas essayé de mettre les principes de la révolution à
jamais hors des affaires, en élevant contre eux le cens

de 1000 francs, le double vote, les majorats, le droit
d'aînesse, l'hérédité législative, l'indemnité de l'émigration? Il a bien fallu riposter aux efforts que faisait la
restauration pour rétablir l'immobilité de la propriété;
on a dû opposer aux idées contre-révolutionnaires de
concentration et d'inégalité les idées révolutionnaires
de divisibilité et d'égalisation.

Dans l'ordre financier comme dans l'ordre politique,
la restauration ne s'est-elle pas donné pour auxiliaires
les égoïsmes de grande et de moyenne propriété? N'a-
t-elle pas, comme nous venons de le dire, constamment
dégrevé l'impôt foncier pour ajouter à la charge toujours croissante de l'impôt indirect, ce bât jeté sur le
dos du peuple par les financiers impériaux, à une époque où le peuple passait pour avoir donné sa démission
et s'être résigné à son ancienne condition de gent corvéable, taillable à merci et miséricorde? Le peuple a
montré en juillet comment il savait jeter son bât. Il a
reconquis ses droits à l'importance individuelle comme
contribuable et comme citoyen ; et si, depuis, il s'est
réuni en associations et s'est avisé d'examiner les titres
de ses oppresseurs; s'il n'a pas mis dans cet examen
toute la sagesse, toute la modération, toute la science
possible, c'est un peu la faute de ceux qui, après lui
avoir refusé l'éducation, l'ont provoqué en juillet à se
donner ce qu'ils appellent un gouvernement de son
choix : mot de déception, mais qui proclame un droit
dont nous saurons faire une réalité.

Pour nous résumer, le Manifeste de la Société des
droits de l'homme, comme produit du sentiment popu-

laire qui cherche à s'initier par l'étude et la discussion
à l'exercice éclairé du droit de suffrage, méritait, au
plus haut degré, l'accueil et l'attention des défenseurs
du droit de discussion. Il aurait pu servir de texte à des
considérations beaucoup plus étendues. Si nous nous
sommes appesantis sur quelques-unes des questions qu'il
soulève, nous en avons négligé beaucoup d'autres. Notre
objet était d'insister sur les points par lesquels toutes les
opinions républicaines se touchent, et de montrer aussi
en quoi la publication du comité de la Société des
droits de l'homme ne saurait passer pour l'expression
commune et générale du sentiment républicain.

Vous avez vu qu'au fond il n'y a pas un vœu populaire exprimé par le Manifeste de la Société des droits
de l'homme qui ne se rencontre avec nos propres inspirations, et, nous nous plaisons à le dire, avec celles de
la majorité éclairée du pays. Nous vous avons montré,
dans le Manifeste des droits de l'homme, un produit
spontané des traditions et des sentiments qui vivent
dans la démocratie parisienne. Nous avons dit pourquoi,
depuis 89, cette partie de la population semblait plus
intéressée à la réforme sociale qu'aux réformes politiques, et celles-ci pourtant sont le seul moyen logique,
régulier, sûr et légitime, de décider les améliorations
sociales. Nous vous avons dit pourquoi, dans ses défiances malheureusement trop justifiées contre les idées
de constitutionalisme, l'Association des droits de l'homme
était allée chercher son modèle d'ordre et de réforme
sociale dans les souvenirs et les travaux d'une époque
où toutes ces questions ont été abordées avec la hardiesse que commandait l'état de crise. Nous avons cru

comprendre pourquoi les écrits de Robespierre avaient obtenu, sur les plus anciens fondateurs de l'Association, plus de crédit qu'aucune autre conception du même temps. Nous nous sommes efforcés d'établir que la déclaration de Robespierre ne répondait pas au sentiment que nous aimons à croire le plus généralement dominant dans cette société : le respect de la souveraineté nationale, la haine de toute usurpation qui prétendrait décider par la minorité ce que la majorité seule a le droit de résoudre.

Après avoir établi que la réforme proposée par Robespierre ne pouvait s'accomplir que dictatorialement et contre l'esprit de notre société et de notre civilisation nationale, nous n'avons pas voulu qu'on pût accuser nos concitoyens du comité des Droits de l'homme d'avoir voulu ressusciter, en adoptant le nom de Robespierre, une menace terroriste contre les opinions qui nous combattent, et nous avons été conduits à établir, par les dates et par les faits, que les idées de réforme développées par le Manifeste ne sont nullement liées, théoriquement du moins, au système de la terreur, et que ce serait bien gratuitement, de gaieté de cœur, qu'on attirerait à soi l'odieux qui appartient à d'autres intérêts et d'autres temps.

Répondant à ceux qui voudraient voir dans le nom de Robespierre la condamnation des vérités morales et des vues philanthropiques professées par cet homme à quelques égards inexplicable, nous avons rappelé que les doctrines qu'on voudrait personnifier dans Robespierre pouvaient trouver, dans quelques-uns des philosophes du xviii° siècle et des réformateurs de 1789, des

autorités plus rassurantes pour notre temps, et que
toute la différence entre la philanthropie de 89 et celle
de 93, c'est que la première avait spéculé avec calme,
loin de faits effrayants avec lesquels la seconde s'était
trouvée fatalement aux prises. Qu'on renoue d'ailleurs
la chaîne des temps aux hommes de l'une ou de l'autre
époque, c'est, nous l'avons dit, le même but, le même
vœu, la même fin : la répartition plus égale de la propriété, le triomphe plus complet du principe d'égalité
politique, la régénération morale du riche et du pauvre;
la réforme sociale pour but, et la réforme politique
pour moyen.

Ces beaux résultats, dignes d'occuper tout votre dévouement, toutes vos méditations, toute votre activité,
nous avons cru que le gouvernement représentatif vrai,
fondé sur le suffrage de tous, devait les assurer désormais rapidement, parce que le peuple est en masse plus
intelligent qu'il y a quarante ans, et peut soutenir dans
les voies électorales la concurrence des classes riches;
la propriété, même dans sa constitution actuelle, ne
pouvant faire obstacle à aucun changement déclaré praticable et reconnu bon par la majorité.

Nous désirons que, de cet examen sincère des doctrines du Manifeste et de notre franche déclaration des
principes qui chez nous en diffèrent, résulte pour nos
amis et pour nos ennemis la preuve que la discussion
rapproche les divers éléments du parti républicain, loin
de leur révéler ces incompatibilités sur lesquelles spé-
culent les derniers partisans de la dernière des monarchies connues et du dernier monopole possible.

[Carrel annonce la traduction, par Châteaubriand, du *Paradis perdu* de Milton.]

La traduction du *Paradis perdu* de Milton , par M. de Châteaubriand, paraît aujourd'hui chez le libraire Gosselin ; elle est précédée d'une vie de Milton, d'un Essai sur la littérature anglaise et de Considérations *sur le génie des hommes, des temps et des révolutions*. La place que tient Milton dans la littérature anglaise, le rôle qu'il a joué dans une révolution où, par la nature de ses opinions, il apparut comme un précurseur des idées et des besoins révolutionnaires de nos jours, conduisaient naturellement l'illustre traducteur à mêler dans ses considérations beaucoup d'hommes, beaucoup d'objets que peut-être on ne se serait pas attendu à rencontrer dans un même livre. La traduction proprement dite du *Paradis perdu* forme deux volumes. La Vie de Milton, les Considérations et Notes forment deux autres volumes. C'est le produit d'un travail d'à peine dix-huit mois. A l'âge où tous les hommes se reposent, M. de Châteaubriand est encore le plus infatigable, le plus studieux, le plus fécond des écrivains. Il est non-seulement l'égal de lui-même, mais, à mesure qu'il avance dans la vie et parcourt de nouvelles vicissitudes, son imagination se rafraîchit au vent de toutes les fortunes ; il a beau se dire désenchanté des hommes et des choses, toutes ses observations, toutes ses impressions, ses plaintes mêmes, revêtent, comme malgré lui, cette pompe d'expressions, cette richesse de comparaisons et d'images qui jettent un si

grand charme sur les écrits de toute sa vie. La vieillesse,
mot dont M. de Châteaubriand se sert beaucoup en parlant de lui, mais heureusement sans beaucoup effrayer
les admirateurs de son génie, la vieillesse chez M. de
Châteaubriand est vigoureuse comme l'âge mûr, bon-
dissante comme la jeunesse; ses inspirations n'ont rien
perdu de leur suavité, de leur grâce première, et peut-
être ont-elles acquis, dans ses dernières années, je ne
sais quoi de plus viril, de plus profond et de plus austère. C'était, qu'il nous soit permis de le dire, le dernier
progrès auquel dût atteindre le génie de M. de Châteaubriand. On dirait que les spectacles auxquels il nous a
a été donné d'assister depuis six ans ont jeté dans l'âme
du chantre des *Martyrs* et mêlé aux dons qui constituent
sa puissante originalité quelque chose de cette souveraine
amertume qui fit l'éloquence de Tacite au temps de la
décrépitude romaine. Écoutons ces dernières pages du
nouvel écrit de M. de Châteaubriand :

« Regardez derrière vous; demandez-vous que sont devenus
ces siècles éclatants et tumultueux où vécurent Shakespeare et
Milton, Henri VIII et Élisabeth, Cromwell et Guillaume, Pitt et
Burke : tout cela est fini; supériorités et médiocrités, haines
et amours, félicités et misères, oppresseurs et opprimés, bour-
reaux et victimes, rois et peuples, tout dort dans le même silence et dans la même poussière. Et cependant de quoi nous
sommes-nous occupés? de la partie la plus vivante de la nature
humaine, du génie, qui reste à peine comme une ombre des
vieux jours au milieu de nous, mais qui ne vit plus pour lui-
même, et ignore s'il a jamais été. Combien de fois l'Angleterre,
dans ce tableau de dix siècles, a-t-elle été détruite sous nos
yeux ! A travers combien de révolutions n'avons nous point

passé, pour arriver au bord d'une révolution plus grande, plus
profonde, et qui enveloppera la postérité! J'ai vu ces fameux
parlements britanniques dans toute leur puissance : que devien-
dront-ils? J'ai vu l'Angleterre dans ses anciennes mœurs et son
ancienne prospérité : partout la petite église solitaire avec sa
tour, le cimetière de campagne de Gray, des chemins étroits et
sablés, des vallons remplis de vaches, des bruyères marbrées
de moutons, des parcs, des châteaux, des villes, peu de grands
bois, peu d'oiseaux, le vent de la mer. Ce n'étaient pas là ces
champs de l'Andalousie où je trouvais les vieux chrétiens et
les jeunes amours, parmi les débris voluptueux du palais
des Maures, au milieu des aloès et des palmiers; ce n'était pas
là cette campagne romaine dont le charme irrésistible me rappelait sans cesse; ces flots et ce soleil n'étaient pas ceux qui
baignent et éclairent le promontoire sur lequel Platon ensei-
gnait ses disciples, ce Sunium où j'entendis chanter le grillon
qui demandait en vain à Minerve le foyer des prêtres de son
temple; mais enfin, telle qu'elle était, cette Angleterre, entou-
rée de ses navires, couverte de ses troupeaux et professant le
culte de ses grands hommes, était charmante.....

» La société telle qu'elle est aujourd'hui, n'existera pas : à
mesure que l'instruction descend dans les classes inférieures,
celles-ci découvrent la plaie secrète qui ronge l'ordre social
depuis le commencement du monde; plaie qui est la cause de
tous les malaises et de toutes les agitations populaires. La trop
grande inégalité des conditions et des fortunes a pu se supporter tant qu'elle a été cachée d'un côté par l'ignorance, de
l'autre par l'organisation factice de la cité; mais, aussitôt que
cette inégalité est généralement aperçue, le coup mortel est
porté. Recomposez, si vous le pouvez, les fictions aristocratiques;
essayez de persuader au pauvre, quand il saura lire, au pauvre
à qui la parole est portée chaque jour par la presse, de ville
en ville, de village en village; essayez de persuader à ce pauvre,
possédant les mêmes lumières et la même intelligence que
vous, qu'il doit se soumettre à toutes les privations, tandis que

tel homme, son voisin, a, sans travail, mille fois le superflu de la vie ; vos efforts seront inutiles : ne demandez point à la foule des vertus au delà de la nature.

»Le développement matériel de la société accroîtra le développement des esprits. Lorsque la vapeur sera perfectionnée, lorsque, unie aux télégraphes et aux chemins de fer, elle aura fait disparaître les distances, ce ne seront pas seulement les marchandises qui voyageront d'un bout du globe à l'autre avec la rapidité de l'éclair, mais encore les idées. Quand les barrières fiscales et commerciales auront été abolies entre les divers États, comme elles le sont déjà entre les provinces d'un même État ; quand le *salaire*, qui n'est que l'*esclavage* prolongé, se sera émancipé à l'aide de l'égalité établie entre le producteur et le consommateur ; quand les divers pays, prenant les mœurs les uns des autres, abandonnant les préjugés nationaux, les vieilles idées de suprématie ou de conquête, tendront à l'unité des peuples ; par quel moyen ferez-vous rétrograder la société vers des principes épuisés ? Bonaparte lui-même ne l'a pu : l'égalité et la liberté, auxquelles il opposa la barre inflexible de son génie, ont repris leurs cours et emportent ses œuvres ; le monde de force qu'il créa s'évanouit ; ses institutions défaillent ; sa race même a disparu avec son fils. La lumière qu'il fit n'était qu'un météore ; il ne demeure et ne demeurera de Napoléon que sa mémoire.

» Il n'y avait qu'une seule monarchie en Europe, la monarchie française ; toutes les autres en étaient filles ; toutes s'en iront avec leur mère. Les rois, jusqu'ici, à leur insu, avaient vécu derrière cette monarchie de mille ans, à l'abri d'une race incorporée, pour ainsi dire, avec les siècles. Quand le souffle de la révolution eut jeté à bas cette race, Bonaparte vint ; il soutint les princes chancelants sur des trônes par lui abattus et relevés. Bonaparte passé, les monarques restants vivent tapis dans les ruines du Colysée napoléonien, comme les ermites à qui l'on fait l'aumône dans le Colysée de Rome ; mais bientôt ces ruines mêmes leur manqueront.

» Mais quand atteindra-t-on à ce qui doit rester ? Quand la

société, composée jadis d'agrégations et de familles concentriques, depuis le foyer du laboureur jusqu'au foyer du roi, se recomposera-t-elle dans un système inconnu, dans un système plus rapproché de la nature, d'après des idées et à l'aide de moyens qui sont à naître? Dieu le sait. Qui peut calculer la résistance des passions, le froissement des vanités, les perturbations, les accidents de l'histoire? Une guerre survenue, l'apparition, à la tête d'un État, d'un homme d'esprit ou d'un homme stupide, le plus petit événement, peuvent refouler, suspendre ou hâter la marche des nations. Plus d'une fois la mort engourdira des races pleines de feu, versera le silence sur des événements prêts à s'accomplir, comme un peu de neige, tombée pendant la nuit, fait cesser les bruits d'une grande cité.....

» Un avenir sera, un avenir puissant, libre dans toute la plénitude de l'égalité évangélique ; mais il est loin encore, loin au delà de tout horizon visible ; on n'y parviendra que par cette espérance infatigable, incorruptible au malheur, dont les ailes croissent et grandissent à mesure que tout semble la tromper, par cette espérance plus forte, plus longue que le temps, et que le chrétien seul possède. Avant de toucher au but, avant d'atteindre l'unité des peuples, la démocratie naturelle, il faudra traverser la décomposition sociale, temps d'anarchie, de sang peut-être, d'infirmités certainement : cette décomposition est commencée ; elle n'est pas prête à reproduire, de ses germes non encore assez fermentés, le monde nouveau.

» En finissant, revenons par un dernier mot au *premier titre* de cet ouvrage, et redescendons à l'humble rang de traducteur. Quand on a vu comme moi Washington et Bonaparte ; à leur niveau, dans un autre ordre de puissance, Pitt et Mirabeau ; parmi les hauts révolutionnaires, Robespierre et Danton ; parmi les masses plébéiennes, l'homme du peuple marchant aux exterminations de la frontière, le paysan vendéen s'enfermant dans les flammes de ses récoltes, que reste-t-il à regarder derrière la grande tombe de Sainte-Hélène ?

» Pourquoi ai-je survécu au siècle et aux hommes auxquels j'appartenais par la date de l'heure où ma mère m'infligea la vie? Pourquoi n'ai-je pas disparu avec mes contemporains, les derniers d'une race épuisée? Pourquoi suis-je demeuré seul à chercher leurs os dans les ténèbres et la poussière d'un monde écroulé? J'avais tout à gagner à ne pas traîner sur la terre. Je n'aurais pas été obligé de commencer et de suspendre ensuite mes justices d'outre-tombe, pour écrire ces essais afin de conserver mon indépendance d'homme.

» Lorsqu'au commencement de ma vie l'Angleterre m'offrit un refuge, je traduisis quelques vers de Milton pour subvenir aux besoins de l'exil; aujourd'hui, rentré dans ma patrie, approchant de la fin de ma carrière, j'ai encore recours au poëte d'Eden. Le chantre du *Paradis perdu* ne fut cependant pas plus riche que moi : assis entre ses filles, privé de la clarté du ciel, mais éclairé du flambeau de son génie, il leur dictait ses vers. Je n'ai point de filles; je puis contempler l'astre du jour; mais je ne puis dire comme l'aveugle d'Albion :

» . . . . . How glorious once above thy sphear !

» Soleil ! j'eusse autrefois éclipsé ta lumière !

» Milton servit Cromwell; j'ai combattu Napoléon. Il attaqua les rois; je les ai défendus. Il n'espéra point en leur pardon; je n'ai pas compté sur leur reconnaissance. Maintenant que dans nos deux pays la monarchie penche vers sa fin, Milton et moi n'avons plus rien de politique à démêler ensemble. Je viens me rasseoir à la table de mon hôte : il m'aura nourri jeune et vieux. Il est plus noble et plus sûr de recourir à la gloire qu'à la puissance. »

Et nous, nous félicitons M. de Châteaubriand de cette destinée qui l'a conduit comme par la main à travers tant d'idées et de situations différentes, qui, le faisant errer sur toutes les plages du monde, lui a montré l'humanité à tous ses degrés de civilisation, et qui le ramène, plein de jours encore, le front rayonnant des grandes et poétiques sensations, des riches expériences du voyage, à la même table et au même foyer qui virent les premières jouissances, les premiers labeurs de sa pénible et glorieuse carrière. Il n'a été donné qu'à un bien petit nombre d'écrivains, après avoir touché, dans le cours d'une longue vie, à tout ce qui est objet de science et de discussion parmi les hommes, d'avoir le temps et le droit d'attacher à leur œuvre une conclusion. Nous avons le dernier mot de M. de Châteaubriand et ce n'est ni la monarchie, ni l'aristocratie, ni la Charte, ni même le gouvernement représentatif, c'est quelque chose de plus digne des efforts et des sacrifices de la génération vivante, c'est la révolution sociale. La tâche est si grande, que l'imagination la plus hardie s'en effraye, et nous ne sommes pas étonnés de l'espèce d'incrédulité que rencontrent dans M. de Châteaubriand ses propres prédictions. La révolution que M. de Châteaubriand aperçoit dans un avenir très reculé, est moins éloignée du gouvernement bourgeois de ce temps-ci, que ce gouvernement lui-même ne l'est des pompes aristocratiques et du bon plaisir royal du vieux Versailles : c'est ce qui doit nous donner courage, à nous fils des destructeurs de la monarchie des quatorze siècles.

(*National de* 1834, 23 juin.)

Sieyes.

M. Sieyes, ancien membre de l'assemblée constituante et de la convention, directeur et consul de la république, comte et pair de l'empire, membre de l'Institut, est mort hier matin (1).

Sieyes, né à Fréjus le 3 mars 1748, était en 1784 chanoine chancelier de l'église de Chartres et vicaire général de ce diocèse. Il fut nommé, en 1787, membre de l'assemblée provinciale d'Orléans. Lorsqu'il fut question d'assembler les états généraux, Sieyes, convaincu que les états de 1614 n'avaient produit aucun résultat, publia ses *Vues sur les moyens d'exécution dont les représentants de la France pourront disposer en 1789*. Cet ouvrage fut publié trois mois après son *Essai sur les priviléges*, et après sa fameuse brochure : *Qu'est-ce que le tiers état? Tout. — Qu'a-t-il été jusqu'à présent dans l'ordre politique? Rien. — Que veut-il? Devenir quelque chose*. Ce pamphlet, distribué à trente mille exemplaires, fut l'évangile de l'opinion publique dans toutes les questions mises à l'ordre du jour par les événements de 1788 et 1789.

Les électeurs du tiers état de Paris, ayant décidé, pendant le cours des nominations aux états généraux, qu'il ne serait nommé par eux ni nobles ni prêtres, rapportèrent cet arrêté lorsqu'ils eurent fait choix de dix-neuf députés sur vingt, et Sieyes fut le vingtième.

Arrivé aux états généraux, Sieyes prit part à la vérification des pouvoirs et proposa de sommer les deux

(1) Le 20 juin.

classes privilégiées de se réunir au tiers état, de leur déclarer qu'en cas de refus l'assemblée se constituerait sans elles, et de voter une adresse au roi pour expliquer les motifs de cette mesure. Dès cette époque, le parti de la révolution se divisa en deux écoles : l'école anglaise, à la tête de laquelle étaient Necker, Malouet, Mounier, et l'école démocratique, révolutionnaire, que dirigeait Sieyes. La constitution d'Angleterre ne lui paraissait qu'une charlatanerie faite pour en imposer au peuple. Il faisait peu de cas des modifications de ce système, des ménagements réciproques et de l'équilibre des trois pouvoirs. Toute influence de la couronne était, à ses yeux, de la vénalité, toute opposition n'était qu'un manége d'antichambre. La seule chose qu'il aimât en Angleterre, c'était le jugement par jury.

Ardent et actif dans son parti, Sieyes faisait plus faire qu'il ne faisait lui-même. Il rédigeait le plan du combat et restait dans sa tente le jour de la bataille. Stanislas Girardin disait de lui : « Il est à un parti ce que la taupe est au gazon, il le laboure et le soulève. » C'était un homme abstrait, peu liant, peu ouvert, avec qui l'on ne se familiarisait pas aisément, et qui disait son avis, mais sans entrer en discussion. Si l'on objectait, il ne répondait point. Il avait refait son éducation. Il ne lui restait rien de son séminaire théologique et de la Sorbonne. A Chartres, il avait vécu presque en reclus, n'aimant pas la société de province, et ne se gênant pour personne. Il lisait peu et méditait beaucoup; les ouvrages qu'il avait le plus aimés étaient le *Contrat social* de Rousseau, les écrits de Condillac, et le *Traité sur la richesse des nations* d'Adam Smith.

Il avait beaucoup écrit, mais il ne pouvait souffrir le travail de la révision, et ne se croyait pas ce qu'on appelle le talent d'écrire. Il aurait voulu trouver quelqu'un qui fût capable de rédiger ses manuscrits et d'habiller ses pensées.

La menace adressée aux deux ordres n'ayant produit que la défection de quelques membres du bas clergé, Sieyes proposa au tiers de se former en *assemblée des représentants connus et vérifiés de la nation*. Il n'osa pas tout d'un coup jeter en avant l'expression décisive d'*assemblée nationale ;* il proposa cette phrase ambiguë qui emportait la même idée, mais qui ne l'exprimait pas. Ce ne fut qu'à la fin d'un débat de deux ou trois jours qu'il franchit la difficulté et fit faire cette motion par un député obscur nommé Legrand.

Dans cette discussion, Mirabeau, partisan des deux chambres, combattit vivement le projet de Sieyes, et proposa le nom de *représentants du peuple français*. Mirabeau était soutenu par l'école anglaise ; il essaya de relever, par une définition du mot peuple, que l'on comparait tantôt à la *plebs*, tantôt au *populus* des Romains, son influence un instant compromise par le rôle qu'il avait joué dans cette discussion ; mais il fut obligé de céder à la logique de Sieyes, qui, encouragé par l'assentiment presque général, prit plusieurs fois la parole, tout en déclarant que, se reconnaissant peu d'aptitude à parler en public, il s'abstiendrait dorénavant de paraître à la tribune. L'assemblée procéda à l'appel nominal. Cet appel se prolongea jusque dans la nuit : c'était la revue des deux partis. On avait peine à contenir l'enthousiasme des tribunes ; enfin, la proposition de

Sieyes passa à la majorité de quatre cent quatre-vingt-onze voix contre quatre-vingt-dix. Le lendemain, à son entrée dans la salle. l'assemblée tout entière se leva spontanément, et les applaudissements retentirent de toutes parts.

A cette époque, quelques troubles s'étant élevés aux environs de Paris, Sieyes indiqua la garde nationale pour défendre la liberté et maintenir la paix publique. On connaît la réponse de Mirabeau à M. de Dreux-Brézé, à l'occasion de la séance royale du 23 juin 1789 : le mot de Sieyes à l'assemblée n'a pas moins de célébrité : « Eh! messieurs, ne sentez-vous pas que vous êtes aujourd'hui ce que vous étiez hier? » Le discours où se trouve cette phrase a été recueilli dans une brochure intitulée : *Lettre sur la séance royale du 23 juin 1789.*

Le comité de constitution, dont il fut élu membre, lui demanda une *déclaration des droits*, qu'il présenta quatre jours après, en y joignant un travail auquel il attachait beaucoup d'importance, sous le titre de *Préliminaires de la constitution française, suivis d'une reconnaissance et exposition des droits de l'homme et du citoyen.*

Sieyes et Mirabeau n'assistaient pas à la fameuse nuit du 4 août, ils en désapprouvaient l'entraînement. Mirabeau disait : « Voilà bien nos Français! ils sont un mois à disputer sur des syllabes, et, dans une nuit, ils renversent tout l'ancien ordre de la monarchie. » Sieyes retrouva des sympathies de prêtre pour défendre les dîmes, et s'écria au milieu de la discussion : « Ils veulent être libres et ne savent pas être justes. » Mirabeau murmurait sur son banc : « Sieyes a déchainé le taureau, et il ne veut pas qu'il frappe de la corne. »

Sieyes fit, le 19 septembre 1789, le rapport du projet présenté par Thouret sur l'établissement des assemblées administratives, des nouvelles municipalités et de la représentation proportionnelle. C'est sur sa proposition que fut décrétée la division de la France en départements.

Mirabeau avait déjà saisi plus d'une fois l'occasion de combattre les projets de Sieyes; tout en redoutant ce qu'il appelait son implacable vanité, il ne le ménageait pas dans le cercle de ses intimes, et, parmi les surnoms qu'il se plaisait à donner aux hommes influents de l'époque, il avait choisi pour Sieyes celui de *Mahomet*. Enfin, dans la discussion sur le droit de paix et de guerre, Mirabeau fit tous ses efforts pour que Sieyes fût amené à prendre part au débat. Voici un fragment de ce discours, qui, malgré ses formes louangeuses, avait d'autant plus l'air d'une perfidie, que Mirabeau avait dit, en parlant de Sieyes : « Je lui ferai une renommée qu'il ne pourra porter. »

« Je ne cacherai pas mon profond regret que l'homme qui a posé les bases de la constitution et qui a le plus contribué à votre ouvrage, que l'homme qui a révélé au monde les véritables principes du gouvernement représentatif, se condamnant lui-même à un silence que je déplore, que je trouve coupable, à quelque point que ses immenses services aient été méconnus; que l'abbé Sieyes, je lui demande pardon si je le nomme, ne vienne pas poser lui-même dans sa constitution un des plus grands ressorts de l'ordre social. J'en ai d'autant plus de douleur, qu'écrasé d'un travail trop au-dessus de mes forces intellectuelles, sans cesse ravi au recueillement et à la méditation, qui sont les premières puissances de l'homme, je n'avais pas porté mon esprit sur cette question, accoutumé que j'étais de me reposer sur ce grand penseur de l'achèvement de son ouvrage. Je l'ai pressé, conjuré, supplié, au nom de l'amitié dont il m'honore, au nom de l'amour de la patrie, ce sentiment bien autrement énergique et sacré, de nous doter de ses idées ; de ne pas laisser cette lacune dans la constitution. Il m'a refusé, je vous le dénonce. Je vous conjure, vous aussi, d'obtenir son avis, qui ne doit pas être un secret ; d'arracher enfin au découragement un homme dont je regarde le silence et l'inaction comme une calamité publique. »

Ce silence qu'il s'était imposé, Sieyes le rompit en présentant, le 20 janvier 1790, un projet de loi contre les délits qui peuvent se commettre par la voie de l'impression et par la publication des écrits et des gravures. Il disait, dans le préambule de ce projet :

« Le public s'exprime mal lorsqu'il demande une loi pour accorder ou autoriser la liberté de la presse. Ce n'est pas en vertu d'une loi que les citoyens pensent, parlent, écrivent et publient leurs pensées ; c'est en vertu de leurs droits naturels, droits que les hommes ont apportés dans l'association, et pour le maintien desquels ils ont établi la loi elle-même et tous les moyens publics qui la servent. La loi n'est pas un maître qui accorderait gratuitement des bienfaits. La loi n'est là que pour empêcher la liberté de s'égarer. Elle est seulement une institution protectrice formée par cette même liberté antérieure à tout. »

A l'anniversaire de la constitution des états généraux, Sieyes fut nommé président de l'assemblée. Les électeurs voulaient porter Sieyes à l'évêché de Paris; mais il s'en défendit, et l'on prit son refus pour une protestation contre l'institution civile du nouveau clergé. Sieyes avait été l'un des fondateurs du club des Bretons, appelé depuis club des Jacobins. Dans la scission du côté gauche, Sieyes se rangea du côté de Mirabeau, de Lafayette et de l'évêque d'Autun, qui voulaient fortifier la royauté, tandis que Barnave, Lameth, Duport, poursuivaient les conséquences de la révolution. Les députés stationnaires formèrent la Société patriotique de 89, en opposition à celle des Jacobins, dont cependant ils suivaient encore de temps en temps les séances. Enfin, bientôt les Lameth, les Barnave et les Duport passèrent du côté de la cour, et fondèrent, avec Sieyes, Chapelier, Talleyrand, Rabaud Saint-Étienne, le club des Feuillants, rival décidé des Jacobins, où brillaient alors d'Orléans, Rœderer, Grégoire, Pétion, Robespierre, et, enfin, M. de Chartres.

Sieyes partageait encore, après la fuite de Varenne, les illusions de ses amis sur la possibilité de la monarchie. On venait de répandre le prospectus d'un journal républicain dans lequel on lisait cette phrase relative au roi : « Nous ne le connaissons plus que comme un individu dans la foule, comme M. Louis de Bourbon. » On jouait sur les théâtres la *Journée de Varenne, ou le Maître de poste de Sainte-Menehould*, et Sieyes croyait

encore utile de faire une profession de foi monarchique.
« Ce n'est, écrivait-il au *Moniteur*, ni pour caresser
d'anciennes habitudes ni par un sentiment superstitieux
de royalisme que je préfère la monarchie; je la préfère, parce qu'il m'est démontré qu'il y a plus de liberté
pour le citoyen dans la monarchie que dans la république. » Mais Sieyes ne disait pas en même temps ce
qu'il fallait faire pour relever la royauté avilie, et concilier la monarchie avec la révolution. C'était alors,
comme depuis, toute la question.

Après l'assemblée constituante et pendant l'assemblée
législative, Sieyes se retira à la campagne et resta étranger aux affaires publiques. Nommé à la convention par
trois départements, l'Orne, la Sarthe et la Gironde,
Sieyes ne prit aucune part à la lutte des Montagnards
et des Girondins. Comme son collègue Cambacérès, il
siégeait dans la plaine, et il se dérobait autant que possible aux séances orageuses. Il vota la mort du roi. Il ne
courut aucun danger pendant la Terreur. Étranger à
tous les partis qui se combattaient dans la convention,
il leur commandait une sorte de respect par le souvenir
de ses travaux et des anciens services qu'il avait rendus
à la révolution. On prétendait qu'il exerçait une influence secrète sur le comité de salut public, parce que
alors, comme à toutes les époques de la révolution, il
se montrait peu et s'enveloppait dans la réserve d'une
conduite mystérieuse. Il exerçait beaucoup moins d'influence que d'autres représentants qui n'avaient pas sa
capacité ni surtout sa prudence.

Après le 9 thermidor, Sieyes fut nommé de la commission des *onze*, établie pour faire les lois organiques

de la constitution de 93. Il était déjà membre du comité de salut public. La convention ayant ordonné que les représentants à la fois membres des comités du gouvernement et de la commission des onze fissent leur option, Sieyes opta pour le comité du salut public. Il était, dans l'opinion de la France et de l'Europe, l'homme le plus capable de constituer une nation ; on le regardait comme le premier architecte politique.

Sieyes avait moins conservé cette réputation par ses faits et ses discours, que par son inaction et son silence. Ce n'était pas chez lui seulement un calcul : son tempérament l'éloignait du mouvement et du bruit ; son caractère le rendait incapable de discussion. Il était organisé pour la pensée et la théorie plus que pour l'action et la pratique. La nature ne l'avait pas fait pour être orateur ; il ne parut pas souvent à la tribune. Dans les comités, il prenait rarement séance avec ses collègues ; pendant les délibérations, il se promenait en long et en large ; et, lorsqu'on le pressait de donner son avis, il le donnait en s'éloignant, comme s'il eût voulu signifier par là qu'il n'y avait rien à en retrancher ni à y opposer. Il avait refusé la présidence de la convention, ce qui fit dire : « C'eût été un bon négociant, il aurait tiré volontiers des lettres de change et n'en aurait jamais accepté. »

La discussion de la commission des onze était déjà avancée lorsque Sieyes apporta son projet, qui renversait de fond en comble celui de la commission. Les principales dispositions de ce projet se sont retrouvées depuis dans la constitution de l'an VIII. Sieyes avait d'abord refusé de prendre part aux travaux de la com-

mission ; la convention en avait déjà adopté une partie.
Sieyes avait imaginé, sous le nom de jury constitutionnaire (c'était le sénat conservateur de l'an VIII), un
corps de censeurs qui, supérieur à tous les pouvoirs,
devait préserver la constitution de toute atteinte et y
proposer des réformes. Cette institution fut la seule de
son projet prise en considération par la commission,
mais elle fut rejetée à la presque unanimité par la convention.

Sieyes n'accepta pas sa première nomination au directoire, où il avait été porté par le parti conventionnel, et il écrivit qu'il refusait parce que, d'après sa
conviction intime, il n'était nullement propre aux fonctions du directoire exécutif.

Le 8 floréal an V, il fut assassiné chez lui par l'abbé
Poulle, son compatriote, et reçut à bout portant deux
balles mâchées : l'une lui traversa et fracassa le bras, et
l'autre lui effleura la poitrine. L'assassin se mit à la
fenêtre, et cria à la foule qu'il avait commencé sur un
des plus forts, et qu'il fallait suivre son exemple sur les
autres. L'abbé Poulle fut livré à la justice. Pendant le
procès, Sieyes disait à son portier : « Si Poulle revient,
vous lui direz que je n'y suis pas. » L'instruction prouva
que cet assassinat n'avait rien de politique. Poulle avait
été prêtre, moine, soldat; il était réduit à la plus affreuse misère. Il se présenta chez Sieyes pour lui demander de l'argent ; mal accueilli, il se vengea par un
assassinat. Il fut condamné à vingt ans de fers et à six
heures d'exposition.

Sieyes, qui n'avait pris aucune part au 18 fructidor,
joua cependant un rôle dans la réaction qui suivit ce

coup d'État. Il fut un des auteurs du projet de proscription des nobles, présenté par Boulay de la Meurthe. Sieyes disait à ceux de ses collègues qui trouvaient la mesure trop violente : « Vous m'avez demandé un habit neuf, je vous l'ai donné ; s'il vous paraît trop long, raccourcissez-le ; s'il vous semble trop large, rétrécissez-le ; mais je n'y changerai rien. »

En 1798, Sieyes fut nommé ministre plénipotentiaire de la république auprès du roi de Prusse. L'objet de cette mission était de contre-balancer celle du prince de Repnin, envoyé pour [ramener la Prusse dans l'alliance de l'Autriche, de la Russie et de l'Angleterre. La nomination de Sieyes fit une grande sensation en Allemagne ; on disait qu'il passerait d'abord à Rastadt, où il était attendu pour fixer les bases de la constitution germanique. Déjà Bonaparte avait voulu l'avoir à l'armée d'Italie, pour organiser les républiques de sa conquête. Le roi de Prusse avait d'abord montré quelque répugnance à recevoir un conventionnel votant ; mais la république ne laissait pas discuter par l'étranger le choix de ses représentants. Sieyes fut bien reçu, en dépit des fanfaronnades du prince de Repnin et du vieux maréchal de Mollendorf. On a prétendu que, pendant son séjour à Berlin, Sieyes avait obtenu du cabinet prussien que le ministre de Prusse à Constantinople fît passer à Bonaparte, en Égypte, un mémoire dans lequel on le prévenait de l'état déplorable où était la France, état auquel, lui disait-on, lui seul pouvait porter remède en s'emparant du gouvernement. Nous croyons le fait de cette correspodance tout aussi peu exact que le prétendu projet de mettre sur le trône en

France un prince de la maison d'Angleterre, attribué
récemment à Sieyes par M. de Fitz-James. Nommé
membre du directoire, le 27 floréal an VII, Sieyes revint à Paris. Il prononça, à l'occasion du glorieux anniversaire du 10 août, un discours où l'on remarquait
cette phrase : « La royauté ne se relèvera jamais ; on
ne verra plus ces hommes qui se disaient délégués du
ciel pour opprimer avec plus de sécurité la terre, et qui
ne voyaient dans la France que leur patrimoine, dans
les Français que leurs sujets, et dans les lois que leur
bon plaisir. »

Quand Bonaparte revint d'Égypte, Sieyes s'alarma
d'abord des relations que le jeune général entretenait
avec tous les partis, et surtout avec celui du Manége.
Bonaparte se plaignait de l'éloignement de Sieyes et de
sa roideur. Des entremetteurs officieux, tels que Talleyrand, Rœderer, cherchèrent à les rapprocher. Lucien,
par l'intermédiaire de son ami Chazal, ménagea une
entrevue entre ces deux puissances qui s'observaient.
Bonaparte fit la première visite et prodigua les avances
au directeur : «Avez-vous pu croire, lui dit-il, que je
marcherais avec les terroristes et sans un homme comme
vous, nécessaire à une organisation sociale? On ne peut
rester dans cette triste situation. Tout s'écroule ; il faut
pourvoir au salut de la république ; quelles sont vos
idées? — Elles ne sont pas rédigées. Du reste, je les ai
en partie proposées à la convention lors de la discussion
sur la constitution de l'an III, elles sont imprimées dans
le *Moniteur.* — Je les lirai ; nous en causerons. » Bonaparte disait de cette première entrevue : « Nous avons
joué au tabouret comme de vieilles duchesses. »

Les conférences durèrent entre eux et avec les faiseurs du 18 brumaire. Sieyes développa ses vues;
Bonaparte parut les approuver et le pressa de les rédiger par écrit. « Faites votre constitution, et je me
charge de la faire exécuter. » Bonaparte ajoutait que
l'auteur de cette constitution serait naturellement appelé à jouer un des premiers rôles dans le nouvel ordre
des choses; Sieyes répéta que, par caractère, il n'était
propre ni à l'action ni à l'exécution; qu'il propose-
rait ses idées, qu'on les discuterait; que ses goûts paisibles, et surtout sa qualité de prêtre, ne lui laissaient
d'autre ambition que celle d'être placé de manière à
observer le jeu des institutions constitutionnelles.

Sieyes ralliait autour de lui tous ceux qui voulaient
une nouvelle constitution; mais la sienne n'était point
encore écrite. La rédaction entraînait de nouveaux délais, cette discussion pouvait amener des mésintelli-
gences. La fortune de Bonaparte ne pouvait se plier
aux lenteurs de la pensée de Sieyes. En attendant que
la constitution fût prête, on convint d'adopter une dictature provisoire dont Sieyes ferait partie, et qui, une
fois établie, rédigerait le pacte social. Des représentants
qui n'avaient été qu'en partie initiés dans le secret,
exprimèrent leur regret de ce qu'on ne stipulait pas au
moins comme base fondamentale le maintien de la constitution de l'an III, à laquelle ils se croyaient liés par
leurs serments. Ils s'étaient imaginé qu'il ne s'agissait
que de recomposer un directoire pour Sieyes et Bonaparte.

Sieyes ne monta pas à cheval pour aller à Saint-
Cloud, faire, avec Bonaparte, le siége du conseil des

Cinq-Cents, mais il redoutait l'issue de cette expédition, comme tous les hommes qui avaient la pratique des assemblées, et il avait proposé, par mesure de précaution, d'arrêter ou de consigner chez eux une vingtaine de représentants. On prétend que Sieyes, apprenant que le conseil des Cinq-Cents voulait mettre Bonaparte hors la loi, s'écria : « Eh bien! qu'il les mette hors la salle! » Sieyes, dit-on, répondit à un de ses amis, qui lui reprochait la part qu'il avait prise à ce coup d'État : « J'ai fait le 18 brumaire, mais je n'ai pas fait le 19. » Cependant, Sieyes croyait encore à la puissance des constitutions, et se félicitait de pouvoir enfin donner à la France l'organisation qu'il avait longtemps méditée.

Dès la première séance de la commission chargée de rédiger la constitution, Bonaparte dit : « On a beaucoup parlé des idées du citoyen Sieyes; je désirerais les entendre de lui-même, dans toute leur pureté. » Sieyes les exposa, les développa avec le talent d'un homme pénétré de son sujet, et produisit une impression profonde. Sieyes voulait ôter au peuple les élections directes et le réduire à nommer des candidats parmi lesquels un sénat élirait les membres du corps législatif et du tribunat, et le gouvernement nommerait tous les fonctionnaires judiciaires et administratifs. Bonaparte était contre les élections directes, et il approuvait les listes de notabilité. A cette occasion, madame de Staël a dit : « Sieyes perdit la liberté en substituant quoi que ce fût à l'élection populaire, non qu'il voulût établir la tyrannie en France ; on lui doit la justice qu'il n'y prit jamais part ; d'ailleurs un homme d'autant d'esprit ne pouvait aimer l'autorité d'un seul, si ce seul n'était pas lui-même. Mais, par sa métaphysique, il embrouilla la question la plus simple, celle de l'élection. »

Bonaparte, qui, dès l'an V, voulait un corps législatif sans voix et sans oreilles, eut grand soin de faire disparaître de l'organisation des corps représentatifs proposés par Sieyes toutes les dispositions qui pouvaient gêner ou tempérer l'autorité du pouvoir exécutif. Mais ce n'était que la base de la *pyramide* de Sieyes, car c'est ainsi qu'il figurait sa constitution : la pointe, c'était le gouvernement. Il proposa un grand électeur à vie, choisi par le sénat conservateur, ayant un revenu de six millions, une garde de trois mille hommes, et habitant le palais de Versailles. Les ambassadeurs étrangers étaient accrédités auprès de lui. Les actes du gouvernement, les lois, la justice, étaient rendus en son nom. Il était le seul représentant de la gloire, de la puissance et de la dignité nationale. Il nommait deux consuls, un de la guerre, un de la paix ; mais là se bornait toute son influence sur les affaires. Il pouvait, il est vrai, destituer les consuls et les changer ; mais le sénat pouvait aussi *absorber le grand électeur.* Bonaparte combattit cette institution par des objections sérieuses, et lui porta un dernier coup en s'écriant : « Croyez-vous que la nation verrait avec plaisir un cochon à l'engrais dépenser six millions par an à Versailles sans rien faire ? »

On prétendit que Sieyes s'était réservé les fonctions de grand électeur. Son système parut une nouveauté bizarre. Au fond, le grand électeur n'était ni plus ni moins que ce que devait être un roi dans une monarchie constitutionnelle. Du reste, il est difficile de croire

qu'un homme tel que lui se fût imaginé que la France
pût être gouvernée par un prêtre, et surtout que Bonaparte eût consenti à lui obéir (1).

Sieyes fut *absorbé* par le sénat, sans avoir été grand
électeur. Il ne joua aucun rôle sous l'empire. Lorsque,
dans les premiers jours d'avril 1814, le sénat proclama
une nouvelle constitution et le rappel des Bourbons,

(1) On trouve dans les *Mémoires* de Louis-Jérôme Gohier, président du
directoire au 18 brumaire (t. II, p. 42 et suivantes), de curieux détails sur
cette étrange invention de Sieyes, et sur sa prétention évidente au grand
électorat. « Pour mieux pénétrer ses projets ultérieurs, dit Gohier, Bonaparte avait laissé un libre cours à la discussion ; mais, voyant que son
second consul se laissait déjà complimenter sur son élévation au grand
électorat, qu'avant même qu'il fût décidé s'il y aurait un grand électeur,
on agitait la question de savoir si ce grand électeur serait à vie, comme les
membres du jury constitutionnaire, ou seulement à long terme ; qu'on
s'occupait moins des dangers d'avoir un grand électeur tel que Sieyes que
d'en perpétuer l'élection, Bonaparte ne crut pas devoir garder plus longtemps le silence : « On a reconnu enfin, dit-il entre autres choses, qu'à la
» tête d'une grande république il faut un suprême et unique magistrat,
» dont les attributions ne peuvent être trop étendues ; mais, à côté de ce
» chef unique d'un gouvernement fort en moyens de toute espèce, on pro-
» pose de placer un GRAND ÉLECTEUR, non pour élire, mais pour exercer sa
» puissance sur les élections faites ! Si j'en ai bien compris toute l'étendue,
» ce fonctionnaire hétéroclite pourrait d'un mot désorganiser toutes les
» administrations, tout paralyser ; il pourrait enlever, suivant son bon
» plaisir, un premier magistrat à son tribunal ; aux principales autorités, les
» chefs établis pour les diriger ; aux armées, les généraux à qui le com-
» mandement en serait déféré ; il pourrait même précipiter le chef de
» l'État dans un collège électoral, où il ne lui resterait que le triste pou-
» voir de concourir à la nomination de celui qui le remplacerait. J'ignore
» si l'ostracisme de Sieyes peut convenir à plusieurs d'entre vous ; mais,
» quelque bénin qu'il soit, je déclare, moi, que je ne veux point d'un
» *grand électeur* qui ait une arme aussi dangereuse entre les mains. JE
» N'ENTENDS PAS QU'A QUELQUE TITRE QUE CE SOIT, M. L'ABBÉ PUISSE JAMAIS UN
» JOUR M'ABSORBER..... »

Sieyes ne parut pas aux séances et envoya son adhésion aux actes du sénat, le 4 avril, motivant son absence sur une indisposition. On songea à lui dans les rapprochements qui eurent lieu pendant la première restauration entre les bonapartistes et les républicains. Sieyes fut nommé, après le 20 mars, à la chambre des pairs, où il siégea jusqu'au second retour des Bourbons. Proscrit par la loi d'amnistie, il se réfugia en Belgique, et, depuis cette époque, il est resté complétement étranger à la politique. Revenu en France après la révolution de 1830, Sieyes n'est pas rentré à la chambre des pairs, comme tous les pairs nommés en 1815 par Napoléon ; il partagea l'honneur de cette exclusion avec un de ses collègues de la convention. Le gouvernement du 7 août ne s'est souvenu de Sieyes que pour le faire figurer dans la classe des sciences morales et politiques de l'Institut, dont il avait été un des fondateurs. Sieyes est mort dans sa quatre-vingt-huitième année, et ses héritiers ont décidé que sa dépouille mortelle ne serait pas présentée à l'église. Sieyes n'avait pas été sécularisé comme l'évêque d'Autun ; mais, en entrant dans la carrière politique, il avait, volontairement et sans scandale, renoncé aux fonctions du sacerdoce.

(*National*, 22 juin.)

FIN DU TOME CINQUIÈME ET DERNIER.

TABLE DU PREMIER VOLUME

Avertissement... v

Armand Carrel... I

Abandon du coup d'État................................. 1

Atteinte portée à la loi du recrutement................. 5

Réponse au *Drapeau blanc*............................. 8

De la temporisation de M. de Polignac.................. 11

Le comité directeur.................................... 16

La charte et la souveraineté du peuple................. 19

Droit de réélection en Angleterre..................... 27

Les deux générations contre-révolutionnaires.......... 34

Lettre d'un préfet.................................... 40

Ordre du jour de M. de Bourmont...................... 46

M. de Peyronnet dans le ministère Polignac............ 51

Sur les incendies..................................... 58

Du genre de prévoyance du ministère dans l'expédition d'Alger.... 62

Langage du *Moniteur*, de la *Quotidienne* et de la *Gazette* au sujet des incendies.. 68

Importance des élections.............................. 71

Lettre sur la crise................................... 75

Sur le mot histrion, employé au parquet............... 83

Silence du gouvernement sur l'expédition d'Alger...... 86

État des opérations en Afrique........................ 89

Éloge de la charte.................................... 96

Menaces des royalistes................................ 98

L'*Universel* et les troubles de Montauban............ 106

Comparaison de la France et de l'Angleterre........... 109

Réponse au *Times*.................................... 116

A la *Quotidienne* sur les succès d'Alger............. 119

Qui a vaincu en Afrique?.............................. 121

L'adresse et la chambre des Cent-Jours................ 126

Danger et inconséquence de l'appel que le parti royaliste fait aux classes inférieures... 130

Protestation contre les ordonnances du coup d'État.... 135

Descente de la police au *National*................... 137

État de la capitale au début de la révolution de juillet.......... 140
Victoire du peuple... 141
Profession de foi politique................................ 143
État de la Belgique.. 149
Sur la loi électorale provisoire........................... 151
Les délibérants et les combattants......................... 154
État de l'armée.. 160
Défense de la nouvelle armée............................... 165
Défense des machines contre les ouvriers................... 170
Rassemblements d'imprimeurs................................ 172
Coalitions d'ouvriers...................................... 174
Devoirs des journaux....................................... 176
Incertitude de la politique du gouvernement................ 181
Loi sur les communes....................................... 186
Difficulté de la situation politique, et réponse au *Globe*........ 191
Rectification d'une erreur commise par M. Dupin............. 193
Fruits de la révolution de juillet......................... 195
Prorogation de la chambre.................................. 200
Société des amis du peuple................................. 204
Réponse sur la prorogation................................. 205
But de la grande semaine................................... 212
Des sujets d'inquiétude.................................... 217
Réponse au *Journal des Débats*, qui combattait la prorogation de la
    chambre.. 221
Alliance du ministère avec la chambre...................... 224
Des craintes de révolution................................. 227
Des causes de division..................................... 233
Des sergents de la Rochelle................................ 237
Accusation des ex-ministres................................ 241
Du ministère de la nouvelle royauté........................ 245
Discussion à la chambre sur les ex-ministres............... 251
Les révolutionnaires après une révolution.................. 256
Interpellations de M. Mauguin.............................. 266
La dissolution ne servirait à rien......................... 270
Pétitions demandant la translation des cendres de Napoléon à Paris. 273
De l'impôt sur les journaux................................ 279
Du projet de condamner à l'exil les ex-ministres........... 283
Compensation des fautes du parti du mouvement par les fautes de la
    chambre.. 285

Loi sur la garde nationale.................................... 292

La peine de mort et les ex-ministres........................ 297

Sur le défaut de confiance.................................. 302

Fermentation au sujet du procès des ex-ministres............ 309

Menaces de troubles à Paris et situation équivoque vis-à-vis de l'Europe... 315

Combattre le désordre....................................... 322

On a eu tort de ne pas dissoudre la chambre................. 325

Revue de la garde nationale................................. 331

Lettre du roi au général Lafayette.......................... 335

Discours du roi d'Angleterre................................ 338

Le ministère Laffitte....................................... 341

Loi des récompenses nationales.............................. 346

Sur la réorganisation des écoles militaires................. 355

Jalousie de la tribune et de la presse...................... 360

Sur le mot fils de régicide................................. 367

Encore sur le mot fils de régicide.......................... 374

Des menaces de guerre....................................... 379

De la lettre de l'empereur de Russie........................ 385

Secourra-t-on la Belgique?.................................. 388

Contre les traités de 1815.................................. 394

Protestations pacifiques des gouvernements étrangers........ 399

De l'alliance de l'Angleterre............................... 404

Critique du projet de loi sur la garde nationale............ 409

A chacun sa propagande...................................... 414

Révolution de Pologne....................................... 417

Mort de Benjamin Constant................................... 424

Secourir la Pologne... 426

Le général Sébastiani et la Pologne......................... 430

Procès des ministres.. 434

  2ᵉ audience.. 439

  3ᵉ audience.. 444

  4ᵉ audience.. 449

  5ᵉ audience.. 455

  6ᵉ audience.. 459

Inquiétudes dans Paris...................................... 460

Issue de la crise... 464

Destitution du général Lafayette............................ 468

Quels sont les vainqueurs et les vaincus?................... 470

TABLE DU DEUXIÈME VOLUME

De la doctrine d'une autorité supérieure à la constitution......... 2

Qu'est-ce que la non-intervention?........................... 5

Probabilités de la guerre pour la Belgique.................... 12

Caractère que doit avoir l'opposition....................... 16

Aux légitimistes raillant le nouveau gouvernement............. 22

Les Belges quêtant un roi.................................. 30

Il faut que la patrie soit glorieuse 33

Les propriétaires et les licenciés........................... 37

Impatience, mais esprit de conduite......................... 42

Du manifeste polonais..................................... 49

Discussion à la chambre sur la Pologne...................... 52

Sur la cavalerie de l'armée française....................... 58

Insolence de la *Gazette de Berlin*......................... 62

Réponse à la *Quotidienne* sur l'ex-garde royale, et, en général, sur
l'armée 67

Le roi ne peut mal faire.................................. 73

La révolution de juillet et les classes inférieures.............. 78

La révolution de juillet est-elle en danger?................. 80

Les ennemis du dedans et les ennemis du dehors............. 88

Du budget de 1831 99

Manifestation légitimiste................................. 107

M. Guizot contre le ministère Laffitte...................... 114

Défense de la presse contre un ordre du jour du commandant de la
garde nationale.. 123

Sur le cens à 300 francs.................................. 126

Tortures infligées par le gouvernement autrichien à des Italiens... 134

Réponse à M. Fonfrède défendant la cour.................... 138

M. Decazes, M. de Fitz-James, M. de Montalembert et le juste milieu... 147

Rencontres des Polonais avec les Russes..................... 153

Suite des nouvelles de Pologne............................ 157

Bataille de Praga.. 159

M. Berryer refusant le budget.. 165

Rassemblements qui s'étaient portés contre l'ambassade russe...... 168

Le ministère de M. Casimir Périer, ou du 13 mars............. 169

Contre les partisans de la paix à tout prix............... 174

De l'interprétation que donne le nouveau ministère du principe de
    la non-intervention.. 176

Dissentiment sur l'honneur et la paix......................... 184

Brochure politique de M. de Chateaubriand..................... 190

Influence de la France révolutionnaire......................... 192

Persécutions contre la presse................................. 195

Nécessité de protéger la Belgique............................. 199

Contre le parti de la charte de 1814......................... 204

Le *Moniteur* et un simple journal............................. 211

Du serment au roi... 218

Encore du serment au roi, et de la décoration de juillet........... 225

Réponse au *Moniteur* sur le serment au roi et la décoration de
    juillet.. 232

De la peur que causent les émeutes............................. 239

Le *Moniteur* n'a pas toujours raison.......................... 246

Réponse du roi à une allocution............................... 250

Un électeur à M. Périer sur l'hérédité de la pairie et le mandat im-
    pératif... 257

De la qualification de roi très chrétien, fils aîné de l'Église,' donnée
    à Louis-Philippe... 266

Du mandat impératif... 268

Doctrinaires et hérédité de la pairie......................... 277

Émeutes et malhabile répression 280

Bienfaits et souillures de la révolution..................... 289

Les aristocraties ne se créent pas 292

La pairie héréditaire et la république repoussées simultanément par
    les électeurs... 301

Troubles du 14 juillet....................................... 307

Réponse à des insinuations................................... 313

Gens de l'opposition devenus réactionnaires................... 320

Description de la fête de juillet, en 1831................... 327

Des discours tenus en Angleterre au sujet de la démolition des forte-
    resses belges et de la prise du port de Lisbonne ainsi que de
    la flotte portugaise..................................... 331

Faut-il consulter la chambre des pairs sur la question de l'hérédité de la pairie... 336

Entrée des Hollandais en Belgique............................ 340

Ce que ferait l'opposition, si elle arrivait au pouvoir, pour la Pologne. 344

Impressions que la chambre avait reçues de l'adresse............ 351

Les regrets sur l'hérédité de la pairie........................ 360

On ne crée pas une aristocratie là où elle n'existe pas............ 367

Inopportunité des essais d'aristocratie........................ 372

Pairie héréditaire et royauté................................ 379

Une aristocratie qui n'est pas un fait n'est rien................. 387

Prise de la flotte de don Miguel dans le port de Lisbonne, et le *Times* 395

L'hérédité de la pairie et la propriété; considérations sur les effets sociaux des révolutions.................................... 397

Prise de Varsovie, émeute à Paris............................ 403

Le système de la paix et l'affermissement de la dynastie de Louis-Philippe... 409

Contre ceux qui soutenaient qu'une Pologne indépendante ne pouvait pas être rétablie...................................... 415

Préférences; entre deux maux, les excès populaires ou une troisième restauration, plutôt le premier que le second.............. 425

Réponse au discours de M. Royer-Collard en faveur de l'hérédité de la pairie.. 433

Éloge du peuple français en opposition avec la noblesse française... 440

Persévérance malgré les mécomptes.......................... 449

Insurrection ouvrière de Lyon............................... 454

Lyon, prolétaires, société................................... 459

La population ouvrière de Lyon, insurgée, ne s'est livrée à aucun excès 467

L'insurrection de Lyon et l'ancienne politique................. 472

Enseignements qui résultent de l'insurrection ouvrière de Lyon.... 476

TABLE DU TROISIÈME VOLUME

Déclaration de républicanisme...................................... 1
Réflexions ultérieures sur la déclaration de républicanisme........ 10
Sur les fortifications de Paris................................... 15
Un gouvernement populaire doit diminuer les dépenses............. 23
Réponse à la *Tribune*, journal républicain..................... 31
Du flagrant délit en matière de presse.......................... 32
Pourquoi l'on ne s'est pas adressé à la chambre dans l'affaire du fla-
    grant délit... 39
Réponse à ce lieu commun que la France n'a pas assez de vertus pour
    vivre en république.. 45
Anniversaire du 21 janvier..................................... 50
Hérédité et responsabilité incompatibles....................... 58
Quel a été le mouvement politique de la France depuis la révolu-
    tion?.. 62
Acquittement pour l'affaire des arrestations préventives........ 68
La presse doit être libre pour toutes les opinions............. 69
Honorer la mémoire des grands citoyens......................... 72
Au *Moniteur*, qui contestait sur le verdict touchant les arrestations
    préventives.. 75
De la dénomination de *barbares*, appliquée aux classes inférieures.. 83
Appréciation de Casimir Périer comme député et comme ministre.... 109
La constitution américaine est un emprunt fait à l'Angleterre et à la
    France... 114
Les mœurs de la France sont-elles monarchiques?................ 123
Lettre de Carrel caché à la suite de l'insurrection des 5 et 6 juin... 130
De la responsabilité de la presse dans l'insurrection des 5 et 6 juin.. 138
Réponse au *Journal des Débats* sur l'insurrection des 5 et 6 juin... 144
Note où Carrel explique pourquoi il demeure caché.............. 150
De quelques exemples de justice exceptionnelle sous la restauration.
    Carrel fait ici son histoire............................... 151
Différentes manières d'entendre la liberté de la presse........ 157

Comment le *Constitutionnel* prouve l'alliance des républicains et des carlistes, ... 164

Différence entre les événements des 5 et 6 juin et les complots de 1820 à 1823 168

Au *Constitutionnel*, menaçant de divulguer les secrets de la rédaction du *National* 171

Mort de Napoléon II 174

Lettre à M. le procureur général Persil sur les doctrines politiques du *National* 180

Le *Journal des Débats* et ses variations 205

Comment les constitutions s'amendent 211

Condamnations à mort politiques 216

Inconséquence de l'opposition dynastique 218

Ordre européen 224

Attaque de Cabet contre le *National* 228

Sur l'arrestation de la duchesse de Berry 234

Royalistes inconséquents 241

Fortifications de Paris 251

De la petite allocution de M. Dupin, comme président de la chambre. 259

Fortifications de Paris 263

Parce que le chef d'une dynastie a été élu, il ne faut pas dire que la monarchie qu'il fonde est élective 267

Siége d'Anvers 270

La monarchie de juillet est provisoire 278

Depuis l'ouverture de la révolution, tous les gouvernements ont été des gouvernements nés de la nécessité et transitoires comme elle 288

Persécution contre la presse ; citation simultanée du gérant, de l'imprimeur, et de l'auteur présumé 295

D'un opuscule anonyme attribué à M. Dupin 302

La liberté de discussion est l'élément essentiel de la civilisation moderne 307

Rapport à la chambre des pairs sur la loi relative à l'anniversaire du 21 janvier 313

Défense du directoire 319

Question turco-égyptienne 328

La loi du 21 janvier, la convention et la pairie ministérielle 334

Intérêt français dans la question austro-russe 343

La Porte appelle les Russes à son secours contre le pacha d'Égypte. 349

Réponse à un écrivain officiel russe............................ 356
Le *Corsaire* et les légitimistes; duel........................ 361
Dictature responsable.. 370
D'un procès fait à M. de Chateaubriand......................... 373
Pour le gouvernement représentatif contre la monarchie constitutionnelle 374
Du mot de M. Viennet : La légalité nous tue................... 383
Des fortifications de Paris.................................... 388
Défense de la *Tribune*, menacée d'être traduite devant la chambre des députés pour un article contre M. Viennet............ 407
La république, héritière immédiate du gouvernement de juillet.... 415
Querelle avec la *Tribune*. — De la centralisation............ 421
De l'abdication de Louis-Philippe............................. 442
Les sentiments républicains et les opinions républicaines........ 446
Républicains de fait, ou gens qui servent tous les gouvernements... 454
Projets stratégiques contre Paris. — Rapport de M. de Clermont-Tonnerre au roi Charles X.................................... 457
Identité de la contre-révolution et du principe monarchique....... 485
Action militaire que les forts détachés pourraient avoir sur Paris.... 498
Aux Parisiens, sur les forts détachés......................... 502
Abandon, par le gouvernement, des forts détachés.............. 513
Paris repousse les forts votés ou non votés par les chambres....... 527
Premier jour anniversaire de juillet........................... 533
Deuxième jour anniversaire.................................... 537
Des demandes des membres de la famille Bonaparte à rentrer en France... 545
Détails historiques sur un épisode de la révolution de juillet....... 550
Discours du roi contre les républicains, et réponse à ce discours.... 555
La monarchie de juillet est viagère ; c'est une illusion que de la croire héréditaire 561
Questions socialistes : Qui tiendra les promesses de l'opposition des quinze ans?.. 564
Questions socialistes : La coalition du riche contre le pauvre, opposée à ceux qui s'indignent de la coalition du pauvre contre le riche. 570
Questions socialistes : Réponse de Carrel à ceux qui lui disent : Vous êtes parmi les riches.. 579
Mort du maréchal Jourdan..................................... 587
Des éloges funèbres du maréchal Jourdan....................... 590

TABLE DU QUATRIÈME VOLUME

Annonce de la transformation du *National* en *National de* 1834   1

Chaque royauté, depuis 1792, est de circonstance................ 4

Le droit d'existence et le droit de propriété................... 8

Du rôle des doctrinaires sous la restauration et sous le gouvernement
    de juillet.. 16

La presse des rues... 22

Duel de M. Dulong et du général Bugeaud.................... 26

Convoi de M. Dulong... 41

Discours de Carrel sur la tombe de M. Dulong................ 44

Explications personnelles au roi dans l'affaire de M. Dulong........ 49

M. Guizot avant et après 1830............................... 60

Faute de la nation au 18 brumaire........................... 77

Encore du 18 brumaire....................................... 84

Comment la guerre civile s'est substituée à la discussion.......... 87

Le *Journal des Débats* résistant à des projets de compression...... 96

D'une publication de Chateaubriand.......................... 101

Réponse à des insinuations, et otages à ménager............... 103

D'un écrit de M. Marrast, alors en prison pour l'insurrection d'avril. 106

On demande pour les insurgés le droit commun................. 108

Mort du général Lafayette.................................... 114

Convoi du général Lafayette.................................. 118

Une visite domiciliaire....................................... 124

Le parti de la république et celui de la monarchie.............. 132

Que le parti républicain peut siéger à la chambre.............. 137

Démêlés de la Russie et de l'Angleterre....................... 142

Carrel à Sainte-Pélagie...................................... 150

Du pouvoir d'amnistier avant jugement....................... 154

Le tiers parti et l'amnistie................................... 162

Déclaration à propos d'une saisie du *National*................. 170

Le système du roi et la gauche............................... 172

Réveil des exigences démocratiques...................... 182

Lettre de Carrel saisie par la cour des pairs............ 196

Discours de Carrel devant la chambre des pairs.......... 204

La royauté après la fuite de Varenne, et le peuple...... 239

Le journaliste et sa mission............................ 241

Comment on se retire des affaires en Angleterre........ 245

Sur l'indemnité de vingt-cinq millions réclamée par les États-Unis.. 248

Reproches aux États-Unis............................... 257

Les prévenus d'avril accepteront-ils le débat?......... 264

L'Europe ne sera pas cosaque........................... 273

Engagements pour l'avenir.............................. 278

Zumalacarreguy et son armée............................ 281

Zumalacarreguy et une lettre du général Bugeaud....... 284

Mort de Zumalacarreguy................................. 287

Si le duel est un reste de barbarie.................... 290

Des vaincus dans les luttes politiques................. 294

De l'échec de la Macta, en Afrique..................... 302

Cinquième anniversaire de juillet...................... 305

Le roi est inviolable, mais discutable................. 311

La dictature militaire qui bâillonna la presse sous l'empire n'en précipita pas moins la France dans d'effroyables malheurs....... 321

Nos six révolutions.................................... 324

Déclaration après les lois de septembre................ 328

De la nouvelle censure religieuse...................... 330

Sévère et juste appréciation des mesures par lesquelles les possesseurs
de noirs, aux États-Unis, combattent l'abolition de l'esclavage.. 333

Jugement sur le système militaire de l'empire.......... 338

Expédition contre Mascara, en Afrique.................. 344

Peinture d'un journal sous le coup de lois restrictives........... 348

La campagne de Moscou était le terme nécessaire de désordre et de
décomposition auquel devait arriver le système impérial...... 351

Difficultés de la question de l'esclavage aux États-Unis......... 356

Appréciation des dernières années de l'empire.......... 362

Réaction de l'opinion contre la presse à la suite de l'attentat de
Fieschi... 364

Attitude des accusés de Lunéville devant la cour des pairs........ 369

Mise en état de siége de la Catalogne.................. 374

Il ne faut pas confondre démocratie et république......... 378

Lettre à M. le comte Portalis sur des imputations indirectes...... 384

D'un mot d'O'Connell, que la France n'est pas assez religieuse pour être une république.. 394

Considérations sur la transformation de la politique de la France en Algérie.................. 400

Ouverture de la session ; séance royale.......................... 405

Si les lois d'intimidation ont intimidé la presse.................. 414

Lacenaire... 419

L'agitation des esprits, et les tentatives d'y porter le calme........ 420

Débats de la Russie et de l'Occident............................ 426

Jules-César apprécié par Napoléon.............................. 446

Neutralité armée dans les différends relatifs à la Turquie.......... 460

L'Égypte et la Porte.. 463

Réprobation des cruautés qui se commettent en Espagne dans la guerre civile... 468

Illusions et mauvaise conduite de la gauche...................... 471

Les compliments du corps diplomatique, l'intérieur et l'extérieur... 478

Le mysticisme doctrinaire...................................... 482

Les lois de septembre et les journaux........................... 485

Mandement de M. l'archevêque de Paris au sujet de l'attentat d'Alibaud 487

Condamnation d'Alibaud....................................... 490

Discussion philosophique et historique sur les attentats contre le roi. 494

Un dernier mot... 503

TABLE DU CINQUIÈME VOLUME

Du commerce de la Grèce moderne, considéré dans son influence sur
la régénération politique de cette nation. 1
L'âge d'or antique et l'âge d'or moderne. 29
Révolution française, par Thiers. Deux articles, l'un sur les tomes V
et VI de la 1re édition, l'autre sur la 2e édition. 33
La mère de Washington. 48
L'Espagne et sa révolution. 55
De la guerre d'Espagne en 1823. 87
Mémoires sur les campagnes des armées du Rhin et de Rhin-et-Mo-
selle, par le maréchal Gouvion Saint-Cyr. 132
Essai sur la vie et les écrits de P.-L. Courier 175
Funérailles de M. Alphonse Rabbe. 216
Lacretelle. Histoire de France depuis la restauration. 219
George Tierney. 235
Mémoires de M. de Bourrienne. 243
L'Othello de M. de Vigny. 255
Hernani, de M. Victor Hugo. 267
Manuscrit de 1814. 296
Obsèques de Sautelet. 305
Une mort volontaire. 310
George IV. 325
Mort d'Amédée de Bourmont. 353
Vandamme. 354
M. Huskisson 360
Mort de Benjamin Constant. 366
L'Album de Charlet. 368
Restauration de la chanson. 371
Merlin de Thionville. 377
William Cobbett. 384
Dossier d'un prévenu. 390
Le Paradis perdu, de Milton, traduit par M. de Chateaubriand. . . . 458
Sieyes. 465

www.ingramcontent.com/pod-product-compliance
Lightning Source LLC
Chambersburg PA
CBHW050547270326
41926CB00012B/1956